자살
- 사회학적 연구

세창클래식 013

자살—사회학적 연구

초판 1쇄 인쇄 2021년 8월 20일
초판 1쇄 발행 2021년 8월 30일

–

지은이 에밀 뒤르켐
옮긴이 변광배
펴낸이 이방원
편 집 안효희·김명희·정조연·정우경·송원빈·최선희·조상희
디자인 손경화·박혜옥·양혜진 **영 업** 최성수

–

펴낸곳 세창출판사

신고번호 제1990-000013호 주소 03736 서울시 서대문구 경기대로 58 경기빌딩 602호
전화 02-723-8660 팩스 02-720-4579 이메일 edit@sechangpub.co.kr 홈페이지 http://www.sechangpub.co.kr
블로그 blog.naver.com/scpc1992 페이스북 fb.me/Sechangofficial 인스타그램 @sechang_official

–

ISBN 979-11-6684-034-0 93180

자살

- 사회학적 연구

에밀 뒤르켐 지음

변광배 옮김

세창클래식 013

세창출판사

차례

일러두기

1. 외국어 명칭은 기본적으로 국립국어원 외래어표기법에 따라 표기했으나, 일부 프랑스어 명칭의 경우, 보다 정확한 발음 표기를 위하여 외래어표기법을 따르지 않았다.

2. 뒤르켐은 이 책에서 '요인'과 '원인'을 구분해서 사용하고 있다. 제1부의 제목은 '비사회적 요인facteurs'이고, 제2부의 제목은 '사회적 원인causes과 유형'이다. 사전적 의미로 '요인'은 "사물이나 사건이 성립되는 까닭. 또는 조건이 되는 요소"를 지칭하고, '원인'은 "어떤 사물이나 상태를 변화시키거나 일으키게 하는 근본적인 일이나 사건"을 지칭한다. 이를 고려해 뒤르켐은 자살에 영향을 미치는 비사회적 요소의 경우에는 주로 '요인'을, 사회적 요소의 경우에는 주로 '원인'이라는 단어를 사용한 것으로 보인다. 다만 의미상 큰 차이가 없는 경우에는 문맥에 적합한 단어를 사용하였다.

서 론

I.

'자살'이라는 단어는 일상의 대화에서 끊임없이 사람들의 입에 오르내린다. 그런 만큼 많은 사람이 그 단어의 뜻을 알고 있으며, 따라서 그 단어에 대한 정의를 내리는 것이 불필요하다고 생각할 수도 있다. 하지만 실제로 일상용어들과 그 용어들에 의해 표현되는 개념들은 항상 모호하다. 따라서 학자가 일상용어들을 다른 가공 작업 없이 일상적인 용법 그대로 사용한다면 심각한 혼란에 빠질 가능성이 농후하다. 일상용어들에 대한 이해는 거의 확정되지 않아서 경우마다 바뀔 수 있다. 그뿐만 아니라 그것들에 대한 분류가 방법적인 분석을 거쳐 나오는 것이 아니라 그저 대중의 인상들을 반영하고 있는 것에 불과하다. 그렇기 때문에 아주 다양한 사실들의 범주가 항상 무분별하게 같은 항목으로 모아지거나, 아니면 같은 성질을 가진 사실들이 서로 다른 이름으로 지칭되기도 한다. 그런 만큼 우리가 기존의 의미를 따른다면, 우리는 한데 묶어야 할 것을 구분하거나, 혹은 구분되어야 할 것을 한데 묶어 버릴 위험이 크다. 그 결과 우리는 사물들의 본연의 연관관계를 놓치고, 그것들의 본성을 잘못 파악할 위험이 농후하다. 우리는 오직 비교를 통해서만 사물들을 설명할 수 있다. 과학적 연구는 비교 가능한 사실들에 관련될 경우에만 그 목적을 달성할 수 있을 뿐이다. 그리고 과학적 연구는 유용하게 비교 가능한 모든 자료를 모을수록 성공할 가능성이 높다. 하지만 일반적인 용어가 도출되는 피상적인 조사를 통해서는 존재들 간의 본질적인 연관관계를 확실하게 파악할 수 없다. 따라서 학자는 일상용어에 맞게 대충 모아 놓은 여러 사실들의 집합을 그 자신의 연구 대상으로 삼을 수 없다. 오히려 그는 그 자신이 연구하고자 하는 사실들의 집합을 직접 구성해서 과학적으로 다루는 데 필요한 동질성과 특수성을 거기에 부여해야만 한다. 그렇게 해서 식물학자가 꽃이나 열매를 연구하고, 동물학자자 물고기나 곤충을 연구할 때, 여러 다른 전문용어를 미리 규정된 의미에 따라 사용하게 되는 것이다.

따라서 우리의 첫 번째 임무는 먼저 자살이라는 명칭 아래 우리가 연구하고자 하는 사실들의 질서를 구성하는 것이다. 그렇게 하기 위해 우리는 다양한 유형의 죽음 가운데 성실한 모든 관찰자들이 인정할 수 있을 만큼 객관적이고, 다른 유형에서는 만날 수 없을 만큼 특수하며, 일반적으로 자살이라는 일상용어에서 크게 벗어나지 않으면서도 같은 명칭 아래 포함시킬 수 있을 정도로 가까운 죽음의 형태가 존재하는지를 살펴보게 될 것이다. 만일 그런 죽음의 형태를 접한다면, 우리는 자살이라는 명칭 아래 차별적 특징들을 나타내는 모든 사실을 빠짐없이 모으게 될 것이다. 설사 그런 집합에 보통 자살이라 불리는 모든 사례가 포함되지 못하는지, 혹은 다른 부류에 속하는 사례들이 포함되는지에 대해서는 신경을 쓰지 않은 채 일단 모든 사실을 모을 것이다. 왜냐하면 중요한 것은, 평균적인 지성의 입장에서 자살이 무엇인지를 어느 정도 정확하게 표현하는 것이 아니라, 자살이라는 항목 아래 불편함이 없이 묶일 수 있는 대상들의 범주를 정하는 것이기 때문이다. 물론 그 항목은 객관적으로 정해져야 한다. 다시 말해 사실들의 특정한 본성에 부합해야 한다.

그런데 다양한 종류의 죽음 가운데 희생자 자신의 행위라는 특징을 갖는 죽음, 살인자가 바로 피살자가 되는 행위로부터 파생되는 특징을 갖는 죽음이 존재한다. 분명 그런 특징이 보통 자살이라고 하는 관념의 기저에 놓여 있다. 게다가 그런 결과를 낳는 행동들의 내재적 성격도 그다지 중요하지 않다. 일반적으로 자살은 어느 정도 육체적인 힘을 사용하는 적극적이고 난폭한 행동으로 여겨지지만, 소극적인 태도나 단순한 회피도 동일한 결과를 낳을 수 있다. 사람은 먹기를 거부하면서 자살할 수 있는 것과 같이 칼이나 총으로 자기파괴를 하면서 자살할 수 있다. 심지어 자살자가 결과적으로 자살로 여겨질 수 있는 죽음을 실행하기 위해 죽기 직전에 직접적인 행동을 해야 할 필요조차 없는 경우도 있다. 인과관계가 간접적이라고 해서 자살이라는 현상의 성격이 변하는 것은 아니다. 가령 우상파괴자가 순교자가 되는 영광을 위해 사형에 해당하는 대역죄를 범하고 사형집행인의 손에 죽음을 당했다고 하자. 그 경우에 그는 직접 자기 몸에 치명적 타격을 가한 것과 마찬가지로 스스로 죽음에 이른 것이다. 적어도 그와 같은 두 유형의 자발적인 죽음을 다르게 분류할 이유가 없다. 왜냐하면 그 두 유형의 죽음은 구체적인 실행 방법에서만 다를 뿐이기 때문이다. 그렇게 해서 우리는 다음과 같은 첫 번째 정의에 이르게 된다. 자살이란 희생자 자신의 적극적 또는 소극적 행위의 직접적 또는 간접적인 결과로 인한 모든 죽음을 가리킨다는 정의가 그것이다.

하지만 그와 같은 정의는 불완전하다. 그런 정의로는 전혀 다른 두 가지 종류의 죽음을 구별해 내지 못한다. 환각에 빠져 지상으로 착각하고 높은 건물의 창에서 뛰어내린 사람의 죽음과 자신이 하는 행동을 알면서 자기를 가격하는 맨 정신인 사람의 죽음을 똑같이 분류하고 취급할 수는 없다. 심지어 어떤 의미에서 직접적이든 간접적이든 피해자의 행동에 의한 결과가 아닌 죽음은 거의 없다. 죽음의 원인들은 인간의 내부보다는 훨씬 더 외부에 있다. 그 원인들은 인간이 그 작동 영역에 뛰어들 때 가동되는 것이다.

그렇다면 희생자가 죽기를 원해서 죽음을 낳은 행동을 했을 경우에만 자살이라고 해야 하는가? 희생자가 혼자 진정으로 죽음을 원한다고 해야 하는가? 자살은 의도적인 자기살해라고 말해야 하는가? 하지만 먼저 자살을 그런 특성으로 정의한다면, 그 이해관계와 특성이 어떤 것이라 하더라고, 그 특성의 관찰이 어려워 쉽게 파악하기 힘들기 때문에 잘못일 수 있다. 어떤 동기로 희생자가 죽음을 결정했는지를 어떻게 알 수 있는가? 죽을 결심을 했을 때 그가 원했던 것이 죽음인지 아니면 다른 목적이었는지를 어떻게 알 수 있는가? 의도라는 것은 아주 내밀한 것이어서 외부에서는 단지 조잡한 추측을 통해서만 포착될 수 있을 뿐이다. 의도는 심지어 내부의 관찰로도 알기 어렵다. 우리 자신의 행동에 대한 진짜 이유를 잘못 이해하는 경우가 얼마나 많은가! 우리는 끊임없이 사소한 감정이나 맹목적인 일상의 반복에 따른 행동을 강렬한 열정이나 고상한 이유 때문이라고 설명한다.

게다가 행위는 일반적으로 행위자가 추구하는 목적에 의해 정의될 수 없다. 왜냐하면 동일한 행위 체계 하나하나가 성질의 변화 없이 너무 많은 여러 가지 목적에 들어맞을 수 있기 때문이다.

실제로 자기파괴의 의도가 있는 경우에만 자살이 성립할 수 있을 뿐이라면, 자살로 지칭되는 사태들과 명백한 차이가 있는 사태들에 대해서는 그 용어를 거부해야 하고, 또 다르게 지칭될 수 없는 사태들을 자살이라는 용어를 사용하지 않은 채 내버려 둘 수도 없다. 자기가 소속된 부대를 구하기 위해서 죽음을 무릅쓴 병사는 죽기를 원했던 것이 아니다. 하지만 그의 죽음은 파산으로 인한 수치羞恥를 피하기 위해 자살하는 제조업자나 상인과 마찬가지로 스스로의 행동에 의한 것이 아닌가? 신앙을 위해 죽는 순교자나 자식을 구하기 위해 자신을 희생하는 어머니 등의 경우에도 같은 말을 할 수 있다. 죽음을 단순히 목적을 이루기 위한 유감스럽지만 피할 수 없는 불행한 결말로 여기든, 아니면 실제로 죽음 자체를 추구하고 원했든 간에, 죽은 자는 결국 삶을 포기한 것이다. 그리고 삶을 포기하는 다른 방법들은 하나의 같은 부류에 속한 다양한 행동들에 불과하다. 그런 죽음들 사이에는 너무나 많은 근본적인 유사성이 있어 그것들을 동일한 유類적 표현으로 묶는 것은 불가능하다. 물론 그렇게 형성된 유類 속에서 여러 종種으로 구분되는 것은 제외해야 할 것이다. 분명 자살은 통속적으로 무엇보다 더 이상 살고 싶지 않은 사람의 절망적인 행위이다. 하지만 실제로 삶을 포기하는 순간에도 그는 여전히 삶과 연결되어 있기 때문에, 그가 정확히 자살하는 순간에 생명을 잃는 것은 마찬가지다. 그리고 살아 있는 존재가 가장 중요한 것으로 여기는 생명을 포기하는 행동들 사이에는 분명히 본질적으로 공통된 특성들이 존재한다. 그와 반대로 자살을 결심하게 된 동기의 다양성은 단지 부차적인 차이만을 낳을 뿐이다. 따라서 그 결심의 결과가 생명의 희생으로까지 나아간다면, 그것은 과학적으로 보아 자살이다. 그것이 어떤 종류의 자살인가는 나중에 살펴볼 것이다.

결국 삶의 최후의 포기인 모든 형태의 자살에 공통되는 특징은, 자살자가 자기의 행위 결과를 알면서 행동한다는 사실이다. 자살에 이르는 동기가 어떻든 간에 희생자는 자기 자신이 하는 행동의 결과를 알고 있다. 그런 특징을 보여 주는 자살이라는 죽음에 관련된 모든 사실들은, 희생자가 원하지 않는 죽음이나 무의식적인 행동에 의한 죽음에 관련된 사실들과 뚜렷하게 구분된다. 그 사실들은 쉽게 알아볼 수 있는 특징에 의해 구분된다. 왜냐하면 개인이 자신의 행동으로 인해 초래될 자연적인 결과를 미리 알고 있는지 아닌지를 아는 것은 해결 불가능한 문제가 아니기 때문이다. 따라서 그런 행동들은 한정된 동질적인 그룹을 형성하며, 다른 형태의 행동들과 구별되고, 그렇기 때문에 하나의 특별한 단어로 지칭되어야 할 것이다. 그 명칭으로는 '자살'이라는 용어가 적합하다. 굳이 다른 용어를 고안해 낼 필요가 없다. 왜냐하면 일상적으로 그렇게 자살이라고 부르는 대다수의 사건이 그것의 일부이기 때문이다. 따라서 우리는 결론적으로 이렇게 말할 수 있다. '자살이란, 희생자 자신이 발생할 결과를 알고 행하는 적극적 또는 소극적 행위의 직접적 또는 간접적 결과로 인한 모든 죽음의 경우를 말한다.' 그리고 자살 미수는 자살과 같은 행동으로 정의될 수 있으나, 실제로 죽지 않은 경우를 말한다.

그와 같은 정의에 따라 우리의 연구에서는 동물의 자살과 관련된 것은 모두 배제한다. 우리가 알고 있는 동물의 지능에 따르면, 동물이 죽음을 예견한다든가, 특히 자살을 야기할 수 있는 수단을 알고 있다고 생각할 수는 없다.

어떤 동물의 경우에 다른 동물이 도살된 곳에 가지 않으려고 한다는 것은 잘 알려진 사실이고, 그런 행동은 마치 죽음에 대한 예감이 있는 것처럼 보인다. 하지만 실제로는 피 냄새로 인해 후퇴하는 본능적 동작을 취했다고 하는 것으로 충분하다. 어느 정도 진짜 자살이라고 할 수 있는 모든 경우나 고유한 의미에서 자살로 보고자 하는 모든 경우는 그와는 전혀 다르게 설명될 수 있다. 예컨대 화가 난 전갈이 자기 침으로 자기 몸을 찔렀다고 해도 ―게다가 그것은 확실하지 않다―, 그 행동은 아마도 자동적이고 무반성적인 반응일 것이다. 전갈이 화를 내게 된 주요 동기는 우연적이거나 무작위적일 수 있다. 전갈이 그런 동작의 결과를 미리 알았다고 할 수 없다. 전갈은 그저 자기 행위의 희생자가 된 것뿐이다. 그와는 달리 만일 주인을 잃은 개가 밥을 먹는 것을 거절한다면, 그 개는 슬픔으로 인해 기계적으로 식욕을 잃었을 뿐이다. 그로 인해 그 개가 단식으로 죽는다고 할지라도 죽음을 예견한 것은 아니다. 그와 같이 단식을 하거나 독침으로 자기의 몸을 찔러 발생한 부상의 경우, 모두 결과를 예견하고 그런 수단을 이용한 것은 아니다. 두 경우에는 앞서 우리가 정의를 내린 것과 같은 자살을 특징짓는 요소들이 없다. 그런 이유로 우리는 앞으로 인간의 자살에만 관심을 갖게 될 것이다.[1]

하지만 그런 정의의 이점은 단지 가짜의 경우나 임의적인 누락을 방지하는 것에 그치지 않는다. 지금부터는 그 정의를 통해 자살이 도덕생활 전반에서 어떤 위치에 있는가에 대한 생각을 가질 수 있다. 사실 그 정의에 의하면 자살은 흔히 생각하듯이 다른 형태의 행위와 무관한 아주 독자적인 집합, 기괴한 현상들만 모아 놓은 고립된 범주를 형성하는 것이 아니다. 그와 반대로 그 정의는 자살이 일련의 중간적인 사례들을 통해 다른 형태의 행위와 연관되어 있음을 보여 준다. 자살은 단지 일상적 행동의 과장된 형태일 뿐이다. 우리는 다음과 같은 경우에 실제로 자살이 있다고 말할 것이다. 희생자가 자신의 행동의 정상적인 결과를 확실히 알면서도 생명에 종지부를 찍는 치명적인 행동을 하는 경우가 그것이다. 하지만 그때의 확실성에도 정도의 차이가 있다. 결과에 어떤 의혹이 있다면, 그것은 자살이라기보다는 자살과 유사한 새로운 행동이라 할 수 있다. 왜냐하면 자살과 그것과 유사한 행동 사이에는 단지 정도의 차이밖에 없기 때문이다. 치명적인 결과에 대한 확실한 예견 없이 타인을 위해 어떤 사람이 자신을 일부러 헌신하는 것은 분명히 자살이 아니다. 비

---

1   아주 의심스럽지만 본능적으로 설명되지 않는 극소수의 사례들이 있기는 하다. 아리스토텔레스에 의해 보고된 경우가 그 예이다. 그에 따르면, 모르는 상태에서 어미 말과 성교를 강요당한 한 마리 말이 여러 차례 거절한 후에 의도적으로 높은 절벽에서 떨어져 죽었다는 것이다(*Hist. des anim.*, IX, 47). 말 사육자들에 의하면 말은 근친상간을 거부하지 않는다고 한다. 그 문제에 대해서는 다음을 참고하시오. WESTCOTT, *Suicide*, pp. 174~179.

록 그가 죽는다고 해도, 죽음을 피하고자 하면서 목숨을 건 모험을 즐기는 무모한 사람이나 만사에 흥미를 갖지 못하는 무감각한 자질을 가진 사람이 건강을 소홀히 하다가 목숨을 잃는 경우와 마찬가지로, 그의 죽음은 자살이 아니다. 하지만 그처럼 다른 행동 방식은 자살과 확연하게 구별되지 않는다. 그런 행동 방식은 자살과 유사한 정신 상태에서 나온다. 왜냐하면 행위자가 죽음의 위험이 따른다는 것을 알고 있으며, 또한 그는 죽음의 위험을 알면서도 그런 행동을 멈추지 않기 때문이다. 그 차이점은 죽음의 가능성이 더 낮다는 것뿐이다. 따라서 밤을 새워 연구에 몰두한 나머지 기력을 소진해서 죽은 학자가 과로에 의해 자살을 한 것이라고 해도 일반적으로 전혀 근거가 없는 말은 아니다. 그와 같은 모든 행동은 일종의 배아 상태의 자살을 구성한다. 그리고 그 행동들을 완전하게 완수된 자살과 혼동하는 것은 좋은 방법이 못 된다. 따라서 자살과 그와 유사한 행동들 사이의 관계를 결코 놓쳐서는 안 될 것이다. 왜냐하면 자살이 한편으로 해결책도 없이 용기나 헌신과 끊을 수 없는 연관이 있지만, 다른 한편으로는 경솔함이나 태만과 밀접한 관계가 있다는 것을 인식하게 되면, 그때 자살은 전혀 다른 양상으로 보일 것이기 때문이다. 이 책의 다음 부분에서 우리는 그와 같은 연관성의 의미를 보다 더 잘 이해하게 될 것이다.

II.

하지만 그렇게 규정된 사실이 사회학자의 관심을 끌 수 있을까? 자살은 개인에게만 영향을 주는 개인적 행동이기 때문에, 자살은 전적으로 개인적 요인에 의존하는 것으로 보인다. 따라서 자살은 유일하게 심리학에 속하는 것 같다. 사실상 자살 결심은 보통 개인의 기질, 성격, 내력, 개인사를 장식하는 여러 사건들에 의해 설명되지 않는가?

자살을 그런 방식으로 연구하는 것이 어떤 조건하에서, 어느 정도 타당한가의 문제를 지금 당장 논의할 필요는 없다. 하지만 자살을 전혀 다른 각도에서 고찰할 수 있다는 것은 분명하다. 실제로 수많은 자살을 특수한 사건들, 서로 관계가 없는 사건들, 따로따로 연구해야 할 개별적 사건들로만 보는 대신, 한 사회에서 일정한 기간 동안 일어난 자살 전체를 고려한다면, 다음과 같은 사실을 단언할 수 있다. 즉, 자살 전체는 독립된 개별 사건들의 단순한 합, 총계가 아니라는 사실이 그것이다. 그 전체는 그 자체로 하나의 통일성, 개별성 및 그에 따른 스스로의 본질을 가진 새롭고 '고유한' 사실을 구성하게 된다. 게다가 이 새로운 사실의 본질은 분명히 사회적이다. 실제로 관찰 기간이 너무 길지 않은 경우, [표 1]에서 볼 수 있는 것처럼 한 사회의 자살 통계는 거의 변하지 않는다. 그 이유는 해마다 사람들의 생활이 펼쳐지는 환경 조건들은 비교적 변하지 않는 상태로 유지되기 때문이다. 때때로 아주 중요한 변화가 발생하기도 한다. 하지만 그런 변화는 극히 예외적이다. 게다가 그런 변화가 사회적 상황에 일시적으로 영향을 미치는 몇몇 위기와 시기를 같이 한다는 것을 알 수 있다.[2] 예컨대 혁명이 발생했던 1848년에 유럽의 모든 나라에서 자살의 수가 급격히 줄어든 것을 볼 수 있다.

보다 긴 기간을 두고 고찰한다면, 좀 더 중대한 변화를 관찰할 수 있다. 하지만 그 경우 그런 변화는 만성적이 된다. 그런 변화는 단지 같은

2 도표에서 예외적으로 급격한 변화가 있는 연도와 관련된 숫자는 괄호 안에 넣었다.

[표 1] 유럽 주요국의 자살 건수(절대치)

연도	프랑스	프로이센	영국	작센	바이에른	덴마크
1841	2,814	1,630		290		377
1842	2,866	1,598		318		317
1843	3,020	1,720		420		301
1844	2,973	1,575		335	244	285
1845	3,082	1,700		338	250	290
1846	3,102	1,707		373	220	376
1847	(3,647)	(1,852)		377	217	345
1848	(3,301)	(1,649)		398	215	(305)
1849	3,583	(1,527)		(328)	(189)	337
1850	3,596	1,736		390	250	340
1851	3,598	1,809		402	260	401
1852	3,676	2,073		530	226	426
1853	3,415	1,942		431	263	419
1854	3,700	2,198		547	318	363
1855	3,810	2,351		568	307	399
1856	4,189	2,377		550	318	426
1857	3,967	2,038	1,349	485	286	427
1858	3,903	2,126	1,275	491	329	457
1859	3,899	2,146	1,248	507	387	451
1860	4,050	2,105	1,365	548	339	468
1861	4,454	2,185	1,347	(643)		
1862	4,770	2,112	1,317	557		
1863	4,613	2,374	1,315	643		
1864	4,521	2,203	1,340	(545)		411
1865	4,946	2,361	1,392	619		451
1866	5,119	2,485	1,329	704	410	443
1867	5,011	3,625	1,316	752	471	469
1868	(5,547)	3,658	1,508	800	453	498
1869	5,114	3,544	1,588	710	425	462
1870		3,270	1,554			486
1871		3,135	1,495			
1872		3,467	1,514			

순간에 사회의 구성적 특성들이 일제히 크게 변했음을 증명해 줄 뿐이다. 흥미로운 사실은, 상당히 많은 관찰자가 말하는 것처럼, 그런 변화가 아주 느리게 발생하는 것이 아니라 급격하면서도 점진적으로 일어난다는 점이다. 자살 건수는 계속 이어지는 몇 년 동안 아주 한정된 범위 안에서 왔다 갔다 하다가 갑자기 급격한 상승이 일어나고, 그런 상승은 반대 방향으로의 진동 끝에 완만한 상승세를 보이다가 결국 고정된다. 왜냐하면 사회적 균형의 완전한 붕괴는 갑작스럽게 발생하지만 그 모든 결과가 나타나기까지는 언제나 시간이 걸리기 때문이다. 결국 자살 수치의 변동은 독특하고 연속적인 파동 운동을 하면서 돌발적으로 변화가 발생해 한동안 발전하다가, 멈췄다가 다시 새로 시작된다. [표 1]에서 보면 거의 유럽 전체에서 1848년에, 혹은 국가에 따라 1850~1853년경에 발생했던 사건의 여파로 그런 파동 중 하나가 형성되었음을 알 수 있다. 독일에서는 1866년의 전쟁 이후에, 프랑스에서는 그보다 좀 더 일찍 제정帝政의 전성기였던 1860년경에, 영국에서는 1868년, 즉 현대적 상업조약에 힘입어 발발한 상업혁명 이후에 또 다른 파동이 시작되었다. 아마도 1865년경 프랑스에서 다시 일어난 새로운 변화도 같은 이유 때문일 것이다. 끝으로 1870년의 전쟁 이후 새로운 변동이 일어났고, 이 변화는 거의 유럽 전역에 걸쳐 아직까지 지속되고 있음을 확인할 수 있다.[3]

   그렇게 해서 모든 사회는 그 역사의 매 순간마다 자살에 대해 특정한 경향을 보이게 된다. 그런 경향의 상대적인 강도는 전체 자살자의 수와 연령 및 성별 전체 주민 수의 비율로 측정될 수 있다. 우리는 그 수치를

---

3   도표에서 보통 숫자와 색으로 표기된 숫자를 함께 사용해 여러 상이한 파동들이 나타내는 일련의 숫자를 표시함으로써, 그 파동들 하나하나의 특징을 물질적으로 식별 가능하도록 했다.

'검토된 한 사회의 자살에 의한 사망률'이라고 부를 것이다. 일반적으로 그 수치는 주민 100만 명 또는 10만 명에 대한 비율로 계산된다.

그 비율은 오랫동안 일정했을 뿐 아니라 그 불변성은 인구통계 자료의 그것보다 더 크다. 특히 전체 사망률은 자살률에 비해 해마다 크게 달라지며, 그 변동 폭도 훨씬 크다. 그 사실을 정확히 알기 위해서는 각기 다른 기간 동안에 두 가지 현상이 변하는 양상을 비교하는 것으로 충분하다. 그런 사실을 보여 주는 것이 바로 [표 2]이다. 그런 관계를 쉽게 보여 주기 위해 매년마다 사망률과 자살률을 일정 기간 동안의 평균을 백분율의 형태로 나타냈다. 한 해와 다른 해 사이의 차이, 또는 평균과의 차이도 비교할 수 있다. 그런데 그런 비교를 통해 각 시기마다 자살률의 변동 폭에 비해 전체 사망률의 변동 폭의 정도가 훨씬 크다는 결과가 도출된다. 평균적으로 전체 사망률의 변동 폭은 자살률의 변동 폭에 비해 두 배이다. [표 2]에서 연속 2년 간의 '최소' 차이만이 마지막 두 기간에 한해 두 수치가 거의 같다. 다만 전체 사망률의 경우에는 그런 '최소' 차이가 예외적인 반면, 자살률의 경우에는 매년 사이의 변화가 거의거의 비슷하다. 평균치의 차이를 비교함으로써 그 점을 알 수 있다.[4]

한 기간 중의 계속되는 연도별 차이를 비교하지 않고 각기 다른 기간의 평균치들을 비교한다면, 사망률 변동에서 관찰되는 차이가 거의 무의미한 것은 사실이다. 계산 기간을 더 길게 잡아 보면 매년마다 발생하는 반대 방향의 변화, 곧 증가와 감소에 의한 변동과 일시적이고 우연한 원인에 의한 변동은 서로 상쇄된다. 따라서 그런 변동은 서로 상쇄되어 평균치에서 사라지고 사망률의 불변성은 더욱 커지게 된다. 예컨대 프랑스

---

4   바그너는 이미 사망률과 결혼율을 그런 방식으로 비교한 적이 있다(*Die Gesetzmässigkeit.* etc., p. 87).

[표 2] 자살률과 사망률의 변동 비교

연도	인구 10만 명당 자살자 수	평균치(백분율)	인구 1,000명당 사망자 수	평균치(백분율)
1841	8.2	96	23.2	101.7
1842	8.3	97	24	105.2
1843	8.7	102	23.1	101.3
1844	8.5	100	22.1	96.9
1845	8.8	103.5	21.2	92.9
1846	8.7	102.3	23.2	101.7
평균	8.5	100	22.8	100
1849	10	98.9	27.3	113.2
1850	10.1	100	21.4	88.7
1851	10	98.9	22.3	92.5
1852	10.5	103.8	22.5	93.3
1853	9.4	93	22	91.2
1854	10.2	100.9	27.4	113.6
1855	10.5	103	25.9	107.4
평균	10.1	100	24.1	100
1856	11.6	103.5	23.1	97
1857	10.9	97.3	23.7	99.3
1858	10.7	95.5	24.1	101.2
1859	11.1	99.1	26.8	112.6
1860	11.9	106	21.4	89.9
평균	11.2	100	23.8	100

연도	연이은 두 연도 간의 차이			평균의 상회와 하회	
	최대 차이	최소 차이	차이의 평균	최대 하회치	최대 상회치
1841~1846					
사망률	8.8	2.5	4.9	7.1	4
자살률	5	1	2.5	4	2.8
1849~1855					
사망률	24.5	0.8	10.6	13.6	11.3
자살률	10.8	1.1	4.48	3.8	7
1856~1860					
사망률	22.7	1.9	9.57	12.6	10.1
자살률	6.9	1.8	4.82	6	4.5

에서는 1841년부터 1870년까지 매 10년 간 평균 사망률은 각각 23.18%, 23.72%, 22.87%이다. 그러나 1년 간격으로 계산된 자살률의 변화가 10년 간격으로 본 전체 사망률의 변화만큼 안정되어 있다(최소한 동일하거나 아니면 더 높다)는 점은 주목할 만하다. 게다가 전 기간에 걸친 평균 사망률의 규칙성은 일반화되고 비인격화되어 한 사회에 대한 설명을 아주 불완전하게 만든다. 사실상 그런 평균 사망률은 대체로 비슷한 문명 수준에 도달한 나라들에서는 실질적으로 거의 같거나 적어도 그 차이는 매우 작다. 가령, 방금 위에서 본 프랑스의 경우, 사망률은 1841년에서 1870년까지의 기간 동안에 인구 1,000명당 23명의 수준에서 작은 기복을 보이고 있다. 같은 기간 동안 벨기에의 경우 사망률은 각각 23.93%, 22.5%, 24.04%, 영국의 경우는 각기 22.32%, 22.21%, 22.68%, 덴마크는 각각 22.65%(1845~1849년), 20.44%(1855~1859년), 20.4%(1861~1868년)이다. 지리적으로만 유럽에 속하는 러시아를 제외한다면, 앞서 밝힌 유럽 각국의 사망률과 현저한 차이를 보인 나라는 이탈리아와 오스트리아뿐이다. 이탈리아에서는 1861년과 1867년 사이에 30.6%까지 상승했으며, 오스트리아는 더 높은 32.52%였다.[5] 반면, 자살률은 한 사회 안에서는 매년 변화가 크지 않지만, 서로 다른 사회에 따라서는 두 배, 세 배, 네 배, 심지어는 그 이상의 차이까지도 보인다[표 3]. 따라서 자살률은 사망률보다 각 사회 집단의 특성을 훨씬 더 잘 나타내는 지표로 여길 수 있을 정도로 고유하다. 심지어 자살률이 각 사회 집단의 특성과도 아주 밀접하게 관련되어 있어서 여러 다른 사회들의 자살률 순서는 시기가 달라도 거의

5 다음의 사전 항목을 참고하시오. BERTILLON, "Mortalité" du *Dictionnaire encyclopédique des sciences médicales*, t. LXI, p. 738.

[표 3] 유럽 각국의 인구 100만 명당 자살률

	기간			순위		
	1866~1870	1871~1875	1874~1878	제1기	제2기	제3기
이탈리아	30	35	38	1	1	1
벨기에	66	69	78	2	3	4
영국	67	66	69	3	2	2
노르웨이	76	73	71	4	4	3
오스트리아	78	94	130	5	7	7
스웨덴	85	81	91	6	5	5
바이에른	90	91	100	7	6	6
프랑스	135	150	160	8	9	9
프로이센	142	134	152	9	8	8
덴마크	277	258	255	10	10	10
작센	293	267	334	11	11	11

정확하게 일치하고 있다. 그 점은 [표 3]에서 입증되고 있다. 여기서 비교되고 있는 세 시기 동안 자살은 모든 사회에서 증가하고 있지만, 그런 증가의 와중에도 여러 나라들은 서로의 격차를 그대로 유지하고 있다. 그러니까 각 나라는 제각기 고유한 가속 계수를 지니고 있다.

따라서 자살률은 그 안정성과 가변성이 동시에 보여 주는 바와 같이 통합적이고 확정적인 사실들의 질서를 구성한다. 그와 같은 자살률의 안정성은 서로 구별되면서도 무리를 이루는 독특한 특성들의 전체이며, 그 특성들은 서로 다른 부대상황에도 불구하고 동시에 효과를 낸다고 보아야만 설명이 가능할 것이다. 그리고 자살률의 가변성은 한 사회 자체의 개별성처럼 달라지기 때문에, 방금 지적한 그런 특성들의 구체성과 개별성을 입증해 준다. 요컨대 그와 같은 통계 자료는 바로 각 사회가 집단적으로 겪고 있는 자살 경향을 보여 주는 것이다. 하지만 우리는 지금 그런 경향이 무엇으로 이루어지는지, 그런 경향이 '고유한' 실체를 가진 집단 심성의 상태인지,[6] 아니면 단순히 개별적인 상태의 합계에 불과한 것인지를 언급할 필요가 없다. 앞서 이루어진 주장과 마지막 가설이 서로 조화되기 어렵기는 하지만, 우리는 이 책의 뒤에서 그 문제를 다시 논의할 것이다.[7] 그 주제에 대해 개인이 무엇을 생각하든, 어떤 이름으로 부르든, 그런 경향이 존재하는 것은 사실이다. 각각의 자살마다 우연히 정해진 수효만큼의 자발적인 죽음을 발생시키는 성향이 있다. 그런 만큼 그와 같은 성향이 사회학에 속하는 특수 연구 대상이 될 수 있는 것이다. 그것이 바로 우리가 수행하려 하는 연구이다.

따라서 우리의 의도는 개별적 자살 사건들의 발생에 관여할 수 있는 모든 조건을 가능한 한 완벽하게 조사하는 데 있지 않다. 우리는 다만 사회적 자살률이라고 명명했던 구체적 사실이 의존하는 조건들을 검토하고자 할 뿐이다. 그 조건들 사이의 관계가 어떻든 간에, 그 두 문제는 완전히 구별되는 것으로 생각된다. 실제로 개별적 조건 중에는 전체 자살자 수와 전체 인구 수 사이의 관계에 영향을 미칠 정도로 일반적이지 못한 것들도 있다는 것은 분명하다. 아마도 그 개별적 조건들은 고립된 개인이 자살하는 원인이 될 수 있기는 하겠지만, 사회 '전체의' 높고 낮은 자살 경향에 영향을 미치지는 않는다. 또한 그 조건들은 사회조직의 특정한 상태로부터 기인하지 않는 만큼 사회적인 반향을 불러일으키지도 못한다. 따라서 그 조건들은 사회학자가 아니라 심리학자의 관심 대상이다. 사회학자는 고립된 개인이 아니라 집단에 영향을 미칠 수 있는 요인

6 물론 그런 표현을 사용한다고 해서 우리가 집단의식 개념을 실체화하고자 하는 것은 아니다. 우리는 인간의 영혼이 실제로 존재한다는 것을 용인할 수 없듯이 사회에도 그런 것이 실재한다고 보지 않는다. 그 점에 대해서는 뒤에서 다시 논의할 것이다.
7 이 책의 제3부 제1장을 참고하시오.

들을 통해 자살의 원인들을 탐구하는 것이다. 그런 만큼 사회학자는 자살의 여러 요인 중에서 사회 전체적으로 감지되는 요인들에 관심을 가질 뿐이다. 자살률은 그런 요인들의 산물이다. 그런 이유로 우리는 자살률에 관심을 가져야 한다.

그것이 바로 3부로 구성될 이 책의 주제이다.

어떤 현상을 설명하려면 광범위한 보편성을 갖는 비사회적 요인들에 의존하거나, 아니면 명백히 사회적인 원인들에 의존할 수밖에 없다. 우리는 먼저 비사회적 요인들의 영향이 어떤 것인지를 규명하고, 그 영향이 아예 없는지, 아니면 아주 제한적인지를 살펴보게 될 것이다.

그다음으로 우리는 사회적 원인들의 본성, 그것들이 효력을 일으키는 방식, 여러 다른 종류의 자살을 동반하는 개인적인 상태들과 어떤 관계가 있는지를 규명하게 될 것이다.

그리고 나서 자살을 구성하는 사회적 원인, 다시 말해 방금 지적한 집단적 경향, 그 집단적 경향과 다른 사회적 사실들과의 관계, 그런 경향에 맞설 대응수단 등을 보다 정확히 밝히게 될 것이다.[8]

---

8 필요할 때마다 특별한 문제를 다루고 있는 참고문헌을 각 장의 앞부분에서 찾아볼 수 있을 것이다. 자살에 대한 일반적 참고문헌은 다음과 같다.

I. 공식적인 통계자료 출처

Oesterreischische Statistik (Statistik des Sanitätswesens); Annuaire statistique de la Belgique; Zeitschrift des Koeniglisch Bayerischen statistichen bureau; Preussische Statistik (Sterblichkeit nach Todesursachen und Altersclassen der gestorbenen); Würtembürgische Iahrbücher für Statistik und Landeskunde; Badische Statistik; Tenth Census of the United States. Report on the Mortality and vital statistic of the United States 1880, IIe Partie; Annuario statistico Italiano; Statistica delle cause delle Morti in tutti i communi del Regno; Relazione medico-statistica sulle conditione sanitarie dell' Exercito Italiano; Statistische Nachrichten des Grossherzogthums Oldenburg; Compte rendu général de l'administration de la justice criminelle en France.

Statistisches Iahrbuch der Stadt Berlin; Statlstik der Stadt Wien; Statistisches Handbuch für den Hamburgischen Staat; Jahrbuch für die amtliche Statistik der Bremischen Staaten; Annuaire statistique de la ville de Paris.
다음 논문들에서도 유용한 정보를 발견할 수 있을 것이다.

- PLATTER, "Ueber die Selbstmorde in Oesterreich in den Iahren 1819~1872", in *Statist. Monatsch.*, 1876.
- BRATTASSEVIC, "Die Selbstmorde in Oesterreich in den Iahren 1873~1877", in *Statist. Monatsch.*, 1878, p. 429.
- OGLE, "Suicides in England and Wales in relation to Age, Sexe, Season and Occupation", in *Journal of the statistical Society*, 1886.
- ROSSI, "Il Suicidio nella Spagna nel 1884", *Arch di psychiatria*, Turin, 1886.

II. 자살에 대한 일반 연구

- DE GUERRY, *Statistique morale de la France*, Paris, 1835; *Statistique morale comparée de la France et de l'Angleterre*, Paris, 1864.
- TISSOT, *De la manie du suicide et de l'esprit de révolte, de leurs causes et de leurs remèdes*, Paris, 1841.
- ETOC-DEMAZY, *Recherches statistiques sur le suicide*, Paris, 1844.
- LISLE, *Du suicide*, Paris, 1856.
- WAPPÄUS, *Algemeine Bevölkerungsstatistik*, Leipzig, 1861.
- WAGNER, *Die Gesetzmässigkeit in den scheinbar willkürlichen menschlichen Handlungen*, Hambourg, 1864, IIe Partie.
- BRIERRE DE BOISMONT, *Du suicide et de la folie-suicide*, Paris, Germer Baillière, 1865.
- DOUAY, *Le suicide ou la mort volontaire*, Paris, 1870.
- LEROY, *Etude sur le suicide et les maladies mentales dans le département de Seine-et-Marne*, Paris, 1870.
- OETTINGEN, *Die Moralstatistik*, 3e Auflage, Erlangen, 1882, pp. 786~832 et tableaux annexes 103~120.
- Du MEME, *Ueber acuten und chronischen Selbstmord*, Dorpat, 1881.
- MORSELLI, *Il suicidio*, Milan, 1879.
- LEGOYT, *Le suicide ancien et moderne*, Paris, 1881.
- MASARYK, *Der Selbstmord als sociale Massenerscheinung*, Vienne, 1881.
- WESTCOTT, *Suicide, its history, literature,* etc.., Londres, 1885.
- MOTTA, *Bibliografia del Suicidio*, Bellinzona, 1890.
- CORRE, *Crime et suicide*, Paris, 1891.
- BONOMELLI, *Il Suicidio*, Milan, 1892.
- MAYR, "Selbstmordstatistik", in *Handwörterbuch der Staatswissenschaften, herausgegeben von Conrad, Erster Supplementband*, Iena, 1895.
- HAUVILLER, *Du suicide*, thèse, 1898~1899.

제1부

비사회적 요인

제1장
자살과 정신질환[1]

자살률에 '선험적'으로 영향을 미칠 것이라 추측되는 비사회적 요인에
는 두 종류가 있다. 신체적-심리적 성향과 물리적 환경의 특성이 그것이
다. 나라마다 그 강도는 다르지만, 개인들로 이루어진 집단이나 상당수
의 개인들로 이루어진 계급에는 인간을 직접적으로 자살로 이끄는 경향
이 있을 수 있다. 다른 한편, 기후와 온도 등이 인체에 작용하는 방식도

---

1   - FALRET, *De l'hypocondrie et du suicide*, Paris, 1822.
     - ESQUIROL, *Des maladies mentales*, Paris, 1838 (t. I, pp. 526~676); article "Suicide", in
       Dictionnaire de médecine, en 60 vol.
     - CAZAUVIEILH, *Du suicide et de l'aliénation mentale*, Paris, 1840.
     - ETOC-DEMAZY, "De la folie dans la production du suicide", in *Annales médico-psych.*,
       1844.
     - BOURDIN, *Du suicide considéré comme maladie*, Paris, 1845.
     - DECHAMBRE, "De la monomanie homicide-suicide", in *Gazette médic.*, 1852.
     - JOUSSET, *Du suicide et de la monomanie suicide*, 1858.
     - BRIERRE DE BOISMONT, *op. cit.*
     - LEROY, *op. cit.* — Art. "Suicide", du *Dictionnaire de médecine et de chirurgie pratique*, t.
       XXXIV, p. 117.
     - STRAHAN, *Suicide and Insanity*, Londres, 1894.
     - LUNIER, *De la production et de la consommation des boissons alcooliques en France*,
       Paris, 1877.
     - DU MEME, art. in *Annales médico-psych.*, 1872; *Journal de la Soc. de stat.*, 1878.
     - PRINZING, *Trunksucht und Selhstmord*, Leipzig, 1895.

간접적으로 같은 효과를 낳을 수 있을 것이다. 어쨌든 그런 가설을 검토 없이 제외할 수는 없다. 따라서 우리는 그 두 가지 요인들을 차례로 검토할 것이며, 또한 연구하고자 하는 현상에 그 요인들이 실제로 영향을 미치는지, 만일 미친다면 그 영향은 어떤 것인지를 살펴볼 것이다.

I.

한 사회에서 연간 발생 비율이 상대적으로 일정함과 동시에 민족에 따라 상당히 민감하게 변화하는 질병들이 있다. 정신질환이 거기에 해당한다. 따라서 모든 자살에서 정신질환의 징후를 보는 것이 어느 정도 옳다면, 우리가 제기한 문제는 해결될 것이고, 자살은 개인적 질병에 불과하게 될 것이다.[2]

상당수의 정신의학자가 그와 같은 주장을 지지하고 있다. 에스키롤에 따르면, "자살은 정신이상의 모든 특성을 나타내며"[3], "인간은 정신착란 속에서만 자살을 시도하고, 자살한 사람들은 정신적으로 이상이 있다."[4]고 한다. 에스키롤은 그런 원칙에 따라 자살이 비자발적이므로 법에 의해 처벌되어서는 안 된다는 결론을 내렸다. 팔레[5]와 모로 드 투르도 거의 같은 주장을 하고 있다. 실제로 모로 드 투르는 자신의 논지를 제시하며 다음과 같은 기묘한 언급을 하고 있다. "자살은 모든 경우에 정신이상

---

2 정신질환 자체는 순수하게 개인적인 문제이긴 하다. 하지만 그것도 부분적으로는 사회적 현상이다. 그 점에 대해서는 뒤에서 다시 논의하게 될 것이다.
3 *Maladies mentales*, t. I, p. 639.
4 *Ibid.*, t. I, p. 665.
5 *Du suicide*, etc., p. 137.

의 결과로 여겨져야 하는가? 여기서 그 어려운 문제를 해결하는 대신에 일반적인 사실을 하나 지적하고자 한다. 정신질환을 깊이 연구하고 보다 많은 정신질환자를 경험하고 관찰했던 사람일수록 본능적으로 그 질문에 긍정적으로 답을 하는 방향으로 기울어지는 경향이 있다는 사실이 그 것이다."[6] 1845년에 부르댕 박사는 당시 의학계에 큰 파장을 일으킨 한 논문에서 같은 의견을 더욱 거리낌 없이 지지한 바 있다.

그와 같은 이론은 두 가지 다른 방식으로 옹호될 수 있고, 또 옹호되어 왔다. 첫 번째 방식은 자살 그 자체가 '고유한' 질병, 즉 정신병의 특이한 형태라고 주장하는 것이다. 두 번째 방식은 자살이 별도의 정신질환이라기보다는 단순히 한 가지 혹은 몇 가지 정신질환에 의해 나타나는 사건에 불과하며, 건전한 정신을 가진 사람에게서는 나타나지 않는다고 주장하는 것이다. 전자는 부르댕의 주장인 반면, 후자는 그것을 지지하는 가장 권위 있는 대표자인 에스키롤의 주장이다. 에스키롤은 다음과 같이 쓰고 있다. "앞서 논한 바와 같이 우리가 보기에 자살은 단지 여러 원인에서 비롯되어 아주 다른 특성을 보여 주면서 나타나는 현상이다. 그런 현상을 하나의 질병으로 규정지을 수 없다. 자살을 하나의 '고유한' 질병으로 간주하고 그것을 일반명제로 주장한다면, 그것은 사례들로 보아 틀린 것이다."[7]

자살이 정신질환적 특성의 발현임을 증명해 주는 위의 두 방법 중, 두 번째 방법은 첫 번째 방법보다 덜 엄밀하고 덜 확정적이다. 왜냐하면 그 것을 부정하는 경험적 입증이 불가능하기 때문이다. 실제로 자살의 모

6 *Annales médico-psych.*, t. VII, p. 287.
7 *Maladies mentales*, t. I, p. 528.

든 사례에 대한 완벽한 목록을 작성하는 것은 불가능하며, 사례마다 정신질환의 영향을 드러내는 것도 역시 불가능하다. 아무리 수가 많다 하더라도 과학적 일반화의 토대로 사용될 수 없는 몇몇 개별적인 사례들만을 인용할 수 있을 뿐이다. 비록 반대 사례들이 확인되지 않았다고 해도 그것들이 존재할 가능성은 항상 있다. 하지만 첫 번째의 주장은 입증할 수만 있다면 확정적이 될 수 있다. 만일 자살이 그 자체의 고유한 특성과 독특한 진행 경과를 지닌 정신병인 것으로 밝혀진다면, 문제는 해결될 것이다. 모든 자살자는 미친 사람이라는 것이다.

하지만 자살광folie-suicide이 정말로 존재하는 것일까?

II.

본성상 자살 성향은 특수하고 제한적이기 때문에, 만일 자살이 정신병의 변종이라면, 그것은 한 가지 행동에 국한된 부분적 정신병일 수밖에 없다. 그 정신병이 정신착란증일 수 있기 위해서는 오직 자살이라는 한 가지 목적만을 겨냥해야 한다. 왜냐하면 여러 가지의 목적이 있다면 그것을 정신착란증이라고 규정할 수 없기 때문이다. 전통적인 정신병리학 용어로는 그와 같이 제한적인 정신착란증을 편집증monomanie이라고 부른다. 편집광monomane은 한 가지 점을 제외하고 모든 다른 정신적 측면에서는 완전히 건강하다. 그는 뚜렷하게 제한된 한 가지 결함만을 가지고 있을 뿐이다. 예컨대 그는 가끔 술을 마시거나 도둑질을 하거나 욕을 하는 등의 비이성적이고 부조리한 욕망을 갖지만, 다른 모든 행동과 사고는 완전히 정상적이다. 따라서 만일 자살광이 있다면, 그는 편집광일 수밖

에 없으며, 또 실제로 가장 빈번히 그를 그런 명칭으로 부르곤 했다.[8]

역으로, 만일 편집광이라고 불리는 그런 특이한 질환을 인정한다면, 우리는 쉽게 자살을 편집광 속에 편입시킬 수 있다. 실제로 방금 지적한 정의에 따르면, 그런 종류의 질환의 특성은 지적인 기능에 근본적으로 아무런 장애도 보이지 않는다는 것이다. 편집광이 영위하는 정신생활의 기본은 건강한 사람의 그것과 다름없다. 편집광은 단지 그런 공통된 기본에서 하나의 예외적인 심리 상태만 뚜렷하게 드러낼 뿐이다. 편집증은 충동의 질서에서는 한 가지 고정된 열정, 표상에 있어서는 한 가지 잘못된 환상에 불과하다고 할 수 있다. 다만, 그 정도가 너무 심해 그 주체의 정신을 완전히 사로잡고 그에게서 모든 자유를 앗아가는 상태이다. 예컨대 정상이었다가 야망이 지나치게 커져 다른 모든 대뇌 기능을 마비시킬 정도가 되면 병적인 과대망상의 편집증으로 변한다. 따라서 편집증이 나타나는 데는 정신적 균형을 깨뜨리는 조금 격렬한 감정 폭발만으로도 충분하다. 그런데 일반적으로 자살은 힘을 갑자기 소진하든, 아니면 점진적으로 소진하든 간에 어떤 비정상적인 열정의 영향을 받는다. 따라서 자기보존이라는 근본적인 원초적 본능을 거스를 수 있기 위해서는 그와 같은 힘이 항상 필요하다는 생각이 어느 정도 합리적이기도 하다. 다른 한편, 많은 경우 자살자들은 자기파괴라는 특별한 행위 이외에는 다른 사람들과 전혀 구별되지 않는다. 그런 만큼 자살자들을 일반적인 정신착란증 환자라고 여길 수 없다. 바로 그것이 자살을 편집광이라는 이름의 정신질환 아래 놓은 주장의 근거이다.

그렇다면 과연 편집광은 존재하는가? 오랫동안 그 존재에 대해서는

8   BRIERRE DE BOISMONT, p. 140.

의문이 제기되지 않았다. 정신의학자들은 토론 없이 만장일치로 부분적 정신착란증 이론을 인정했다. 그런 이론이 임상적 관찰에서 증명되었다고 생각했을 뿐만 아니라, 그 이론이 심리학 교육의 당연한 결론으로 제시되기도 했다. 인간의 정신은 보통 협동하지만 때로는 홀로 작용할 수도 있는 분리되고 개별적인 힘과 기능으로 구성된 것으로 여겨졌다. 따라서 그런 기능들 하나하나가 제대로 작동하지 못할 수 있다고 생각한 것은 자연스러워 보인다. 인간의 지성은 의지와 관계없이 표현되고, 또한 감성은 지성과 관계없이 표현될 수 있다. 그렇다면 감성에 아무런 문제없이 지성이나 의지에만 병이 들거나, 또는 그 '반대의 경우'가 존재하지 못할 까닭이 없지 않은가? 그와 같은 원칙을 인간 정신을 구성하는 특정한 형태의 기능에 적용해 보면, 충동, 행동, 혹은 하나의 고립된 생각에만 장애가 발생할 수 있다는 것을 받아들일 수도 있다.

하지만 오늘날 그와 같은 견해는 전반적으로 폐기되었다. 물론 관찰을 통해 편집광이 존재하지 않는다는 사실을 증명할 수는 없다. 그렇지만 그것이 존재한다는 단 하나의 결정적 사례도 찾을 수가 없다. 임상진찰에서도 완전히 고립된 상태에 있는 한 가지 병적인 충동을 발견한 적이 결코 없다. 하나의 능력에 장애가 생길 때는 다른 능력들도 동시에 장애를 받는다. 편집광 신봉자들이 그와 같은 동시적 장애를 관찰하지 못했다면, 그것은 그들의 연구가 잘못되었기 때문이다.

팔레는 이렇게 기술하고 있다. "종교적 관념에 사로잡힌 종교적인 편집광이라고 할 수 있는 정신이상자를 예로 들어 보자. 그는 스스로 신의 계시를 받았다고 말한다. 신의 소명을 받아 그는 이 세상에 새로운 종교를 퍼뜨린다는 것이다. 당신은 그의 생각이 완전히 미친 것이라고 할 것이다. 하지만 그는 그런 종교적 생각들을 제외하고는 다른 사람들과 똑

같이 추론한다. 자! 좀 더 주의 깊게 그를 탐문해 보자. 그러면 당신은 그에게서 다른 병적인 생각들을 곧 발견할 수 있을 것이다. 예컨대 당신은 종교적 관념과 맞먹는 자만심의 성향을 발견하게 될 것이다. 그는 스스로 종교뿐만 아니라 사회도 개혁하라는 소명을 받았다고 생각할 것이다. 아마도 그 자신이 가장 고귀한 운명을 타고났다고 상상할지도 모른다. 만일 그 환자에게서 자만심의 성향을 찾았지만 그것을 발견하지 못했다면, 그 대신 그에게서 자기비하나 공포의 성향을 발견하게 될 것이다. 그 환자는 종교적 관념에 사로잡혀 방황하다가 파멸하리라는 등의 사실을 믿을 것이다."[9] 물론 그런 모든 형태의 정신착란증이 보통 한 사람에게 복합적으로 나타나는 것은 아니지만 대개는 한꺼번에 나타난다. 또는 그런 증세가 병을 앓고 있는 유일한 순간, 같은 순간에 나타나지 않더라도 다소간 인접해서 연속적으로 나타나는 것을 볼 수 있다.

끝으로 그와 같은 특수한 증상과는 독립적으로, 편집광으로 추정되는 사람들에게는 항상 병의 토대를 이루고 있는 정신생활의 전반적 상태가 존재하며, 정신착란은 그런 상태의 외적이고 일시적인 표현에 불과하다. 그런 정신 상태를 형성하는 것은 과도한 흥분, 지나친 조울증 또는 도착증이다. 특히 사고와 행동 사이에 균형과 조화가 없다. 그런 환자도 이성은 가지고 있지만, 그의 사고에는 공백 없이 이어지지 않는다. 그는 불합리하게 행동하는 것이 아니라 연속성이 없이 행동한다. 따라서 정신이상이 부분적으로 일어나며, 또한 그것이 정신생활의 일부에 국한된다고 주장하는 것은 옳지 않다. 정신이상이 일단 이성에 침투하면 그것은 즉시 정신 전반을 점령해 버린다.

---

9 *Maladies mentales*, p. 437.

게다가 편집광 가설이 의지하는 원칙은 현재의 과학적 자료와도 모순된다. 이제 정신의 능력에 대한 옛 이론을 옹호하는 사람은 거의 없는 실정이다. 우리는 의식 활동의 여러 다른 방식에서 통합되지 않은 별개의 힘들을 보지 않으며, 오직 형이상학적 실체 안에서만 그 힘들의 통합을 재발견할 뿐이며, 그것도 상호의존적인 기능들의 통합으로서일 뿐이다. 그런 만큼 다른 기능들에 손상을 입히지 않으면서 한 기능만 손상되는 것은 불가능하다. 그와 같은 기능의 침투는 신체의 다른 부분보다 정신생활과 더욱 밀접하다. 왜냐하면 정신적 기능에는 다른 장기들에 손상을 입히지 않으면서 한 장기만 손상을 입을 정도로 명백하게 구분되는 장기들이 없기 때문이다. 두뇌의 한 부분이 임무를 수행하지 못하게 되었을 때, 두뇌의 여러 다른 부분들이 그 부분을 서로 대체한다는 사실에서 볼 수 있듯이, 두뇌의 각기 다른 영역 간의 정신적 기능의 분배는 명확하게 규정되어 있지 않다. 여러 부분들은 완전한 상호관계를 맺고 있어서 정신이상이 다른 부분들을 손상시키지 않고 어느 한 부분만을 다치게 하는 경우는 없다. 하물며 정신이상으로 정신생활 전체의 근본적인 변화 없이 하나의 관념이나 정서만 변하는 것은 전적으로 불가능하다. 왜냐하면 표상과 충동은 따로 떨어져 존재하지 않기 때문이다. 표상과 충동은 서로 결합되어 정신을 이루는 수많은 작은 실체, 영적인 원자들이 아니다. 하지만 표상과 충동은 의식 중심부의 전체 상태가 외적으로 표현된 것에 불과하다. 표상과 충동은 그 전체 상태에서 파생되고, 그러면서 그 상태를 표현하는 것이다. 그 결과 그런 전체 상태 자체가 병들지 않은 채 표상과 상상만 병들 수는 없다.

그렇게 해서 정신질환의 자리매김을 할 수 없다면, 이른바 편집광은 존재하지 않으며 존재할 수도 없다. 편집광이란 병명으로 지칭된 외관적으로 부분적인 장애는 항상 보다 광범위한 혼란에서 기인한다. 그런 장애는 그 자체가 병이 아니라 보다 일반적인 질환의 특수하고 이차적인 표현이다. 따라서 편집광이 존재하지 않는다면, '자살-편집광'도 존재할 수 없다. 요컨대 자살은 정신이상의 한 형태가 아니다.

Ⅲ.

하지만 자살이 정신이상의 상태에서만 일어날 수 있는 가능성은 여전히 남아 있다. 만일 자살 자체가 정신이상의 특별한 한 형태가 아니라면, 모든 형태의 정신이상에서 자살이 나타날 수 있게 된다. 그렇다면 자살은 단지 정신이상의 일시적이지만 자주 발생하는 증상에 불과하게 된다. 그런 빈번함으로부터 자살이 온전한 정신 상태에서 일어나는 것이 아니라 정신이상 상태에서 일어난다는 결론을 내릴 수 있을까?

그런 결론은 아직 성급한 것 같다. 왜냐하면 정신이상자들의 행동 중에는 그들에게 고유하고 또 정신질환을 특징지을 수 있는 몇몇 행동이 존재하기 때문이다. 그와 반대로 정신이상자와 정상인에게 공통으로 나타나는 다른 행동들이 존재하기도 한다. 다만 그런 공통적인 행동들이 정신이상자의 경우에는 특수한 형태로 나타날 뿐이다. 자살이 위의 두 범주의 행동들 중 첫 번째에 속한다고 '선험적으로' 추정할 이유는 없다. 물론 정신의학자들은 그 자신들이 알고 있는 대부분의 자살자가 정신이상 증상을 보였다고 단언한다. 하지만 검토를 해보면 그런 증거는 아주 빈약하기 때문에 문제 해결에 충분하지 못하다. 게다가 그처럼 한정된 특수한 경험으로부터 그 어떤 일반법칙도 도출될 수 없다. 정신의학자들이 관찰한 자살자들로부터 —당연히 정신질환자들이었다— 관찰되지 않은 훨씬 더 많은 사람에 대한 결론을 이끌어낼 수는 없다.

유일한 방법론적 절차는, 정신이상자들이 저지른 자살을 그 본질적인 특성에 따라 분류하고, 정신질환 자살의 주요 유형을 만들고, 모든 자살이 그와 같이 체계적으로 정리된 질병분류학적 범주에 포함될 수 있는지를 알아보는 것이다. 달리 말하자면 자살이 정신이상자에게 특별한 행위라면, 정신이상에서 발생되는 여러 가지 자살 형태를 확정하고, 이어서 과연 그런 형태에서만 자살이 발생하는가를 알아야 한다.

일반적으로 전문가들은 정신이상자의 자살을 분류하는 데 거의 주의를 기울이지 않았다. 하지만 다음과 같은 네 가지 유형에 자살의 주요 사례들이 포함될 수 있다고 생각된다. 그와 같은 분류의 주요 특징은 주세와 모로 드 투르의 연구에서 인용한 것이다.[10]

① '조병躁病 자살'. 이것은 환각이나 착란에서 기인한다. 환자는 상상적인 위험이나 치욕에서 벗어나고, 또는 신이 내린 신비한 명령에 복종하는 등의 목적을 위해 자살한다.[11] 하지만 그와 같은 자살의 동기와 진행 방식은 자살을 초래한 질환, 즉 조병의 일반적인 특성을 반영한다. 조병의 대표적 특징은 극단적인 변동성이다. 아주 다양하고 심지어는 상충되기까지 하는 생각과 감정이 조병 환자의 정신 속에서 엄청난 속도로 계속 이어진다. 그것은 계속되는 회오리바람과 같다. 하나의 의식 상태가 즉시 다른 의식 상태에 의해 대치된다. 조병 자살을 결정하는 동기

---

10 다음의 사전 항목을 참고하시오. "Suicide" du *Dictionnaire de médecine et de chirurgie pratique*.
11 이 환각증은 환자로 하여금 위험한 행동을 무릅쓰게 하는 것과 혼동해서는 안 된다. 예컨대 환자가 창문을 방문으로 착각하는 것은 환각증과는 다르다. 후자의 경우는 앞서 규정된 자살이라기보다는 사고사로 규정된다.

도 그와 마찬가지다. 조병 자살의 동기는 나타났다가 사라지고, 아주 **빠**른 속도로 변화한다. 갑자기 자살을 암시하는 환각이나 착란이 나타나고 자살 시도로 이어진다. 하지만 곧 상태가 바뀌어 자살 시도가 실패로 끝나면 적어도 당장은 같은 시도가 되풀이되지 않는다. 나중에 다시 자살을 시도한다면, 그것은 다른 동기 때문이다. 아주 무의미한 일로도 갑작스러운 변화가 일어날 수 있다. 그런 부류의 환자 한 명이 자살을 하려고 별로 깊지 않은 강물로 뛰어든 적이 있다. 그는 빠져 죽을 수 있는 장소를 찾고 있었는데, 그때 그의 행동을 수상하게 여긴 세관원이 다가와 그에게 총을 겨누고 물에서 나오지 않으면 쏘겠다고 위협했다. 그 환자는 곧장 순수히 집으로 돌아갔고, 더 이상 자살할 생각을 하지 않았다.[12]

② '우울증 자살'. 이것은 극단적인 우울과 과도한 슬픔이라는 일반적 상태와 관련되어 있어 환자가 주위의 사람 및 사물들과의 관계를 더 이상 건전하게 인식하지 못하는 경우에 일어난다. 그는 즐거움에 아무런 매력도 느끼지 못한다. 그는 모든 것을 어둡게 본다. 그에게 삶은 권태롭고 고통스럽게 보인다. 그런 성향이 지속적인 것과 같이 자살에 대한 생각도 마찬가지다. 자살에 대한 생각이 매우 확고하며, 그 생각을 결정짓는 여러 동기들은 항상 동일하다. 건강한 부모에게서 태어난 한 소녀가 시골에서 어린 시절을 보낸 후 14세쯤 되던 해에 교육을 받기 위해 집을 떠나게 되었다. 그때부터 그 소녀는 표현할 수 없는 짜증을 느끼고 고독의 취향을 갖게 되었으며, 거역하기 어려운 죽음의 욕망에 사로잡히게 되었다. "그녀는 몇 시간이나 땅만 바라보면서 꼼짝하지 않고, 마치 무서운 사건을 두려워하는 사람처럼 가슴이 억눌리는 상태에 있었다. 강물에

---

12 BOURDIN, *op. cit.*, p. 43.

투신하기로 굳게 결심한 그녀는 누구도 자기를 구조하러 오지 못하도록 가장 외딴 장소를 찾아다녔다."[13] 자신이 하려는 행동이 죄악이라는 것을 깨달은 그녀는 잠시 자살을 포기했다. 하지만 1년 후에 자살 충동이 더욱 강하게 되살아나 결국 같은 간격으로 자살을 시도하기에 이르렀다.

종종 환상과 착란이 그런 전체적인 절망과 결합되어 직접 자살로 이어지기도 한다. 다만 방금 살펴본 조병 환자에게서 발견되는 것과 같은 변동성은 없다. 그와 반대로 환상과 착란은 그런 증상을 낳은 전반적 상태와 마찬가지로 고착된다. 환자를 사로잡는 두려움이나 자기비난, 그가 느끼는 슬픔의 감정은 언제나 동일하다. 그런 만큼 그런 유형의 자살이 조병 자살처럼 상상적인 이유로 발생한다 하더라도, 우울증 자살은 급성이 아닌 만성적이라는 특징으로 조병 자살과 구분된다. 따라서 우울증 자살은 매우 집요하다. 그 범주에 속하는 환자들은 자살 수단을 침착하게 준비한다. 그들은 자살이라는 목적을 추구함에 있어서 믿기 어려울 정도로 일관적이며 때로는 교활하기까지 하다. 조병 환자의 계속되는 불안정성과 우울증 환자의 그런 일관된 정신적 상태 사이에는 그 어떤 유사성도 없다. 조병의 경우에는 지속적인 원인이 없는 순간적인 충동만이 있을 뿐이며, 우울증의 경우에는 환자의 일반적 특징과 연결된 지속적 상태가 있다.

③ '강박증 자살'. 이것은 실제적이든 상상적이든 간에 그 어떤 동기도 없이 발생하며, 뚜렷한 이유 없이 환자의 정신을 완전히 장악하고 있는 죽음의 관념이 굳어지면서 발생한다. 그는 자살할 아무런 합리적인 동기가 없다는 것을 완벽하게 알고 있음에도 불구하고 자살하려는 욕구에 사

<hr>

13   FALRET, *Hypocondrie et suicide*, pp. 299~307.

로잡혀 있다. 그런 욕구는 반성과 이성의 통제를 벗어난 본능적인 욕구이며, 훔치고자 하는 욕구, 살인하고 싶은 욕구, 방화하려는 욕구처럼 편집증의 형태와 유사하다. 환자가 자신의 욕망이 부조리하다는 것을 알고 있기 때문에, 그는 처음에는 저항하고자 한다. 하지만 저항이 지속되는 시간에 그는 슬픔을 느끼고, 우울해하며, 매일 커져가는 명치끝을 내리누르는듯한 불안감을 느끼게 된다. 그런 이유로 그런 종류의 자살에 종종 '불안으로 인한 자살'이라는 명칭이 붙기도 한다. 어느 날 한 환자가 브리에르 드 부아몽에게 한 고백은 그런 상태를 완벽하게 보여 주고 있다. "회사 사원인 저는 일상 업무를 충실히 수행했습니다. 하지만 제 자신은 자동인형처럼 행동했으며, 누가 저에게 말을 걸어올 때 그 말소리가 허공에서 울리는 것처럼 느껴졌습니다. 저의 가장 큰 고통은 한순간도 벗어날 수 없는 자살에 대한 생각으로부터 기인합니다. 저는 1년 전에 그와 같은 충동에 사로잡혔습니다. 처음에는 대수롭지 않았습니다만, 약 두 달 전부터는 어디에 있든 그런 충동이 따라다닙니다. '하지만 저는 자살을 해야 할 아무런 동기를 가지고 있지 않습니다.…' 건강은 좋습니다. 가족 중 누구도 저와 비슷한 고통을 받고 있지 않습니다. 재정적인 손실도 없으며, 수입도 충분한 편이라 제 나이 또래의 사람들처럼 즐거움을 누릴 여유도 있습니다."[14] 하지만 환자가 저항을 포기하고 자살을 결심하자마자, 불안은 그치고 안정을 되찾게 된다. 자살 시도가 실패하더라도 그것만으로 병적인 욕망을 일시적으로 진정시키는 데 충분하다. 환자가 죽음 충동을 비웠다고 할 만하다.

④ '충동적 혹은 자동적 자살'. 이런 유형의 자살에는 방금 살펴본 강박

---

14 *Suicide et folie-suicide*, p. 397.

증 자살과 같이 동기가 없다. 환자의 현실이나 상상 속에는 자살할 아무런 이유가 없다. 다만, 그런 자살은 짧거나 긴 기간에 걸쳐 정신을 사로잡고 점차 자살 의지를 일으키는 고정된 생각에 의해 발생하는 것이 아니라, 저항할 수 없는 충동에서 갑작스럽고 즉각적으로 발생한다. 눈 깜짝할 사이에 죽음 충동이 강하게 일어나 자살 행위 혹은 적어도 그 행위의 실행을 촉발시킨다. 그와 같은 갑작스러운 행위는 앞서 살펴본 조병 자살을 상기시킨다. 조병 자살은 아무리 비합리적일지라도 항상 어떤 이유를 갖는다. 조병 자살은 환자의 정신착란에서 기인한다. 그 반면에 충동적 자살에서는 자살 성향이 자동적으로 나타나고 실행되며, 거기에 지적 사고가 전혀 개입되지 않는다. 칼을 보거나 절벽 위를 걷게 되는 등의 순간에 즉각적으로 자살하려는 생각이 들고, 그 실행이 너무도 빨라 환자도 종종 무슨 일이 일어났는지를 의식하지 못한다. "한 남자가 친구들과 조용히 대화하고 있었다. 그런데 갑자기 그가 벌떡 몸을 일으켜 난간을 뛰어넘어 강물에 빠졌다. 구조된 후 그에게 동기를 물었다. 그는 자기 행동의 동기를 전혀 알지 못했다. 그는 어찌할 수 없는 힘에 굴복했던 것이다."[15] 또 다른 환자는 이렇게 말하고 있다. "이상한 것은, 제가 그 십자형 유리창에 올라간 방법, 그때 저를 지배했던 생각을 기억할 수 없다는 것입니다. 왜냐하면 저는 자살할 생각을 결코 가지지 않았으며, 적어도 지금은 그런 생각을 가지고 있었는지조차 기억나지 않기 때문입니다."[16] 미약한 정도이기는 하지만 환자들은 충동이 생겨나는 것을 느꼈으며, 그 즉시 그런 충동에서 빠져나오면서 죽음의 유혹을 떨쳐버릴 수 있었던 것이다.

---

15   BRIERRE, *op. cit.*, p. 574.
16   *Ibid.*, p. 314.

요약해서 말하자면 모든 정신질환자의 자살은 동기가 전혀 없거나 순전히 상상 속의 동기로 인해 결행된다. 그런데 대다수의 자살자는 그 두 범주에 해당하지 않는다. 그들 중 대부분은 현실에 근거한 동기를 가지고 있다. 따라서 모든 자살을 정신이상으로 볼 수 없다. 그렇다면 그것은 언어의 남용일 것이다. 방금 우리가 특징들을 살펴본 자살 유형 중에서 정상인들의 자살과 가장 구별이 어려운 것은 우울증 자살이다. 왜냐하면 자살하는 정상인도 정신이상자처럼 아주 빈번하게 실의와 우울에 빠져 있기 때문이다. 하지만 양자 간에는 항상 근본적인 차이가 있다. 정상인이 자살하는 심적 상태와 거기에서 비롯되는 행동에는 객관적인 이유가 있는 반면, 정신질환자의 자살은 외부 상황과 아무런 관계가 없다. 결국 환상과 환각이 정상적인 지각과 다르고, 자동적인 충동이 의도적 행동과 다른 것처럼, 정신질환자의 자살은 정상인의 자살과 구별된다. 사실, 우리는 정확히 구별하지 않으면서 한 경우에서 다른 경우로 넘어간다. 하지만 일반적으로 두 경우를 동일시한다면 건강과 질병도 역시 구별할 수 없을 것이다. 왜냐하면 질병은 건강의 변형된 형태에 불과하기 때문이다. 설사 보통 사람은 자살하지 않고 정신이상을 보이는 자만 자살한다는 사실이 증명된다고 하더라도, 정신이상을 자살의 필요조건으로 여기는 권리는 확보되지 못할 것이다. 왜냐하면 정신이상자가 단지 보통 사람과 다르게 생각하거나 행동하는 사람이 아니기 때문이다.

따라서 자살을 정신질환과 밀접한 관계가 있다고 보는 것은 단어의 의미를 임의적으로 제한하면서만 가능하다. 에스키롤은 이렇게 쓰고 있다. "고귀하고도 너그러운 감정으로 법에 복종하고, 신념을 지키고, 조국을 구하기 위해 자신을 위험 속에 내던지고, 불가피한 죽음 앞에서 기꺼이 자신의 삶을 희생한 사람은 자살을 한 것이 아니다."[17] 이에 에스키롤은 데키우스[18]와 아사스[19] 등의 예를 들고 있다. 그와 마찬가지로 팔레도 쿠르티우스,[20] 코드루스,[21] 아리스토데모스[22] 등의 경우를 자살로 간주하는 것을 거부한다.[23] 부르댕 역시 종교적 신앙과 정치적 신념뿐만 아니라 고귀한 감정에서 영감을 받은 모든 자발적인 죽음에까지 예외를 확장시키고 있다. 하지만 자살을 직접적으로 초래한 동기의 성질에 의해 자살을 정의할 수 없으며, 따라서 자살과 자살이 아닌 것을 구별할 수 없다는 것을 우리는 잘 알고 있다. 환자 자신이 자기 행동의 결과를 분명히 알고 한 행동으로 일어난 모든 경우의 죽음은, 그 목적이 무엇이든 간에, 본질적으로 너무나 비슷해서 서로 다른 부류로 나누기가 어렵다. 결국 그런 죽음들은 하나의 유類에 속한 여러 가지 종種으로 분류할 수밖에 없다. 또한 그런 구분을 위해서는 희생자가 추구하는 다소 문제의 소지가 있는 목적 이외의 다른 기준을 찾아야 할 것이다. 그렇게 되면 적어도 정신질환과는 무관한 한 부류의 자살이 남게 된다. 하지만 한 번 예외를 적용

17 *Maladies mentales*, t. I, p. 529.
18 역주: 데키우스(Décius, 201~251년)는 로마제국의 제30대 황제로 특히 기독교 박해자로 유명하다. 로마의 옛 정신의 부활을 내세우며 로마의 침체를 기독교 탓으로 돌려 박해했다. 고트족과의 늪지대 전투에서 전사했다. 로마제국 역사상 최초로 외적과의 전투에서 죽은 황제로 기록되었다.
19 역주: 아사스(Louis d'Assas du Mercou, 1733~1760년)는 18세기에 활약했던 프랑스 군인으로 1756~1763년 사이에 벌어진 오스트리아 왕위 계승전쟁인 7년전쟁에서 용감하게 싸우다 전사했다.
20 역주: 쿠르티우스(Marcus Curtius)는 '자기희생'의 본보기로 여겨지는 고대 로마의 전설적인 인물로 생몰연대는 알려져 있지 않다. B.C. 362년경에 로마 광장 앞에 커다란 구멍이 생겼는데, 무엇으로도 메워지지 않는 그 신비한 구멍을 메우기 위해 완전무장 한 채 몸을 내던진 로마의 귀족이다.
21 역주: 코드루스(Codurus, 재위 기간 B.C. 1089~1068년)는 고대 그리스 전설에 따르면 아테네 제17대이자 마지막 왕으로, 왕의 죽음만이 아테네의 안전을 보장할 것이라는 신탁에 따라 자신을 희생한 것으로 유명하다.
22 역주: 아리스토데모스(Aristodème)는 그리스-페르시아 전쟁 중 하나인 테로로필레 전투에 참여했다가 눈병을 이유로 스파르타로 귀환한 후에 '겁쟁이 아리스토데모스'로 비난을 받았다. 그 후 플라타이아 전투에서 명예회복을 위해 장렬히 싸우다 전사한 군인이다.
23 *Hypocondrie et suicide*, p. 3.

하기 시작하면 끝이 없다. 왜냐하면 너그러운 감정에 의한 죽음과 덜 고상한 동기에 의한 죽음 사이에는 애매한 경계선만이 있을 뿐이기 때문이다. 첫 번째 부류와 두 번째 부류 사이에는 감지하기 어려울 정도의 차이가 있을 뿐이다. 그런 만큼 두 번째 부류에 대해서도 자살이라는 같은 이름을 붙여서 안 될 이유는 없다.

결국 정신질환과 관계가 없는 자살이 존재하며, 그 수도 상당히 많다. 우리는 그런 부류의 자살은, 그것이 의도적이라는 점에서, 그리고 순전히 환상이 아닌 생각 속의 표상에서 기인한다는 두 가지 사실을 통해 식별할 수 있다. 수많은 논란을 일으켰던 그 문제는 이제 자유의 문제를 제기하지 않고서도 해결될 수 있다. 모든 자살자가 정신이상자인지를 알기 위해서 그들이 자유롭게 행동한 것인지 여부를 우리는 묻지 않았다. 우리는 단지 여러 다른 종류의 자발적인 죽음에서 관찰될 수 있는 경험적 특징들만을 근거로 삼았을 뿐이다.

IV.

정신질환자의 자살이 모든 자살에 해당하는 것이 아니라 그중 일부를 구성하는 데 지나지 않기 때문에, 정신이상에 해당하는 정신질환은 일반적인 자살의 공통적 경향을 설명하지 못한다. 하지만 이른바 정신이상과 완벽하게 균형 잡힌 지성 사이에는 수많은 중간 단계들이 존재한다. 보통 신경쇠약이라는 공통된 이름하에 모아 놓을 수 있는 질병들이 그것이다. 따라서 정신이상에 의한 자살을 제외하고, 우리가 관심을 가지고 있는 자살 현상의 원인에서 신경쇠약증이 중요한 역할을 하는지를 살펴볼 필요가 있다. 정신질환에 의한 자살이 있다는 사실 자체가 문제를 제기한다. 실제로 신경계통의 심한 손상에 의해 자살이 발생한다면, 작은 손상은 같은 영향을 미치더라도 그 정도가 덜 심해야 할 것이다. 신경쇠약은 정신이상의 초기 증세의 일종이므로 부분적으로는 같은 영향을 미친다. 그런데 신경쇠약은 정신질환보다 훨씬 더 널리 퍼져 있고, 심지어는 점점 보편적인 현실이 되고 있다. 그런 만큼 신경쇠약이라고 지칭되는 비정상 상태는 자살률을 변화시키는 하나의 요인이 될 수도 있다.

게다가 신경쇠약은 자살로 기울 수도 있다는 것을 우리는 알고 있다. 왜냐하면 신경쇠약자는 기질적으로 고통을 받기 때문이다. 일반적으로 이러한 고통은 신경계통에 극심한 충격이 가해져서 생긴다는 사실이 잘 알려져 있다. 지나치게 강한 신경 신호는 대개의 경우 고통스럽다. 하지만 고통이 시작되는 '최대' 강도는 개인에 따라 다르다. 신경의 저항력이 강한 자들의 최대 강도는 높으며, 저항력이 약한 자들의 경우는 낮다. 따라서 저항력이 약한 사람들은 고통을 더 빨리 느끼게 된다. 신경쇠약자에게는 모든 인상이 불쾌감의 원천이며, 모든 움직임이 피로의 원천이다. 그의 신경은 피부처럼 가벼운 접촉에도 상처를 입게 된다. 보통의 경우 아주 조용하게 진행되는 생리적인 기능도 그에게는 고통스럽다. 그와 반대로 기쁨도 실제로 아주 낮은 수준에서 시작된다. 왜냐하면 약화된 신경 계통은 정상적인 유기체를 흥분시킬 수 없는 정도의 자극에도 민감하게 반응하기 때문이다. 그렇게 해서 아주 사소한 일도 그런 사람에게는 과도한 기쁨을 드러내는 기회가 될 수 있다. 따라서 그는 한쪽에서 상실한 것만큼 다른 쪽에서 이득을 보는 것처럼 보이고, 또 그런 보상작용의 덕택으로 그는 다른 사람들보다 내적 투쟁을 더 잘 견뎌낼 수 있는 준비가 된 것처럼 보인다. 그렇지만 그는 실제로 그런 투쟁에서 약하다. 왜냐하면 평균적인 일상생활에서 가장 빈번하게 발생하는 인상과 감각이 항상 너무 강하기 때문이다. 그 결과, 그런 사람의 삶은 잘 조절되지 못할 위험이 있다. 물론 은거해 외부의 소음이 줄어든 특별한 환경을 조성할 수 있다면, 그는 지나치게 고통받지 않으면서 살아갈 수도 있을 것이다. 그렇기 때문에 신경쇠약자가 자신을 괴롭히는 세상을 피해 고독을 추구하는 것을 종종 볼 수 있다. 하지만 만일 혼탁한 세상 속으로 다시 돌아가야 되고, 외부의 충격으로부터 자신의 병적인 감각을 보호할 수 없다면, 그는 기쁨보다는 고통을 받을 공산이 크다. 따라서 그런 부류의 사람은 자살을 선택하기 쉽다.

신경쇠약자의 삶을 어렵게 만드는 원인은 이뿐만이 아니다. 신경계통이 극히 예민한 탓에 그의 생각과 감정은 항상 불안정한 균형 상태에 있다. 그에게는 아주 가벼운 인상도 비정상적인 강도로 작용하기 때문에, 그의 정신 조직은 매순간 극도로 흥분된 상태에 있고, 중단 없이 가해지는 충격하에서 확고한 형태로 유지될 수가 없다. 그것은 항상 변화 중에 있다. 그의 정신조직이 안정되기 위해서는 과거의 경험이 지속적인 효과를 내야 하는데, 그와는 달리 갑작스럽게 끼어드는 격렬한 변동이 과거의 경험을 끊임없이 휩쓸어 가고 파괴해 버린다. 그런데 안정되고 지속적인 환경 속에서의 삶이란 그 사람의 기능들이 안정되고 지속될 때에만 가능할 뿐이다. 왜냐하면 산다는 것은 외부의 자극에 적절한 방식으로 반응하는 것을 의미하며, 그런 조화로운 반응은 오직 시간과 습관에 의해서만 확립될 수 있기 때문이다. 그런 반응은 종종 여러 세대에 걸쳐 반복된 경험의 결과이며, 그런 결과는 부분적으로 유전이 되기도 하지만, 그렇다고 행동할 때마다 매번 완전하게 재현되는 것은 아니다. 그와 반대로 만일 행동하는 순간에 모든 것을 다시 해야 한다면, 행동이 제대로 이루어지지 않을 것이다. 그런 안정성은 우리가 물리적 환경뿐만 아니라 사회적 환경과 맺는 관계에서도 역시 필요하다. 개인이 조직화된 사회 속에서 삶을 영위하기 위해서는 그 역시 확고한 정신적이고 도덕적인 구조를 가지고 있어야만 한다. 그런데 신경쇠약자에게는 바로 그런 정신적, 도덕적 구조가 부족하다. 그는 마음이 동요된 상태이기 때문에 끊임없이 주변 상황에 즉흥적으로 반응한다. 그는 주변 상황에 대응할 준비가 되어 있지 않기 때문에 새로운 행동 형태를 고안해 내야 한다. 그로부터 잘 알려진 신경쇠약자들의 새로운 것에 대한 취향이 기인한다. 하지만 그가 전통적인 상황에 적응해야 한다면, 그의 즉흥적인 방식은 경험에서 우러난 방식을 능가하지 못하므로 대개 실패로 끝나게 된다. 결국 사회 체계가 고정될수록 변덕이 심한 사람은 그만큼 더 살기가 어렵게 된다.

따라서 그런 심리적 유형은 자살자들 가운데 가장 흔하게 발견되는 유형이라는 것은 그럴 듯해 보인다. 그 경우에도 다음 질문들에 답을 해야 할 것이다. 개인적 조건이 자살의 발생에 어느 정도 영향을 미치는가? 상황의 도움이 있다면 그런 조건만으로도 자살을 일으키기에 충분한가? 아니면, 그런 조건은 단순히 개인을 그에게 외재적인 자살 현상의 유일한 결정적 원인이 되는 힘에 보다 더 가까이 접근시키는 효과만을 낳을 뿐인가?

위의 질문들을 직접적으로 해결하기 위해서는 자살자 수의 변화와 신경쇠약자의 수의 변화를 비교해 보아야 한다. 불행하게도 신경쇠약자 수의 변화는 통계적으로 조사된 바가 없다. 하지만 우회적으로 그런 난점을 돌파할 수 있다. 정신이상은 신경쇠약증의 심화된 형태라고 할 수 있기 때문에, 신경쇠약자 수의 변화는 정신질환자 수에 비례한다고 보아도 큰 오류가 없을 것이다. 그런 만큼 우리는 정신질환자 통계로 신경쇠약자 통계를 대체할 수 있을 것이다. 게다가 그런 절차를 통해 우리는 모든 종류의 정신병과 자살률의 일반적인 관계도 알아낼 수 있는 이점도 갖게 된다.

하지만 정신질환이 자살에 대해 미치지 않는 영향을 잘못 해석하도록 하는 한 가지 사실이 있다. 자살도 정신질환처럼 농촌보다 도시에서 더 널리 퍼져 있다는 사실이 그것이다. 따라서 자살도 정신질환과 같이 증가하고 감소하는 것처럼 보인다. 그로 인해 자살이 정신질환에 의존하는 것처럼 생각될 수도 있다. 하지만 그와 같은 평행관계가 반드시 원인과 결과의 관계를 보여 주는 것은 아니다. 그 관계는 단순한 우연의 소산일 가능성이 농후하다. 곧 살펴보겠지만, 자살의 사회적 원인 자체가 도시 문명과 밀접한 관계가 있고, 또 대도시에서 자살률이 가장 높은 만큼, 위의 가설의 타당성은 용인될 수도 있다. 따라서 정신질환이 자살에 미치는 영향을 측정하기 위해서는 사회적 조건에 비례해 변화하는 사례들을 제거해야 한다. 왜냐하면 두 요인이 같은 경향을 보인다면 최종 결과에서 각각의 비중을 분리하는 것이 불가능하기 때문이다. 두 요인이 서로 반비례할 경우, 그것들을 배타적으로 고려해야 한다. 다만 양자 사이에 상충하는 점이 있을 때에만 어느 요인이 자살에 결정적인가를 알 수 있을 뿐이다. 만일 정신질환이 자살의 발생에서 결정적 역할을 한다면, 정신질환의 특징적 효과가 나타나야 할 것이다. 설사 사회적 조건이 그런 효과를 중화시키는 경향이 있다고 해도 말이다. 그리고 역으로 개인적 조건과 상충될 때는 사회적 조건이 제거되야 할 것이다. 그런데 다음 사실들은 그 반대의 경우가 법칙이 된다는 것을 보여 준다.

① 정신병원에 수용된 환자의 경우, 모든 통계에서 여자의 수가 남자

의 수보다 약간 더 많다. 비율은 나라에 따라 다르지만, 다음의 표에서 보는 바와 같이, 일반적으로 그 비율은 100명의 환자 중 여자 54명 또는 55명, 남자 46명 또는 45명꼴이다.

지역	연도	남자	여자
슐레지엔	1858	49	51
작센	1861	48	52
뷔르템베르크	1853	45	55
덴마크	1847	45	55
노르웨이	1855	45*	56*
뉴욕	1855	44	56
매사추세츠	1854	46	54
메릴랜드	1850	46	54
프랑스	1890	47	53
프랑스	1891	48	52

* 합계가 100을 초과하지만, 원서대로 기재했다.

코흐는 11개국의 전체 정신질환자 수에 대한 통계 자료를 수집했다. 전체 남녀 정신질환자 166,675명 중 남성은 78,584명, 여성은 88,091명이며, 남성 1,000명당 1.18명, 여성 1,000명당 1.3명꼴이었다.[24] 마이르도 그와 비슷한 수치를 제시했다. 물론 여자 환자가 더 많은 것이 남자 환자의 사망률이 여자 환자의 사망률보다 높기 때문이 아니냐고 물을 수 있다. 실제로 프랑스의 경우, 정신병원에서 사망한 환자 100명 가운데 55명이 남자이다. 따라서 어떤 기간에 조사된 여자 환자의 수가 남자 환자의 수보다 더 많다는 사실이 여자가 남자보다 정신질환에 훨씬 더 잘

---

24 KOCH, *Zur Statistik der Geisteskrankheiten*, Stuttgart, 1878, p. 73.

걸린다는 점을 증명해 줄 수는 없으며, 단지 모든 조건 하에서 여자가 남자보다 더 오래 산다는 점만을 증명해 줄 수 있다. 어쨌든 실제 정신질환자 가운데 여자가 남자보다 더 많다는 것은 사실이다. 그렇다면 정신질환에서 얻은 논증을 신경쇠약에 적용하는 것이 타당해 보이므로, 일정한 기간의 신경쇠약환자도 여자가 남자보다 더 많이 존재해야 한다.

그 결과, 자살률과 신경쇠약증 사이에 인과관계가 있다고 한다면, 여자의 자살수가 남자보다 더 많아야 할 것이다. 적어도 여자가 남자만큼 자살을 해야 할 것이다. 왜냐하면 여자의 낮은 사망률을 고려해 신경쇠약환자의 통계를 수정하더라도, 우리는 여자도 남자만큼 정신질환에 걸리기 쉽다는 결론만을 내릴 수 있다. 여자의 낮은 사망률과 정신병 통계에서 여성이 차지하는 수적 우세는 거의 정확하게 상쇄된다. 하지만 여

[표 4][25] **자살자 수와 남녀 비율**

지역과 기간	자살자 수		비율	
	남자	여자	남자	여자
오스트리아 1873~1877	11,429	2,478	82.1	17.9
프로이센 1831~1840	11,435	2,534	81.9	18.1
프로이센 1871~1876	16,425	3,724	81.5	18.5
이탈리아 1872~1877	4,770	1,195	80	20
작센 1851~1860	4,004	1,055	79.1	20.9
작센 1871~1876	3,625	870	80.7	19.3
프랑스 1836~1840	9,561	3,307	74.3	25.7
프랑스 1851~1855	13,596	4,601	74.8	25.2
프랑스 1871~1876	25,341	6,839	78.7	21.3
덴마크 1845~1856	3,324	1,106	75	25
덴마크 1870~1876	2,485	748	76.9	23.1
영국 1863~1867	4,905	1,791	73.3	26.7

25 MORSELLI의 통계를 참고했다.

자들의 자살 성향이 남자보다 더 높거나 같다고 해도 자살은 본질적으로 남자들에게 일어나는 현상으로 보인다. 자살하는 여자 1명에 대해 평균 4명의 남자가 자살을 하고 있다[표 4]. 남자와 여자는 일정한 자살 경향을 보이며, 심지어 각 사회적 환경마다 일정하기까지 하다. 하지만 그런 경향은 결코 정신질환적 요소처럼 변화하지 않는다. 정신질환자의 연간 발생 수로 보든지, 아니면 일정한 시점에서의 총수로 보든지 그 결과는 마찬가지다.

② [표 5]를 통해 우리는 여러 다른 종교에서 나타나는 정신질환 성향의 강도를 비교할 수 있다.

다른 종교 신도들보다 유대교 신도들에게 정신이상이 훨씬 더 빈번하게 발생한다는 것을 볼 수 있다. 따라서 다른 신경계통 질환도 거의 동

[표 5] 종교별 정신질환자의 비교(인구 1,000명 중 정신질환자 수)[26]

지역	연도	개신교	가톨릭	유대교
슐레지엔	1858	0.74	0.79	1.55
메클렌부르크	1862	1.36	2	5.33
바덴	1863	1.34	1.41	2.24
바덴	1873	0.95	1.19	1.44
바이에른	1871	0.92	0.96	2.86
프로이센	1871	0.8	0.87	1.42
뷔르템베르크	1832	0.65	0.68	1.77
뷔르템베르크	1853	1.06	1.06	1.49
뷔르템베르크	1875	2.18	1.86	3.96
헤세 대공국	1864	0.63	0.59	1.42
올덴부르크	1871	2.12	1.76	3.37
베른	1871	2.64	1.82	

26 KOCH, op. cit., pp. 108~119를 참고했다.

일할 것이라고 생각할 수 있다. 하지만 유대교 신도들의 자살 경향은 매우 낮다. 뒤에서 유대교 신도들의 자살률이 가장 낮다는 점도 밝힐 것이다.[27] '따라서 이 경우에 자살은' 정신질환의 연장이라기보다는 오히려 '그것과 반비례한다.' 물론 그로부터 신경이나 대뇌의 질환이 자살을 방지하는 데 소용된다는 결론을 내려서는 안 될 것이다. 하지만 신경성 질환이 가장 많이 발생하는 시기에 자살률이 가장 낮기 때문에, 신경성 질환이 자살의 결정에 거의 영향을 주지 못한다는 사실이 입증되고 있다.

가톨릭과 개신교만을 비교해 본다면 반비례의 관계가 덜 일반적이기는 하지만, 역시 아주 빈번하게 나타나고 있다. 가톨릭 신도들의 정신질환 경향은 개신교 신도들보다 3분의1 정도 낮을 뿐이며, 그런 만큼 그 차이는 아주 미미하다. 그와 반대로 가톨릭 신도들의 자살률은 모든 곳에서 개신교 신도들보다 예외 없이 훨씬 낮다는 것을 [표 18][28]에서 볼 수 있다.

③ 뒤에서 밝혀지겠지만,[29] 모든 나라의 자살 경향은 유년기부터 노년에 이르기까지 거의 규칙적으로 증가한다. 자살 성향이 종종 70세와 80세 이후에 조금 감소하지만, 그 감소는 아주 미미하다. 그 연령대의 자살은 항상 성년기의 2배 내지 3배로 유지되고 있다. 역으로 정신질환은 성년기에 가장 빈번하게 발생한다. 30세경이 가장 위험한 시기이며, 30세가 지나면 정신질환은 줄어들고, 노년으로 가면 가장 낮아진다.[30] 자살률에 변화를 가져오는 원인과 정신질환에 변화를 가져오는 원인이 서

27 이 책의 제1부 제2장 173면을 참고하시오.
28 이 책의 172면을 참고하시오.
29 이 책의 95면의 [표 9]를 참고하시오.
30 KOCH, *op. cit.*, pp. 139~146.

로 다르지 않다면, 그와 같은 대조적 차이는 설명이 불가능하다.

만일 우리가 각 연령별 자살률을 같은 기간 동안 새로 발생한 정신질환 수와 비교하지 않고 전체 정신병 환자의 비율과 비교해 본다면, 정신병과 자살 사이에 그 어떤 평행관계도 없다는 것은 분명하다. 전체 인구에 비해 정신병이 가장 많은 것은 35세경이다. 그 비율은 약 60세경까지 거의 동일하게 유지되다가 60세를 넘으면 급격하게 떨어진다. 따라서 자살률이 '가장' 높은 연령층에서는 그 비율이 '최소'이며, 그전에는 양자 간에 발생하는 변화 사이에서 규칙적 관계를 발견하는 것은 불가능하다.[31]

④ 자살과 정신질환이란 두 가지 관점에서 여러 사회들을 비교해 보아도 두 가지 현상의 변동 사이에서 아무런 관계가 발견되지 않는다. 정신이상에 관련된 통계의 비교가 국제적으로 엄밀한 정확성을 가질 정도로 수집되지 않은 것은 사실이다. 그럼에도 두 사람의 각 논문에 실린 다음의 두 도표에서 결론이 뚜렷하게 일치된다는 사실은 주목할 만하다.

이렇듯 정신질환자가 가장 적은 나라들에서 가장 많은 자살자가 나온다. 특히 작센 지방의 경우가 두드러진다. 셴에마른에서의 자살에 대해 탁월한 연구를 수행한 르루와 박사는 벌써 유사한 관찰을 한 바 있다. 그는 이렇게 말하고 있다. "대체로 정신질환이 많은 지방에서 자살이 많이 발생한다. 하지만 두 가지의 '최고' 수치는 완전히 구별될 수 있는 것 같다. 정신질환과 자살이 없을 정도로 아주 행복한 나라들 옆에 정신질환만 많이 나타나는 나라들도 있다는 사실을 나는 믿고 싶을 정도이다." 다른 나라들에서는 그 반대 현상이 일어나고 있다.[32]

31 *Ibid.*, p. 81.

[표 6] 유럽 각국의 자살과 정신질환의 관계

A	인구 10만 명당		순위	
지역	정신질환자 수	자살자 수	정신질환	자살
노르웨이	180 (1855)	107 (1855~1855)	1	4
스코틀랜드	164 (1855)	34 (1856~1860)	2	8
덴마크	125 (1847)	258 (1846~1850)	3	1
하노버	103 (1856)	13 (1856~1860)	4	9
프랑스	99 (1856)	100 (1851~1855)	5	5
벨기에	92 (1858)	50 (1855~1860)	6	7
뷔르템베르크	92 (1853)	108 (1846~1856)	7	3
작센	67 (1861)	245 (1856~1860)	8	2
바이에른	57 (1858)	72 (1846~1856)	9	6

B[33]	인구 10만 명당		평균 자살자 수
지역	정신질환자 수	자살자 수	
뷔르템베르크	215 (1875)	180 (1875)	107
스코틀랜드	202 (1871)	35	
노르웨이	185 (1865)	85 (1866~1870)	63
아일랜드	180 (1871)	14	
스웨덴	177 (1870)	85 (1866~1870)	
영국, 웨일스	175 (1871)	70 (1870)	
프랑스	146 (1872)	150 (1871~1875)	164
덴마크	137 (1870)	277 (1866~1870)	
벨기에	134 (1868)	66 (1866~1870)	
바이에른	98 (1871)	86 (1871)	153
오스트리아	95 (1873)	122 (1873~1877)	
프로이센	86 (1871)	133 (1871~1875)	
작센	84 (1875)	272 (1875)	

32　LEROY, *op. cit.*, p. 238.
33　표의 첫 부분은 다음 항목에서 인용한 것이다. "Aliénation mentale", dans le *Dictiomnaire* de DECHAMBRE(t. III, p. 34): 표의 두 번째 부분은 OETTINGEN, *Moralstatistik*, tableau annexe 97 에서 인용한 것이다.

모르셀리는 실제로 약간 다른 결론을 도출하고 있다.[34] 하지만 그의 결론이 다른 이유는 우선 그가 정신질환이란 공통의 명칭 하에 진짜 정신이상과 백치를 모두 포함시켰기 때문이다.[35] 그런데 정신이상과 백치는 서로 다른 것이며, 특히 자살에 영향을 미친다고 추정되는 행동이라는 관점에서 보면 더욱 그러하다. 백치는 자살의 원인이 되기는커녕 오히려 자살에 대한 방어가 된다. 왜냐하면 백치는 도시보다 농촌에서 많이 발견되는 데 비해 자살은 농촌에서 훨씬 드물게 발생하기 때문이다. 따라서 여러 신경질환이 자살률에서 담당하는 몫을 결정할 때 그처럼 상이한 두 질환을 구별하는 것이 중요하다. 하지만 정신이상과 백치를 합해도 정신질환의 수치와 자살의 수치에는 규칙적인 그 어떤 평행관계도 찾아볼 수 없다. 실제로 모르셀리의 통계 수치를 그대로 받아들여 주요 유럽 국가들을 정신질환 인구(백치와 정신이상자를 합친 인구)의 비율에 따라 다섯 집단으로 나누고, 또 각 집단의 평균 자살률을 구해 보면 다음과 같은 표를 얻을 수 있다.

	정신질환자 수(인구 10만 명당)	자살자 수(인구 100만 명당)
제1집단(3개국)	340~280	157
제2집단(3개국)	261~245	195
제3집단(3개국)	185~164	65
제4집단(3개국)	150~116	61
제5집단(3개국)	110~100	68

34 MORSELLI, op. cit., p. 404.
35 모르셀리는 그 사실을 분명하게 선언하지 않지만, 그것은 그가 제시하고 있는 수치에 포함되어 있다. 그 수치는 정신질환만을 나타내는 것으로는 너무 높다. 드샹브르의 『백과사전』에 있는 표를 참조하길 바란다. 그 표를 보면 모르셀리가 정신질환자와 백치를 합해 총수를 계산하였음을 분명히 알 수 있다.

전체적으로 보아 정신이상자와 백치가 많은 나라에서 자살도 많이 발생하며, 그 반대의 경우도 사실이다. 하지만 그 두 현상 간의 명백한 인과관계를 보여 주는 두 비율 사이의 합치점은 존재하지 않는다. 제1집단보다 더 적은 자살자를 보유해야 할 제2집단이 더 많은 자살자를 보유하고 있다. 같은 관점에서 다른 모든 집단들보다 적은 자살자를 보유해야 할 제5집단이 오히려 제4집단, 심지어 제3집단보다도 더 많은 자살자를 보유하고 있다. 끝으로 모르셀리가 보고한 정신질환자 통계를 보다 철저하고 보다 엄밀한 코흐의 통계로 대체하게 되면, 양자 간에 평행관계가 없다는 것이 더욱 분명해진다. 아래의 표에서 우리는 그 사실을 발견할 수 있다.[36]

	정신병 환자와 백치 수(인구 10만 명당)	평균 자살자 수(인구 100만 명당)
제1집단(3개국)	422~305	76
제2집단(3개국)	305~291	123
제3집단(3개국)	268~244	130
제4집단(3개국)	223~218	227
제5집단(4개국)	216~146	77

　이탈리아의 여러 지방에 대한 또 다른 비교를 통해 모르셀리는 그 자신의 연구가 그다지 설득력이 있지 않다는 사실을 스스로 고백하고 있다.[37]

　⑤ 마지막으로, 지난 한 세기 동안에 정신질환이 규칙적으로 증가했으

36　코흐가 보고한 여러 나라들 중 네덜란드만을 제외시켰다. 왜냐하면 그 나라의 경우에 자살 경향에 대한 정보가 불충분해 보였기 때문이다.

37　MORSELLI, *op. cit.*, p. 403.

며,[38] 자살 또한 그러했기 때문에, 그런 사실을 바탕으로 양자 사이에 연관관계가 있다고 주장하고 싶은 생각이 들 수도 있다. 하지만 뒤에서 다시 보겠지만, 그런 사실로부터 설득력 있는 결론을 끌어내지 못하는 것은 오히려 정신질환이 드문 하층사회에서도 때로는 매우 높은 자살률이 나타나기 때문이다.[39]

따라서 사회적 자살률은 정신질환 경향과는 물론이고 귀납적으로 보아도 여러 형태의 신경쇠약 경향과도 역시 뚜렷한 관계가 없다.

앞서 밝힌 바와 같이, 신경쇠약증이 실제로 자살을 일으키는 경향이 있을지라도, 그것이 반드시 자살을 야기하는 것은 아니다. 분명 신경쇠약자가 활동적인 생활에 지나치게 뛰어든다면 불가피하게 고통을 느끼게 될 것이다. 하지만 그가 훨씬 관조적인 생활을 영위하기 위해 활동적인 생활에서 물러나는 것이 불가능한 것은 아니다. 그런데 그처럼 예민한 사람에게 이해관계와 열정의 갈등이 너무 격렬하고 거칠다면, 그는 반대로 사색을 하는 달콤한 즐거움을 충분히 맛볼 수 있는 능력을 갖고 있다. 그의 허약한 몸과 예민한 감수성 때문에 활동적인 일에 적합하지 않다면, 그는 알맞은 신체를 요구하는 지적인 일을 하면 된다. 그와 마찬가지로 사회 환경이 너무 굳어져 그 자신의 천성과 맞지 않는다면, 그는 유동적이고 발전하면서만 유지될 수 있는 사회 속에서 자신이 수행할 유익한 역할을 찾을 수 있을 것이다. 그는 아주 훌륭한 진보의 원동력이다. 정확히 그는 전통과 습관의 멍에에 저항하기 때문에, 그는 혁신을 위한 풍부한 원천이 된다. 그리고 문명이 고도로 발달한 사회는 표현 기능

38 실제로 그에 대한 설득력 있는 증거가 제시된 일은 없다. 어쨌든 증가가 이루어졌다고 해도 우리는 가속계수를 모른다.
39 이 책의 제2부 제4장을 참고하시오.

이 가장 요구되고 가장 발달된 사회임과 동시에, 신경쇠약자들은 고도의 복합성을 지니고 끊임없는 변화가 그들의 삶의 조건이기 때문에, 그들은 그 수가 가장 많은 때에 오히려 존재이유를 갖게 된다. 따라서 그들이 처해 있는 환경에서 살아남을 수 있게 태어나지 못했다는 이유로 자살하기 때문에, 그들이 비사회적 존재인 것은 아니다. 그들의 삶이 자살 경향을 띠고 또 그런 방향으로 나아가기 위해서는 그들에게 고유한 심리적 상태에 다른 원인들이 부가되어야 한다. 신경쇠약 자체는 매우 일반적인 경향을 가지면서 반드시 어떤 특정한 행동으로 이어지는 것이 아니라 상황에 따라 아주 다양한 형태를 보인다. 신경쇠약은 사회적 원인이라는 비료가 뿌려지는 방식에 따라 여러 가지 다른 경향이 태어날 수 있는 토양과 같다. 삶에 대한 환멸, 무기력한 우울 등은 오래되고 방향을 잃은 사회에서는 쉽게 싹틀 수 있고, 또 여러 치명적인 결과를 수반할 수 있다. 그와 반대로 생기발랄한 사회에서는 열정적인 이상주의, 관대한 개혁주의, 적극적 헌신 등이 발전하게 될 것이다. 쇠퇴기에는 퇴폐적인 사람들이 늘어나는 것을 볼 수 있지만, 국가가 건설되는 것 역시 그들을 통해서이다. 위대한 헌신자도 그들 중에서 나온다. 그런 만큼 그와 같이 모호한 힘만으로는[40] 자살률과 같은 명백한 사회적 사실을 설명하는 데 충분하

---

40 프랑스 문학과 러시아 문학 사이의 유사성과 차이점에서 그와 같은 모호성의 두드러진 예를 볼 수 있다. 프랑스의 러시아 문학에 대한 호의적인 수용을 보면 러시아 문학과 프랑스 문학 사이에 친연성이 없지 않다는 것을 알 수 있다. 그리고 실제로 두 나라의 작가들에게서 다 같이 신경 체계의 병적인 예민성. 모종의 정신적 및 도덕적 불균형을 느낄 수 있다. 하지만 생물학적, 심리학적으로 동일한 상태에서도 아주 다른 사회적 결과가 나오지 않는가! 러시아 문학은 과도할 정도로 이상주의적이며, 러시아 문학에 배어 있는 우수는 인간의 고통에 대한 적극적인 공감을 기원으로 삼고 있으며, 신념을 자극하고 행동을 촉진하는 건강한 종류의 슬픔인 데 비해, 프랑스 문학은 삶의 깊은 실의의 감정과 걱정스러운 우울 상태만을 반영하고 있음을 자랑하고 있다. 여기에서 우리는 동일한 유기체적 상태가 거의 반대되는 사회적 목적을 위해 어떻게 사용될 수 있는가를 볼 수 있다.

지 않을 수 있다.

V.

하지만 얼마 전부터 우리 문명의 거의 모든 악의 근원으로 여겨지던 특별한 정신질환이 있다. 알코올 중독이 그것이다. 옳든 그르든 벌써 정신질환의 증가, 빈곤, 범죄 등의 유행을 알코올 중독의 탓으로 돌렸다. 알코올 중독이 자살의 증가에 어떤 영향을 미칠 수 있을까? '선험적으로' 보면 그와 같은 가설은 타당하지 않아 보인다. 왜냐하면 자살은 교양 있고 여유 있는 계급에서 가장 많이 발생하고 있지만, 그런 계급에 알코올 중독자가 가장 많은 것이 아니기 때문이다. 하지만 사실보다 더 우월한 것은 없다. 사실들을 검토해 보자.

프랑스의 자살자 분포도를 알코올 중독자 분포도와 비교해 보면 양자 간에 아무런 관계도 나타나지 않는다.[41] 자살자 분포도의 특징은 두 개의 중심 지역이 있다는 점이다. 그 중 하나는 일드프랑스[42] 지역 안에서 동쪽으로 뻗어나간 지역이고, 다른 하나는 마르세유에서 니스까지 이르는 지중해 연안이다. 밝은 점과 어두운 점으로 표시된 알코올 중독자 분포도는 전혀 다른 양상이다. 알코올 중독 분포도에는 세 개의 중심 지역이 있다. 하나는 노르망디와 특히 센강 주변이고, 다른 하나는 피니스테르와 브르타뉴 지방 전역이며, 세 번째는 론과 그 인접 지역이다. 그와 반

---

41   1887년 형사재판 행정보고서(Compte général de l'administration de la justice criminelle). 이 책의 [지도 1], 62면을 참고하시오.
42   역주: 수도 파리와 그 주변 5개 도.

대로 자살 분포도의 관점에서 보면, 론 지방은 평균 이하이고, 노르망디 지방의 대부분 도道도 평균 이하이며, 브르타뉴 지방은 거의 자살이 없다. 따라서 두 현상의 분포도는 너무 달라 알코올 중독이 자살의 발생에 중요한 비중을 차지하고 있다고 할 수 없다.

자살을 알코올 중독 자체가 아닌 알코올 중독에 의해 야기된 신경질환 또는 정신질환과 비교해 보아도 동일한 결과를 얻는다. 자살자의 많고 적음에 따라 프랑스의 도들을 8개 집단으로 묶은 후에, 우리는 뤼니에 박사의 통계[43]에 따라 각 집단에서 알코올 중독에 의한 정신질환자의 평균치를 검토해서 다음과 같은 결과를 얻게 되었다.

	인구 10만 명당 자살자 수(1872~1876)	정신병 환자 100명당 알코올 중독성 정신질환자 수 (1867~1869, 1874~1876)
제1집단(5개 도)	50 이하	11.45
제2집단(18개 도)	51~75	12.07
제3집단(15개 도)	76~100	11.92
제4집단(20개 도)	101~150	13.42
제5집단(10개 도)	151~200	14.57
제6집단(9개 도)	201~250	13.26
제7집단(4개 도)	251~300	16.32
제8집단(5개 도)	300 이상	13.47

위의 표에서 두 열은 일치하지 않는다. 자살은 6배 이상 증가한 반면, 알코올 중독성 정신질환은 거의 증가가 없을 뿐만 아니라 그 정도도 불규칙하다. 제2집단이 제3집단보다, 제5집단은 제6집단보다, 제7집

---

43 *De la production et de la consommation des boissons alocooliques en France*, pp. 174~175.

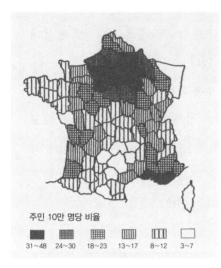

주민 10만 명당 비율

■ 31~48 ▦ 24~30 ▦ 18~23 ▥ 13~17 ▥ 8~12 □ 3~7

자살자(1878~1887)

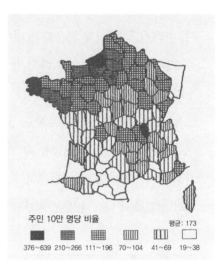

주민 10만 명당 비율

평균: 173

■ 376~639 ▦ 210~266 ▦ 111~196 ▥ 70~104 ▥ 41~69 □ 19~38

알코올 중독자 비율(1878~1887)

정신질환자 100명당
알코올 중독자 비율

평균: 14,36

■ 18,9~29,3 ▦ 13,69~18,14 ▦ 12,75~13,44
▥ 10,06~12,22 ▥ 8,27~9,76 □ 3,9~7,9

알코올 중독 (1867~1876) 연평균

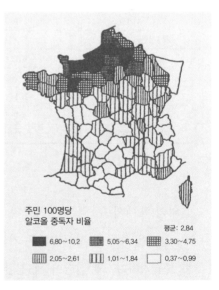

주민 100명당
알코올 중독자 비율

평균: 2,84

■ 6,80~10,2 ▦ 5,05~6,34 ▦ 3,30~4,75
▥ 2,05~2,61 ▥ 1,01~1,84 □ 0,37~0,99

알코올 소비량(1873)

단이 제8집단보다 높다. 그렇지만 알코올 중독이 정신질환 상태로 자살에 영향을 미친다면, 그것은 알코올 중독이 일으킨 정신적 장애를 통해서일 수밖에 없을 것이다. 두 분포도를 비교해 보면 평균치를 확인할 수 있다.[44]

먼저, 적어도 프랑스에서는 알코올 소비량과 자살 경향 사이에 훨씬 더 밀접한 관계가 있는 것처럼 보인다. 실제로 프랑스의 북부 지역에서 알코올이 가장 많이 소비되고 있고, 또한 같은 지역의 자살률 역시 최고이다. 하지만 두 분포도는 같은 모양이 아니다. 알코올 소비량은 노르망디와 노르에서 '최대치'를 기록하고 있으며, 파리에 가까워질수록 소비량이 줄어든다. 그와 반대로 자살의 분포는 센강과 그 주변의 도들에서 가장 심한 데 비해, 노르망디나 노르에서는 그보다 덜 심각하다. 알코올 소비량의 분포는 서쪽으로 뻗쳐서 대서양 연안에 이르는 반면, 자살의 분포는 그 반대 방향으로 이루어진다. 자살의 분포는 서쪽 방향에서 갑자기 멈춰 외르와 외르에루아르 지방을 넘어서지 못한 반면, 동쪽으로는 강하게 뻗어나가고 있다. 게다가 자살 분포도상에서 두드러지는 프랑스 남부의 바르와 부쉬뒤론은 알코올 중독 분포도에서는 전혀 그렇지 않다.[45]

요컨대 알코올 중독과 자살 사이에 어떤 일치가 있다고 해도, 그것은 전적으로 우연의 소치이며, 그것을 통해 아무것도 입증되지 않는다. 실제로 프랑스를 벗어나 더 북쪽으로 올라가더라도 알코올 소비의 거의 규칙적인 증가에 자살자 수의 증가가 동반되지 않는다. 프랑스에서

44 이 책의 [지도 1], 62면을 참고하시오.
45 *Ibid.*

는 1873년에 인구 1인당 평균 알코올 소비는 2.84*l*에 지나지 않았지만, 벨기에는 1870년에 그 수치가 8.56*l*에 이르렀으며, 영국에서는 9.07*l* (1870~1871년), 네덜란드에서는 4*l*(1870년), 스웨덴에서는 10.34*l*(1870년), 러시아에서는 10.69*l*(1866년), 그리고 상트페테르부르크에서는 무려 20*l* (1855년)까지 치솟고 있다. 그 반면에 같은 기간에 프랑스에서는 인구 100만 명당 150명이 자살했으나, 벨기에는 겨우 68명, 영국은 70명, 스웨덴은 85명, 그리고 러시아는 극히 소수만이 자살했을 뿐이다. 심지어 상트페테르부르크에서조차도 1864년에서 1868년까지의 연평균 자살률은 68.8명에 불과했다. 북구에서는 유일하게 덴마크만이 16.51*l*로(1845년) 알코올 소비량과 자살률이 동시에 높은 나라였다.[46] 그런 만큼 프랑스 북부지방에서 자살과 알코올 중독 경향이 모두 높다고 해도, 알코올 중독이 자살을 초래하는 것은 아니며, 또한 자살이 알코올 중독으로 설명되는 것도 아니다. 그런 일치는 우연적일 뿐이다. 북부지방 사람들이 일반적으로 알코올을 많이 소비하게 된 것은, 포도주가 귀하고 값이 비싸며,[47] 또한 어쩌면 체온을 높게 유지하기 위해 다른 지방보다 더 특별한 영양 공급이 필요할지도 모르기 때문이다. 다른 한편, 자살을 유발하는 여러 원인들이 특별히 프랑스의 북부지방에 집중되어 있을 따름이다.

그와 같은 결론은 독일의 주들의 비교를 통해서도 확인된다. 독일의 주들을 자살과 알코올 소비량을 기준으로 분류해 놓은 표를 참조하면,[48]

---

46 LUNIER, *op. cit.*, p. 180 et suiv.를 참고하시오. 다른 연도와 관련된 유사한 통계 역시 볼 수 있다.(PRINZING, *op. cit.*, p. 58.)
47 포도주 소비량과 자살률은 반비례한다. 프랑스 남부지방에서 포도주가 가장 많이 소비되지만, 그 지방의 자살률이 가장 낮다. 그렇다고 해서 포도주가 자살방지를 보장해 준다는 결론을 내릴 수는 없다.
48 PRINZING, *op. cit.*, p. 75를 참고했다.

자살 경향이 가장 높은 집단(제3집단)에서 알코올 소비량이 가장 적은 것을 알 수 있다.

자세히 보면 심지어 뚜렷한 대조도 나타난다. 독일 전체에서 자살률이 가장 낮은 포젠 지방(인구 100만 명당 96.4명)에서 알코올이 가장 많이 소비되는 것으로 나타났다(1인당 13ℓ). 작센 지방에서는 다른 지방에서보다 거의 4배에 가까운 사람들이 자살하지만(인구 100만 명당 348명), 알코올 소비량은 절반밖에 되지 않는다. 끝으로 알코올 소비량이 가장 낮은 제4집단은 거의 남부지방들로만 이루어져 있다는 점을 지적하자. 다른 한편, 그 남부지방들이 독일의 나머지 지역에서보다 자살률이 낮은 것은, 그 지역 주민들이 가톨릭 신도들이거나 또는 규모가 큰 가톨릭 주민 집단이 있기 때문이다.[49]

독일에서의 알코올 중독과 자살

	1인당 알코올 소비량 (1884~1886)	평균 자살자 수 (인구 100만 명당)	지역
제1집단	13~10.8ℓ	206.1	포젠, 슐레지엔, 브란덴부르크, 포메른
제2집단	9.2~7.2ℓ	208.4	동·서 프로이센, 하노버, 튀빙겐, 작센 지방, 베스트팔렌
제3집단	6.4~4.5ℓ	234.1	메클렌부르크, 작센, 알자스, 슐레스비히-홀슈타인, 헤세 대공국
제4집단	4ℓ 이하	147.9	라인 지방, 바덴, 바이에른, 뷔르템베르크

49 자살에 대한 알코올의 영향을 설명하기 위해 1830년 이후 알코올 소비량과 자살률이 다 같이 줄어든 노르웨이를 종종 예로 들곤 한다. 하지만 스웨덴에서도 역시 알코올 중독이 같은 비율로 감소했음에도 불구하고 자살은 계속 증가했다(1821~1830년에는 인구 100만 명당 62명의 자살률이고, 1886~1888년에는 115명으로 증가했다). 사정은 러시아에서도 마찬가지다. 그 문제를 이해하기 위한 모든 요소들을 갖기 위해서는 일시적, 또는 습관성 음주로 인한 자살의 비율이 덧붙여져야 할 것이다. 프랑스의 통계로 보면, 그 비율은 1849년의 6.69%에서 1876년의 13.41%로 높아졌다. 하지만 그 모든 경우가 이른바 알코올 중독이라고 불리는 증상으로 인한 것으로 돌릴 수는 없으며, 알코올 중독과 단순한 주취나 빈번한 음주를 혼동해서는 안 된다. 그 다음으로, 정확한 의미가 무엇이든 간에 그런 통계 수치를 통

결국 자살과 규칙적이고 명백한 관계를 갖는 정신질환은 결코 존재하지 않는다. 그 이유는 한 사회에 많고 적은 정신질환자들도 있고, 또 많고 적은 자살자들도 있기 때문이 아니다. 여러 다른 형태의 정신적인 결함에 의해 개인이 자살하게 되는 심리 상태가 결정된다 하더라도, 정신적인 결함 그 자체가 자살의 원인이 될 수는 없다. 동일한 상황에서 정신적인 결함이 있는 사람이 건전한 사람보다 자살하기가 더 쉽다는 사실을 수긍할 수는 있다. 하지만 정신적 결함이라는 상태로 인해 그가 반드시 자살하는 것은 아니다. 그의 내부에 있는 그런 잠재성은 우리가 발견해야 할 다른 요인들의 작용하에서 효력을 나타내는 것이다.

해서는 과음이 자살률에서 큰 비중을 차지한다는 것이 증명되는 것은 아니다. 끝으로 뒤에서 자살의 추정 원인에 대한 통계로 제시된 그와 같은 정보에 대해 왜 큰 가치를 부여할 수 없는가를 규명하게 될 것이다.

제2장
자살과 정상 심리 상태:
인종과 유전

　자살 경향이 앞서 살펴본 비정상적인 정신 상태에 특별히 근거하지 않더라도 개인의 형성 과정에 근거할 수 있다. 자살 경향은 신경계통의 손상과 반드시 연결되지 않은 순전히 심리현상으로 발생할 수도 있을 것이다. 인간에게 편집증, 정신질환, 신경쇠약이 아닐 수도 있는 자살 충동이 왜 없겠는가? 몇몇 자살 관련 저술가들이 수용하고 있는 것처럼,[50] 만일 각각의 인종이 고유한 자살률을 갖는다면, 그런 주장은 이미 정립된 것으로 여겨질 수 있을 것이다. 왜냐하면 하나의 인종은 신체, 심리적 특징에 의해서만 다른 인종과 구별되면서 정의되기 때문이다. 따라서 자살률이 실제로 인종에 따라 변한다면, 자살이 어떤 신체적 특성과 밀접하게 관련된다는 사실을 인정해야 할 것이다.

　하지만 그런 관계가 존재하는가?

50　특히 WAGNER, *Geselzmässigkeit*, etc., p. 165 et suiv.; MORSELLI, p. 158; OETTINGEN, *Moralstatistik*, p. 760을 참고하시오.

I.

그렇다면 먼저 '인종'이란 무엇인가? 일반인들뿐 아니라 인류학자들조차도 인종이란 단어를 매우 다양한 뜻으로 사용하고 있는 만큼, 그 단어에 대한 정의부터 내릴 필요가 있다. 하지만 인종의 여러 가지 정의 속에서 일반적으로 두 개의 개념이 발견된다. 비슷한 외모와 혈연이 그것이다. 학파에 따라 그 둘 중 하나가 우선적인 비중을 가지고 있다.

때로 인종은 공통된 특징을 가진 개인들의 집단으로 이해되는데, 그들이 모두 하나의 같은 혈통에서 파생되었다는 사실에 바탕을 두고 있다. 어떤 원인의 영향으로 한 유성有性세대에서 하나 또는 여러 개체가 그 종의 나머지 개체들과 구별되는 변이를 일으키고, 또 그런 변이가 다음 세대에서 사라지지 않고 유전 효과를 통해 점차 생명체 속에서 고정될 때, 하나의 인종이 탄생하게 된다. 그런 의미에서 카트르파주는 인종에 대해 "유성번식에 의해 초기 변이체의 특성을 전승하는 같은 종에 속하는 유사한 개체들의 총합"[51]이라는 정의를 내리고 있다. 그처럼 이해된다면 인종은, 여러 인종을 만들어 낸 한 종의 최초의 한 쌍과는 다르며, 단일한 한 쌍으로부터 여러 쌍이 파생되었다는 점에서 독자성을 갖는다. 따라서 인종이라는 개념은 동일한 기원에서 나온 특별한 계통 방식으로 규정되고 정의된다.

안타깝게도 우리가 인종에 대한 그와 같은 정의를 고수한다면, 인종의 존재와 영역은 늘 그 결과가 불분명한 역사학, 민족학 연구의 도움에 의해서만 확정될 수 있을 뿐이다. 그도 그럴 것이 기원의 문제와 관련해

---

51 *L'espèce humaine*, p. 28, Paris, Félix Alcan.

서는 아주 불확실한 결과에 도달할 뿐이기 때문이다. 더욱이 오늘날 그런 정의에 부합하는 인종이 존재하는지조차도 확실하지 않다. 여러 방향으로 이루어지는 인종 간의 혼혈로 인해 현재 인류의 여러 분파들은 아주 다양한 기원에서 파생되고 있는 실정이다. 따라서 다른 기준이 마련되지 않는다면, 여러 다른 인종들과 자살의 관계를 밝힌다는 것은 매우 어려울 것이다. 여러 인종의 경계가 어디에서 시작되고 어디에서 끝나는지 정확히 알 수 없기 때문이다. 게다가 카트르파주의 개념은 아직 과학적으로 해결되지 않은 문제를 해결된 것처럼 속단했다는 점에서도 잘못된 것이다. 실제로 그가 제시한 개념에서는 인종적 특성이 진화되는 과정에서 형성된다는 사실, 즉 유전의 영향하에서만 생명체 속에 고착된다는 사실이 전제되고 있다. 그런데 다원발생론을 주장하는 인류학자들의 학파가 거기에 이의를 제기했다. 그들에 따르면 인류는 『성경』의 이야기대로 한 쌍의 부부로부터 파생된 것이 아니라, 지구의 여러 곳에서 동시에 혹은 연이어 나타났다는 것이다. 그런 원시종족들이 다른 환경에서 서로 독립적으로 형성되었다면, 그들은 처음부터 다른 종족이었다는 것이다. 그 결과, 모든 종족은 결국 하나의 종족이라는 것이다. 따라서 주요 인종들이 갖고 있는 특징은 획득된 변이체들이 점진적으로 고착되어 형성된 것이 아니라 처음부터 한꺼번에 형성되었다는 것이다. 그처럼 중요한 문제가 여전히 남아 있는 만큼, 인종이란 개념 속에 혈족이나 친족이란 관념을 도입한다는 것은 철저하지 못하다. 인종의 기원에 대한 모든 문제를 다루기보다는 관찰자가 직접 관찰할 수 있는 즉각적인 특징을 통해 인종을 정의하는 것이 더 나을 것이다. 인종의 두드러진 특징은 두 가지뿐이다. 첫째, 인종은 비슷한 사람들로 이루어진 집단이라는 점이다. 같은 종교나 직업을 가진 사람들도 그렇긴 하다. 하지만 인종의 특징을 완성시키는 것은 그 비슷함이 유전적이라는 점이다. 그런 특징은 기원 당시에 형성된 것이라 해도 오늘날 유전적으로 전승이 가능한 유형이다. 그런 의미에서 프리차드는 다음과 같이 기술하고 있다. "인종이란 낱말은 공통의 기원에 관계없이 유전에 의해 전승될 수 있는 일종의 특성을 지니고 있는 개인들의 집단으로 이해된다." 브로카도 거의 같은 용어로 이렇게 말하고 있다. "인류의 여러 분파들에 대해서 보자면, 그것들은 인종이라는 이름으로 불리는데, 인종은 같은 분파에 속하는 개인들 사이에서 어느 정도 직접적인 혈연관계를 나타나게 한다. 하지만 그것이 다른 분파에 속하는 개인들 간의 친족관계 문제를 긍정적으로도 부정적으로도 해결해 주는 것은 아니다."[52]

그렇게 해서 인종의 형성 문제는 해결될 수 있다. 다만, 그 경우에는 인종이란 용어가 지나치게 광범위한 의미를 갖게 되어 실체가 없어지게 될 것이다. 그런 식으로 규정된 인종이라는 용어는 이제 더 이상 단순히 한 종의 아주 보편적인 분파, 자연스럽고 상대적으로 불변하는 인류의 구분만 뜻하는 것이 아니라 모든 종류의 유형을 의미하게 된다. 실제로 그와 같은 관점에서 보면, 각각의 민족도 그 구성원들이 수 세기 동안에 밀접한 상호관계를 맺고, 또 부분적으로 유전적인 유사성을 가지고 있으므로 인종을 구성할 수도 있는 것이다. 그렇게 해서 종종 라틴 인종, 앵글로색슨 인종 등의 명칭이 사용된다. 그리고 그와 같은 형태에서만 우리는 인종을 역사적 발전에서 구체적이고 살아 있는 요소로 간주할 수 있다. 민족들의 혼합 속에서, 역사의 용광로 속에서 규모가 컸고 중요했던 원시인종들은 각각의 독자성을 거의 다 상실할 정도로 서로 혼합되고

---

52 다음의 사전 항목을 참고하시오. "Anthropologie", dans le *Dictionnaire* de DECHAMBRE, t. V.

말았다. 그 인종들이 완전히 사라진 것은 아니라고 해도, 우리는 그 인종들의 희미해진 혈통과 서로 불완전하게 섞여 있을 뿐 개성 있는 용모를 형성하지 못한 산발적인 특징들만을 볼 뿐이다. 키와 두개골의 형태에 대한 종종 불확실한 자료들의 도움으로만 구성한 인간의 유형은 사회 현상의 전개 과정에 큰 영향을 미칠 만큼 충분한 일관성이나 확실성을 가지고 있지 못하다. 인종이라는 단어의 의미를 보다 넓게 적용해 보면, 소규모의 특수한 유형들의 인종들은 두드러진 특징을 가지며, 또한 그런 유형의 인종들은 자연의 소산이라기보다 역사적 산물이기 때문에 반드시 역사적 역할을 수행하게 된다. 하지만 그와 같은 인종들은 객관적으로 규정될 필요가 있다. 예컨대 우리는 라틴 인종과 앵글로색슨 인종이 어떤 특징으로 구분되는지를 잘 알지 못한다. 사람들은 저마다 과학적 엄밀함이 없이 나름대로 그런 차이에 대해 말하고 있을 따름이다.

그와 같은 예비적 고찰이 우리에게 어떤 것이든지 간에 사회학자가 사회 현상에 대한 인종의 영향을 탐구하면서 세심한 주의가 필요하다는 사실을 경고해 주고 있다. 왜냐하면 그런 문제들을 해결하기 위해서는 서로 다른 인종들은 어떤 인종들이고, 또 그 인종들이 서로를 어떻게 바라보는가를 반드시 밝혀야 하기 때문이다. 인류학적 불확실성이 인종이란 단어가 더 이상 어떤 확실한 실체와도 상응하지 않는다는 사실에 기인하는 만큼, 그와 같은 주의는 더욱더 필요하다. 실제로 최초의 인종은 고생물학 연구의 대상일 뿐이며, 또한 오늘날 인종이라는 이름으로 규정되는 보다 작은 집단을 이루게 된 인종은 혈연보다는 문명에 의해서 맺어진 사람들 또는 그들이 이룬 사회일 뿐이다. 이렇게 규정된 인종은 결국 민족과 거의 혼동을 일으키고 만다.

II.

　그렇지만 여기서는 유럽에 몇몇 대규모의 인종 유형이 있으며, 각 유형의 일반적인 특징들을 대략 알 수 있고, 또 유럽 사람들이 그 유형들 안에 들어간다고 가정하자. 그리고 그런 유형들에 인종이란 이름을 붙여 보자. 모르셀리는 그 유형을 네 개로 나누었다. 여러 독일 민족, 스칸디나비아인, 앵글로색슨 및 플랑드르인을 포함하는 '게르만 유형', '켈트로만 유형'(벨기에인, 프랑스인, 이탈리아인, 스페인인), '슬라브 유형', '우랄알타이 유형' 등이 그것이다. 우리는 우랄알타이 유형을 참고로 언급했을 뿐이다. 왜냐하면 유럽에서 그 유형은 그 수가 너무 적어 자살과의 관계를 파악하기가 어렵기 때문이다. 실제로 헝가리인, 핀란드인, 일부 러시아 지방의 사람들만이 우랄알타이 유형에 속할 뿐이다. 나머지 세 유형의 인종을 자살 성향이 큰 순서에 따라 제시하면 게르만족, 켈트로만족, 슬라브족의 순이다.[53]

　하지만 그런 차이를 실제로 인종의 영향으로 돌릴 수 있을까?

　만일 하나의 인종으로 분류된 여러 집단의 사람들이 대략 비슷한 정도의 자살 성향을 보인다면, 그와 같은 가설은 설득력을 갖게 될 것이다. 하지만 같은 인종에 속하는 국민들 사이에서 큰 차이가 존재한다. 일반적으로 슬라브족은 낮은 자살 경향을 보이는 데 비해, 보헤미아인과 모라비아인은 예외이다. 보헤미아는 인구 100만 명당 158명의 자살률을, 모라비아는 136명의 자살률을 보이고 있다. 반면, 차르니올라는 46명,

---

53　여기서는 바그너와 외팅겐이 제안한 인종 분류를 언급하지 않겠다. 모르셀리(p. 160) 자신이 그들의 분류에 대해 결정적인 비판을 한 바 있다.

크로아티아는 30명, 달마티아는 14명이다. 그와 마찬가지로 모든 켈트로만족 중에서 프랑스가 인구 100만 명당 150명의 자살률로 가장 높은 반면, 같은 시기에 이탈리아는 30여 명, 스페인은 그보다 더 낮은 자살률을 보이고 있다. 모르셀리와는 달리 우리는 그와 같이 큰 격차를 다른 나라들보다 프랑스에 게르만족이 더 많다는 사실로 설명하는 것을 받아들이기 어렵다. 특히 공동 시조를 가지고 있는 켈트로만족과 분리된 프랑스가 가장 문명화된 국가이기 때문에, 사회와 이른바 민족 집단을 차별화하는 요소는 오히려 문명 발달의 수준 차이가 아닌가라는 의문을 갖게 된다.

게르만 민족 간에는 편차가 더 크다. 여기에 관련된 네 집단 중 세 집단에서 슬라브족이나 라틴족에서보다 자살 성향이 훨씬 낮다. 플랑드르인은 50명(100만 명당), 앵글로색슨은 70명의 자살률을 보인다.[54] 스칸디나비아인들 중 덴마크는 실제로 268명으로 자살률이 가장 높은 반면, 노르웨이는 74.5명, 스웨덴도 84명에 불과하다. 따라서 덴마크의 높은 자살률을 인종 탓으로 돌리는 것은 불가능하다. 왜냐하면 보다 순수한 게르만 혈통의 두 나라, 곧 스웨덴과 노르웨이에서는 정반대의 결과가 발생하기 때문이다. 요컨대 모든 게르만족 중에서 일반적으로 독일인들에게서만 자살 성향이 강하다. 그런 만큼 용어를 엄격한 의미로 사용한다면, 여기서 자살은 인종의 문제가 아니라 민족성의 문제라고 할 수 있다. 그렇다고 해서 부분적으로 독일 유형이 유전적으로는 존재한다는 사실이 부정된 것은 아니기 때문에, 인종이라는 단어의 의미를 극단적으로

---

54 그런 사실을 설명하기 위해 모르셀리는 증거를 제시하지 않은 채 영국에는 켈트적 요소가 많으며, 플랑드르인에 대해서는 기후의 영향을 가정하고 있다.

확대 해석하고, 또 대부분의 켈트로만이나 슬라브, 심지어는 앵글로색슨과 스칸디나비아 사회보다 게르만에 속하는 사람에게서 자살 성향이 더 강하게 나타나고 있다고 할 수도 있을 것이다. 하지만 앞의 통계에서 도출할 수 있는 결론은 그것이 전부이다. 어쨌든 위의 경우는 엄밀히 말해 민족적 특성이 자살에 어떤 영향을 미칠 수도 있다는 생각을 하게 되는 유일한 경우이다. 하지만 이어서 인종은 실제로 자살에 아무런 영향도 미치지 않는다는 점을 보게 될 것이다.

독일인의 높은 자살 경향을 사실상 인종 탓으로 돌리고자 한다면, 자살이 독일에서 일반적이라고 단언하는 것으로는 충분하지 않다. 왜냐하면 그런 일반성은 독일 문명의 고유한 특징에서 기인할 수도 있기 때문이다. 그것이 인종 때문이라고 주장하기 위해서는 자살 경향이 독일 민족의 체질의 유전 상태와 연결되어 있으며, 또한 그것이 사회적 환경의 변화 속에서도 영속적인 특질을 가지면서 지속된다는 것을 증명해야 할 것이다. 그와 같은 유일한 조건에서만 우리는 그것을 인종의 영향이라고 할 수 있다. 그런 만큼 이제 독일 밖에서 다른 문명에 동화되어 살고 있는 독일인들도 그런 높은 자살률을 가지고 있는지를 살펴보도록 하자.

위의 질문에 답을 하기 위해 오스트리아는 적당한 예이다. 독일인들은 오스트리아의 여러 지방에서 다양한 비율로, 전혀 다른 민족적 기원을 가지고 있는 주민들과 섞여 살고 있다. 그렇다면 그들의 수가 자살률을 증가시키는 효과를 낳는가를 보자. [표 7]은 1872년부터 1877년까지 5년 동안의 각 지역에서 연평균 자살률과 독일계 주민의 수적인 비중을 동시에 보여 주고 있다. 인종들은 그들이 사용하는 언어에 따라 구분되었다. 그 기준이 절대적으로 정확한 것은 아니지만, 그래도 우리가 사용

[표 7] 오스트리아 각 지역의 자살과 인종 간의 비교

인종	지역	인구 100명 중 게르만족의 수	인구 100만 명에 대한 자살률	
순수 게르만족으로 구성된 지역들	하부 오스트리아	95.9	254	평균 106
	상부 오스트리아	100	110	
	잘츠부르크	100	120	
	티롤(알프스산맥 건너편)	100	88	
게르만족이 다수인 지역들	케른텐	71.4	92	평균 125
	슈타이어마르크	62.45	94	
	슐레지엔	53.37	190	
게르만족이 소수이며 중요한 지역들	보헤미아	37.64	158	평균 140
	모라비아	26.33	136	
	부코비나	9.06	128	
게르만족이 소수인 지역들	갈리치아	2.72	82	평균 54
	티롤(알프스산맥 이남)	1.9	88	
	리토랄	1.62	38	
	카르니올라	6.2	46	
	달마티아		14	

할 수 있는 가장 확실한 것이다.

모르셀리가 제시한 위의 표에서 독일 영향의 최소한의 흔적을 찾아보는 것은 불가능하다. 독일계의 비율이 37%에서 9%에 불과한 보헤미아, 모라비아, 부코니아의 자살률은 140명으로, 독일계가 대다수를 점하고 있는 스티리아, 케른텐, 실레시아의 125명보다 높다. 그와 마찬가지로 스티리아, 케른텐, 실레시아에는 슬라브계 소수 민족이 살고 있지만, 그 세 지역의 자살률은 독일계 주민만 사는 유일한 세 지역인 상부 오스트리아, 잘츠부르크, 트랜스알파인 티롤보다 더 높다. 하부 오스트리아가 다른 지역들보다 훨씬 높은 자살률을 보이는 것은 사실이다. 하지만 그 차이가 독일계 주민 때문은 아니다. 왜냐하면 독일계 주민은 상

부 오스트리아, 잘츠부르크, 트랜스알파인 티롤에 더 많이 살고 있지만, 그곳들의 자살률은 1/2 또는 1/3 수준이기 때문이다. 자살률이 높은 진짜 이유는, 하부 오스트리아의 대도시 빈에서 다른 수도에서처럼 아주 많은 자살자가 나오기 때문이다. 1876년에 빈에서 주민 100만 명당 320명의 자살자가 나왔다. 따라서 대도시에서 발생한 현상을 인종 때문으로 돌리는 것은 경계해야 한다. 그와 반대로 리토랄과 카르니올라, 달마티아의 낮은 자살률도 독일계가 적기 때문이 아니다. 왜냐하면 독일계 주민이 똑같이 적은 시살파인 티롤, 갈리치의 자살률은 2배 내지 5배나 되기 때문이다. 심지어 독일계가 소수만이 사는 8개 지역 전체의 평균 자살률은 86명으로 계산되는 데, 그 수치는 독일계만 사는 트랜스알파인 티롤의 자살률과 같으며, 독일계가 대다수인 케른텐, 스티리아보다더 높다. 요컨대 게르만족과 슬라브족이 같은 사회적 환경에서 사는 경우에 자살 경향은 거의 같다. 따라서 상이한 환경 아래서 관찰된 두 인종의 자살률에서의 차이는 인종에서 기인하는 것이 아니다.

게르만족과 라틴족 사이에 나타나는 자살률의 차이도 마찬가지다. 스위스에서 두 인종을 볼 수 있다. 주민의 전부 또는 일부가 독일계로 이루어진 주는 15개 주로, 평균 자살률은 100만 명당 186명(1876년)이다. 프랑스계가 다수로 이루어진 주는 5개 주(발레, 프리부르, 뇌샤텔, 제네바, 보)이며, 평균 자살률은 100만 명당 255명이다. 가장 자살률이 낮은 발레(100만 명당 10명)는 독일계가 가장 많은 주(인구 1,000명당 319명)이다. 반대로 주민의 거의 전부가 라틴족인 뇌샤텔, 제네바, 보는 각각 486명, 321명, 371명의 평균 자살률을 기록하고 있다.

민족적 요인의 영향이 있다면, 그 영향을 좀 더 분명히 밝히기 위해 그 영향을 감출 수도 있는 종교적 요인을 제거해 보자. 그렇게 하기 위해 우리는 같은 종교를 가진 독일계 주민과 프랑스계 주민을 비교해 보았다.
그 조사 결과 역시 앞의 논의를 재차 확인해 줄 뿐이다.

스위스 연방에서의 자살자 수	
독일계 가톨릭	87명
독일계 개신교	293명
프랑스계 가톨릭	83명
프랑스계 개신교	456명

두 인종 사이에는 별다른 자살률의 차이가 없다. 반면, 개신교 신도들
사이에서는 프랑스계 주민들이 더 많은 자살률을 보이고 있다.

따라서 그와 같은 사실들을 통해 독일인들이 다른 민족에 속하는 자들
보다 더 많이 자살하는 것은, 그들의 혈통 때문이 아니라 그들이 자라 온
문명 때문이라는 점이 증명된다. 하지만 모르셀리가 인종의 영향을 입증
하기 위해 제시한 증거 가운데 얼핏 보기에 훨씬 더 결정적인 것처럼 보
이는 것이 하나 있다. 프랑스인은 주로 켈트족과 킴리족(웨일스족)이라는
두 인종의 혼합으로 구성되어 있는데, 이 두 인종은 처음부터 키에 의해
서로 구별되었다. 율리우스 카이사르 시대부터 킴리족은 키가 큰 것으로
알려져 있다. 실제로 브로카는 오늘날 두 인종이 프랑스 영토에서 어떻
게 분포되어 있는가를 주민들의 키를 통해 알아보고자 했다. 그 결과 그
는 켈트족은 루아르의 남쪽에서 우세하며, 웨일스족은 북부에서 우세하
다는 것을 발견했다. 그런 민족 분포도는 자살의 분포도 사이에는 흡사
한 점이 있다. 왜냐하면 자살이 프랑스의 북쪽에 집중되어 있고, 중부와
남부에서는 그 수가 아주 적기 때문이다. 하지만 모르셀리는 더 멀리 나
아갔다. 그는 민족 집단의 분포에 따른 프랑스 자살률의 규칙적인 변화

를 입증할 수 있을 것이라 생각했다. 그것을 입증하기 위해 그는 프랑스의 도들을 6그룹으로 나누어 각 그룹의 평균 자살률을 계산하고, 또한 각 그룹에서 키가 작아 병역이 면제된 사람의 수를 계산했다. 그것은 각 그룹에 속하는 주민들의 평균 키를 간접적으로 측정하는 방법이기도 하다. 그도 그럴 것이 병역 면제자의 수가 감소함에 따라 평균 키는 커지기 때문이다. 요컨대 평균 자살률과 평균 키는 반비례 관계에 있었다. 키가 작아 병역이 면제된 사람이 적을수록, 즉 평균 키가 클수록 자살률이 더 높았다.[55]

만일 그처럼 정확한 대응관계가 정립된다면, 그것은 인종의 영향으로밖에는 설명될 수 없을 것이다. 하지만 모르셀리가 그런 결과에 도달한 방식 때문에 우리는 그것을 결정적으로 받아들일 수 없다. 실제로 그는 브로카[56]가 켈트족과 웨일스족이라는 두 인종의 순수성의 정도에 따라 나눈 6개의 민족 집단을 비교 기준으로 삼았다. 그런데 브로카의 학자로서의 권위가 어떻든지 간에, 민족학의 문제는 너무 복잡해서 그가 제시한 분류를 정확한 것으로 여기기에는 여전히 다양한 해석과 상반된 주장이 나올 여지가 있다. 그가 확인할 수 없는 역사적 추정에 얼마나 많이 의존하고 있는가를 보아야 한다. 그의 연구로부터 프랑스에 뚜렷하게 구분되는 2개의 인류학적 유형이 있다는 사실이 도출되었지만, 그가 발견했다고 생각하는 중간적이고 다양한 유형이 실재하는지는 아주 의심스럽다.[57] 따라서 만일 우리가 체계적이지만 어쩌면 지나치게 정교한 그런

---

55 MORSELLI, *op. cit.*, p. 189.
56 *Mémoires d'anthropologie*, t. I, p. 320.
57 큰 두 인종의 지역적 집단의 존재는 이론의 여지가 없는 것으로 보인다. 하나는 키가 큰 사람들이 더 많은(1,000명의 병역 소집자 중 39명의 면제자) 15개의 북부 도들로 구성되어 있으며, 다른 하나는 키가 작은 사람들이 더 많은(1,000명 의 소집자 중 98~130명이 면제자) 24개의 중부 및 서부의 도들로 구성되

[표 8] 신장과 자살률의 관계

		1,000명당 병역 면제자 수	평균 자살률
장신이 많은 지역	제1집단(9개 도)	40명 이하	180
	제2집단(8개 도)	40~50명	249
	제3집단(17개 도)	50~60명	170
	전체 평균	60명 이하	191
단신이 많은 지역	제1집단(22개 도)	60~80명	115(센 제외 101)
	제2집단(12개 도)	80~100명	88
	제3집단(14개 도)	100명 이상	90
	전체 평균	60명 이상	103(센 포함)
			93(센 제외)

분류를 제쳐두고, 여러 도들을 단순히 평균 키(즉, 키가 작아 병역이 면제된 사람의 평균 숫자)로 분류하고, 이를 자살률의 평균과 비교한다면, 우리는 모르셀리의 결론과는 전혀 다른 다음과 같은 결과를 얻게 된다.

자살률은 실제적 또는 추정적인 웨일스적 요인(큰 키)에 비례해서 높아지지 않는다. 왜냐하면 가장 키가 큰 제1집단은 제2집단보다 자살률이

어 있다. 그런 차이는 인종으로 인한 산물인가? 해결하기 몹시 어려운 문제이다. 프랑스의 평균 신장이 30년 동안에 눈에 띄게 변화한 것을 고려한다면, 1831년에 키가 작은 병역 면제자가 92.8명이던 것이 1860년에는 59.4명으로 줄어든 것을 고려한다면, 그렇게 유동적인 특징이 인종이라는 비교적 고정된 유형의 존재를 증명하는 기준이 될 수 있는지에 대해 의문을 제기할 수 있다. 어쨌든 브로카가 두 개의 극단적인 유형의 인종 사이에 끼워 넣은 중간적인 집단들이 구성되고, 명명되고, 또 그 집단들이 웨일스족이나 그 밖의 다른 종족과 연결되는 방식은 여전히 많은 의문의 여지를 남기고 있는 것으로 보인다. 여기서 형태학적 이유는 불가능하다. 인류학은 특정 지역에서 평균 신장을 계산할 수는 있지만, 그 평균이 어떤 혼합에서 기인하는지를 증명하지 못한다. 그런데 중간 키는, 켈트족이 그들보다 키가 큰 인종들과 혼혈한 결과일 수 있고, 또 웨일스족이 그들보다 키가 작은 인종들과 혼혈한 결과일 수도 있다. 그들의 지리적 분포도는 특정할 수 없다. 왜냐하면 혼혈 집단들은 거의 모든 지역, 가령 북서부(노르망디와 바스루아르), 남서부(아키텐), 남부(로마 지역), 동부(로렌) 등의 지역에서 찾아볼 수 있기 때문이다. 따라서 추측에 불과한 역사적 주장이 남아 있을 뿐이다. 여러 민족들이 어떻게, 언제, 어떤 조건에서, 어떤 비율로 서로 침략하고 섞이게 되었는지에 대해서는 역사학적으로 잘 모른다. 역사학은 또한 그 민족들의 유기적 구성에 대한 영향을 설명하는 데도 당연히 별로 도움이 되지 못한다.

낮으며, 제3집단보다 약간 높을 뿐이기 때문이다. 그와 마찬가지로 마지막의 세 집단은 키와 관계없이 거의 같은 수준의 자살률을 보여 주고 있다.[58] 그런 통계로부터 도출되는 것은, 프랑스가 자살과 키의 관점에서 보면 24개의 지역, 즉 자살률이 높고 키가 큰 북부 지역과, 자살률이 낮고 키가 작은 중부 지역으로 나누어진다는 사실이다. 그렇다고 해서 두 과정이 정확하게 평행을 이루는 것은 아니다. 달리 말하자면 민족 분포도에서 보았던 두 개의 큰 집단이 자살 분포도에서도 다시 나타나는 것이다. 물론 그런 일치는 대략적이고 포괄적일 뿐이다. 비교된 두 가지 현상에 관련된 통계의 상세한 변화는 그런 일치를 보여 주지 않는다.

그렇게 해서 일단 그런 포괄적인 일치를 비례로 환원해서 검토하더라도, 그것이 민족적 요소에 유리한 결정적 증거가 더 이상 될 수 없다. 왜냐하면 그것은 단지 신기한 사실에 불과할 뿐이지 법칙을 증명하기에는 충분하지 않기 때문이다. 그것은 독립된 요인들이 단순히 일치한 것에 불과할 뿐이다. 인종이 자살률에 영향을 미친다는 가설을 증명하기 위해서는 최소한 다른 사실들에 의한 확증이 필요하다. 그런데 인종 가설은 다음과 같은 사실과 모순된다.

① 명백한 실체이며 아주 강한 자살 성향을 가진 독일인과 같은 집단 유형이 사회적 조건이 변하자마자 자살 성향이 사라진다거나, 혈통의 순수성이 명확하지 않은 켈트족이나 흔적이 드물게 남아 있는 고대 벨기에족과 같은 집단이 오늘날에도 여전히 자살 성향에 대해 실제적인 영향을 미친다면, 그것은 이상한 일일 것이다. 인종에 대한 추억을 영속화시키는 극히 일반적인 특성들과 자살 성향의 복잡한 특수성 사이에는 너무나

---

58 특히 예외적인 조건으로 인해 다른 도들과 정확하게 비교하기가 어려운 센을 제외하면 더욱 그렇다.

도 큰 차이가 존재한다.

② 우리는 뒤에서 고대 켈트족에서도 자살이 빈번했다는 사실을 보게 될 것이다.[59] 따라서 오늘날 켈트족의 기원에 해당된다고 추정되는 주민들 가운데 자살이 드물다면, 그것은 인종이라는 선천적 특징보다는 상황의 변화에 의한 것이라고 해야 할 것이다.

③ 분명, 켈트족과 웨일스족은 순수한 원시종족이 아니다. 그들은 "혈연과 언어와 신앙으로" 친족이 되었다.[60] 두 인종은 모두 대규모 침입이나 연이은 이동에 의해 전 유럽에 조금씩 퍼진 장신의 금발의 사람들로 구성된 인종의 변이체이다. 민족학적 관점에서 보면 두 인종 간의 큰 차이는, 켈트족이 프랑스 남부의 키가 작고 피부색이 갈색인 인종과 혼혈됨으로써 공통 유형에서 더 멀어졌다는 것이다. 그 결과, 웨일스족의 높은 자살률이 인종 때문이라면, 그것은 웨일스족에게서 원시 인종이 덜 변화했기 때문일 것이다. 하지만 그 경우에 프랑스 외부에서조차도 그런 두드러진 특징이 더 강한만큼 더 높은 자살률을 보여야 할 것이다. 그런데 사실은 그렇지 않다. 유럽에서 가장 키가 큰 사람들은(1.72m) 노르웨이에 있으며, 게다가 그들은 북부, 특히 발트해 연안에서 기원한 것으로 여겨지는 독창적인 유형의 인종에 속한다. 또한 그들은 자신들의 순수성을 가장 잘 유지해 왔다. 하지만 스칸디나비아 반도에서 자살률은 높아지지 않았다. 그 인종은 프랑스보다는 네덜란드와 벨기에, 영국에서 그 혈통의 순수성을 더 잘 유지하고 있다고 여겨진다.[61] 하지만 자살은 다른 세 나라에서보다 프랑스에서 훨씬 더 빈번하게 발생한다. 프랑스가 다른

59 이 책의 제2부 제4장, 262, 268면을 참고하시오.
60 BROCA, *op. cit.*, t. I, p. 394.
61 TOPINARD, *Anthropologie*, p. 464.

세 나라보다 자살률이 훨씬 높다.

게다가 프랑스에서 자살의 지리적 분포는 이렇게 애매한 인종의 힘을 반드시 개입시키지 않더라도 설명될 수 있다. 주지하다시피 프랑스는 민족적으로뿐만 아니라 도덕적으로도 아직도 완전히 통합되지 못한 두 부분으로 나누어져 있다. 프랑스 중부와 남부 사람들은 그들만의 고유한 기질과 생활방식을 가지고 있으며, 그런 이유로 북부 사람들의 생각과 풍습에 저항한다. 그런데 오늘날 프랑스 문명의 중심은 북부에 있다. 북부는 근본적으로 북부의 특징을 가지고 있다. 뒤에서 다시 보겠지만, 그런 북부 중심의 문명에 프랑스인들이 자살을 하게 추동하는 주요 원인이 있으며, 북부 문명의 영향력이 미치는 범위가 곧 자살이 가장 빈번한 범위이기도 하다. 따라서 만일 북부 사람들이 남부 사람들보다 더 많이 자살한다면, 그것은 북부 사람들의 민족적 기질 때문이 아니라 단지 자살의 사회적 원인이 루아르 남쪽보다는 북쪽에 더 많이 존재하기 때문이다.

프랑스의 이중적 도덕성의 어떻게 생겨났고 또 유지되었는가는 역사적 문제이지 민족학으로 해결할 수 있는 문제가 아니다. 어쨌든 그것은 인종의 차이 때문으로만 일어난 것은 아니다. 왜냐하면 아주 다양한 인종들도 서로 혼혈될 수 있으며, 서로의 독자성을 잃을 수도 있기 때문이다. 북부 사람들과 남부 사람들이 수 세기에 걸쳐 오랜 공동생활을 했기 때문에, 그들이 함께 극복할 수 없는 적대감이 존재하는 것도 아니다. 프로방스 사람들이 일드프랑스 사람들과 다른 것처럼 로렌 사람들도 노르망디 사람들과 다르다. 하지만 역사적인 이유로 남부에서는 향토 정신과 지역 전통이 훨씬 더 강하게 남아 있다. 그 반면에 북부는 공동의 적에 맞서 대항할 필요성 때문에 이해관계의 밀접한 연대와 빈번한 접촉으로 주민들이 더 일찍 하나로 뭉치고 공동의 역사를 만들었다. 북부 지역이 고도로 발달한 문명의 발상지가 된 것은 정확히 사람들, 관념들, 물건들의 활발한 교류가 늘면서 생긴 도덕적 조화에 힘입어서였다.[62]

III.

실제로 인종을 자살 성향의 중요한 요인으로 삼는 이론은 또한 자살이 유전적이라는 점을 암묵적으로 수용한다. 왜냐하면 자살은 유전된다는 조건하에서만 인종적인 특징일 수 있기 때문이다. 하지만 자살이 유전된다는 사실이 증명되었는가? 방금 지적한 관계 외에도 유전은 그 자체로 고유한 쟁점을 가지고 있는 만큼 그 문제는 세밀히 고찰될 가치가 있다. 만일 자살 성향이 세대를 통해 유전된다는 사실이 정립된다면, 자살이 일정한 기질에 크게 의존한다는 사실을 인정해야 할 것이다.

하지만 먼저 단어의 뜻을 분명히 하는 것이 중요하다. 자살이 유전적이라고 할 때, 그것은 단순히 부모의 기질을 물려받은 자살자의 자녀들이 비슷한 상황에서 부모와 같은 행동을 하는 경향이 있음을 뜻하는 것일까? 그런 의미라면, 그것은 이론의 여지가 없지만 무가치한 주장이 되고 만다. 왜냐하면 자살 자체가 유전되는 것이 아니기 때문이다. 유전되

---

62 이탈리아에 대해서도 같은 지적을 할 수 있다. 이탈리아에서도 남부보다는 북부에서 자살이 더 많다. 다른 한편, 북부 사람들의 평균 신장이 남부 사람들보다 조금 더 크다. 하지만 오늘날 이탈리아 문명은 그 기원을 피에몬테족의 문명에 두고 있으며, 또한 피에몬테족은 남부 사람들보다 키가 조금 더 크다. 물론 그 차이는 아주 미미하다. 적어도 이탈리아 대륙 내에서 투스카니와 베네치아의 최장신은 1.65m인 반면, 칼라브리아의 최단신은 1.6m라는 것이 관찰되었다. 하지만 사르디니아의 신장은 1.58m로 더 작다.

는 것은 단지 어떤 상황에서 특정한 행동을 취하게끔 유도하지만 반드시 그런 행동을 하게끔 만들지는 못하는 일반적 기질일 따름이다. 따라서 위의 설명은 자살의 결정 요인에 대한 충분한 설명이 못 된다. 실제로 우리는 자살의 발생에 가장 크게 기여하는 개인적 기질, 즉 여러 형태의 신경쇠약증이 자살률의 변화를 가져오는 원인이 되지 못한다는 것을 보았다. 하지만 심리학자들은 유전에 대해 전혀 다른 의미로 말해 왔다. 그들에 의하면 자살 경향이 부모로부터 자녀에게 직접적으로 그리고 완전하게 유전되며, 또 일단 전승되면 완전히 자동적으로 자살을 일으킨다는 것이다. 따라서 이것은 편집증과 별로 다르지 않고 또 외관적으로는 잘 알려진 생리적 메커니즘에 해당하는 일종의 자동적인 심리적 메커니즘을 만들게 될 것이다. 그런 만큼 자살은 본질적으로 개인적 원인에 좌우되는 것이다.

그렇다면 관찰을 통해 그런 유전의 존재가 증명되었는가? 물론 자살은 종종 한 가정에서 끔찍하게 규칙적으로 반복되기도 한다. 갈은 아주 충격적인 하나의 사례를 인용하고 있다. "G.…라는 이름을 가진 한 지주地主가 일곱 명의 아들과 200만 프랑의 유산을 남기고 자살했다. 여섯 아들은 파리와 그 근교에 살았으며, 각자 물려받은 유산을 잘 지켰다. 어떤 아들은 유산을 늘리기도 했다. 어떤 아들도 불운을 겪지 않았고 모두 건강했다.… 하지만 40년 안에 일곱 형제는 모두 자살했다."[63] 에스키롤에 의하면, 한 상인의 6명의 아들 중 4명이 자살하고, 다섯째 아들은 수차례 자살을 시도하기도 했다.[64] 그런가 하면 부모, 자식, 손자가 연달아

---

63 *Sur les fonctions du cerveau*, Paris, 1825.
64 *Maladies mentales*, t. I, p. 582.

자살한 사례도 있다. 하지만 생리학자들이 제시하는 그런 사례들은 조심스럽게 다뤄야 하는 유전 문제에 대해 성급한 결론을 내리지 말 것을 가르쳐 주고 있다. 가령, 여러 세대가 연달아 결핵에 걸리는 경우는 있지만, 학자들은 여전히 결핵이 유전한다는 것을 받아들이는 데 주저한다. 그 반대의 해결책이 더 우세하다. 실제로 그 병이 같은 가족 내에서 반복되는 것은 결핵 그 자체의 유전성 때문이 아니라, 그 병을 일으키는 세균에 감염되고 전염되기 쉬운 기질을 물려받았기 때문이다. 결국, 그 경우에 전승된 것은 단지 병 자체가 아니라 발병에 유리한 조건이다. 그런 설명을 철저하게 부정하기 위해서는 코흐균(결핵균)이 종종 태아에게서 발견된다는 사실을 적어도 증명해야 할 것이다. 증명이 되지 않는 한 의문은 여전히 남는다. 우리가 당면한 문제에도 동일한 유보가 필요하다. 따라서 자살의 유전 문제를 해결하기 위해서는 유전성의 주장에 유리한 몇몇 사실들을 인용하는 것만으로는 충분치 않다. 우선 그런 사실이 다른 우연한 상황 때문이라고 할 수 없을 만큼 충분히 많아야 하고, 다른 설명이 가능해서는 안 되며, 다른 사실에 의해 부정되어서도 안 된다. 자살의 유전성은 위의 세 가지 조건을 충족시키는가?

사실, 유전적인 자살은 흔한 것으로 여겨진다. 하지만 자살이 유전적이라는 결론을 내리기 위해서는 그와 같은 빈도가 어느 정도 많은 것만으로는 충분치 않다. 거기에 더해 전체 자살에 대한 유전적 자살의 비율이 더해져야 한다. 만일 전체 자살 가운데 상대적으로 높은 비율로 유전에 의한 선례가 입증된다면, 두 사실 사이에 존재하는 인과관계가 있음을 인정할 수 있다. 그러니까 자살이 유전적으로 전승되는 성향이 있다는 것을 인정할 수 있다. 하지만 그런 증거가 없다면, 그 인용된 사례들은 여러 다른 원인이 우연히 결합되어 발생했는지의 여부를 항상 물을 수 있다. 그런데 그런 문제의 완전한 해결에 반드시 필요한 관찰이나 비교가 아직은 충분하게 이루어지지 않은 상태이다. 지금은 흥미로운 몇몇 사례들만으로 만족하고 있을 뿐이다. 그 문제에 대한 정보가 부족하므로 결코 확정적인 결론은 내릴 수 없다. 그 점에 대한 몇몇 정보만으로는 어떤 방향으로도 의미 있는 결론을 내릴 수가 없다. 심지어 그 정보들은 어느 정도 서로 모순되기도 한다. 뤼 박사는 그의 병원에서 어느 정도 자살 경향을 지닌 39명의 정신병 환자들을 관찰해 상당히 완벽한 자료를 수집했다. 그런데 그는 환자의 가족 중 이미 자살 경향의 선례가 있는 단 한 건만 발견했을 뿐이다.[65] 또한 브리에르 드 부아몽은 265명의 정신병 환자 중 단지 11명의 환자, 즉 4%의 환자들의 부모가 자살했다는 사실을 밝혀냈다.[66] 카조비에에 의해 제시된 비율은 훨씬 더 높았다. 60명의 환자 중 13명, 즉 28%의 환자들에게서 유전적 선례가 발견되었다.[67] 유전성의 영향에 대한 유일하게 유리한 기록인 바이에른 지방의 통계에 따르면, 1857년에서 1866년 사이에 100건 중 13건의 유전적 선례가 발견되었다.[68]

위의 사실들이 그다지 결정적인 것은 아니지만, 만일 그것들을 특수한 자살 유전으로 간주한다면, 그런 가설은 다른 설명이 전적으로 불가능하다는 점으로 인해 그 권위를 인정받을 수도 있을 것이다. 하지만 복합적으로 작용할 경우에 같은 효과를 낳을 수 있는 적어도 두 가지의 다른 이유가 있다.

---

65 *Suicide*, p. 197.
66 LEGOYT, p. 242를 참고했다.
67 *Suicide*, pp. 17~19.
68 MORSELLI, p. 410.

첫째, 거의 모든 관찰이 정신의학자들에 의해 정신질환자를 대상으로 실시되었다는 것이다. 그런데 어쩌면 모든 질병 중에서 정신질환이 가장 빈번하게 유전되는지도 모른다. 따라서 우리는 자살 경향이 유전적인지, 아니면 자주 발생하지만 우발적인 징후를 보이는 정신질환이 오히려 유전되는 것인지를 따져 보아야 한다. 모든 관찰자들이 전적으로는 아니지만 정신질환자의 자살 중에서만 유전 가설에 유리한 사례들을 보고하고 있는 만큼, 그런 의혹은 더욱 근거가 있다.[69] 그런 상황에서도 유전은 분명히 중요한 역할을 한다. 하지만 그것은 자살의 유전이 아니다. 유전되는 것은 일반적인 정신질환이며, 우발적으로 자살을 초래할지도 모른다고 언제나 우려되는 약한 신경이다. 그와 같은 경우에 객혈이 폐결핵의 유전과 관계가 없는 것만큼 자살 경향은 유전과 아무런 관련이 없다. 만일 자기 가족 중에서 정신질환자와 자살자가 동시에 있는 한 불행한 사람이 자살을 한다면, 그것은 그의 부모가 자살을 했기 때문이 아니라 부모가 정신질환자였기 때문일 것이다. 따라서 정신질환이 유전 과정에서 변화한다면, 즉 예를 들어 선조의 우울증이 후손에게는 만성적인 정신착란이나 충동적인 광증이 되면, 그의 가족 중 몇 명은 자살을 할 수도 있고, 그 결과 여러 다른 종류에 속한 정신질환으로 인한 자살은 모두 상이한 종류의 자살에 속한다.

하지만 위의 첫 번째 이유만으로는 모든 자살을 설명하는 데 충분치 않다. 한편으로는 정신질환자 집안 외에는 자살이 반복되지 않는다는 사실이 증명되지 않았기 때문이다. 다른 한편으로는 정신질환이 반드시 자살이라는 결과를 함축하고 있는 것이 아님에도 불구하고, 어떤 정신질환

---

69   BRIERRE DE BOISMONT, *op. cit.*, p. 59; CAZAUVIEILH, *op. cit.*, p. 19.

자의 집에서는 자살이 풍토병의 상태에 있는 것처럼 보인다는 주목할 만한 특성이 남아 있기 때문이다. 모든 정신질환자가 자살하는 것은 아니다. 그렇다면 자살이 예정된 것처럼 보이는 정신질환자의 집안이 있다는 사실은 어디에서 기인하는 것일까? 그와 유사한 사례들은 분명 방금 지적한 것 외에 다른 요인이 있다는 것을 추측하도록 해준다. 하지만 그 요인을 유전 탓으로 돌리지 않고서도 설명할 수 있을 것이다. 자살이 가진 전염성이 강한 힘이 다른 자살을 야기할 수도 있다.

다음 장章에서 살펴보겠지만, 자살은 실제로 전염성이 아주 강하다. 자살의 전염성은 체질상 보통 암시에 쉽게 빠져들고, 특히 자살이라는 생각에 쉽게 이끌리는 사람들에게서 찾아볼 수 있다. 왜냐하면 그들은 자신들에게 깊은 인상을 남긴 모든 행위를 반복하려 할 뿐만 아니라, 특히 그들이 이미 어느 정도 성향을 가진 행동을 반복하게 되기 때문이다. 그런데 그와 같은 이중의 조건은 자살한 부모를 가진 정신질환자들 또는 신경쇠약증 환자들에게서 발견된다. 왜냐하면 그들은 약해진 신경으로 최면에 걸리기 쉬울 뿐만 아니라 동시에 자살이라는 생각을 쉽게 받아들이기 때문이다. 따라서 가족의 비극적인 죽음이나 비극적인 종말에 대한 기억이나 장면이 그들에게 강박관념이나 저항할 수 없는 충동의 원천이 된다는 것은 그리 놀라운 일은 아니다.

그와 같은 설명은 유전 가설 못지않게 만족스러운 것일 뿐 아니라, 또한 그런 설명을 통해서만 다음과 같은 사실을 이해할 수 있다. 자살이 반복해서 일어나는 가족에게 자살은 거의 동일하게 재발하는 경우가 있다는 사실이 그것이다. 자살은 거의 같은 나이에 일어날 뿐만 아니라 같은 방법으로 일어난다. 어떤 가족은 목을 매는 방법을, 또 어떤 가족은 질식사나 높은 곳에서 투신하는 방법을 선호한다. 종종 인용되는 한 사례에서는 그 유사성이 더 컸다. 한 가족이 몇 년 사이에 모두 같은 무기로 자살을 한 사례가 있다.[70] 그와 같은 자살 방법의 유사성에서 자살이 유전한다는 또 다른 증거를 볼 수 있다. 그렇지만 만일 자살을 명확한 심리적 실체로 인정하지 않는 분명한 이유가 있다면, 목을 매거나 총으로 자살하는 경향이 존재한다는 사실을 받아들이는 것은 얼마나 어려운가! 그런 사실은 오히려 남은 가족의 마음과 벌써 가문의 역사에 새겨진 자살이 갖는 전염성이 아주 강하다는 것을 증명해 주는 것이 아닐까? 왜냐하면 그들은 가족의 자살이라는 기억에 사로잡혀 괴로워하기 때문에, 먼저 자살한 가족의 자살 행위를 정확하게 반복하는 것이라고 볼 수밖에 없기 때문이다.

그와 같은 설명을 더욱 타당하게 만드는 것은, 유전이 아닌 전염으로 인한 자살의 많은 사례를 통해서이다. 자살의 전염성에 대해서는 뒤에서 다시 살펴보겠지만, 자살은 여러 경우에 거의 항상 아주 놀라울 정도로 비슷하게 행해진다. 그런 자살 사례들은 거의 복사판이라고 할 수 있을 정도이다. 1772년, 한 병원의 어두운 복도에서 같은 갈고리에 얼마 되지 않는 사이에 15명의 환자가 연달아 목을 매어 자살했다는 이야기는 널리 알려져 있다. 갈고리를 제거하자 자살의 전염이 그쳤다. 그와 비슷하게 불로뉴에 있는 한 부대의 초소에서 한 병사가 머리를 쏘아 자살했다. 그리고 며칠 사이에 같은 장소에서 모방 자살이 잇달아 발생했다. 하지만 그 초소를 불태우자 자살의 전염이 그쳤다. 그 모든 사례에서 강박관념의 힘이 무섭다는 것을 분명하게 보여 준다. 왜냐하면 자살하려는 생각을 일으킨 물질적 대상이 사라지자 자살의 전염도 그쳤기 때문이다. 따

---

70 RIBOT, *L'hérédité*, p. 145, Paris, Félix Alcan.

라서 자살이 모두 분명하게 서로 영향을 받아 하나의 모델에 따라 이루어질 경우, 그런 자살은 같은 원인 때문이라고 보는 것은 타당하다고 볼 수 있다. 그도 그럴 것이 특히 모든 요소가 한데 결합되어 그 효과를 극대화시키는 가족의 경우에 가장 강력한 효과가 발생하기 때문이다.

게다가 수많은 사람이 자신들의 부모처럼 행동함으로써 선례先例의 힘에 굴복한다. 에스키롤은 한 가족의 경우를 관찰했다. "26~27세의 막내 남동생이 우울증에 걸려 자기 집 지붕에서 투신했다. 그를 돌보아 주었던 둘째 형이 동생의 죽음에 자책감을 느끼고 여러 차례 자살을 시도했다가, 약 1년 후 장기간 단식을 거듭한 끝에 죽었다.… 의사인 넷째 형도 자살했다. 그는 자살하기 2년 전에 끔찍한 절망감 속에서 자신의 운명을 거역하지 않을 것이라고 나에게 반복해서 이야기한 적이 있다."[71] 모로는 다음과 같은 사례를 인용하고 있다. 형과 숙부가 자살을 한 어느 정신이상자는 그 자신도 자살하리라는 생각에 사로잡혀 있었다. 샤랑통 소재 정신병원에 수용된 그를 면회하러 온 동생은 그 자신도 자살하게 되리라는 무서운 생각에 경악했으며, 그 역시 그 생각에 마침내 굴복하고 말 것이라는 확신을 갖게 되었다.[72] 한 명의 환자가 브리에르 드 부아몽에게 다음과 같은 고백을 했다. "저는 53세가 될 때까지 건강했습니다. 걱정거리가 없었어요. 저는 아주 명랑했습니다만, 3년 전부터 우울한 생각을 하게 되었습니다. 최근 3개월 이래로 그 생각은 저를 괴롭혔으며, 매 순간 자살 충동을 느꼈습니다. 저의 형님이 60세에 자살을 했다는 사실을 숨기고 싶지 않습니다. 저는 그 일을 심각하게 생각해 본 적이 없습

---

71   LISLE, *op. cit.*, p. 195.
72   BRIERRE, *op. cit.*, p. 57.

니다. 그런데 56세에 달하자 그 기억이 생생하게 들더니, 지금은 떨쳐버릴 수가 없습니다." 하지만 가장 결정적인 사례는 팔레에 의해 보고된 것이다. 19세 된 한 소녀가 "부계 쪽의 한 숙부가 자살했다는 것을 알게 되었다. 그녀는 그 소식에 큰 충격을 받았다. 그녀는 정신질환이 유전된다는 말을 들은 적이 있었으므로, 그녀 자신도 언젠가 그런 슬픈 상태에 빠지게 될 것이라는 생각이 그녀를 사로잡았다.… 그녀가 그런 슬픈 상태에 있을 때 그녀의 아버지가 자살했다. 그때부터 그녀는 자살을 절대 피할 수 없는 운명이라고 생각했다. 그녀는 곧 일어날 자살만 생각하게 되었으며, 다음과 같은 말을 계속해서 반복할 뿐이었다. '나는 아버지나 숙부처럼 죽을 것이다! 따라서 내 피는 오염되었다!' 그러고는 그녀가 자살을 시도했다. 그런데 그녀가 자기 아버지라고 믿고 있던 사람은 실제로 친아버지가 아니었다. 그녀를 공포에서 끌어내기 위해 그녀의 어머니는 그 사실을 고백하였고, 친아버지와의 만남을 주선해 주었다. 두 사람은 신체적으로 매우 닮았고, 그로 인해 그녀의 모든 의심은 즉시 사라졌다. 그러자 그녀는 자살을 포기했고, 점차 명랑함을 되찾고 건강도 회복했다."[73]

따라서 자살이 유전된다는 주장에 가장 유리한 사례들의 경우는 자살의 유전을 증명하기에 충분치 않다. 그런 사례들에 대해서는 별로 힘들이지 않고 다른 설명이 가능하다. 그런 사례가 더 있다. 심리학자들이 그 중요성을 간과한 몇몇 통계적 사실들은 이른바 자살의 유전적 전승 가설과 일치하지 않기도 한다. 그런 사례는 다음과 같다.

① 만일 사람을 자살하도록 하는 유전에 바탕을 둔 기질적, 심리적 결

---

73 LUYS, *op. cit.*, p. 201.

정론이 있다면, 그 이론은 남녀 두 성에 거의 같은 영향을 미쳐야 할 것이다. 왜냐하면 자살 그 자체로는 성의 구별이 없으므로, 유전이 여자보다 남자에게서 덜 명확하게 나타날 이유가 없기 때문이다. 그런데 실제로는 여자의 자살은 아주 적으며, 남자에 비해 극히 적은 비율을 보일 뿐이다. 만일 유전이 자살에 영향력을 미친다면 그렇게 될 수 없을 것이다.

그렇다면 남자에게서와 마찬가지로 여자에게도 자살 경향이 유전되지만, 여자에게만 고유한 사회적 조건에 의해 여자의 자살 경향이 억제되는 것일까? 하지만 그 존재가 전혀 입증되지 않은 막연한 가능성을 제외하면, 대부분 경우에 잠복 상태에 있는 유전적 요소에 대해 어떻게 생각해야 할까?

② 폐결핵의 유전에 대해 그랑셰르는 이렇게 기록하고 있다. "3개월 된 아기가 결핵으로 밝혀진 사례를 유전 요인으로 인정해 보자. 실제로 그렇게 인정할 만한 충분한 이유가 있다.… 아기가 생후 15개월이나 20개월에 결핵이 발병했다면, 그때는 결핵이 자궁 내에서부터 시작되었는지는 덜 확실하다. 잠재적인 결핵의 존재를 뒷받침해 주는 아무런 근거도 없다.… 그렇다면 생후 15, 20년이나 30년 후에 발생하는 결핵에 대해서는 무슨 말을 해야 할까? 출생 당시부터 병이 있었다고 가정해도, 그 오랜 세월이 흐르는 동안 그 병은 기운을 상실해야 하지 않을까? 모든 병의 원인을 사람이 살아가면서 감염될 수 있는 살아 있는 세균이 아니라 화석화된 세균의 탓으로 돌리는 것이 자연스러운가?"[74] 실제로 태아나 신생아에게 세균이 있다는 결정적인 증거가 없으므로, 결핵이 유전된다

---

74 *Dictionnaire encyclopédique des sciences méd.*, art. "Phtisie", t. LXXVI, p. 542.

고 선언하는 권리를 확보하기 위해서는 적어도 그 병이 유아들에게 흔히 발생한다는 증거를 확보해야 할 것이다. 정확히 그런 이유에서 사람들은 유전을 아주 어린 시절부터 나타나는 특별한 정신병의 근본 원인으로 삼았으며, 또 그렇기 때문에 그 병을 유전적 정신질환이라 부르게 된 것이다. 코흐는 심지어 다음과 같은 사실을 증명했다. 즉, 정신질환이 유전의 영향을 받을 경우, 그 정신질환이 완전히 유전의 영향에 의해 생겨나지는 않을지라도 가족 중에 선례가 없는 경우보다 더 일찍 발생하는 경향이 있다는 사실이 그것이다.[75]

물론 수염이나 동물의 뿔 등과 같이 유전으로 여겨지면서도 어느 정도 나이가 든 후에야 비로소 나타나는 특징들이 제시되기도 한다. 하지만 그런 지체는 그 특징들이 개인별 성장 과정에서 나타나는 신체적인 상태에 달려 있는 경우에만 유전 가설로 설명 가능할 뿐이다. 예컨대 성적 기능과 관련해서 보면, 유전은 사춘기에 이르러서야 비로소 뚜렷한 효과를 낼 수 있다. 하지만 만일 유전으로 전승되는 특성이 모든 나이에 가능하다면, 그 특성은 즉시 나타나야 할 것이다. 그 결과 그런 특성이 나타나는 데 시간이 걸리면 걸릴수록 유전은 작은 자극에 불과하다는 것이 더욱 분명하게 드러난다. 그런데 자살 경향도 이 단계가 아니라 저 단계에서 나타나야 할 하등의 이유가 없다. 만일 자살 경향이 완전히 형태를 갖추어 유전될 수 있는 하나의 확실한 메커니즘이라면, 그 메커니즘은 출생 직후 몇 년 안에 작동해야 할 것이다.

하지만 실제로는 그와 정반대 현상이 발생한다. 어린이들에게서 자살은 매우 드물다. 르고이에 의하면 1861년부터 1875년까지 프랑스에서

---

75 KOCH, *op. cit.*, pp. 170~172.

는 16세 이하의 아동 100만 명 중 소년은 43명, 소녀는 1.8명의 자살자가 발생했다. 모르셀리에 따르면 이탈리아의 경우에는 숫자가 더 적다. 이탈리아에서는 소년은 1.25명, 소녀는 0.33명까지 오르지 않았다. 비율은 모든 나라에서 거의 대동소이하다. 가장 빠른 자살은 5세에 발생했는데, 그것은 아주 예외적인 경우이다. 하지만 그런 예외적 사례가 유전 때문이라는 사실이 증명된 것은 아니다. 게다가 아이들도 사회적 원인의 영향을 받는다는 사실과 그런 원인만으로도 아이들이 자살을 결심할 수 있다는 사실을 잊어서는 안 된다. 아이들의 자살률에서도 사회적 환경의 차이가 발견되고 있다. 그 경우에 사회적 원인들의 영향을 증명해 주는 것은 바로 아이들의 자살률이 사회 환경에 따라 변한다는 점이다. 아이들의 자살이 대도시보다 더 많이 일어나는 곳은 없다.[76] 다른 어느 곳에서보다 대도시의 아이들은 사회생활을 빨리 시작한다. 그들이 조숙하다는 것이 그 증거이다. 문명의 흐름을 아주 빠르게 접하기 때문에 도시의 아이들은 그 영향을 더 일찍 더 많이 받게 된다. 그로 인해 문명이 발달한 나라일수록 아이들의 자살률이 끔찍하게도 더 높다.[77]

또 다른 사실이 있다. 자살은 아동기에 극히 드물 뿐 아니라 노년층에서 가장 빈번하게 발생하며, 그 중간 연령층에서는 나이가 듦에 따라 자살률도 규칙적으로 상승한다.

약간 차이는 있지만 그런 관계는 [표 9]의 모든 나라에서 동일하다. 스웨덴은 40~50세에서 자살률이 가장 높은 유일한 나라이다. 그 밖의 모든 나라에서는 자료 조사 과정에서 생겼을 사소한 오류를 제외하면, 가장

---

76 MORSBLLI. p. 329 et suiv.
77 LEGOYT. p. 158 et suiv., Paris, Félix Alcan.

[표 9]^{78} 연령별 자살률(인구 100만 명당 자살자)

연령	프랑스 (1835~1844)		프로이센 (1873~1875)		작센 (1847~1858)		이탈리아 (1872~1876)		덴마크 (1845~1856)
	남	여	남	여	남	여	남	여	남녀 합계
16세 이하	2.2	1.2	10.5	3.2	9.6	2.4	3.2	1	113
16~20	56.5	31.7	122	50.3	210	85	32.3	12.2	272
20~30	130.5	44.5	231.1	60.8	396	108	77	18.9	307
30~40	155.6	44	235.1	55.6	551	126	72.3	19.6	426
40~50	204.7	64.7	347	61.6			102.3	26	576
50~60	217.9	74.8			906	207	140	32	702
60~70	274.2	83.7	529	113.9			147.8	34.5	785
70~80	317.3	91.8			917	297	124.3	29.1	
80세 이상	345.1	81.4					103.8	33.8	642

높은 연령층이나 두 번째로 높은 연령층에서 자살률이 가장 높으며,^{79} 연령에 따른 자살률의 상승도 끝까지 계속되고 있다. 80세 이후에 관찰되는 감소는 결코 일반적이지 않으며, 어쨌든 미미한 정도이다. 그 연령층의 자살률은 70대보다 약간 낮을 수도 있지만, 다른 연령층, 적어도 대부분의 연령층보다는 높다. 그렇다면 성년에서야 비로소 나타나며, '그 이후부터 연령이 높아짐에 따라 계속 증가하는 현상을 어떻게 유전의 탓으로 돌릴 수 있는가?' 유년기에는 전혀 나타지 않거나 극히 드물다가, 나이를 먹음에 따라 점점 더 증가하고, 노년층에서 가장 빈번하게 발생하

---

78 이 표의 자료는 모르셀리에게서 인용한 것이다.
79 우리는 남성의 경우에 30~40세 사이에서 자살률의 증가가 정체되는 유일한 경우를 알고 있다. 이탈리아의 경우이다. 이탈리아의 경우에만 30~40세의 연령층에서 자살률 증가의 정체 단계가 있다. 여성의 경우에는 같은 연령층의 자살률 증가의 중단이 일반적이며, 따라서 그것은 현실에 가까울 것이다. 그 연령층은 여성의 삶에서 하나의 특별한 단계에 해당한다. 그 시기는 분명 독신 생활에서 오는 설움과 좌절이 줄어들기 시작함과 동시에 나이가 들어 독신으로 사는 여인이 느끼는 정신적 고독이 아직 느껴지기 이전의 중간적인 시기인 것으로 보인다.

는 질병을 어떻게 선천적이라고 규정할 수 있는가?

그 경우에 등시적等時的 유전의 법칙을 거론할 수는 없을 것이다. 그 법칙에 따르면 어떤 경우에는 유전된 특징이 실제로 부모와 거의 비슷한 나이에 자녀들에게서 나타난다. 하지만 10~15세 이상 모든 연령층에서 공통적으로 나타나는 자살은 그 경우에 해당하지 않는다. 자살의 특징은, 그것이 삶의 특정한 시기에만 일어나지 않고 나이를 먹음에 따라 중단 없이 증가하는 데 있다. 그런 중단 없는 증가를 통해 자살의 원인 자체도 인간이 늙어감에 따라 변한다는 사실이 증명된다. 그런데 유전은 그런 조건을 충족시키지 못한다. 왜냐하면 정의상 유전은 수태가 되는 순간부터 즉시 발생해야 하고 또 발생할 수 있는 것이기 때문이다. 자살 경향은 태어날 때부터 잠재적인 상태에 있다가, 뒤늦게 나타나서 점차 발전하는 다른 힘의 영향을 받을 때만 나타난다고 해야 할까? 하지만 그렇게 되면 유전의 영향은 아주 일반적이고 확정되지 않은 경향으로 격하되고 말 것이다. 왜냐하면 만일 유전이 다른 요인의 도움을 절대적으로 필요로 하고, 그 요인을 따라서만 유전이 나타난다면, 그 다른 요인이 진정한 요인으로 여겨져야 할 것이기 때문이다.

요컨대 나이에 따라 자살률이 변동되는 어떤 체질적, 심리적 상태도 자살의 결정적 원인일 수 없다는 것을 증명해 준다. 모든 생명체는 생명의 리듬에 종속되어 성장, 정체, 퇴화의 단계를 연속적으로 거치게 된다. 끝없이 성장하는 신체적, 심리적 특징은 존재하지 않는다. 모든 것은 절정에 이른 후에 쇠퇴로 접어든다. 그런데 그와 반대로 자살은 인생의 마지막 시점에 정점에 도달할 뿐이다. 심지어 종종 80세 무렵에 관찰되는 감소는 아주 미미할 뿐만 아니라 일반적인 것이 아니라 상대적일 뿐이다. 왜냐하면 90대가 60대만큼, 또는 그 이상으로 자살하고, 특히 원숙기에 있는 사람들보다 더 많이 자살하기 때문이다. 그런 징후를 통해 결국 자살률 변동의 원인이 선천적이고 불변하는 충동이 아니라 사회생활의 점진적인 작용임을 인정해야 하는 것이 아닐까? 자살이 사회활동을 시작하는 사람들의 나이에 따라 일찍 또는 늦게 나타나는 것과 마찬가지로, 그것은 그들의 사회생활 참여 정도에 따라 증가한다.

따라서 우리는 여기서 앞 장의 결론으로 되돌아가게 된다. 개인의 체질이 거부할 경우에 자살은 일어날 수 없다. 하지만 자살을 일으키기에 가장 좋은 개인적 상태는 (정신병의 경우를 제외하면) 결정적이고 자동적인 경향이 아니라 일반적이고 막연하며, 상황에 따라 여러 가지 형태를 취하는 경향에 불과하다. 그런 경향이 자살의 가능성은 주지만, 반드시 자살을 일으키는 것은 아니며, 그런 만큼 자살을 설명하지 못한다.

제3장
자살과 우주적 요인[80]

　개인적 기질 자체만으로 자살의 결정적 원인이 될 수 없다 해도, 어쩌면 그것이 몇몇 특정한 우주적인 요인과 결합할 때 더 잘 작용할 수도 있다. 때때로 물질적 환경이 잠재되어 있던 질병(물질적 환경이 없다면 맹아 상태로 남아 있을)을 발생시키는 것과 마찬가지로, 어떤 사람들이 자연적으로 타고난 일반적이고 순순히 잠재적인 자살 성향을 자살 행위로 유도할 수 있는 힘이 존재할 수도 있다. 그 경우에는 자살률을 사회적 현상으로 볼 이유가 없다. 자살은 전부 또는 대부분 자연적 요인과 신체적, 정신적 요인과 결합되어 생긴 비정상적 심리로부터 발생하는 것이기 때문이다. 분명 그렇다면 자살이 어떻게 해서 그런 상황에서도 각 사회 집단마다 그렇게 고유한 유형을 보이는지 설명하는 데 어려움이 있을 것이다. 그도 그럴 것이 각 나라마다 자연 환경은 크게 다르지 않기 때문이다. 하지만 주의를 기울여야 할 한 가지 중요한 사실이 있다. 자살률의

---

80 LOMBROSO, *Pensiero e Meteore*; FERRI, "Variations thermométriques et criminalité", in *Archives d'Anth. criminelle*, 1887; CORRE, "Le délit et le suicide à Brest", in *Arch. d'Anth. crim.*, 1890, p. 109 et suiv., p. 259 et suiv.; DU MEME, *Crime et suicide*, pp. 605~639; MORSELLI, pp. 103~157.

변화 가운데 일부는 사회적 원인을 고려하지 않고서도 설명할 수 있다는 사실이 그것이다.

자살 인자因子에 영향을 미친다고 여겨지는 비사회적 요인에는 두 가지만 있을 뿐이다. 기후와 계절별 온도가 그것이다.

I.

유럽의 지도에서 자살은 위도에 따라 다음과 같은 분포를 보이고 있다.

위도	인구 100만 명당 자살자 수
북위 36~43°	21.1
북위 43~50°	93.3
북위 50~55°	172.5
북위 55° 이상	88.1

자살은 유럽의 남부와 북부에서 가장 적고, 중부에서 가장 많은 것으로 나타난다. 모르셀리는 조금 더 정확하게 자살이 가장 많은 지역은 위도 47~57°, 경도 20~40°에 걸쳐 있는 지역이라고 지적한 바 있다. 그 지대는 유럽에서 기후가 가장 온화한 지대이다. 그런 우연의 일치를 기후 영향의 결과라고 볼 필요가 있지 않을까?

모르셀리는 조금 주저하면서도 그런 이론을 주장했다. 하지만 실제로 온화한 기후와 자살 경향 사이의 관계는 쉽게 드러나지 않는다. 따라서 그런 가설을 내세우기 위해서는 사실 관계가 철저히 일치해야 한다. 그런데 자살과 특정 기후 사이에 어떤 관계가 있기는커녕, 자살은 어떤 기후에서나 꾸준하게 발생한다. 이탈리아는 오늘날 비교적 자살이 심하지 않은 나라이다. 하지만 로마제국 시대의 유럽 역사 중심지인 로마에서는 자살이 아주 많이 발생했다. 그와 마찬가지로 작열하는 태양 아래의 인도에서도 자살이 아주 빈번한 때가 있었다.[81]

또한 유럽 지역을 자세히 보면, 기후가 그곳에서 발생한 수많은 자살의 원인이 아니라는 사실을 알 수 있다. 유럽 지역은 같은 기후를 가진 모든 나라를 포함하는 거의 동질적인 한 지역이 아니라 두 개의 서로 다른 지역이다. 한 지역은 일드프랑스와 인접해 있는 중부의 도들이고, 다른 지역은 작센과 프로이센 지역이다. 따라서 두 지역은 기후에 따라 분명하게 규정되는 것이 아니라 유럽 문명의 두 중심과 일치한다. 결국 나라마다 국민들의 자살 경향이 다른 원인을 기후라는 분명치 않은 영향에서 찾기보다는 오히려 유럽 문명의 성격과 그 문명이 각국에 전파된 방식에서 찾아야 할 것이다.

게리가 이미 지적했고, 모르셀리의 새로운 관찰을 통해 증명되었으며, 또한 예외가 있지만 아주 일반적인 또 다른 사실도 같은 방식으로 설명될 수 있다. 중심 지역에 속하지 않는 여러 나라에서는 북쪽이든 남쪽이든 중심에 가까울수록 자살률이 높다는 사실이 그것이다. 그렇게 해서 이탈리아에서는 북부에서 자살이 많은 반면, 영국과 벨기에서는 남부에서 자살이 더 많다. 하지만 그런 사실을 온화한 기후에 더 가깝기 때문에 나타난 것이라고 할 하등의 이유가 없다. 그보다는 프랑스 북부와 독일 북부 주민들의 생각과 감정, 요컨대 사회 풍조가 그들을 자살로 강하게 유도하고, 비슷한 생활방식을 가진 주변 나라에서 그 영향이 덜 강하게

---

81 이 책의 제2부 제4장, 262, 263, 270면을 참고하시오.

[표 10] 이탈리아에서의 지역별 자살 분포

	인구 100만 명당 자살자 수			북부를 100으로 할 때 지역별 자살률		
	1866~1867	1864~1876	1884~1886	1866~1867	1864~1876	1884~1886
북부	33.8	43.6	63	100	100	100
중부	25.6	40.8	88	75	93	139
남부	8.3	16.5	21	24	37	33

나타나고 있다는 점을 인정하는 것이 더 자연스럽지 않을까? 게다가 사회적 원인이 자살의 분포에 미친 영향이 얼마나 큰가를 보여 주는 또 다른 사실이 있다. 이탈리아에서는 1870년까지 북부 지방에서 자살이 가장 많았고, 그 다음이 중부, 세 번째가 남부에서였다. 하지만 북부와 중부의 차이가 점점 좁혀지다가 결국 순위가 뒤바뀌었다[표 10]. 물론 각 지역의 기후는 변하지 않았다. 그럼에도 그런 변화가 일어난 것은 1870년에 로마 정복으로 이탈리아의 수도가 중부 지방으로 이전되었기 때문이다. 그에 따라 과학, 예술, 경제활동의 중심지가 옮겨졌고, 자살도 그 추세를 따른 것이다.

따라서 우리는 그 어떤 것에 의해서도 증명되지 못하고, 또 수많은 사실을 통해 부정된 가설을 더 이상 논할 필요가 없다.

II.

계절별 기온의 영향은 논증이 좀 더 쉬운 것으로 보인다. 해석은 다양할 수 있지만, 사실들은 일정하다.

만일 자살의 사례들을 관찰하지 않은 채 자살이 어느 계절에 가장 많이 일어나는지를 논리적으로 예상한다면, 하늘이 가장 어둡고, 기온이 가장 낮고, 습도가 가장 높은 계절을 생각하게 될 것이다. 황량한 자연으로 인해 사람들은 몽상적이 되고, 슬픈 열정에 사로잡히며, 우울증에 쉽게 빠지지 않는가? 게다가 그런 계절은 삶을 영위하기에도 가장 힘든 계절이다. 왜냐하면 체온을 올리기 위해 더 많은 식량을 필요하지만 식량을 구하는 것이 만만찮기 때문이다. 그런 이유로 몽테스키외는 이미 춥고 안개가 많은 나라에서 특히 자살이 많이 일어난다고 생각했으며, 또한 사람들도 오랫동안 그렇게 믿었다. 그런 논리를 적용해 보면, 자살은 가을에 정점에 달할 것이라고 생각하게 될 것이다. 에스키롤은 이미 그 이론의 정확성에 의문을 제기한 바 있지만, 팔레는 여전히 그 이론을 수용하고 있었다.[82] 오늘날의 통계에 의하면 그 이론은 완전히 부정된다. 자살률이 '가장 높은' 계절은 겨울도 아니고 가을도 아닌, 자연이 가장 아름답고 기온이 가장 온화한 멋진 계절이다. 인간은 살아가는 것이 가장 용이할 때 삶을 쉽게 포기하기도 한다. 1년을 따뜻한 3월에서 8월까지 여섯 달과 추운 여섯 달로 구분해 두 시기로 나눠 보면, 자살은 언제나 따뜻한 여섯 달에 더 많이 일어난다. '이 법칙의 예외가 되는 나라는 한 나라도 없다.' 비율은 모든 나라에서 거의 일치한다. 연간 1,000명의 자살자 중 590명 내지 600명이 따뜻한 계절에 자살을 하고, 나머지 400명이 추운 계절에 자살을 할 뿐이다.

자살과 기온 변화의 관계는 더 정확하게 분석될 수 있다.

12월부터 2월까지를 겨울, 3월부터 5월까지를 봄, 6월부터 8월까지 여름, 그리고 나머지 3개월을 가을이라고 부르고, 또 이 네 계절을 자살률

---

82 *De l'hypocondrie*, etc., p. 28.

에 따라 분류한다면, 자살은 거의 모든 나라에서 여름에 가장 많이 발생한다는 것을 알 수 있다. 모르셀리는 그런 관점에서 유럽 18개 국가들을 34번의 시기에 걸쳐 비교했다. 그 결과 그는 가장 높은 자살률을 보인 계절이 여름이었던 경우가 30번, 즉 전체의 88%였고, 봄이었던 경우는 3번, 가을이었던 경우가 단 한 번이었다고 지적했다. 하지만 유일하게 바덴대공국에서 역사상 단 한 번 관찰된 가을에 기록된 불규칙한 자살률은 너무 짧은 기간에 일어난 것을 계산한 것이므로 가치가 없다. 게다가 그런 경우는 후일 다시 발생하지 않았다. 다른 3번의 예외도 별다른 의미가 없다. 3번의 예외는 네덜란드, 아일랜드, 스웨덴의 경우이다. 네덜란드와 아일랜드의 경우에는 계절 평균의 기초로 소용된 실제 수치가 너무 불확실해 정확한 결론을 내릴 수 없다. 네덜란드의 경우는 387건, 아일랜드의 경우는 755건에 불과했다. 더군다나 그 두 나라의 자살률에 대한 통계는 신뢰성이 떨어진다. 끝으로 스웨덴의 경우에는 단지 1835~1851년 사이의 기간에만 예외적인 현상이 확인된다. 따라서 만일 믿을 만한 통계를 갖춘 나라들을 고려한다면, 그 법칙은 절대적이고 보편적이라고 할 수 있다.

자살률이 가장 낮은 시기에 대한 분석도 마찬가지로 규칙적이다. 34번의 경우 중 30번, 다시 말해 88%가 겨울이고, 가을이 4번이다. 그 법칙에서 벗어난 네 나라는(앞의 경우와 마찬가지로) 아일랜드와 네덜란드, 그리고 스위스의 베른과 노르웨이이다. 우리는 앞의 두 나라의 통계의 문제점이 무엇인지를 이미 알고 있다. 세 번째 경우도 마찬가지다. 왜냐하면 총 97건의 자살 사례에서 관찰된 것에 불과하기 때문이다. 간략히 말하자면 34번 중 26번, 또는 76%의 자살률은 계절별로 여름, 봄, 가을, 겨울의 순이다. 그런 관계는 아무런 예외 없이 덴마크, 벨기에, 프랑스,

[표 11] 유럽 각국의 계절별 자살률

	덴마크 (1858~1865)	벨기에 (1841~1849)	프랑스 (1835~1843)	작센 (1847~1858)	바이에른 (1858~1865)	오스트리아 (1858~1859)	프로이센 (1869~1872)
여름	312	301	306	307	308	315	290
봄	284	275	283	281	282	281	284
가을	227	229	210	217	218	219	277
겨울	177	195	201	195	192	185	199
계	1,000	1,000	1,000	1,000	1,000	1,000	1,000

프로이센, 작센, 바이에른, 뷔르템베르크, 오스트리아, 스위스, 이탈리아, 스페인에서 사실로 드러난다.

　각 나라마다 계절 순위가 같을 뿐만 아니라 각 계절별 비율도 거의 다르지 않다. 그런 불변성을 보다 눈에 띄게 하기 위해 우리는 [표 11]에서 연간 자살자 총 수 1,000명 기준으로 유럽 주요 국가들의 계절별 자살률을 제시했다. 각 행마다 거의 동일한 수치가 반복해서 나타나고 있음을 알 수 있다.

　페리와 모르셀리는 그와 같은 부인할 수 없는 사실들로부터 기후가 자살 경향에 직접 영향을 미친다는 결론을 내렸다. 그러니까 열이 두뇌 기능에 기계적으로 작용해 자살로 유도한다는 것이다. 페리는 심지어 그와 같은 영향이 어떤 방식으로 이루어지는가도 설명하고자 했다. 그는 한편으로 열이 신경 체계의 흥분을 증가시킨다고 주장한다. 다른 한편으로 그는 따뜻한 계절에는 신체가 적당한 체온을 유지하기 위해 많은 열량을 소비할 필요가 없으며, 그 결과 자연스럽게 축적된 사용 가능한 힘의 사용처를 찾게 된다고 주장한다. 그와 같은 이중의 이유로 여름에는 활동이 넘치게 되고, 소모되어야 할 넘치는 생명력이 과격한 행동으로 표출될 수밖에 없다는 것이다. 자살은 그런 표출의 하나이며, 살인은 또 다른 형태의 표출이다. 바로 거기에 여름에는 잔인한 범죄와 동시에 자살이 증가하는 이유가 자리한다는 것이다. 게다가 모든 형태의 정신질환도 그 계절의 시기에 나타난다는 주장이다. 결국 자살은 정신질환과 맺는 관계 때문에라도 여름에 많이 발생하는 것이 당연하다고 단언할 수 있다.

아주 단순해서 매력적인 그와 같은 이론은 얼핏 보아 사실에 부합하는 듯하다. 심지어 사실을 직접적으로 표현한 것처럼 보이기까지 한다. 하지만 실제로 그 이론은 사실과 거리가 멀다.

III.

첫 번째로 그 이론에는 자살에 대한 논쟁의 소지가 있는 생각이 포함되어 있다. 실제로 그 이론은 자살의 확실한 심리적 전단계가 지나친 흥분 상태이고, 자살은 폭력적인 행동이며, 또한 자살은 대량의 에너지 방출을 통해서만 가능하다는 점을 가정하고 있다. 그런데 그와 반대로 자살은 극심한 의기소침에서 기인하는 경우가 아주 많다. 흥분과 격노로 인해 자살하는 것이 가능하지만, 불행으로 인한 자살도 그에 못지않게 많다. 우리는 그 점을 곧 입증할 것이다. 하지만 열熱이 두 경우에 같은 방식으로 작용하는 것은 불가능하다. 열이 첫 번째 부류의 자살을 자극한다면, 두 번째 부류의 자살을 억제해야 할 것이다. 열이 어떤 사람에게 자살 충동을 강화시키는 영향을 미치기는 하지만, 다른 사람에게는 그 충동을 누그러뜨리는 영향을 미쳐 그 영향이 상쇄되거나 감소할 수 있다. 그 결과 열은 특히 통계 자료를 통해 파악 가능한 유형으로 나타날 수 없다. 계절별 자살률 변화에는 다른 원인이 있어야 한다. 계절별 자살률 변화가 단순히 그와 유사하고 동시적인 정신질환 발병률 변화의 결과에 불과하다는 설명을 수긍할 수 있기 위해서는 자살과 정신병 사이에 보다 더 직접적이고 밀접한 관계가 있어야만 한다. 심지어는 계절에 따라 자살률과 정신질환 발병률이 같은 방식으로 영향을 받는다는 사실이 증명된 적이 없다.[83] 그리고 설사 두 현상 사이의 평행관계가 분명하다 할지라도, 정신질환 발생 곡선의 증감이 계절별 기온 변화 때문인가의 문제는 여전히 의문으로 남게 될 것이다. 전혀 다른 성질을 가진 원인이 그런 결과를 낳거나, 아니면 그런 결과를 낳는 데 기여할 수 있는지는 확실하지 않다.

하지만 자살에 대한 열의 영향이 어떻게 방식으로 설명되든, 이제 그것이 사실인지를 알아보도록 하자.

너무 강한 열로 인해 사람이 자살할 수도 있다는 결과를 보여 주는 몇몇 사례가 있다. 예컨대 이집트 원정 당시에 프랑스 원정군의 자살자가 늘어났는데, 사람들은 그 원인을 기온 상승 탓으로 돌렸다. 열대지방에서는 뜨거운 태양이 수직으로 내리쬘 때 갑자기 바다로 투신하는 사람들을 보는 일이 드물지 않다고 한다. 디트리히 박사에 따르면, 샤를 드 고르츠 백작이 이끈 1844~1847년의 세계 일주 여행 도중 선원들에게서 저

---

83 계절별로 정신질환이 어떻게 분포되느냐 하는 것은 정신병원에 입원하는 환자의 수로 판단할 수밖에 없다. 그런데 그런 기준만으로는 아주 부족하다. 왜냐하면 가족들은 환자를 발병 즉시가 아니라 어느 정도 시일이 지난 후에 입원시키기 때문이다. 더군다나 우리가 가진 자료를 보면 정신질환과 자살의 계절적인 변화 사이에는 정확한 일치를 보이지 않는다. 카조비에의 통계에 따르면, 샤랑통에 있는 병원에 입원한 환자 1,000명의 계절별 입원 환자의 수는 다음과 같다. 겨울에 222명, 봄에 283명, 여름에 261명, 가을에 231명이다. 센에 있는 정신병원에 입원한 환자의 통계도 유사한 결과를 보여 준다. 겨울에 234명, 봄에 266명, 여름에 249명, 가을에 248명이다. 위의 통계에서 다음 사실을 알 수 있다. ① 입원 환자가 가장 많은 것은 여름이 아니라 봄이다. 앞서 지적한 이유로 정말로 가장 많은 환자가 발생한 계절은 봄보다 더 이른 계절이어야 한다는 사실을 고려해야 한다. ② 계절적인 차이는 아주 미미하다. 그와는 달리 자살의 경우에는 계절적인 차이가 현저하다.

항할 수 없는 충동이 나타나는 것을 보았으며, 그 자신은 그것을 '공포'라고 불렀다고 한다. 디트리히 박사는 이렇게 기술하고 있다. "일반적으로 그 병은 겨울에 나타난다. 선원들이 오랜 항해 끝에 뭍에 올라 뜨거운 난로 주위에 모여 아무런 걱정 없이 언제나처럼 폭음과 유흥을 즐기고 다시 배에 돌아왔을 때, 그 끔찍한 '공포'의 징후가 나타난다. 그 병에 걸린 선원은 돛대 위에서 일을 하는 중에 현기증을 느끼거나, 아니면 잠을 자다가 갑자기 끔찍한 고함을 지르며 난폭해져 뛰어나와 결국에는 바다에 투신해 버리는 저항할 수 없는 힘에 휘말리고 만다." 또한 숨이 막힐 것 같은 열을 내뿜는 시로코라는 열풍도 자살에 유사한 영향을 미친다는 사실이 관찰되기도 했다.[84]

하지만 열만 그런 특별한 효과를 내는 것이 아니다. 심한 추위도 같은 방식으로 작용한다. 가령, 나폴레옹의 군대가 모스크바에서 퇴각하는 중에 많은 자살자가 나왔다고 한다. 따라서 가을보다는 여름에, 그리고 겨울보다는 가을에 더 많은 자살자가 규칙적으로 생기는 이유를 설명하는 데 위의 사례들은 큰 도움이 되지 못한다. 왜냐하면 그런 사례들로부터 도출될 수 있는 결론은, 춥든 덥든 극단적인 기온이 자살의 유발을 조장하는 경향이 있다는 것뿐이기 때문이다.

게다가 모든 종류의 과도함, 즉 자연 환경의 갑작스런 격렬한 변화가 신체에 악영향을 미치고, 정상적인 기능을 혼란시키며, 그 결과 여러 종류의 정신착란에 빠뜨려 자살할 생각을 불러일으킬 수도 있다. 그리고 막지 않는다면 실제로 자살을 할 수 있다는 것은 분명하다. 하지만 그와 같은 예외적인 비정상적 혼란과 1년 중의 점진적인 기온 변화 사이에는

---

84 그 사실들은 BRIERRE DE BOISMONT, *op. cit.*, pp. 60~62에서 재인용되었다.

아무런 유사성이 존재하지 않는다. 그런 만큼 문제는 해결되지 않고 그대로 남아 있다. 통계 자료의 분석을 통해 문제의 해결책을 찾아야 할 필요가 있다.

만일 기온이 앞서 확인한 자살률 변화의 근본적인 원인이라면, 자살률은 기온 변화와 마찬가지로 규칙적으로 변해야 한다. 하지만 사실은 그와 다르다. 봄이 더 춥지만 가을보다 봄에 훨씬 많이 자살한다.

계절	프랑스		이탈리아	
	1,000명의 자살에 대한 계절별 비율	평균 기온	1,000명의 자살에 대한 계절별 비율	평균 기온
봄	284	10.2°	297	12.9°
가을	227	11.1°	196	13.1°

프랑스에서는 온도가 섭씨 0.9℃, 이탈리아에서는 0.2℃ 상승하는 동안, 자살자 수는 각각 21%와 35%씩 줄어든다. 그와 마찬가지로 이탈리아에서는 겨울의 평균 기온(2.3°)이 가을 기온(13.1°)보다 훨씬 낮지만, 두 계절의 자살률은 거의 비슷하다(194건:196건). 모든 나라에서 봄과 여름의 자살률 차이는 미미하지만, 두 계절의 기온 차이는 매우 크다. 프랑스의 경우 기온의 차이는 78%, 자살률의 차이는 8%이다. 프로이센의 경우기온의 차이는 121%, 자살률의 차이는 4%이다.

만일 자살률의 변화를 계절별이 아니라 월별로 살펴보면, 기온에 대한 자살의 독립성은 더욱 뚜렷하다. 실제로 유럽의 모든 나라의 월별 자살률 변동은 다음과 같은 법칙을 따른다. '자살은 1월부터 6월경까지 매월 규칙적으로 증가하고, 그 후부터 연말까지는 규칙적으로 감소한다.' 일반적으로 월별 최고 자살률은 6월에 62%, 5월에는 25%, 7월에는 12%

이다. 월별 최저 자살률은 12월에 60%, 1월에는 22%, 11월에는 15%, 10월에는 3%이다. 게다가 연속해서 나타나는 자살률 변화의 가장 심한 불규칙성도 큰 의미가 있는 것으로 보기에 어려울 만큼 미미하다. 프랑스처럼 장기간에 걸쳐 자살률 변화를 추적할 수 있는 나라에서, 자살은 6월까지 증가하고 1월까지 감소하며, 자살자 수가 가장 많은 달과 가장 적은 달의 차이는 평균 90~100%에 이른다는 사실을 알 수 있다. 따라서 자살은 가장 더운 달인 7월이나 8월에 정점에 도달하는 것이 아니며, 그 반대로 8월부터 현저히 감소하기 시작한다. 그와 마찬가지로 대부분 나라에서 자살률은 가장 추운 달인 1월이 아니라 12월에 가장 낮은 수준에 도달한다. [표 12]는 월별 자살률과 기온 변화의 관계가 전혀 규칙적이지 않고 꾸준하지 않음을 보여 준다.

[표 12][85] **월별 기온과 자살률의 관계**

월	프랑스(1866~1870)		이탈리아(1883~1888)			프로이센(1876~1878, 1880~1882, 1885~1889)	
	평균 기온	연간 1,000당 자살률	평균 기온 (로마)	평균 기온 (나폴리)	연간 1,000명당 자살률	평균 기온	연간 1,000명당 자살률
1월	2.4°	68	6.8°	8.4°	69	0.28°	61
2월	4°	80	8.2°	9.3°	80	0.73°	67
3월	6.4°	86	10.4°	10.7°	81	2.74°	78
4월	10.1°	102	13.5°	14°	98	6.79°	99
5월	14.2°	105	18°	17.9°	103	10.47°	104
6월	17.2°	107	21.9°	21.5°	105	14.05°	105
7월	18.9°	100	24.9°	24.3°	102	15.22°	99
8월	18.5°	82	24.3°	24.2°	93	14.6°	90
9월	15.7°	74	21.2°	21.5°	75	11.6°	83
10월	11.3°	70	16.3°	17.1°	65	7.79°	78
11월	6.5°	66	10.9°	12.2°	63	2.93°	70
12월	3.7°	61	7.9°	9.5°	61	0.6°	61

같은 나라에서 기온이 거의 비슷한 달들 사이에 편차가 심한 자살률이 나타나기도 한다(예컨대 프랑스의 경우에 5월과 9월, 4월과 10월, 그리고 이탈리아의 경우는 6월과 9월 등이다). 또한 그 반대도 드물지 않게 나타난다. 프랑스의 경우에 1월과 10월, 2월과 8월은 큰 기온 차이에도 불구하고 자살률은 거의 같으며, 이탈리아와 프로이센의 경우에 4월과 7월도 마찬가지다. 더군다나 각 나라마다 기온은 월별로 큰 차이가 나지만, 월별 자살률은 세 나라가 거의 정확하게 일치한다. 프로이센은 5월에 기온이 섭씨 10.47℃이고, 프랑스는 14.2℃, 이탈리아는 18℃인 데 비해, 자살은 프로이센이 104명, 프랑스가 105명, 이탈리아가 103명이다.[86] 다른 달에 대해서도 같은 지적을 할 수 있다. 12월의 경우는 특히 그러하다. 연평균 자살률은 비교 대상이 되고 있는 세 나라에서 정확하게 같다(1,000명 중 61명). 하지만 12월의 평균 기온은 로마에서 7.9℃, 나폴리에서 9.5℃인 반면에, 프로이센에서는 0.67℃를 넘지 않는다. 나라마다 월별 기온만 차이가 나는 것이 아니라, 나라마다 기온이 다른 법칙에 따라 변화한다. 가령, 프랑스에서는 기온이 4월에서 6월 사이보다 1월에서 4월 사이에 더 많이 상승하는 데 비해, 이탈리아는 그 반대이다. 이렇듯 기온의 변화와 자살률의 변화 사이에는 아무런 관계가 없다.

　게다가 만일 기온이 영향을 미친다면, 그 영향은 자살의 지리적 분포에서도 동일하게 나타나야 한다. 가장 더운 지방에서 자살이 가장 많아야 하는 것이다. 기온이 자살과 같은 행동에 영향을 미친다는 추론은 너

85　표에서 모든 달을 30일로 계산했다. 프랑스의 경우, 기온에 관계되는 수치들은 『경도국(經度局)연감 (Annuaire du bureau des longitudes)』에서 인용했으며, 이탈리아의 경우에는 『중앙기상국연감(Annali dell' Ufficio centrale de Meteorologia)』에서 인용했다.

86　그와 같은 비율의 통일성을 지나치게 강조해서는 안 된다. 그 의미에 대해서는 뒤에서 살펴볼 것이다 (이 책의 제3부 제1장을 참고하시오).

무 명백해 이탈리아 학파는 살인의 경향이 기온의 상승과 더불어 높아진다는 것을 증명할 때 그런 추론을 참고하며 이에 의존하고 있다. 롬브로소와 페리는, 겨울보다는 여름에 살인이 더 많이 발생하는 것과 마찬가지로, 자살도 북부보다는 남부에서 더 많이 일어난다는 것을 입증하고자 했다. 유감스럽게도 자살의 경우에 이탈리아의 범죄학자들의 주장이 입증되지 않았다. 왜냐하면 자살은 남부 유럽의 여러 나라에서 가장 적게 일어났기 때문이다. 이탈리아의 자살률은 프랑스의 5분의1이다. 스페인과 포르투갈의 자살률도 아주 낮은 편이다. 프랑스의 자살 분포도상에서도 자살률이 낮은 지역은 루아르 이남에 위치한 도들이다. 분명 우리는 그와 같은 상황이 실제로 기온의 결과라고 말하고자 하는 것은 아니다. 그렇지만 자살의 원인이 진짜 무엇이든지 간에 열이 자살의 촉진제라는 이론은 사실과 배치된다.[87]

그런 난점과 모순 때문에 롬브로소와 페리는 자신들의 학파의 이론을 약간 수정하게 되었다. 물론 그들이 자신들의 이론의 근간을 포기한 것은 아니다. 모르셀리가 동조하는 롬브로소의 주장에 따르면, 자살을 일으키는 것은 열의 강도가 아니라, 추운 계절이 끝나고 더운 계절이 시작될 때 나타나는 첫 번째 더위이다. 첫 번째 더위로 인해 새로운 기온에 아직 적응하지 못한 상태에 있는 신체는 충격을 받을 수 있다. 하지만 그런 설명에 근거가 완전히 결여되어 있다는 점을 알기 위해서는 [표

---

87 그 학자들의 주장을 따르자면 자살이 살인의 일종에 불과하다는 것은 사실이다. 따라서 남부 여러 나라에서 자살이 적은 것은 그곳에서 오히려 살인이 많이 발생하기 때문이라는 것은 분명하다. 우리는 뒤에서 그런 사실에 대해 고찰할 것이다. 하지만 지금부터라도 그 학자들의 주장이 모순된다는 것을 어떻게 느끼지 못할 수가 있을까? 만일 더운 나라에서의 높은 살인율이 낮은 자살률과 상쇄된다는 것이 관찰된다면, 왜 같은 상쇄가 더운 계절에 일어나는 것이 관찰되지 않을까? 더운 계절에는 자살과 살인이 다 같이 많이 일어난다는 사실은 어디에서 기인하는가?

12l를 잠깐 보기만 해도 충분하다. 만일 그런 설명이 정확하다면, 월별 자살률의 변화를 나타내는 곡선은 가을과 겨울 동안에 수평으로 유지되다가, 모든 문제의 원인인 첫 더위에 갑자기 상승한 후에 신체가 거기에 적응하자마자 다시 급강하해야 한다. 하지만 정반대로 곡선의 변화는 아주 규칙적이다. 그리고 더위가 지속되는 동안에 곡선은 거의 달마다 일정하게 상승한다. 자살률 곡선은 12월에서 1월, 2월에서 3월로 계속 상승한다. 다시 말해 첫 더위가 오려면 아직 먼 시기에 상승하는 것이다. 그러다가 그 곡선은 9월에서 12월까지는 점차적으로 하강한다. 그 시기에는 더위가 이미 오래 전에 끝났고, 따라서 곡선이 하강하는 것을 더운 날씨 탓으로 돌릴 수 없을 것이다. 그렇다면 언제 더운 날씨가 시작되는가? 보통 4월에 시작된다. 실제로 기온은 3월의 6.4℃에서 4월에는 10.1℃로 57% 상승한다. 반면, 4월에서 5월은 기온이 40%, 5월에서 6월은 21% 상승한다. 따라서 자살은 예외적으로 4월에 갑자기 상승해야 할 것이다. 하지만 실제로 4월의 자살률 증가는 1월에서 2월의 증가(18%)보다 높지 않다. 요컨대 증가는 느리지만 6월 또는 심지어는 7월까지도 유지되므로, 봄을 여름 끝까지로 늘려 잡지 않는다면 자살의 증가가 봄 때문이라고 하기는 어려우며, 또한 8월 한 달만을 배제하는 것도 쉽지 않다.

게다가 첫 번째 더위가 그 정도로 해로운 것이라면, 첫 번째 추위도 같은 작용을 해야 할 것이다. 첫 번째 추위 역시 습관을 잃어버린 신체에 충격을 주며, 적응될 때까지 생명 유지 기능을 교란한다. 하지만 봄에 관찰되는 것과 조금이라도 유사한 자살 증가가 가을에는 나타나지 않는다. 따라서 자신의 이론에 따르면 더위에서 추위로의 변화가 그 반대의 변화와 같은 효과를 발생시켜야 한다는 것을 알면서도 모르셀리가 어떻게 다음과 같은 주장을 덧붙이는지를 우리는 이해할 수가 없다. "첫 번째 추위의 작용은 우리의 통계 자료에서 확인될 수 있다. 또는 더운 계절에서 추운 계절로의 이행을 인간의 신체, 특히 신경 체계가 가장 예민하게 느끼는 때, 즉 10월과 11월에 자살의 곡선이 두 번째의 상승을 통해서 보다 분명하게 확인할 수 있다."[88] 하지만 그런 주장이 사실에 배치된다는 것을 알기 위해 [표 12]를 보기만 해도 충분하다. 모르셀리 자신이 작성한 통계임에도, 거의 모든 국가의 자살자 수는 10월에서 11월 사이에 증가하지 않고 오히려 감소한다. 덴마크와 아일랜드, 오스트리아(1851~1854년)의 한 기간에서만 예외가 있을 뿐이며, 세 나라의 경우에도 증가는 아주 미미하다.[89] 덴마크에서는 자살률이 1,000명당 68명에서 71명으로, 아일랜드에서는 62명에서 66명으로, 오스트리아에서는 65명에서 68명으로 상승했다. 마찬가지로 10월에 자살이 증가하는 것은 전체 31개 사례 중 8개에 불과하다. 그러니까 노르웨이의 한 시기, 스웨덴의 한 시기, 작센의 한 시기, 바이에른, 오스트리아, 바덴의 각각 한 시기, 그리고 뷔르템베르크의 두 시기이다. 다른 모든 시기에는 감소가 일어나거나 변화가 없다. 요컨대 전체 31개의 사례 중 21개의 사례, 즉 67%의 경우에서 9월에서 12월까지의 규칙적인 감소를 찾아볼 수 있다.

증가 국면이나 감소 국면에서 볼 수 있는 자살률 변화 곡선의 완벽한 연속성을 통해 다음과 같은 사실이 증명된다. 1년에 한두 번 일어나는 갑작스럽고도 일시적인 신체적 균형 상실이라는 짧은 신체적 위기 때문

---

88 MORSELLI, op. cit., p. 148.
89 스위스의 통계는 제외했다. 그 나라의 통계는 단 한 해(1876년)에 걸쳐 계산된 것이어서 그로부터 아무런 결론도 도출해 낼 수 없다. 10월에서 11월까지 증가한 자살도 인구 1,000명당 83명에서 90명으로 아주 적다.

에 자살률 변화가 일어나지는 않는다는 사실이 그것이다. 하지만 그런 자살률 변화는 오직 그와 같은 연속성을 가지고 변화하는 다른 원인에 의해서만 설명될 수 있을 뿐이다.

IV.

이제 그와 같은 원인들의 성격을 밝히는 것이 가능하다.

만일 연간 자살자들 총수의 월별 비율과 한 해의 같은 시기의 낮의 평균 길이를 비교해 보면, 두 수치가 정확하게 같은 방식으로 변화하고 있음을 볼 수 있다[표 13].

[표 13] 프랑스에서 낮의 평균 길이[90]와 자살률 비교

	낮의 길이 (시간/분)	증감	연간 자살자 1,000명당 월별 자살 건수	증감
		증가		증가
1월	9 / 19		68	
2월	10 / 56	1~4월 55%	80	1~4월 50%
3월	12 / 47		86	
4월	14 / 29	4~6월 10%	102	4~6월 5%
5월	15 / 48		105	
6월	16 / 3		107	
		감소		감소
7월	15 / 4	6~8월 17%	100	6~8월 24%
8월	13 / 25		82	
9월	11 / 39	8~10월 27%	74	8~10월 27%
10월	9 / 51		70	
11월	8 / 31	10~12월 17%	66	10~12월 13%
12월	8 / 11		61	

두 수치 사이의 평행관계는 완벽하다. 각 수치마다 같은 순간에 최고 치가 발생하고, 최저치도 마찬가지다. 그 중간에 두 수치는 '보조를 맞춰(pari passu)' 변화한다. 낮의 길이가 빨리 길어지는 때에는 자살률도 빨리 높아지며(1~4월), 낮의 길이가 서서히 증가하는 때에는 자살률도 서서히 높아진다(4~6월). 감소하는 기간에도 두 수치의 변화는 일치한다. 대체로 낮의 길이가 비슷한 7월과 5월, 8월과 4월에는 거의 비슷한 자살자가 발생한다.

그처럼 규칙적이고 정확한 일치는 우연일 수 없다. 따라서 낮의 길이와 자살자 수 사이에 모종의 관계가 있는 것이 분명하다. 그 가설은 [표 13]에서 즉각 도출될 뿐만 아니라, 또한 앞서 지적한 하나의 사실을 설명해 준다. 우리는 유럽의 주요 나라에서 자살이 1년 중 계절이나 달에 따라 거의 같은 분포를 보인다는 사실을 보았다.[91] 페리와 롬브로소의 이론은 그와 같은 흥미로운 일치에 대해 아무런 설명도 하지 못한다. 왜냐하면 유럽 여러 나라들의 기온은 크게 다르며, 기온의 변화도 다양하게 나타나기 때문이다. 그와 반대로 낮의 길이는 우리가 비교한 유럽의 모든 나라들에서 거의 같다.

하지만 낮의 길이와 자살률 사이의 관계를 결정적으로 증명해 주는 것은 어느 계절이나 자살은 대부분 낮에 발생한다는 사실이다. 브리에르 드 부아몽은 1834년에서 1843년까지 파리에서 일어났던 4,595건의 자살 기록을 검토했다. 시간을 알 수 있었던 3,518건의 자살 중 2,094건은 낮

---

90 표시된 길이는 해당 달의 마지막 날의 길이이다.
91 그와 같은 일치는 [표 13]을 더 확대시킬 필요성을 면제해 준다. 프랑스 이외의 다른 나라들에서 낮의 길이의 변화와 월별 자살률의 변화를 비교해 볼 필요가 없다. 왜냐하면 위도가 크게 다른 나라들을 제외한다면 그 두 변화는 거의 비슷하기 때문이다.

에, 766건은 저녁에, 658건은 밤에 일어났다. 이렇듯 낮과 저녁에 일어난 자살은 전체의 5분의4이며, 낮에 일어난 자살만 해도 전체의 5분의3에 해당한다.

프로이센의 통계에는 그 주제에 대한 더 많은 자료가 있다. 그 자료들은 1869년에서 1872년 사이에 일어난 11,822건의 자살에 관련된 것이다. 그 자료들을 통해 브리에르 드 부아몽의 결론이 확증된다. 낮의 길이와 자살률 사이의 관계가 매년 거의 같기 때문에 간략하게 1871년과 1872년의 자료만을 소개하면 [표 14]와 같다.

자살은 주로 낮에 일어나는 것이 분명하다. 따라서 만일 밤보다 낮에 자살이 더 많이 일어난다면, 낮의 길이가 길어질수록 자살자 수가 많아지는 것은 자연스럽다.

그렇다면 그와 같은 낮의 영향은 어디에서 기인하는가?

분명, 이 질문에 답을 하기 위해 태양이나 기온의 작용을 언급할 수는 없을 것이다. 실제로 가장 따뜻한 시간인 대낮에 일어난 자살의 수는 저

[표 14] 하루 자살률과 1,000명당 시간별 자살자 수

연도	1871		1872	
이른 아침[92]	35.9		35.9	
늦은 아침	158.3		159.7	
대낮	73.1	375	71.5	391.9
오후	143.6		160.7	
저녁	53.5		61	
밤	212.6		219.3	
불명	322		291.9	
계	1,000		1,000	

92 이른 아침이란 일출 직후의 시간을 가리킨다.

넉이나 늦은 아침의 그것보다 훨씬 적다. 심지어 정오에는 자살자 수가 현저히 감소하는 것을 볼 수 있다. 태양이나 기온을 통한 설명이 배제되면, 단 한 가지 설명만 가능할 뿐이다. 자살이 낮에 더 빈번하게 일어나는 것은, 낮이 가장 활동적인 시간이고, 인간관계가 빈번하게 맺어지며, 사회생활이 가장 집중적으로 이루어지는 시간이 때문이라는 설명이 그것이다.

자살의 빈도가 하루 중의 여러 시간대, 또는 1주일 중 각각의 요일에 따라 분포되는 방식에 대한 몇몇 정보를 통해 그와 같은 해석이 확증된다. 브리에르 드 부아몽이 파리에서 관찰한 1,993건의 자살 사례와 게리가 프랑스 전역에서 수집한 548명의 사례를 바탕으로 밝혀진 24시간 동안의 자살의 변동은 대체로 아래와 같다.

파리	시간별 자살자 수	프랑스	시간별 자살자 수
자정~6시	55	자정~6시	30
6시~11시	108	6시~정오	61
11시~정오	81	정오~2시	32
정오~4시	105	2시~6시	47
4시~8시	81	6시~자정	38
8시~자정	61		

하루 중 자살이 가장 많이 일어나는 두 시간대가 있음을 알 수 있다. 일이 가장 바쁜 아침과 오후가 그것이다. 그 두 시간대 사이에 일상 활동이 잠시 중단되는 휴식 시간에는 자살도 잠시 멈춘다. 휴식 시간은 파리에서는 11시경이며, 지방에서는 정오경이다. 휴식 시간은 파리보다 다른 도에서 더 길고 더 확실하다. 지방에서 그 시간대에 식사를 오래하기 때문이다. 그런 만큼 자살의 일시 중단 시간도 지방에서 더 길고 더 확실하

[표 15] 주간 자살률

요일	주간 자살자 1,000명에 대한 요일별 비율	성별 비율	
		남자	여자
월요일	15.2	69	31
화요일	15.71	68	32
수요일	14.9	68	32
목요일	15.68	67	33
금요일	13.74	67	33
토요일	11.19	69	31
일요일	13.57	64	36

다. 방금 위에서 제시한 프로이센의 통계를 통해서도 그와 비슷한 지적을 할 수 있다.[93]

다른 한편, 게리는 6,587건에 대해 자살이 일어난 요일을 조사하고, 그 결과를 [표 15]에서 재구성한 기준을 제시했다. 표에 의하면 금요일부터 주말 동안에는 자살이 줄어든다. 그런데 금요일을 금기시하는 편견으로 인해 공적 생활이 늦춰지는 경향이 있다. 금요일에는 다른 요일보다 철도 운행이 훨씬 더 적다. 흉조가 있는 금요일에 사람들은 만남과 거래를 꺼린다. 토요일 오후부터 긴장의 이완이 시작된다. 몇몇 나라에서는 그때 주로 쉰다. 다음날이 휴일이기 때문에 미리 정신을 안정시키는 효과를 발휘하는지도 모른다. 끝으로 일요일에는 경제활동이 완전히 멈춘

---

93 하루 중 여러 다른 시간에 이루어지는 사회생활에 활동과 휴식의 리듬이 있다는 또 다른 증거로는 시간별 사고 수의 통계를 들 수 있다. 프로이센 통계국에 따르면 하루 중 사고는 다음과 같이 분포되어 있다.

6시~정오	매시 평균 1,011 사고 수
정오~14시	매시 평균 686 사고 수
14시~18시	매시 평균 1,191 사고 수
18시~19시	매시 평균 979 사고 수

다. 만일 다른 종류의 활동이 경제활동을 대체하지 못한다면, 만일 작업장, 사무실, 상점이 쉬는 대신에 오락장이 채워지지 않는다면, 일요일의 자살률은 훨씬 더 높아질 것이다. 일요일은 여성 자살자의 비중이 상대적으로 가장 높은 날이라는 점을 지적하자. 그런데 일요일은 또한 여자가 한주일 동안 묶여 있던 집을 벗어나 외출을 가장 많이 하며, 공동생활에 어느 정도 가담하는 날이기도 하다.[94]

모든 사실들이 경합해 결국 다음과 같은 사실을 증명해 준다. 낮이 하루 중 가장 자살이 많이 일어나는 시간이며, 그 시간이 사회생활이 가장 활발한 시간대이기 때문이라는 사실이 그 이유이다. 이제 태양이 지평선 위에 오래 떠 있을수록, 자살이 왜 증가하는가를 설명해 주는 하나의 이유를 알 수 있다. 낮의 길이가 길어져 사회생활에 대한 터전이 활짝 열리기 때문이다. 자살이 멈추는 휴식 시간은 늦게 시작되고 일찍 끝난다. 사회생활을 위한 공간도 더 넓어진다. 따라서 사회생활에 대한 영향도 동시에 나타나게 된다. 왜냐하면 자살도 그 양상 중 하나이며, 따라서 증가는 필연적이기 때문이다.

하지만 그것이 자살의 첫 번째 원인이기는 하지만 유일한 원인은 아니

---

[94] 한 주의 전반부와 후반부 사이에도 대조가 나타남은 주목할 만하다. 브리에르 드 부아몽(*op. cit.*, p. 424)에 의하면, 파리에서 발생한 4,595건의 자살은 아래와 같이 분포되어 있다.

월 초순 10일 간	1,727건
월 중순 10일 간	1,488건
월 하순 10일 간	1,380건

월 중 마지막 10일 간의 사례는 실제로는 위에 적힌 숫자보다 더 적을 것이다. 왜냐하면 31일까지 있는 달들이 있어 10일이 아니라 11일 간의 수치를 고려해야 하기 때문이다. 사회생활의 리듬은 달력의 구분에 따른다고 할 수 있다. 새로운 시기로 접어들 때마다 새로운 활동이 재개되며, 한 시기가 끝날 때에는 일종의 이완이 일어난다고 할 수 있다.

다. 만일 공적 활동이 봄보다는 여름에, 가을이나 겨울보다는 봄에 더 활발하다면, 그것은 단지 공적 활동이 전개되는 외적 배경이 계절이 지날수록 넓어지고 확대되기 때문만이 아니라, 공적 활동이 다른 이유로 직접적인 자극을 받기 때문이다.

농촌에서 겨울은 많은 것이 정체 상태에 있는 휴지 기간이다. 대부분의 생활이 정지된다. 기후 조건과 일상 활동의 둔화로 인해 인간관계는 줄어든다. 사람들이 깊은 겨울잠에 빠지는 것 같다. 하지만 봄이 되면 모든 것이 다시 깨어난다. 활동이 재개되고, 관계가 맺어지며, 상호교류가 증가하고, 농촌의 일손을 채우기 위한 인구 이동도 발생한다. 그런데 그와 같은 농촌 생활의 특별한 상황은 필연적으로 자살의 월별 분포에 큰 영향을 미친다. 왜냐하면 농촌의 자살은 전체 자살의 반 이상을 차지하기 때문이다. 가령, 프랑스에서는 1873~1878년 사이에 전체 자살자 36,365명 중 농촌의 자살자 수가 18,470명에 달했다. 따라서 농촌의 자살이 혹한기가 지날수록 더 많이 일어나는 것은 자연스럽다. 농촌의 자살률은 농업 활동이 가장 활발한 6월이나 7월에 '최고조'에 달한다. 모든 일이 바쁘게 돌아가는 8월에는 자살이 감소한다. 하지만 빠른 감소는 10월, 특히 11월에 나타난다. 그 이유는 아마도 8월까지는 추수가 안 된 상황이기 때문일 것이다.

게다가 같은 이유가 농촌보다는 덜 하지만 전국에 영향을 미친다. 도시생활도 역시 날씨 좋은 계절에 더 활발하다. 왜냐하면 그 시기에 소통이 더 용이하며, 사람들은 더 많이 이동하며, 사회적 관계도 더 늘어나기 때문이다. 다음의 통계는 프랑스의 계절별 급행열차 철도 수입을 보여준다(1887년).[95]

겨울	71.9백만 프랑
봄	86.7백만 프랑
여름	105.1백만 프랑
가을	98.1백만 프랑

도시생활도 거의 같은 양상을 보인다. 1887년 한 해 동안, 파리 내의 한 장소에서 다른 장소로 이동한 승객의 수도 1월(655,791명)에서 6월(848,831명)까지 규칙적으로 증가하며, 6월부터 12월(659,960명)까지는 계속해서 줄어든다.[96]

그와 같은 사실에 대한 해석을 확인해 주는 마지막 사례가 있다. 방금 지적한 이유로 도시생활이 봄과 여름에 나머지 계절보다 더 활발하다고 하더라도, 도시에서의 계절별 차이는 농촌에서의 차이보다 덜 크다. 왜냐하면 상업, 공업, 예술, 과학, 사교활동은 농업에 비해 겨울에 지장을 덜 받기 때문이다. 도시인들의 활동은 일 년 내내 거의 같은 정도로 유지된다. 대도시의 중심부에서는 인공조명이 밤의 어두운 시간을 줄여 주기 때문에, 낮의 길이도 영향을 거의 미치지 않는다. 따라서 만일 자살의 월

---

95 『공공사업부보고서(*Bulletin du ministère des Travaux publics*)』에서 재인용.

96 *Ibid.* 여름 동안에 사회적 활동의 증가 경향을 증명해 주는 다른 모든 사실들에 다음과 같은 사실을 덧붙일 수 있다. 사고는 다른 계절보다 따뜻한 계절에 더 많이 일어난다는 사실이 그것이다. 다음은 이탈리아에서 일어난 사고의 통계이다.

연도	1886	1887	1888
봄	1,370	2,582	2,457
여름	1,823	3,290	3,085
가을	1,474	2,560	2,780
겨울	1,190	2,748	3,032

만일 그런 관점에서 보아 겨울에 여름 다음으로 사고율이 높게 나타난다면, 그것은 전적으로 얼음으로 인한 추락 사고와 추위 때문에 일어나는 특수한 사고 때문이다. 그와 같은 사고를 제외한다면, 계절별 자살 발생과 비슷한 순위가 된다.

[표 16] 대도시 계절별 자살률과 전국의 계절별 자살률 비교

		파리 (1888 ~ 1892)	베를린 (1882 ~ 1890)	함부 르크 (1887 ~ 1891)	빈 (1871 ~ 1872)	프랑크 푸르트 (1867 ~ 1875)	제네바 (1838~ 1847) (1852~ 1854)	프랑스 (1835 ~ 1843)	프로 이센 (1869 ~ 1872)	오스 트리아 (1858 ~ 1859)
연간 자살 1,000건에 대한 비율	겨울	218	231	239	234	239	232	201	199	185
	봄	262	287	289	302	245	288	283	284	281
	여름	277	248	232	211	278	253	306	290	315
	가을	241	232	258	253	238	227	210	227	219
계절별 비율	겨울	100	100	100	100	100	100	100	100	100
	봄	120	124	120	129	102	124	140	142	151
	여름	127	107	107	90	112	109	152	145	168
	가을	100	100.3	103	108	99	97	104	114	118

별 및 계절별 편차가 생기는 이유가 사회생활의 불규칙한 강도 때문이라면, 대도시에서의 편차는 나라 전체의 편차보다 적은 것으로 드러날 것이다. 그런데 그런 사실들은 우리의 추론과 완벽하게 일치한다. 실제로 [표 16]을 보면, 프랑스, 프로이센, 오스트리아, 덴마크의 계절별 최고 자살률과 최저 자살률의 차이는 52%, 45%, 심지어 68%의 차이가 나는 데비해, 파리, 베를린, 함부르크 등에서는 평균 20~25%, 심지어는 12%(프랑크푸르트)까지 줄어든다.

게다가 대도시에서 최고 자살률은 다른 곳과 달리 일반적으로 봄에 나타난다는 것을 알 수 있다. 봄보다 여름에 더 높은 자살률을 보이는 곳도있지만(파리와 프랑크푸르트), 다만 그 차이는 아주 미미하다. 왜냐하면 대도시에서 주요 공직자들의 이동이 봄에 일어나고, 그 결과 공적생활이 둔화되는 경향이 있기 때문이다.[97]

---

97 게다가 대도시들의 계절별 비율은 거의 비슷하다는 사실을 지적할 수 있다. 비록 그 대도시들이 있는

요컨대 우리는 다음과 같은 사실을 확증하게 되었다. 자연적 요인으로는 자살의 월별, 계절별 변화를 설명할 수 없다는 사실이 그것이다. 우리는 이제 자살의 원인과 그 성격을 밝힐 수 있는 방향을 알게 되었다. 그런 실증적 결과는 비판적 검토를 통해 도출된 결론을 확증해 준다. 만일 자살이 1월에서 7월까지 증가한다면, 그것은 열이 신체를 손상시키는 영향을 주기 때문이 아니라, 사회생활의 강도가 더 높아지기 때문이다. 물론 더 강한 생활의 강도는 태양의 궤도와 대기의 상태 등으로 인해 겨울보다 여름에 사회생활이 더 용이해서 나타난다. 하지만 자연 환경이 자살을 직접적으로 부추기는 것은 아니다. 특히 자연 환경은 자살의 흐름(경과, 진전, 진행)에 영향을 미치지 않는다. 자살은 사회적 조건에 달려 있다.

　　사회생활이 어떻게 그런 영향을 미치는지를 우리가 확실히 모르고 있다는 것은 사실이다. 하지만 사회적 조건이 자살률을 변화시키는 원인이라면, 사회생활이 더 활발해지고 덜 활발해짐에 따라 자살은 틀림없이 증가하고 감소할 것이라는 점을 우리는 곧장 이해하게 된다. 그런 원인이 어떤 것인지를 보다 더 정확하게 밝히고자 하는 것이 이 책의 나머지 부분의 목적이다.

국가의 전체 비율과는 다르지만 말이다. 그렇게 해서 비슷한 사회 환경에서의 자살률은 거의 같다는 사실이 재확인된다. 베를린, 빈, 제네바, 파리 등은 계절별로 같은 자살률의 변화를 보인다. 이제 우리는 그와 같은 사실에서 사실의 참모습을 볼 수 있다.

제4장
모방[98]

자살의 사회적 원인을 탐구하기 전에 마지막으로 심리적 요인을 하나 더 살펴보자. 그 요인은 사회 현상의 전반, 특히 자살의 아주 명백한 요인으로 여겨졌기 때문에 그 영향을 밝힐 필요가 있다. 바로 '모방imitation' 이 그것이다.

모방이 순수하게 심리적 현상이라는 사실은, 사회적 유대가 전혀 없는 개인들 사이에서도 모방이 발생할 수 있다는 것을 통해 분명하게 드러난다. 사람은 개인적으로 서로 관련이 없어도 다른 사람이나 또는 다른 집단의 일원인 주변 동료를 모방할 수 있다. 모방이 그 자체로 사람들 사이의 유대를 만들어 내는 힘을 가지고 있는 것은 아니다. 기침, 춤 동작, 살인 충동은 우연하고 일시적 접촉만으로도 한 사람에서 다른 사람에게로 옮겨갈 수 있다. 그들 사이에 지적, 도덕적 공통성이 있어야 할 필요가 없고, 서로 도움을 줄 필요도 없으며, 심지어는 같은 언어를 사용해야 할

---

98 LUCAS, *De l'imitation contagieuse*, Paris, 1833; DESPINE, *De la contagion morale*, 1870; *De l'imitation*, 1871; MOREAU DE TOURS (Paul), *De la contagion du suicide*, Paris, 1875; AUBRY, *Contagion du meurtre*, Paris, 1888; TARDE, *Les lois de l'imitation (passim)*. *Philosophie pénale*, p. 319 et suiv., Paris, F. Alcan; CORRE, *Crime et suicide*, p. 207 et suiv.

필요조차도 없다. 그리고 모방 전보다 후에 그들이 더 밀접한 관계를 맺는 것도 아니다. 요컨대 사람이 다른 사람을 모방하는 방식은 자연의 소리나 사물의 형태, 다른 존재들의 움직임을 모방하는 방식과 같다. 자연을 모방하는 데 일체의 사회적 요소가 없는 것처럼, 사람을 모방하는 데도 사회적 요소가 없다. 모방은 집단적 영향이 아니라 인간의 표현 능력에 그 기원을 두고 있다. 따라서 만일 모방이 자살률에 영향을 미친다는 것이 밝혀진다면, 자살률은 전적으로 또는 부분적으로 개인적 원인에 좌우된다는 결론이 도출될 수 있을 것이다.

I.

사실들을 검토하기 전에 먼저 '모방'이라는 단어의 뜻부터 살펴보는 것이 좋을 듯하다. 사회학자들은 종종 명확한 정의 없이 용어를 사용하는 데 아주 익숙하다. 다시 말해 그들은 다루고자 하는 사태의 범위를 방법론에 따라 정하거나 규정하지 않는다. 그 결과, 그들은 항상 처음에 생각했던 개념을 그와 비슷한 개념으로까지 자신들도 모르는 사이에 확장시키는 일이 발생하곤 한다. 그런 상황에서 결국 그 개념이 모호해지고, 마침내 논의가 불가능해지고 만다. 분명한 범위를 정하지 않으면 논증의 필요에 따라 개념의 범위가 제멋대로 바뀌게 되며, 따라서 그 개념을 통해 포착 가능한 다양한 잠재적 측면에 대한 통찰을 미리 할 수 없게 되기 때문이다. 모방 본능이라고 불리는 개념도 분명 그런 경우 중 하나이다.

모방이라는 단어는 현재 다음 세 범주에 속하는 사실을 동시에 지칭하는 의미로 사용된다.

①모든 구성원들이 하나 또는 몇 가지 비슷한 원인의 영향을 받는 한 사회 집단 내에서는, 모든 사람이 동일하게 생각하고 느끼도록 만드는 일종의 평준화가 개인들의 의식 속에서 일어난다. 그런데 그런 조화가 유래하는 모든 작용을 흔히 모방이라고 지칭한다. 그렇게 되면 모방이란 용어는 일정한 수의 사람들이 동시에 경험하는 의식 상태의 특징을 의미하며, 그런 특징으로 인해 그들은 서로에게 영향을 미치거나 하나로 결속해 새로운 상황을 만들어 내게 된다. 그런 의미로 사용된 모방이란 용어는, 한 집단의 모든 구성원의 상호적 모방을 통해 나타나는 하나의 결합을 의미한다.[99] 그런 모방은 "도시의 소란스러운 군중 속에서, 혁명이 진행되는 과정에서"[100] 가장 잘 드러난다고 한다. 그러니까 그런 상황에서 하나로 결합된 사람들이 서로 영향을 미치면서 변화해 가는 것을 가장 잘 볼 수 있는 것이다.

②사람들을 각자 자기가 속한 사회에 동화되게끔 하고, 또 그 목적을 위해 그들 주위에 있는 사람들의 사고방식이나 행동방식을 택하도록 만드는 충동도 역시 모방이라고 부른다. 그렇게 해서 우리는 예절과 관습을 따르게 된다. 또한 법과 도덕의 준수는 잘 규정되고 확립된 관습에 불과하며, 따라서 우리가 도덕적으로 행동할 때는 예절과 관습에 따라 행동하게 되는 것이다. 우리가 이유를 모르는 채 매번 도덕적 격언을 따르는 것은, 그런 격언에 사회적 권위가 있기 때문이다. 그런 의미에서 우리는 우리의 행동의 모델이 조상들인가 아니면 동시대인들인가에 따라 예절의 모방과 관습의 모방을 구분한다.

99 BORDIER, *Vie des sociétés*, Paris, 1887, p. 77; TARDE, *Philosophie pénale*, p. 321.
100 TARDE, *Ibid.*, pp. 319~320.

③ 끝으로 우리는 우리가 직접 본 행동이나 알고 있는 행동을, 그 행동을 직접 보거나 들은 적이 있기 때문에 그대로 다시 하는 것도 가능하다. 그 경우에 그런 행동을 반복해야 할 본질적 이유는 없다. 그 행동 안에는 그것을 반복해야 할 아무런 내재적인 이유는 없다. 우리가 그 행동을 모방하는 것은, 그것이 유용하다고 판단해서도 아니고, 모방하려는 모델에 동화되기 위해서도 아니다. 그저 모방하기 위해 모방할 뿐이다. 우리가 어떤 행동을 표현하게 되면, 거기에는 자동적으로 그것을 따라하는 동작이 포함되어 있다. 그렇게 해서 다른 사람이 하품하고 웃고 우는 것을 보면, 우리도 같이 하품하고 웃고 운다. 또한 그렇게 해서 살인에 대한 생각도 한 사람의 의식에서 다른 사람의 의식으로 옮겨 간다. 그것은 흉내를 내기 위한 원숭이 식의 흉내이다.

그런데 방금 살펴본 세 종류의 사실은 서로 다르다.

먼저, '첫 번째 경우는 다른 두 경우와 혼동될 수 없다. 왜냐하면 첫 번째 경우에는 이른바 순수한 재현이 아니라' 서로 다른 상태, 또는 서로 다른 기원을 가진 '고유한' 상태들의 종합이 포함되어 있기 때문이다. 따라서 첫 번째 경우에는 모방이라는 용어를 사용할 수 없을 것이다. 사용하게 되면 이 용어의 명확한 의미가 사라져 버린다.

첫 번째 경우에 해당하는 현상을 실제로 분석해 보자. 한 모임에서 여러 사람이 같은 상황에서 같은 느낌을 받았고, 각 개인의 특별한 감정이 같은 몸짓으로 표현되었으므로, 그들이 적어도 그것을 부분적인 만장일치라고 지각하고 있다고 해보자. 그때 무슨 일이 일어나는가? 각자 자기 주위 사람들의 상태를 불완전하게 상상한다. 군중의 다양한 관점에서 발산되는 여러 가지 다른 이미지들은 다양한 뉘앙스를 가진 채 각자의 마음속에서 형성된다. 여기까지는 모방이라고 부를 만한 일은 일어나지 않는다. 단지 감각적인 인상이 있을 뿐이며, 내 마음속에 일어난 것과 같은 느낌이 다른 사람들의 마음속에서도 일어나고 있다는 느낌이 생길뿐이다.[101] 그 다음에는 무슨 일이 일어나는가? 일단 의식 속에 나타난 그런 다양한 표상은 서로 결합되고, 나아가서는 감정과도 결합된다. 그렇게 해서 새로운 상태가 형성된다. 새로운 상태는 이전 상태보다 덜 개인적이고, 개성에 덜 물들었으며, 앞서 말한 것과 비슷한 형성 과정을 반복함으로써 과도한 특수성에서 벗어나게 된다. 하지만 그와 같은 결합은 모방으로 규정될 수 없을 것이다. 두 사람 또는 더 많은 사람들의 의식 상태가 비슷해 서로를 찾고, 그리고 난 뒤에 하나로 융화되어 새로운 상태를 이루는 지적 활동을 모방이라고 부르는 것은 적절하지 못하다. 물론 하나의 용어에 대해 여러 정의가 허용될 수 있기는 하다. 하지만 특히 제멋대로 내려진 정의는 지나치게 자의적이며, 따라서 혼란의 원인이 될 뿐이라는 점을 인정해야 해야 할 것이다. 왜냐하면 그런 정의에는 그 용어의 일반적인 의미가 없기 때문이다. 또한 그와 같은 결합으로부터 새로운 상태가 도출되기 때문에, 거기서 문제가 되는 것은 모방 대신에 창조라고 불러야 할 것이다. 그런 과정이 바로 인간의 정신이 창조력을 발휘할 수 있는 유일한 경우이기도 하다.

　어쩌면 그와 같은 창조는 원래의 상태가 심화된 것이라고 할 수도 있다. 하지만 먼저, 양적 변화가 새로운 것이 아니라고 할 필요는 없다. 게

---

101 그와 같은 표상을 모방의 과정이라고 보는 것이 과연 표상에 의해 표현되는 상태의 단순한 복사를 의미하는 것일까? 하지만 그것은 감각의 형태에 대한 낡고 용인할 수 없는 이론에서 빌려 온 매우 조잡한 은유이다. 게다가 만일 우리가 모방이라는 용어를 그런 의미로 사용한다면, 우리는 우리의 모든 감각과 관념을 구분하지 않고 그렇게 불러야 할 것이다. 왜냐하면 그와 같은 은유를 위해서 우리의 모든 감각과 관념은 관계된 대상을 재생하는 것이라고 해야 하기 때문이다. 그런데 그렇게 되면 우리의 모든 지적 생활은 모방의 산물이 되어버린다.

다가 질적 변화 없이 사물의 양은 변화될 수 없다. 가령, 감정이 두세 배 과격해지면 완전히 다른 성격을 띠게 된다. 실제로 모여 있는 일군의 사람들이 서로 상호 반응하는 방식에 따라 평화스러운 시민들의 모임이 무서운 괴물로 변할 수 있다는 것은 주지의 사실이다. 그와 같은 변형을 일으키는 것은 모방이 아니다. 만일 그런 현상을 지칭하기 위해 부적절하게 모방이라는 용어를 사용할 수 있다면, 그것은 아마 개인의 느낌이 다른 사람들의 느낌에 따라 달라질 것이라고 막연하게 상상하기 때문일 것이다. 하지만 실제로 그 현상에는 본받을 모델도 모방도 없다. 있는 것이라고는 여러 상태 간의 침투와 융합이며, 그 안에서 기존 상태와 구별되는 다른 새로운 상태가 태동한다. 그것이 바로 집단적 상태이다. 만일 한 지도자가 언제나 군중에게 그런 상태를 촉발시킬 수 있다면, 그 경우에는 그런 상태의 원인을 모방이라고 부르는 데 하등의 문제가 없을 것이다. 하지만 그런 주장에 대한 증거가 제시된 적이 없으며, 심지어는 많은 사례와 모순되기까지 하다. 분명, 지도자가 군중의 출현을 위한 주요 이유이기보다는 오히려 군중이 지도자를 만들었다. 게다가 지도자가 실제로 지도력을 발휘했다 하더라도, 그것은 일방적이며, 상호적인 모방과는 아무런 관련이 없다. 따라서 여기서 모방을 입에 올릴 수 없다. 무엇보다도 문제를 흐리게 하는 의미의 혼란을 경계해야 한다. 그와 마찬가지로 한 집단에는 항상 자발적이 아니라 수동적으로 공동 의견을 따르는 사람들이 있다고 말한다면, 그것은 분명한 사실이다. 우리는 심지어 그와 비슷한 경우에 다소간 강제력의 영향을 받지 않는 개인의식은 결코 없다고 생각한다. 하지만 그런 강제력은 공통된 관행이나 신념을 일으키는 '고유한' 힘에서 비롯되었기 때문에, 그것은 앞서 구분한 모방의 두 번째 범주에 속한다. 따라서 두 번째 범주에 속하는 사실이 모방이라는 이름으로 불릴 수 있는지를 검토해 보자.

두 번째 범주는 최소한 '재생reproduction'을 포함하고 있다는 점에서 첫 번째와 다르다. 예절을 지키고 관습을 지킬 때, 우리는 다른 사람들이 매일 했고 또 매일 하는 것을 행한다. 다만, 그런 반복이 이른바 모방본능에서 나오는 것이 아니다. 한편으로 그런 반복은 동료들과 교류를 더 잘하기 위해 그들의 감정을 거스르지 않도록 우리를 유도하는 공감에서 기인한다. 다른 한편으로 그런 반복은 우리에게 집단적 사고방식과 행동방식에 대한 영감을 주는 존경심에서 기인하며, 또한 우리가 그런 존경심을 유지하고 반발하지 않도록 하는 집단주의의 직·간접적 압력에서 기인한다. 우리가 그런 행동을 보았거나 알고 있기 때문에 그것을 재생하는 것이 아니다. 또한 우리가 재생 자체를 좋아해서도 재생하는 것이다. 오히려 그런 행동이 우리에게 의무적으로 보이고, 어느 정도는 유익하게 보이기 때문에 그것을 재생하는 것이다. 그런 행동이 무조건적으로 발생했기 때문이 아니라, 그것이 사회적 의미를 가지고 있기 때문에 재생하는 것이다. 게다가 우리가 그런 행동에 대해 존경심을 품고 있기 때문에 심각한 불편함을 무릅쓰면서 그것을 재생하는 것이다. 요컨대 '존경심이나 여론의 두려움 때문에 행동하는 것은 모방에 의해 행동하는 것이 아니다.' 그런 행동은 개혁하는 것과 본질적으로 구분되지 않는다. 실제로 그런 행동은 그 내부에 내재된 특성 때문에 생기는 것이고, 그 특성으로 인해 우리는 그런 행동을 반드시 해야 한다고 생각하게 된다. 하지만 우리가 관습을 따르지 않고 저항할 때도 우리는 같은 방식으로 행동하는 것이다. 만일 우리가 새로운 생각이나 독창적인 관행을 채택하는 것은, 그 안에 내재된 특성으로 인해 그런 생각이나 관행을 받아들여야 한다고 느끼기 때문이다. 분명, 그 두 경우에 우리로 하여금 행동을 결심하게 하는 동기는 다르다. 하지만 심리적 기제는 정확하게 동일하다. 각각의 경우에 생각과 행동의 실천 사이에 지적 작용이 개입한다. 그 지적 작용은 그 내용이 무엇이든 간에 결정적인 특성을 확실하게 또는 불확실하게, 빠르게 또는 느리게 이해된다는 것을 의미한다. 따라서 우리가 도덕과 풍습에 순응하는 방식과 우리가 본 동작을 원숭이처럼 기계적으로 재생하는 방식 사이에는 아무런 공통점도 없다.[102] 그 두 가지 행동방식 사이에는 이성적, 의도적인 행위와 자동적 반사 행위를 구별해 주는 차이가 있다. 앞의 행동은 명확한 판단으로 나타나지 않더라도 동기가 있는 행동이다. 뒤의 행동에는 동기가 없다. 그 행동은 지적 중간 단계 없이 어떤 행동을 보기만 하면 즉각적으로 일어나는 결과이다.

이제 그렇게 다른 두 사실을 단 하나의 같은 이름으로 부른다면 우리가 어떤 실수를 저지르게 되는가를 알 수 있다. 다음과 같은 점에 주의하기 바란다. 모방을 말할 때, 우리는 모방이란 전염 현상이라고 암묵적으로 이해하는 것이며, 게다가 합당하게도 한 개념(모방)에서 다른 개념(전염)으로 쉽사리 넘어가게 된다는 점이 그것이다. 하지만 전통의 권위와 여론을 존중하고, 도덕적 교훈을 형성하는 것에 전염과 관련된 무엇이 있는가? 서로 다른 두 실제를 하나로 일치시킨다고 생각하는 순간, 완전히 구분되는 두 개념을 혼동하는 일이 발생하게 된다. 병리학에서는 하나의 질병이 전적으로 아니면 거의 외부에서 생명체 안으로 들어온 병균으로 인해 발생하게 될 때, 그 병이 전염성을 가진다고 말한다. 하지만 그 반대로 그 병균이 숙주의 적극적인 협조를 통해서만 번식할 수 있다

---

102 물론 특수한 경우에 예절이나 전통이 단순히 원숭이 같은 모방을 통해 재생될 수도 있다. 하지만 그처럼 재생된 것이 예절이나 전통 그 자체일 수는 없다.

면, 그 경우에 '전염'이란 낱말은 부적절하다. 마찬가지로 어떤 행동이 정신적인 전염 때문이라고 할 수 있기 위해서는, 그 행동이 비슷한 행동으로부터 영감을 받았다는 것만으로는 충분하지 않다. 거기에 더해 일단 마음속에 들어오면 그것이 그 자체로 자동적으로 작동해야 한다. 그때 비로소 실제로 전염이 있다고 할 수 있다. 왜냐하면 표상의 형태로 우리 내부로 파고들어 온 외부 행동이 자체적으로 재생되었기 때문이다. 거기에는 또한 모방도 있다. 전적으로 복제 대신에 모델에 의해 새로운 행동이 발생하는 경우도 모방에 해당한다. 하지만 만일 모델이 우리 안에서 일으킨 인상이 우리의 동의와 참여에 힘입어서만 효과를 낼 수 있다면, 그것은 비유적으로만 전염이라고 할 수 있을 뿐이다. 하지만 그 비유 자체도 부정확하다. 왜냐하면 우리의 행동을 결정한 원인이 바로 우리가 동의한 이유이지, 우리가 눈으로 본 선례가 우리의 행동을 결정한 이유가 아니기 때문이다. 요컨대 우리가 그 행동을 고안한 것은 아니지만, 그 행동의 주체인 것은 사실이다.[103] 그 결과 모방적인 전파나 전염적인 확산 등에 그렇게 자주 반복되어 사용된 모든 표현들은 적절하지 않으므로 폐기되어야 한다. 그런 표현들은 사실을 밝혀주기는커녕 왜곡시키며, 의문을 해명해 주는 대신 오히려 혼란을 가중시킨다.

요컨대, 사람들의 모임 속에서 집단적 감정이 형성되는 과정, 공통의 전통적인 행위 규범을 따르게 되는 과정, 파뉘르주의 양 한 마리가 물속으로 뛰어들면 나머지도 뛰어들게 되는 과정,[104] 그 세 과정을 같은 이름

---

103 독창적인 발명이 아닌 모든 것을 종종 모방이라고 불린 것은 사실이다. 그렇다면 이른바 진정한 발명은 아주 드물기 때문에 거의 모든 인간 행위는 모방이라는 것은 분명하다. 하지만 정확히 그런 의미에서의 모방이라 단어는 거의 모든 행동을 지칭하기 때문에, 그 단어는 실제로는 아무것도 지칭하지 못하게 된다. 그런 용어 사용법은 혼란의 원천일 뿐이다.

104 역주: 파뉘르주(Panurge)는 프랑스의 16세기 작가 라블레의 『팡타그뤼엘』에 나오는 등장인물로, 주로

으로 부를 수는 없다. '공통 감정을 느끼는 것', '여론의 권위에 순응하는 것', '다른 사람들이 한 행동을 자동적으로 반복하는 것'은 모두 다른 것이다. 첫 번째 경우에는 재생이 없다. 두 번째 경우는 재생 현상의 본질인 논리적 작용,[105] 판단, 명시적 또는 암시적 사유일 뿐이다. 따라서 그런 경우는 재생으로 정의되지 않는다. 재생은 세 번째의 경우에만 해당된다. 그 경우는 재생의 모든 것을 포함한다. 거기서 새로운 행동은 단순히 처음 행동의 메아리일 뿐이다. 새로운 행동은 처음 행동의 반복일 뿐만 아니라, 그 반복에는 그 자체 이외의 다른 존재이유를 가지고 있지 않으며, 어떤 상황에서는 우리를 모방의 동물로 만드는 특성을 가지고 있다. 따라서 모방이라는 용어가 명확한 의미를 가지려면 그 의미를 위의 세 번째 경우로만 한정해야 한다. 결국 우리는 모방을 다음과 같이 정의할 수 있다. '다른 사람이 이전에 행한 행동이 같은 행동의 표상이 되어 자기 행동의 직접적 전제가 될 때 모방이 성립한다. 그때 그 표상과 그 실행 사이에는 재생된 행위의 내재적 본질에 관계되는 그 어떤 명시적, 암시적 정신작용도 개입되지 않는다.'

따라서 자살률에 미치는 모방의 영향이 어떤 것인지를 물으려면 모방이라는 용어를 그런 의미로 사용해야 한다.[106] 그런 의미로 확정짓지 않

부회뇌동(附和雷同)하는 무리를 의미한다.

105 이른바 논리적인 모방이라는 것이 있는 것은 사실이다(TARDE, *Lois de l'imitation*, 1ère éd., p.158). 그런 모방은 어떤 행위를 재생하는 데 기여한다. 왜냐하면 그 행위는 분명한 목적을 갖기 때문이다. 하지만 그와 같은 모방은 분명 모방 충동과 아무런 공통점을 갖지 않는다. 한 가지 원인으로 인한 사실과 다른 원인으로 인한 사실과는 조심스럽게 구분되어야 한다. 그것들은 전혀 같은 방식으로 설명되지 않는다. 다른 한편, 앞서 살펴본 것처럼 예절의 모방과 관습의 모방은 그 나름대로 고유한 논리를 갖기는 하지만, 그 논리 역시 다른 경우와 마찬가지로 보편적인 논리이다.

106 개인이든 집단이든 간에 모델로 소용되는 주체가 가진 도덕적이고 지적인 위세 때문에 모방되는 행동은 오히려 두 번째 범주에 속한다. 왜냐하면 그런 모방은 자동성을 갖지 않기 때문이다. 행동에는 추론이 포함되어 있다. 모방자는 그 자신이 신뢰하는 사람처럼 행동한다. 왜냐하면 그 사람에게 인정

으면, 우리는 전적으로 언어적 표현에 불과한 것을 설명으로 착각할 위험에 노출되게 된다. 실제로 어떤 행동방식이나 사고방식이 모방 행위라고 말할 때, 우리는 그 행위를 모방이란 마술적인 한 단어로 모든 것을 설명했다고 생각하는 경향이 있다. 그런데 그런 특성은 자동적 재생의 경우에만 나타날 뿐이다. 그 경우에는 모든 것이 모방적 전염에 의해서 일어나기 때문에, 모방 자체만으로도 충분한 설명이 될 수 있다.[107] 하지만 인간이 관습을 지키고 도덕적 행위에 순응할 때, 우리가 순종하는 이유는 관습과 도덕 행위의 성격, 그것들이 불러일으키는 특별한 정서 안에 들어 있다. 따라서 그런 종류의 행위에 대해 모방이라는 용어를 적용한다고 해도 실제로 아무것도 설명되지 않는다. 우리는 단지 재생된 행동이 새로운 것이 아님을 알게 될 뿐이며, 왜 그런 행동이 발생하며, 우리가 왜 그 행동을 재생하는지에 대해서는 아무것도 알 수 없다. 또한 모방이라는 용어는, 앞서 추측으로 개략적으로만 묘사된 집단 감정이 발생하는 복잡한 과정의 분석을 대체할 수도 없다.[108] 이렇듯 모방이라는 용어를 부적절하게 사용함으로써 자살의 원인 문제를 어느 정도 해결했다

해 준 우월성이 모방자 자신의 행동의 타당성을 보장해 주기 때문이다. 그는 그 사람을 존경하는 것과 같은 이유로 그의 행동을 따른다. 따라서 모방자의 행동이 단순히 모방되었었다고 말한다고 해도 실제로는 그 행동에 대해서는 아무런 설명도 없는 것이다. 중요한 것은 복종을 결정하는 신뢰나 존경의 원인을 알아보는 것이다.

107 뒤에서 살펴보겠지만, 모방이 그 자체만으로 충분한 설명이 되는 경우는 드물다.

108 왜냐하면 그것이 무엇으로 이루어진 것인지를 막연하게만 알고 있을 뿐이라고 생각해야 할 필요가 있기 때문이다. 정확히 집단적인 상태에서 결합이 어떻게 생기는가, 그 구성요소들은 무엇인가, 어떻게 지배적인 상태가 나타나는가 등과 같은 질문들은 단순한 성찰만으로 해결되기에는 너무 복잡하다. 아직 이루어지지 않은 수많은 실험과 관찰이 필요할 것이다. 우리는 아직도 고립된 개인의 정신 상태가 어떻게, 어떤 법칙에 따라 결합되는지에 대해서도 잘 모른다. 더군다나 우리는 집단생활에서 연유하는 더 복잡한 결합의 메커니즘도 아직 모른다. 우리의 설명은 대부분 은유에 불과하다. 따라서 우리는 앞서 지적한 것을 모방 현상에 대한 정확한 표현으로 생각하지 않는다. 다만 모방과는 다른 요인이 있다는 사실만을 지적한 것뿐이다.

고 생각할지도 모른다. 하지만 실제로는 문제를 은폐하는 데 성공했을 따름이다.

또한 모방이 올바르게 정의된다는 조건하에서만 우리는 모방을 자살의 심리적 요인으로 여길 수 있는 권리를 갖게 될 것이다. 실제로 이른바 상호적 모방은 명백한 사회적인 현상이다. 왜냐하면 상호적 모방은 공동으로 공통의 감정을 갖는 것이기 때문이다. 관습과 전통의 재생 역시 사회적 원인에서 파생된 결과이다. 왜냐하면 집단적 믿음과 관행이 집단적이라는 바로 그 사실로 인해 거기에 의무적 성격과 특별한 권위가 주어지기 때문이다. 따라서 자살이 그런 통로를 거쳐 퍼지게 된다는 사실을 인정할 수 있다면, 자살은 개인적 원인이 아니라 사회적 원인에 달려 있다고 보아야 한다.

지금까지 문제의 소지가 있는 모방이라는 용어의 정의의 문제를 살펴보았다. 이제 사실을 검토해 보도록 하자.

II.

자살하려는 생각이 전염에 의해 전파될 수 있다는 것은 의심의 여지가 없다. 우리는 앞서 이미 열다섯 명의 환자가 잇달아서 목을 매어 죽은 병원 복도, 그 유명한 불로뉴의 부대 초소 자살 사건, 연쇄 자살이 일어난 장소 등에 대해 언급했다. 그런 종류의 사건은 군대에서 흔히 발생한다. 1862년 프로뱅의 제4경기병 연대에서, 1864년 전선의 제15연대에서, 1868년 몽펠리에와 님의 제41연대 등에서 그런 일이 발생했다. 1813년에는 생피에르몽조의 작은 마을에서 한 부인이 나무에 목을 매어 자살하였으며, 다른 몇 사람이 거기에서 잇달아 자살한 일이 있었다. 피넬은 신부 한 사람이 에당프의 한 마을에서 목매어 자살했고, 그로부터 며칠 후에 다른 두 신부가 자살했으며, 신도 몇 명이 그들을 모방해 자살했다고 보고한 바 있다.[109] 키슬레이 경이 베수비오 화산에 몸을 던졌을 때도 몇몇 동료들이 그의 뒤를 따랐다. 인간 혐오자 아테네의 티몬의 나무 이야기도 널리 알려져 있다. 여러 관찰자들은 교도소 안에서도 그런 전염이 자주 발생한다는 사실을 확인해 주고 있다.[110]

하지만 모방 자살로 보고된 일부 사례는 다른 원인으로 발생한 것으로 보인다. 종종 포위된 자들의 자살로 부르는 사례가 특히 그 경우에 해당한다. 『대로마유대전쟁사*Histoire de la guerre des Juifs contre les Romains*』[111]에서 요세푸스는 예루살렘 공격 중에 일부 포위된 사람들이 스스로 목숨을 끊었다고 전하고 있다. 특히 지하로 피신한 40명의 유대인들이 죽기로 결정하고 서로를 죽였다고 한다. 몽테뉴는 브루투스에게 포위된 크산토스 사람들을 다음과 같이 묘사한 바 있다. "남녀노소 모두 한데 섞여 아주 강한 죽음의 열망을 품고서 저돌적으로 덤벼들었으므로, 그들을 죽음으로부터 구해 낼 방법이 없었다. 결국 브루투스는 소수의 사람들을 구해 내는 데도 아주 애를 먹었을 정도였다."[112] 그런 '대규모의 자살'은 한두 사람의 경우를 다른 사람들이 반복한 것처럼 보이지 않는다. 그들의 자살은 단순한 전염적 충동 때문이라기보다 오히려 진정한 사회적 '합의'와 같은 집단적 결의에서 기인한 것으로 보인다. 자살하려는 생각이 특히

---

109 그 사실들에 대한 자세한 부분에 대해서는 다음을 참고하시오. LEGOYT, *op. cit.*, p. 227 et suiv.
110 유사한 사실들에 대해서는 다음을 참고하시오. EBRARD, *op. cit.*, p. 376.
111 III, 26.
112 *Essais*, II, 3.

한 개인에게서 생겨나 다른 사람들에게 확산된 것이 아니다. 모든 사람이 절망적인 상황에서 집단적으로 죽음을 결심했기 때문에, 그런 생각은 오히려 집단 전체에 의해 형성된 것이다. 어떤 사회 집단이든 간에 같은 상황에서 받는 압력에 공동으로 대응할 때 상황은 달리 진행될 수 없다. 구성원들의 합의가 열정적인 충동에서 도출되기 때문에 성격이 달라질 수 없다. 그런 합의는 조직적이고 신중하게 마련된 경우와 다를 바가 없다. 따라서 그런 경우를 모방이라고 부르는 것은 부적절하다.

우리는 그와 유사한 사례들을 들 수 있다. 예컨대 에스키롤이 보고한 사례를 보자. 그는 이렇게 말하고 있다. "사학자들에 의하면, 페루인들과 멕시코인들은 자신들의 종교가 파괴당하는 절망적 상황에서 야만적 정복자들의 총칼보다 그들 자신의 손에 의해 더 많이 죽었다." "좀 더 일반적으로 모방을 정당화하기 위해서는 상당히 많은 횟수의 자살이 같은 시기에 같은 장소에서 일어났다는 것을 보여 주는 것만으로는 충분하지 않다. 왜냐하면 그런 자살은 집단자살로 귀결된 집단적 경향을 낳는 사회 환경에서 비롯되었을 수도 있기 때문이다. 요컨대 용어 사용을 좀 더 정확하게 하기 위해 정신적 전염과 정신적 유행을 구별하는 것도 흥미 있는 일이 될 것이다. 실제로 그 두 용어는 아주 다른 두 종류의 사태를 지칭하기 위해 무차별적으로 사용되고 있는 실정이다. 유행은 사회적 원인으로 일어난 사회적 사실이다. 그 반면에 전염은 다소간 반복된 개인적인 사실의 반복일 뿐이다.[113]

---

113 뒤에서 다시 보겠지만, 모든 사회에는 자살의 형태로 드러나는 집단적 경향이 항상 존재한다. 하지만 그런 경향은 만성적이고, 그 사회의 정신적 기질의 정상적인 요소를 구성한다는 점에서 유행과는 구별된다. 유행도 역시 집단적 경향이기는 하지만, 그것은 비정상적이고 또 종종 일시적인 원인에서 기인하므로 드물게 나타난다.

일단 그와 같은 구별이 인정되면 모방 자살의 목록이 틀림없이 줄어들 것이다. 하지만 그런 자살이 분명 적지 않다. 어쩌면 자살보다 더 쉽게 전염되는 현상이 없을지도 모른다. 살인 충동 자체도 자살 충동만큼 쉽게 확산되지 않는다. 살인 충동이 자동적으로 퍼지는 경우는 흔치 않으며, 일반적으로 모방의 역할도 특별히 두드러지지 않는다. 공통된 견해와는 반대로 자기보존의 본능은 기본적인 도덕적 감정보다 뿌리가 더 약하다고 할 수 있다. 왜냐하면 자기보존의 본능이 도덕적 감정보다 같은 원인의 영향에 대한 저항력이 약하기 때문이다. 그렇다고 해도 이 장章의 앞부분에서 제기된 문제는 여전히 해결되지 않은 채로 있다. 자살이 개인에서 개인으로 전달된다는 사실로부터 전염성이 사회적 효과를 낳는다는 사실이 '선험적으로' 도출되지 않는다. 다시 말해 우리의 연구 주제인 사회적 자살률에 영향을 미친다는 사실이 자동적으로 증명되지 않는다. 전염이 자살률에 영향을 미치는 것이 분명하다고 해도, 전염은 개인적이고 산발적인 결과에 불과할지 모른다. 따라서 앞서의 관찰을 통해 문제가 아직 해결되지 않았다. 하지만 문제의 범위를 더 명확하게 보여준다. 실제로 여러 사람의 주장처럼 모방이 사회적 현상의 근원이고 특히 풍부한 근원이라면, 모방이 특별히 자살에 강한 힘을 행사한다는 사실을 입증해야 한다. 왜냐하면 모방이 그렇게 큰 영향을 미치는 다른 현상은 없기 때문이다. 따라서 자살은 결정적인 경험을 통해 모방이 지니는 놀라운 힘의 실체를 검증할 수 있는 수단을 우리에게 제공해 줄 것이다.

Ⅲ.

만일 그런 영향이 실재한다면, 그 영향은 특히 자살의 지리적 분포에 나타나야 한다. 한 나라나 한 지역에서 나타나는 자살률의 특징이 인근 지방으로 전염되어야 한다. 따라서 지도를 참고하여 체계적으로 살펴보아야 한다.

어떤 학자들은 둘 또는 몇 개의 인접해 있는 도에서 동시에 같은 강도의 자살 경향이 나타날 때 모방의 영향이 있다고 생각했다. 하지만 같은 지역 내에서의 전파는 자살을 야기할 만한 어떤 원인의 전파 때문일 수도 있으며, 또한 그 지역 전체에 퍼져 있는 동일한 사회적 환경 때문일 수도 있다. 자살 경향이나 자살에 대한 생각이 모방에 의해 퍼지는 것을 확인하기 위해서, 우리는 모방이 그런 경향이나 생각이 발생한 지역의 환경을 벗어나 자체적으로는 그런 경향과 생각이 나타나기 어려운 다른 지역으로 침투해 가는지를 살펴보아야 한다. 왜냐하면, 앞서 지적한 바와 같이, 모방의 전파는 하나의 행위가 모방되는 곳에서만 있을 수 있으며, 또한 다른 요인의 개입 없이 유일하게 자동적인 모방 행위에 의해 그 행위가 반복되는 경우에만 가능할 뿐이기 때문이다. 따라서 우리의 관심의 대상이 되고 있는 현상 속에서 모방이 차지하는 몫을 결정하기 위해서는 일반적인 기준보다 더 복잡한 기준이 필요하다.

무엇보다도 모방할 모델이 없다면 모방은 있을 수가 없을 것이다. 또한 가장 강도가 강한 중심부가 없다면 전염은 존재하지 않는다. 그와 마찬가지로 자살이 확산되는 중심이 존재한다는 것이 관찰되지 않는다면, 자살 성향이 사회의 한 부분에서 다른 부분으로 전파된다는 주장은 정당화될 수 없을 것이다. 그렇다면 어떤 징후로 그런 중심을 인지할 수 있을까?

첫째, 중심부는 주변부보다 더 높은 자살 경향을 보여야 한다. 지도 위에서 중심부는 주변 지역들보다 훨씬 더 강한 색조로 구분할 수 있어야 한다. 실제로 자살을 대량으로 일으키는 진정한 원인과 모방이 같이 작용하므로, 중심부에서 더 많은 자살의 사례들이 나타나야 한다. 둘째, 중심부가 전염의 중심부 역할을 하고, 그 결과 중심부가 주변부에서 발생하는 사건에 영향을 미치려면, 중심부는 각각의 주변부의 주목 대상이 되어야 한다. 시선이 다른 곳을 향해 있으면, 아무리 자살이 많이 일어나도 소용없다. 자살이 눈에 띄지 않으면 자살이 없는 것과 같다. 자살이 보이지 않는다면 모방은 일어날 수 없다는 것은 분명하다. 자살이 주목의 대상이 되지 않는다면, 자살자가 아무리 많아도 소용없다. 마치 자살을 보지 못하기 때문에 마치 자살이 없는 것과 같다. 따라서 자살은 모방에 의해 재생되지 않을 것이다. 그런데 사람들은 그들의 지역 생활에서 중요한 부분에 눈을 고정시킨다. 다시 말해 전염 현상은 수도나 대도시 주변에서 가장 두드러질 것이다. 심지어 우리는 대도시에서 전염 현상을 더 관찰할 수 있을 것이라고 예상하게 된다. 그도 그럴 것이 대도시의 도덕적 권위와 같은 다른 요인들이 모방을 전염시키는 힘을 강화시키기 때문이다. 실제로 대도시의 생활양식은 멀리 확산되는 힘을 가지고 있다. 따라서 다른 어떤 곳보다 모방이 더 큰 사회적 영향력을 발휘하는 곳이 바로 대도시이다. 셋째, 흔히 말하는 것처럼 다른 조건이 동일하다면 모방의 영향력은 대도시에서 거리가 멀어질수록 약화된다. 인접 지역은 중심부에서 멀수록 영향을 덜 받으며, 그 역도 또한 사실이다. 자살 분포도의 모습이 부분적일지라도 모방의 영향을 받는다고 할 수 있으려면, 최소한 방금 지적한 세 가지 조건이 충족되어야 한다. 그럼에도 지리적 분포가 자살을 일으키기 쉬운 생활조건 분포와 일치하는가 아닌가를 탐색해야 할 필요성이 여전히 남아 있다.

위에서 분석을 위한 규칙을 정립했으니 이제 그것을 적용해 보자.

프랑스의 경우, 도별로 자살률을 표시한 일반적인 지도는 그런 조사에 충분하지 못하다. 실제로 그런 지도로는 모방의 영향을 가장 잘 감지할 수 있는 같은 도의 서로 다른 지점 사이의 모방 효과를 관찰하는 것이 불가능하다. 게다가 자살이 많거나 적은 군arrondissement[114]의 존재가 도별 평균을 인위적으로 상승시키거나 하락시켜 다른 군 및 인접한 도와의 뚜렷한 불연속을 일으키거나, 아니면 반대로 실질적인 불연속을 숨길 수도 있다. 끝으로 그런 방식으로는 대도시의 영향을 쉽게 알아볼 수 없는 애매한 지도가 될 수도 있다. 따라서 우리는 그 문제를 연구하기 위해 군을 구분하여 5년 동안(1887~1891)의 자살 분포를 표시한 지도를 특별히 작성했다. 그 결과 우리는 전혀 예상치 못한 결과를 얻게 되었다.[115]

지도에서 가장 먼저 눈에 띄는 것은 북쪽의 큰 지역이다. 그 지역의 대부분(크게 얼룩진 부분)은 옛 일드프랑스이지만, 샹파뉴까지 깊숙이 파고들어가 로렌까지 펼쳐져 있다. 만일 그 분포가 모방 때문이라면, 그 중심은 그 지역에서 유일하게 두드러진 지역인 파리에 있을 것이다. 실제로 그런 분포는 보통 파리의 영향 때문이다. 심지어 게리는 (마르세유를 제외하고) 프랑스 국경의 어느 지점에서 출발하든, 수도를 향해 가까이 가면 갈수록 자살이 늘어난다고 주장하기까지 했다. 하지만 도 단위 지도로는 그런 해석에 합당한 이유가 있는지 몰라도, 군을 단위로 한 지도를 보면 그런 주장이 근거가 무너진다. 실제로 센은 주변의 모든 군보다 자살

---

114 역주: arrondissement은 프랑스 행정 단위로 우리의 군(郡)이나 구(區)에 해당한다.
115 이 책의 144면에 있는 [지도 2]를 참고하시오.

142 제1부 비사회적 요인

률이 낮다. 자살자가 인구 100만 명당 471명밖에 안 된다. 반면, 그 주변의 군들, 가령 쿨풍미에르는 500명, 베르사유는 514명, 믈룅은 518명, 모는 525명, 코르베유는 559명, 퐁투아즈는 561명, 프로뱅은 562명이다. 심지어 샹파뉴의 군들조차 센에 인접한 군들의 자살률보다 더 높다. 랭스는 501명, 에페르네는 537명, 아르시스쉬르오브는 548명, 샤토티에리는 623명이다. 르루와 박사도 이미 「센에마른의 자살」이라는 논문에서 놀랍게도 센보다 모에서 상대적으로 자살이 더 많다는 것을 지적하고 있다.[116] 다음은 그가 제시한 수치이다.

연도	1851~1863	1865~1866
모.Meaux	2,418명 중 1명 자살	2,547명 중 1명 자살
센Seine	2,750명 중 1명 자살	2,822명 중 1명 자살

그리고 모 군만이 그런 경우에 해당하는 것이 아니다. 르루와 박사는 센에마른에 있는 166개의 코뮌[117]들이 그 기간에 파리보다 더 높은 자살률을 기록했다는 사실을 지적했다. 자살의 2차 중심지라고 하기에는 너무 작은 중심지들이 아닌가! 하지만 센을 제외하면 방사선의 다른 중심부를 찾는 것은 불가능하다. 왜냐하면 파리가 코르베유나 퐁투아즈의 위성 도시라고 한다면 어불성설이기 때문이다.

---

116 LEROY, *op. cit.*, p. 213. 같은 저자에 의하면, 심지어 마른 도 전체와 센에마른 도 전체의 자살률도 1865~1866년 사이에 센의 자살률보다 더 높았다. 마른은 2,791명에 1명, 센에마른은 2,768명에 1명, 센은 2,822명에 1명이었다.

117 역주: 코뮌(commune)은 프랑스의 행정구역 단위로 우리의 읍(邑) 정도에 해당한다. 다만, 그 특징은 파리시가 하나의 코뮌이 될 수도 있고, 인구 1만 명의 소도시나 10명의 산골 마을도 하나의 코뮌이 될 수 있다는 것이다. 프랑스 지방자치단체의 가장 낮은 단위이다. 여기서는 편의상 코뮌이라는 용어를 사용하기로 한다.

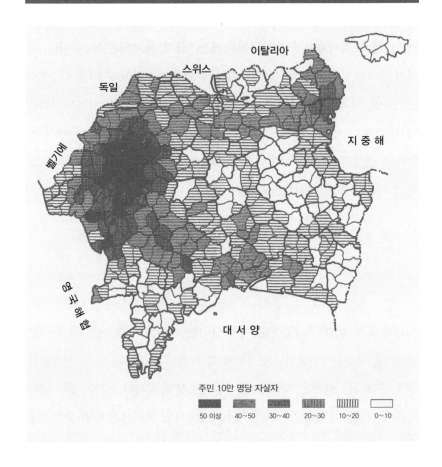

독일

스위스

이탈리아

벨기에

지 중 해

영국해협

대 서 양

주민 10만 명당 자살자

| 50 이상 | 40~50 | 30~40 | 20~30 | 10~20 | 0~10 |

조금 더 북쪽으로 가면 자살 밀도가 높은 또 다른 지역을 볼 수 있다. 노르망디 지역이다. 이 지역은 분포가 균등하지 않지만 역시 밀도가 매우 높다. 만일 그 지역의 집중이 전염 확산 때문이라면, 그 분포는 그 지방의 중심이자 아주 중요한 도시인 루앙으로부터 출발해야 한다. 그런데 그 지역에서 자살률이 가장 높은 두 곳은 뇌샤텔(인구 100만 명에 509명)과 퐁토드메르(100만 명에 537명)이다. 그리고 그 두 곳은 심지어 인접해 있지

도 않다(또한 그 지방의 정서에서 기인하는 영향 때문도 확실히 아니다).

완전히 남동쪽으로 지중해 연안을 따라 부쉬뒤론의 끝에서 이탈리아 국경에 이르는 긴 띠 모양의 지역에서도 자살률이 아주 높다. 그 지역에는 대도시인 마르세유가 있으며, 또 다른 쪽 끝에는 화려한 생활의 중심지 니스가 있다. 그런데 자살이 가장 많이 일어나는 곳은 툴롱과 포르칼키에이다. 누구도 마르세유가 그 두 지역의 영향을 받았다고 말하지 않을 것이다. 서부 연안에서도 마찬가지로 길게 뻗친 두 샤랑트 지역의 중요한 도시인 앙굴렘이 있지만, 로슈포르 한 곳만이 자살률이 두드러진다(지도상에 꽤 어두운 색). 일반적으로 상당히 많은 도에서 주요 도시의 자살률이 선두가 아니었다. 보주에서는 에피날이 아닌 르미르망이, 오트손에서는 브줄이 아니라 침체 상태에 있는 그레이가, 두에서는 브장송이 아니라 돌과 폴리니가, 지롱드에서는 보르도가 아니라 라레올과 바자가, 멘에루아르에서는 앙제가 아니라 소뮈르가, 사르트에서는 르망 대신에 생칼레가, 그리고 노르에서는 릴 대신에 아벤이 자살률에서 선두이다. 하지만 대도시를 앞지르는 지역이 그 도에서 가장 중요한 지역인 경우는 없다.

그와 같은 비교를 도뿐만이 아니라 코뮌 간에도 계속 할 수 있을 것이다. 불행히도 프랑스 전체에 걸쳐 코뮌을 단위로 하는 자살 분포도를 작성하는 것은 불가능하다. 하지만 르루와 박사는 그의 흥미로운 논문에서 센에마른 도를 대상으로 그 작업을 수행했다. 그 도의 모든 코뮌을 자살률에 따라 분류한 다음, 그는 자살률이 가장 높은 코뮌부터 시작해서 다음과 같은 결과를 얻었다. "그 도에서 가장 중요한 지역인 라페르트수주아르(주민 4,482명)는 자살에서 124위, 모(주민 10,762명)는 130위, 프로뱅(주민 7,547명)은 135위, 쿨롱미에르(주민 4,628명)는 138위다. 그 지역들의 등급을 비교하면 기이하게도 모든 지역이 같은 영향을 받고 있는 것으로 추측된다.[118] 파리에서 아주 가까운 라그니(주민 3,468명)는 219위에 불과하며, 몽트로포욘(주민 6,217명)은 245위, 퐁텐블로(주민 11,939명)는 247위, 끝으로 그 도의 주요도시인 믈룅(주민 11,170명)은 279위에 불과하다. 반대로, 자살률이 높은 25곳의 코뮌을 보면, 그중 2곳을 빼놓고는 모두 인구가 그다지 많지 않은 코뮌들이라는 것을 알 수 있다."[119]

프랑스를 벗어나서도 우리는 같은 사실을 발견할 수 있다. 유럽에서 자살이 가장 빈번한 곳은 덴마크와 중부 독일 지역이다. 그런데 그 광대한 지역에서 다른 나라보다 자살률이 훨씬 더 높은 나라가 바로 작센이다. 작센의 자살률은 인구 100만 명당 311명이다. 또 브란덴부르크는 자살률이 불과 204명인 데 비해, 작센알텐부르크 공국은 작센에 이어 두 번째이다(303명). 하지만 그 작은 두 나라, 작센과 작센알텐부르크는 독

---

118 물론 전염의 영향 문제가 아닐 수 있다. 거의 비슷한 중요성을 가진 각 군의 중심에 해당하는 그 세 지역은 아주 다른 자살률을 보이는 많은 코뮌들로 나뉜다. 그와 반대로 그런 비교를 통해 증명되는 것은, 비슷한 규모와 아주 비슷한 생활 조건을 가진 사회집단들은 서로 영향을 주고받지 않고서도 같은 자살률을 보인다는 사실이 전부이다.

119 *Op. cit.*, pp. 193~194. 자살률에서 선두에 있는 매우 작은 코뮌(레쉬)은 주민 630명에 1명의 자살자, 인구 100만 명에 대해 1,587명의 자살자를 기록하고 있다. 그 수치는 파리보다 4~5배나 더 높은 것이다. 그리고 그것은 특히 센에마른에 국한된 사실이 아니다. 우리는 트루비유의 르구필 박사에게서 퐁 레베크 군에 속해 있는 작은 3개의 코뮌에 대한 자료를 얻을 수 있었다. 빌레르빌(주민 978명)과 크리크뵈프(주민 105명), 페느드피(주민 33명)의 통계가 그것이다. 14~25년 간의 기간에 걸쳐 계산된 자살률은 세 코뮌에 있어 각각 인구 100만 명당 429명, 800명, 1,081명이었다.

일반적으로 대도시가 작은 도시나 지방의 군보다 더 많은 자살을 일으키는 것은 사실이다. 하지만 그런 명제에는 많은 예외가 있으며, 대략적으로만 사실일 뿐이다. 게다가 그 명제와 모순되는 앞의 사실들도 해명될 수 있는 방법이 있다. 대도시가 자살 증가에 영향을 미치는 것 이상으로, 대도시 그 자체에도 자살 증가를 낳는 동일한 원인의 영향을 받으며 형성되고 발전한다는 사실을 인정하는 것으로 충분할 것이다. 그런 조건에서 자살률이 높은 지역에 그런 대도시가 많은 것은 당연하지만, 그렇다고 반드시 그런 지역에만 대도시가 있는 것은 아니다. 그와 반대로 자살률이 낮은 지역에는 대도시가 드물기는 하지만, 그런 곳에 자살이 아예 없는 것은 아니다. 결국 도시의 평균 자살률은 일반적으로 농촌에 비해 높다. 물론 예외인 경우도 있다.

일의 중심지가 아니다. 드레스덴이나 알텐부르크는 함부르크나 베를린과 비교가 안 되는 도시들이다. 마찬가지로 이탈리아의 모든 지역에서 볼로냐(88명)와 리보르노(84명)의 자살률이 가장 높다. 밀라노, 제노바, 토리노, 로마 같은 대도시들의 자살률(1864~1876년)은 모르셀리가 계산한 평균치보다 훨씬 낮다.

요컨대 이런 분포도를 통해서 우리가 알게 된 것은, 자살이 몇몇 중심에서 바깥으로 점차 약하게 방사되는 형태의 동심원을 그리면서 분포한다기보다는, 중심을 갖지 않고 대체적으로 동질적인 집단(대체적으로만 동일할 뿐이다)을 형성하면서 분포한다는 것이다. 따라서 그런 모형은 모방의 영향에 대해서는 아무것도 보여 주지 않는다. 다만 자살이 도시마다 서로 다른 지역적 상황에 따라 결정되기보다는, 자살을 결정하는 조건이 언제나 일반적인 성격을 띠고 있다는 점을 보여 줄 뿐이다. 여기서는 모방자도 피모방자도 없다. 오히려 원인 속에 상대적인 동일성에서 기인하는 효과 속의 상대적 동일성이 있을 뿐이다. 따라서 앞서 이미 예견한 바와 같이, 만일 자살이 사회적 환경의 특정한 상태에 의존한다면 그런 분포는 쉽게 설명될 수 있다. 왜냐하면 일반적으로 사회적 환경의 상태는 꽤 넓은 지역에서 동일성을 유지하기 때문이다.

따라서 사회적 환경의 상태가 같은 모든 곳에서 같은 결과가 나오는 것은 당연하며, 전염은 전혀 상관이 없다. 그와 같은 이유로 종종 같은 지역에서 거의 같은 수준의 자살률이 나타난다. 하지만 다른 한편으로 자살의 원인이 완전히 균등하게 분포될 수는 없으므로, 이미 지적한 바와 같이 지역과 군에 따라 다소간 차이가 나타나는 것은 불가피하다.

그런 설명이 정확하다는 것을 보여 주는 증거는, 사회적 환경이 갑자기 달라지는 경우에 자살률도 갑작스럽게 많이 달라진다는 사실이다. 사회적 환경은 결코 자연 경계 너머까지 영향을 미치지 않는다. 특수한 상황으로 인해 자살 성향이 강한 한 나라가 단순히 본보기가 되는 것만으로 이웃 나라에 그런 성향을 부과하지 못한다. 그렇게 하려면 이웃 나라에도 같거나 비슷한 상황이 같은 정도로 있어야 한다. 예컨대 독일에서는 자살이 전염 상태에 있으며, 우리는 이미 자살이 독일에서 어느 정도 강도로 발생하는 지를 보았다. 뒤에서 다시 보겠지만, 그와 같은 높은 자살률의 주요 원인은 개신교라고 할 수 있다. 하지만 독일에서 세 지역은 예외이다. 베스트팔렌을 포함하는 라인 강변의 지방, 바이에른, 특히 바이에른슈바벤, 끝으로 포젠 지역이다. 독일에서는 그 지역들만이 인구 100만 명당 자살자 수가 100명 미만이다.[120] 지도상에서 그 세 지역은 외딴 섬들처럼 보이며, 주변의 어두운 색조와는 대조적으로 밝은 색을 띠고 있다. 색이 짙을수록 높은 자살률을 나타낸다. 그런데 그 세 지역은 모두 가톨릭 지역이다. 그 결과, 그 세 곳 주변에서 강하게 요동치는 자살의 흐름이 그 지역에 영향을 주지 못하는 것이다. 자살의 흐름은 계속 이어지기에 유리한 조건을 발견하지 못해 결국 그 경계에서 멈추고 마는 것이다. 그와 마찬가지로 스위스의 남부 전역이 가톨릭 지역이다. 개신교 지역은 북쪽에 있다. 그런데 자살 분포도[121]에서는 두 지역이 완전히 대조적이어서 전혀 다른 나라에 속한다고 생각할 수 있을 정도이다. 두 지역은 어디서나 맞닿아 있고, 꾸준한 관계를 유지하고 있지만, 자살의 관점에서 보면 각기 개별성을 보존하고 있다. 한쪽은 자살 평균이 매우 낮은 반면, 다른 쪽은 매우 높다. 그와 마찬가지로 스위스 북부에서

---

120 이 책의 149면의 [지도 3]을 참고하시오.
121 같은 지도와 면소재지별 자세한 수치에 대해서는 이 책의 323면, 제2부 제5장 [표 26]을 참고하시오.

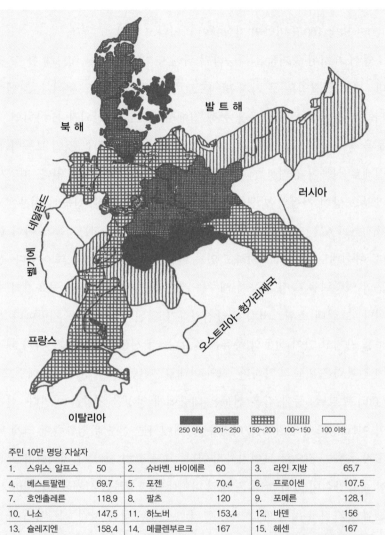

| | 250 이상 | 201~250 | 150~200 | 100~150 | 100 이하 |

주민 10만 명당 자살자

1.	스위스, 알프스	50	2.	슈바벤, 바이에른	60	3.	라인 지방	65.7
4.	베스트팔렌	69.7	5.	포젠	70.4	6.	프로이센	107.5
7.	호엔촐레른	118.9	8.	팔츠	120	9.	포메른	128.1
10.	나소	147.5	11.	하노버	153.4	12.	바덴	156
13.	슐레지엔	158.4	14.	메클렌부르크	167	15.	헤센	167
16.	뷔르템베르크	170	17.	라우엔부르크	173	18.	헤센-다름슈타트	186.4
19.	스위스	196	20.	올덴부르크	198	21.	브란덴부르크	204.7
22.	프로이센, 작센	227.6	23.	슐레스비히	228.3	24.	유틀란트	233
25.	작센-마이닝겐	264	26.	함부르크	300	27.	작센-알텐부르크	303
28.	셀란과 퓐	308	29.	작센왕국	311			

리페 왕국, 튀링겐 제후국, 브룬스빅 공작령은 통계가 나와 있지 않은 국가임

도 루체른, 울리, 운터발트, 슈바이츠, 추크 등과 같은 가톨릭 주(캉통)에서는, 자살률이 높은 개신교 지역으로 둘러싸여 있는 데도, 고작 인구 100만 명당 100명 미만의 자살률이 나타나고 있다.

앞서 제시된 증거들을 확증하기 위해 또 다른 실험을 시도해 볼 수 있다. 정신적 전염은 두 가지 방식으로만 발생할 수 있을 뿐이다. 모델이 되는 사건이 이른바 소문을 통해 입에서 입으로 확산되거나, 아니면 신문을 통해 전파되는 것이다. 그 책임을 신문에 전가하는 것이 보통이다. 실제로 신문이 강력한 전파의 도구인 것은 의심의 여지가 없다. 따라서 만일 모방이 자살의 발생에 모종의 영향을 미친다면, 신문이 여론에서 차지하고 있는 비중에 따라 그 추이가 어떻게 달라지는지를 보아야 한다. 아쉽게도 신문이 차지하고 있는 비중을 측정하는 것은 꽤 어렵다. 신문의 영향력을 측정 가능케 해주는 것은 신문의 수가 아닌 구독자의 수이다. 그런데 스위스처럼 중앙집권화가 덜된 나라에서는 지방마다 신문을 가지고 있어 신문의 종류는 많으나, 각 신문의 독자수가 적기 때문에 전파력은 비교적 약하다. 그와 반대로,『런던 타임스』,『뉴욕 헤럴드』,『프티 주르날』등과 같은 신문은 대중에게 엄청난 영향을 미친다. 심지어 어느 정도의 중앙 집중이 없는 상태에서는 신문의 영향력이 크게 미치지 못하는 것으로 보이기까지 한다. 그도 그럴 것이 각 지역마다 고유한 생활양식이 있어 그 작은 지역 너머에서 발생하는 사건들에는 별다른 관심을 가지지 않기 때문이다. 먼 곳에서 발생하는 사건들은 더 주목을 받지 못하게 되며, 그런 이유로 그런 사건들을 심각하게 접하지 않게 된다. 그렇게 되면 모방을 촉진시킬 모델이 더 줄어들게 된다. 하지만 지방 환경의 평준화로 여러 지역의 사건들이 호기심과 동정의 대상이 되는 사회, 또는 중앙신문이 필요에 따라 국내와 이웃 나라의 모든 중요 사건들을 매일 보도하고 전국적으로 배포하는 사회에서는 그와 전혀 다른 현상이 발생하게 된다. 그렇게 된다면 사례들이 쌓여 가면서 서로 강화된다. 물론 우리는 유럽 여러 신문의 구독자들을 비교할 수는 없으며, 뉴스의 지방적 성격을 평가하는 것도 불가능하다. 하지만 확실한 증거를 제시할 수는 없으나 프랑스나 영국이 그 두 가지 면에서 덴마크, 작센, 독일의 여러 지역들보다 열등하지는 않을 것이다. 그런데도 프랑스와 영국의 자살률이 더 낮다. 그와 마찬가지로 프랑스에서도 루아르 북쪽보다 남쪽에서 신문을 덜 읽는다고 가정할 수는 없다. 그런데도 그 두 지역 사이의 자살률이 어느 정도 대조되는가를 우리는 잘 알고 있다. 사실을 확인할 수 없는 주장에 대해 필요 이상의 중요성을 부여할 생각은 없지만, 그래도 우리는 모방이론이 어느 정도 주의를 기울일 만큼의 충분한 실효성을 가지고 있다고 생각한다.

IV.

위의 내용을 요약하면, 개인과 개인 사이에 자살의 전염이 일어나는 것은 분명하다 해도, 모방이 사회적 자살률에 영향을 미치는 방식으로 자살을 확산시키는 것은 결코 아니다. 모방이 어느 정도 개별적인 자살 사례들을 낳을 수는 있을 것이다. 하지만 모방이 여러 다른 사회들의, 그리고 한 사회 안의 특수한 사회집단들의 자살 경향의 차이를 결정하지는 못한다. 모방이 방사선식으로 퍼져나가는 경향은 항상 제한되어 있으며, 또한 간헐적이기도 하다. 모방이 어느 정도의 강도로 영향력을 행사한다고 해도, 그것은 아주 짧은 기간일 뿐이다.

하지만 통계를 통해 모방의 영향을 측정할 수 없는가를 설명해 주는 더 보편적인 이유가 있다. 모방은 그 자체만으로 자살에 아무런 영향을 미칠 수 없다는 것이 그 이유이다. 어느 정도 완전히 고정관념이 된 드문 경우를 제외하고, 특별한 성향을 가진 사람이 아니라면 성인에게서 어떤 행동을 생각하는 것만으로는 그 행동이 일어나기에 충분하지 않다. 모렐은 다음과 같이 기술하고 있다. "모방의 영향이 아무리 강력하다고 해도, 건강한 정신을 가진 사람들이 모방이나 또는 희귀한 범죄 이야기를 듣거나 읽어서 생긴 인상 때문에 유사한 행동을 하는 일은 없다는 사실을 나는 발견했다"[122] 그와 마찬가지로 폴 모로 드 투르 박사도 개인적인 관찰 결과, 전염적인 자살은 오직 강력한 자살 성향을 가진 사람들에게만 일어난다는 것을 입증했다고 생각했다.[123]

물론 폴 모로 드 투르 박사는 그런 자살 성향이 본질적으로 기질적인 원인 때문이라고 굳게 믿고 있었다. 하지만 어떤 경우에는 개연적이지도 않고 아주 신비한 원인들이 결합되어 자살이 일어났다고 인정하지 않고서는 설명하기가 대단히 어렵다는 사실을 발견했다. 앞서 언급했던 15명의 환자가 동시에 신경쇠약에 걸렸다는 사실을 어떻게 믿을 수 있는가? 군대와 교도소에서 흔히 일어나는 자살 전염 사건에 대해서도 같은 지적을 할 수 있을 것이다. 하지만 자살 경향이 사회 환경에 의해 야기된다는 사실을 인정하면, 그런 사실들은 쉽게 설명된다. 그렇게 되면 같은 막사나 교도소에서 모여 지내게 된 꽤 많은 사람이 같은 정신질환을 갖고 있다는 것을 우연의 일치로 여기기보다는, 오히려 그들이 사는 공통

---

122 *Traité des maladies mentales*, p. 243.
123 *De la contagion du suicide*, p. 42.

환경의 영향 때문이라고 설명할 수 있게 될 것이다. 곧 보게 되겠지만, 교도소나 군대에는 실제로 군인과 죄수들을 극심한 노이로제에 시달리다 자살하게 만드는 집단적인 상태가 있다. 하나의 사례가 자살 충동을 폭발시키는 기회가 될 수 있지만, 충동을 만들어 내지는 못할 것이다. 충동이 없다면, 그 사례는 아무런 영향도 미치지 못할 것이다.

따라서 아주 드문 경우를 제외하면 모방은 자살의 원초적 요인이 아니라고 말할 수 있다. 모방은 단지 자살 행위의 진정한 원인이 되는 어떤 상태를 분명하게 해주었을 따름이다. 물론 그런 상태에서는 모방이 개입하지 않더라도 자살자는 자연스럽게 자살이라는 결과를 낳을 수 있는 수단을 찾아냈을 것이다. 왜냐하면 자살 경향은 아주 작은 자극만으로도 행동으로 옮겨 갈 만큼 매우 강해야 하기 때문이다. 따라서 자살에 모방 흔적이 포함되지 않았다고 해서 놀랍지 않다. 왜냐하면 모방 자체는 고유한 영향력이 없고, 또 영향을 미친다고 해도 아주 제한적이기 때문이다.

실질적으로 도움이 되는 다음과 같은 지적으로 결론을 마무리 짓고자 한다.

어떤 전문가들은 모방에 실제로 힘이 있는 것처럼 주장하면서 신문이 자살과 범죄 보도를 못하게 금지시켜야 한다고 주장했다.[124] 그런 금지로 자살과 범죄의 연간 총 발생 건수를 다소 줄이는 것이 가능할 수도 있다. 하지만 보도 금지가 자살과 범죄의 사회적 비율을 바꿀 수 있을 지는 몹시 의심스럽다. 그런 이유로 집단의 정신 상태가 바뀌지 않기 때문에 집단적 경향의 힘은 그대로 남아 있을 것이다. 따라서 만일 보도 금지라는 조치가 가져오는 사소한 이점과 문제를 사법적 조치로 인해 발생할 수도

---

124 특히 다음을 참고하시오. AUBRY, *Contagion du meurtre*, Ière éd., p. 87.

있는 언론과의 불편한 점과 비교한다면, 입법자들은 전문가들의 권고를 받아들여 보도 금지를 위한 법을 제정하는 데 주저할 것이다. 실제로 자살이나 살인의 증가에 영향을 미칠 수 있는 것은, 그것들을 말하는 것이 아니라, 그것들을 어떻게 말하느냐이다. 그런 행동을 혐오하는 경우, 그런 감정은 이야기를 통해 나타나게 된다. 하지만 그런 감정은 개인적인 자살이나 살인 경향을 부추기기보다는 오히려 억제하게 된다. 그와 반대로 사회가 도덕적으로 혼란하다면, 사회의 불안정한 상태 때문에 비도덕적 행동을 입에 올릴 때마다 그것을 무의식적으로 묵인하게 되고, 또 그런 행동의 비도덕적인 면에 둔감해지게 된다. 그렇게 되면 자살이나 살인의 사례는 선례가 되기 때문이 아니라 사회적 용인과 무관심으로 인해 그런 행동에 대한 거부감이 줄어들었기 때문에 정말로 위험해진다.

하지만 특히 이 장章에서 밝히고자 한 것은, 모방이 모든 집단생활의 주된 원천이라는 이론의 근거가 얼마나 취약한가이다. 전염을 통해 자살만큼 쉽게 전파되는 것은 없다. 하지만 우리는 방금 그런 전염성에는 사회적 영향이 없다는 것을 보았다. 만일 모방이 자살에 미치는 사회적 영향력이 없다면, 다른 현상에 대해서는 더 영향력을 가지지 못할 것이다. 그런 만큼 모방에 사회적 영향력이 있다는 것은 상상에 불과하다. 물론 모방은 한정된 범위 내에서 한 가지 생각이나 행동의 반복을 일으킬 수 있다. 하지만 그런 반복은 사회의 중심까지 방향을 일으키고, 사회의 영혼을 바꾸어 놓을 만큼 깊고 넓은 것은 아니다. 집단적 상태는 거의 만장일치이고 또 대체로 오래되었기 때문에, 개별적인 개혁으로 쉽게 허물어지지 않을 정도의 저항력을 가지고 있다. 기껏해야 한 사람에 불과한 개인[125]이 어떻게 사회를 자기 마음대로 만들어 나갈 수 있겠는가? 만일 우리가 원시인들이 자연계를 이해하듯이 사회적 현실을 거칠게 이해하지 않는다면, 우리는 그렇게 생각할 수 없을 것이다. 만일 우리가 모든 과학적 귀납법의 결론에 따라 사회적 현상이 그 원인과 비례해서 발생한다는 주장에 적어도 암묵적으로 동의한다면, 우리는 그렇게는 생각할 수 없다. 만일 어떤 개념이 『성경』처럼 단순 명쾌함과 동시에 사유의 기본 원칙에 모순된다면, 우리는 그 개념에 더 이상 시간을 소비하지 않을 것이다. 동물학적 종들이 유전에 의해 전승된 개별적 변이에 불과하다는 것을 우리는 오늘날 더 이상 믿지 않는다.[126] 그와 마찬가지로 사회적 사실이 단순히 일반화된 개인적 사실이라는 주장도 우리는 인정할 수 없다. 하지만 무엇보다도 받아들일 수 없는 것은, 그런 일반화가 그저 맹목적인 전염에서 기인한다는 주장이다. 심각한 반대 이외에 그 어떤 실험 증거의 단초도 없는 가설을 놓고 토론을 계속해야 한다는 것이 그저 놀라울 뿐이다. 왜냐하면 모방이 사회적 사실들의 정해진 질서의 원인이 된다고 입증된 적도 없으며, 또한 모방 자체가 거기에 어떤 영향을 미친다는 것도 전혀 입증된 적이 없기 때문이다. 사람들은 막연한 형이상학적 고찰에 기대면서 그 명제를 격언으로 삼는 데 만족했다. 하지만 사회학자들이 그런 식으로 독단적 주장을 펴면서 증명을 하라는 적절한 요구를 공공연하게 회피하지 않는 경우에만 사회학은 하나의 과학으로 여겨질 수 있을 뿐이다.

---

125 우리는 여기서 '개인'이란 단어로 집합적인 신뢰나 존경을 통해 얻어진 모든 힘을 잃어버린 사람을 의미한다. 실제로 공직자나 인기 있는 개인은 개인적으로 타고난 힘뿐만 아니라 집단적인 감정의 산물로서의 사회적 힘을 발휘할 수도 있다. 하지만 그들은 개인과 다른 사람일 때에만 그와 같은 영향력을 가질 수 있을 뿐이다.
126 DELAGE, *La structure du protoplasme et les théories de l'hérédité*, Paris, 1895, p. 813 et suiv.

제2부

사회적 원인과 사회적 유형

제1장
사회적 원인과
사회적 유형의 구분 방법

앞서 도출된 결과들이 전적으로 부정적인 것은 아니다. 실제로 우리는 모든 사회집단에 개인의 신체적, 심리적 체질이나 자연환경으로 설명될 수 없는 특수한 자살 경향이 있음을 보았다. 그로부터 자살 경향은 필연적으로 사회적 원인에 의존하며, 그 자체로 하나의 집단적 현상을 형성한다는 결론이 도출된다. 심지어 우리가 검토한 사례들, 특히 지리적, 계절적 변화를 보면 분명히 그런 결론에 이르게 된다. 이제 우리가 여기서 좀 더 면밀히 탐구해 보고자 하는 것은 바로 자살 경향이다.

I.

그런 탐구를 위해 가장 좋은 방법은, 먼저 자살 경향이 단일하고 분리할 수 없는 것인지, 아니면 여러 다른 경향으로 이루어져 있어 구분이 가능하고 또 따로 연구해야 하는 것이 좋은지를 알아보는 것이다. 우리의 연구는 다음과 같은 방식으로 진행될 것이다. 단일한 것이든 아니든 간에 자살 경향은 개별적인 자살에서만 나타나고 관찰될 수 있으므로, 그런 개별 사례로부터 출발하는 방식이 그것이다. 따라서 가능한 많은 사례를 관찰하고 기록해야 한다. 물론 정신착란에 의한 자살은 그런 사례에서 제외될 것이다. 만일 모든 자살 사례가 본질적으로 동일한 특징이 있는 것으로 드러나면, 전체를 하나의 동일한 범주로 분류할 것이다. 그 반면에 하나의 범주로 분류하기에는 너무 다양한 경우(게다가 그런 경우가 더 그럴듯한데), 그것들의 유사성과 차이에 따라 여러 가지 유형으로 구분할 것이다. 그렇게 하면 유형의 수만큼 자살 경향도 많다는 것을 알 수 있으며, 이어서 각 경향의 원인과 중요성을 밝히기 위해 노력할 것이다. 우리는 이미 정신질환자의 자살을 연구할 때 대략 그런 방법을 적용했다.

안타깝게도 필요한 자료가 거의 없어서 정상적인 자살을 형태론적 유형이나 특성에 따라 분류할 수 없다. 실제로 그런 시도를 하기 위해서는 많은 개별 사례에 대한 세세한 기록이 있어야 할 것이다. 자살을 결심하는 순간에 자살자가 어떤 심리 상태에 있었는지, 그가 자살하기 위해 어떻게 준비했으며, 망설이거나 우울해 하지는 않았는지, 침착하거나 우쭐해 있었는지, 괴로워하거나 불안에 휩싸여 있었는지 등을 알아야 할 것이다. 그런데 우리는 지금 정신이상으로 자살한 사례 몇 건에 대한 정보만을 가지고 있을 뿐이다. 그리고 정신질환이 결정적 원인인 자살의 주요 유형을 판단할 수 있는 것은 정확히 정신의학자들에 의한 관찰과 기록 덕분이다. 그 외의 경우에 대해서 우리는 거의 정보를 가지고 있지 못하다. 브리에르 드 부아몽만이 유일하게 그의 저서에서 유서나 그 밖의 기록을 남긴 1,328건의 자살 사례를 요약하고 기록하려고 노력했을 뿐이다. 하지만 그의 기록은 우선 지나치게 간략하다. 그 다음으로, 환자가 자기 상태에 대해 말한 것을 의심하지 않는다고 해도 그것만으로는 종종 불충분하다. 환자는 대개 자신과 자신의 감정 상태를 착각하기 쉽다. 가령, 환자는 극도로 흥분한 상태이면서도 자기가 침착하게 행동한다고 상상한다. 끝으로 충분히 객관적이지 않다는 점 외에도 정확한 결론을 도출하기에 관찰 사례가 너무 적다. 아주 애매하게 구분해 거기서 얻은 지표를 이용할 수는 있을 것이다. 하지만 체계적인 분류를 하기에는 너무 불확실하다. 게다가 대부분의 자살이 실행되는 방법의 관점에서 보면 적절한 관찰을 하는 것은 거의 불가능하다고 할 수 있다.

하지만 우리는 다른 방법을 통해 우리의 목적에 도달할 수 있다. 연구 순서를 바꾸는 것으로 충분하다. 실제로 자살 원인이 다른 것만큼 다른 유형의 자살이 있을 수 있다. 각각의 자살이 고유한 특징을 가지려면 특별한 존재 조건이 있어야 한다. 같은 선행 조건이나 또는 일군의 같은 선행조건들이 때로는 이런 결과를 낳고 때로는 저런 결과를 낳을 수는 없다. 왜냐하면 만약 그렇다면 그런 결과들을 서로 구분해 주는 차이는 원인이 없는 차이일 뿐이기 때문이다. 그리고 그것은 인과론의 원칙을 부정하는 것이 될 것이다. 따라서 원인들 사이에 특별하고 확실한 차이가 있는 경우에는 결과에 있어서도 비슷한 차이가 있다. 우리는 이제 자살의 사회적 유형을 자살자들의 특징에 따라 직접적으로 분류하는 것이 아니라, 자살하게 된 원인에 따라 분류할 수 있다. 그런 유형들이 왜 서로 다른가를 알려고 하기보다는 우리는 먼저 그런 유형이 어떤 사회적 조건에 달려 있는가를 알아보아야 한다. 그리고 나서 사회적 조건을 유사성과 차이에 따라 몇 개의 부류로 나누고, 그 결과 우리는 각 부류에 대응하는 특정한 자살 유형을 확실하게 찾을 수 있을 것이다. 한마디로 말하자면 우리의 분류는 형태학을 따르는 것이 아니라 처음부터 단번에 병인학을 따르게 될 것이다. 게다가 그런 방법은 나쁜 방법이 아니다. 왜냐하면 한 현상의 성격은 심지어 본질적인 특징이라 해도 그 특징을 알 때보다 오히려 그 원인을 알 때 더 깊이 이해될 수 있기 때문이다.

사실, 그런 방법의 단점은 여러 유형의 자살이 있다는 것을 직접 확인하기도 전에 이미 다양한 유형을 가정하는 것이다. 그런 단점에 어느 정도의 대처는 가능하다. 일단 원인의 본질을 알면, 그로부터 결과의 본질을 연역할 수 있다. 실제로 원인과 관련이 있기 때문에 그 결과를 특징짓고 구분할 수 있는 것이다. 만일 그런 연역이 사실에 의해 뒷받침되지 못한다면, 그것은 순수한 상상의 결합에 불과할 공산이 크다. 하지만 자살의 형태학에 대해 이용할 수 있는 몇몇 정보의 도움을 받으면 더욱 명확하게 분류할 수 있다. 물론 그런 정보만으로는 분류의 원칙을 정하는 데 너무 부족하고 불확실하다. 하지만 일단 분류의 틀이 세워지게 되면 그때는 그런 정보를 사용할 수 있을 것이다. 우리는 그 정보를 통해 연역의 방향을 잡고, 정보에 포함된 사례들을 연역적으로 설정한 유형이 상상이 아니라는 점을 증명하게 될 것이다. 그렇게 해서 우리는 원인에서 결과로 나아가게 될 것이며, 병인학적 분류는 형태학적 분류와의 상호 검증을 통해 보완될 수 있을 것이다.

그와 같은 역방향의 방법은 모든 면에서 우리가 제기한 특수한 문제에 적합한 유일한 방법이다. 실제로 여기서 연구하고자 하는 것이 사회적 자살률이란 점을 놓쳐서는 안 된다. 따라서 우리가 관심을 가져야 할 유일한 유형은 자살률을 결정하고 또 자살률 변동에 영향을 미치는 것뿐이다. 그런데 모든 개별 자살 사례가 그런 특성을 가지고 있는지가 증명되지 않고 있다. 어느 정도 일반성을 가지면서 각 민족의 자살과 관련한 특별한 양상을 띤다고 할 수 있을 만큼 한 사회의 정신적 기질과 충분히 관련되지 않거나 아예 관련이 없는 자살도 있다. 예컨대 알코올 중독이 각 사회의 고유한 자살 성향을 결정하는 요인이 아니라는 사실을 앞서 살펴보았다. 하지만 알코올 중독으로 인한 자살은 분명히 존재하며, 그 수도 꽤 많다. 따라서 특수한 사례들에 대한 설명은, 심지어 잘된 설명이라 할지라도, 어떤 자살 사례들이 사회학적 특징을 가지는가의 여부를 전혀 가르쳐 주지 못한다. 만일 어떤 유형의 형태로부터 집단적 현상으로 여겨지는 자살이 발생하는지를 알고자 한다면, 처음부터 통계 자료를 통해서 그런 자살을 집단적 형태로 살펴야 한다. 그러니까 사회적 비율을 직접 분석 대상으로 삼아야 한다. 분석의 방향은 전체에서 부분으로 나가야 한다. 하지만 서로 다른 원인들을 고찰함으로써만 분석을 할 수 있다는 것은 분명하다. 왜냐하면 전체적으로 보면 그 구성요소들이 동질성을 띠고 또 그것들 사이에는 질적 차이가 없기 때문이다. 따라서 먼저 그 원인들을 결정하고, 그 다음으로 그 원인이 개인들에게 어떻게 영향을 미치는가를 살펴보아야 할 것이다.

II.

그렇다면 그 원인들을 어떻게 찾을 것인가?

자살이 일어날 때마다 작성되는 법정 진술에는 결정적 원인이 되는 여러 가지 동인이 포함되어 있다(가정불화, 육체적 혹은 다른 고통, 자책, 술에 취한 상태 등). 거의 모든 국가에서 작성된 통계 보고서에는 '자살의 추정 동기'라는 제목으로 그런 조사 결과를 담은 도표가 들어 있다. 따라서 우리의 연구를 위해 그 도표들을 활용하는 것과 그 자료들을 비교함으로써 연구를 시작해야 하는 것이 좋을 것이다.

실제로 그런 자료들을 통해 우리는 여러 가지 상이한 자살의 직접적 전제를 밝힐 수 있을 것이다. 그런데 우리가 연구하고 있는 현상을 이해하기 위해, 먼저 그 현상의 가장 가까운 원인을 찾아내고, 그 다음에 필요성이 있다고 느껴지면 일련의 현상 속에서 그 원인들을 확인하는 것은 좋은 방법이 아닐까?

하지만 바그너가 오래 전에 이미 지적한 것처럼, 이른바 자살 동기의 통계라는 것은 실제로는 조사를 담당한 관리가 추정한 의견의 통계이다. 불행히도 공적인 사실 확인이 허점투성이라는 것은 잘 알려져 있다. 성실한 관찰자라면 충분히 파악할 수 있는 명백하고 구체적인 사실에 바탕을 두고 있는 경우에도 그러하며, 심지어는 가치를 평가할 수 없는 경우도 있다. 발생한 사건을 단순히 기록하는 것이 아니라 해설과 설명이 뒤섞인 자료가 의심스럽지 않을 수 있는가! 한 현상의 원인을 정확히 밝히는 작업은 항상 어려운 문제이다. 학자들이 하나의 문제를 해결하는 데도 모든 종류의 관찰과 실험이 필요하다. 그런데 인간의 의지는 모든 현상 가운데 가장 복잡하다. 서둘러 수집한 몇몇 정보에 따라 각각의 특별한 사례의 원인을 판정하려는 즉흥적인 시도는 큰 가치를 갖지 못한다. 자살자가 과거에 좌절할 만한 일을 당했다는 것이 드러나게 되면 조사자들은 더 이상 조사하는 것이 필요 없다고 판단한다. 자살자가 최근에 돈을 잃었거나 가정불화를 겪었거나 술을 좋아했는지에 따라 자살 원인으로 과음이나 가정불화, 사업상 문제가 거론된다. 하지만 그런 의심스러운 자료는 자살을 설명하는 근거가 될 수 없다.

게다가 좀 더 믿을 수 있는 자료라고 하더라도 우리에게는 큰 도움이 되지 못한다. 왜냐하면 정확하건 아니건 간에 그런 자살 동기들이 진정한 원인은 아니기 때문이다. 그런 사실을 증명해 주는 것은, 바로 각 자

[표 17] 자살 동기의 성별 백분율

프랑스[1]	남자		여자	
	1856~1860	1874~1878	1856~1860	1874~1878
빈곤·금전상의 손실	13.3	11.79	5.38	5.77
가정불화	11.68	12.53	12.78	16
애정·질투·방탕·비행	15.48	16.98	13.16	12
심적 고민	23.7	23.43	17.16	20.22
정신질환	25.67	27.09	45.75	41.81
가책·형벌의 두려움	0.84		0.19	
기타 및 불명	9.33	8.18	5.51	4
합계	100	100	100	100

작센[2]	남자		여자	
	1854~1878	1880	1854~1878	1880
신체적 고통	5.64	5.86	7.43	7.98
가정불화	2.39	3.3	3.18	1.72
금전적 손실	9.52	11.28	2.8	4.42
방탕·도박	11.15	10.74	1.59	0.44
가책·형벌의 두려움	10.41	8.51	10.44	6.21
애정 불안	1.79	1.5	3.74	6.2
정신질환·종교적 맹신	27.94	30.27	50.64	54.43
분노	2	3.29	3.04	3.09
삶에 대한 혐오	9.58	6.67	5.37	5.76
불명	19.58	18.58	11.77	9.75
합계	100	100	100	100

살 사건의 추정 원인마다 통계상 비례 건수는 거의 같은 반면, 자살의 절
대 수치는 아주 큰 차이를 보인다는 사실이다. 프랑스에서는 1856년에
서 1878년까지 자살이 40% 증가했고, 작센에서는 1854년에서 1880년까

---

1 LEGOYT, p. 342를 참고했다.
2 OETTINGEN, *Moralstatistik*, tables annexes, p. 110을 참고했다.

지 100%(547명에서 1,171명) 이상 증가했다. 그런데 지금까지도 두 나라에서 각 동기의 범주는 같은 비중으로 유지되고 있다. 그 점을 [표 17]을 통해 확인할 수 있다.

여기서 보고된 숫자들은 개략적인 근사치일 수밖에 없다고 해도, 그리고 그 수치의 미묘한 차이에 큰 의미를 부여할 필요가 없다고 해도, 그 수치들은 여전히 안정세를 보이고 있다는 사실을 알 수 있다. 하지만 자살이 배로 불어났는 데도 추정 동기별 비율이 같다면, 각각의 동기가 자살에 2배의 영향을 미쳤다는 점을 인정해야 한다. 그런데 모든 동기가 동시에 2배나 더 치명적이 되었다는 것은 우연의 일치일 수밖에 없다. 따라서 모든 동기는 보다 보편적인 상황에 종속되며, 크든 작든 모두 그것을 반영한다는 결론에 필연적으로 도달하게 된다. 자살 발생수를 어느 정도 조절하고, 또 자살의 실제 원인이 되는 것은 바로 그런 보편적 상황이다. 따라서 우리는 그런 보편적 상황을 살펴보아야 하며, 개인들의 의식 속에 그런 보편적 상황이 반영된 것을 검토하는 데 시간을 허비할 필요는 없다.

우리가 르고이[3]에게서 가져온 또 다른 통계는 여러 다른 동기에 따른 인과관계 작용의 결과를 잘 보여 준다. 농업과 자유업만큼 서로 다른 두 직업은 없을 것이다. 예술가, 학자, 변호사, 관료, 법관의 생활은 농부의 생활과 전혀 다르다. 따라서 두 직업군에서 자살의 사회적 원인이 같을 수 없다는 사실은 분명해 보인다. 그런데 두 직업군의 사람들이 거의 같은 이유로 자살하는 것으로 나타날 뿐만 아니라, 각 이유별 상대적 중요성도 거의 같은 것으로 나타났다. 아래 표는 1874년에서 1878년까지

3   LEGOYT, *op. cit.*, p. 358.

	농업	자유업
실직·재정적 손실·빈곤	8.15	8.87
가정불화	14.45	13.14
연인과의 이별, 질투	1.48	2.01
중독 및 음주	13.23	6.41
범죄자의 자살	4.09	4.73
신체적 고통	15.91	19.89
정신질환	35.8	34.04
삶에 대한 혐오, 좌절	2.93	4.94
불명	3.96	5.97
합계	100	100

프랑스에서 두 직업군의 사람들이 자살을 하게 된 동기별 비율을 보여
준다.

알코올 중독과 음주를 제외하면, 두 직업군에서 중요한 자살 동기의
수치는 거의 다르지 않다. 그처럼 동기만을 고려한다면, 두 직업군에서
자살의 원인들이 강도는 달라도 같은 성격을 가진 원인들이라고 생각할
수 있을 것이다. 하지만 실제로 농부를 자살하게 만든 원인과 도시인을
자살하게 만든 원인은 아주 다르다. 따라서 다른 사람들이 추정한 자살
이유와 자살자 자신이 제시하고 있는 자살 이유는 대체로 외형적인 원인
에 불과할 뿐이다. 그런 이유들은 일반적인 상황이 개별적인 경우에 반
향을 일으킨 것뿐이며, 일반적인 상황마저 제대로 표현하지 못하고 있
다. 왜냐하면 일반적인 상황이 다른 데도 개인적인 이유는 같은 것으로
여겨지기 때문이다. 그런 자살 이유는 자살 충동을 일으키는 외부 영향
이 가장 쉽게 파고들 수 있는 개인적인 약점을 나타낸 것이라고 말할 수
있을 것이다. 하지만 그런 자살 이유가 외부 영향 자체의 일부는 아니며,
그 결과 외부 영향을 이해하는 데 도움을 줄 수 없다.

따라서 우리는 영국이나 오스트리아와 같은 나라에서 자살 추정 동기의 수집을 포기한 것을 유감스럽게 생각하지 않는다. 통계 작성은 전혀 다른 방향으로 시도되어야 한다. 풀 수 없는 도덕적 궤변을 해결하려 하는 대신에 자살에 따르는 부대상황을 더 주의 깊게 살펴보아야 한다. 어쨌든 불확실하고 그다지 유익하지 않은 자료를 연구에 사용하지 않는 것을 규칙으로 삼아야 한다. 실제로 자살 연구자들이 그런 자료에서 결코 흥미로운 법칙을 성공적으로 도출한 적이 없다. 따라서 우리는 그런 자료들이 특별한 의미를 가지고 있고 또 특별한 보장을 해줄 경우에만 아주 드물게 그것들을 참고할 것이다. 우리는 자살의 직접적인 원인이 특정한 개인에게 어떤 형태로 나타나는가의 문제를 묻는 대신에 그 원인을 직접 판정하도록 노력할 것이다. 그렇게 하기 위해 우리는 자살자의 개인적인 동기와 생각은 제쳐두고, 자살 발생의 차이라는 측면에서 다양한 사회 환경(종교적 신앙, 가족, 정치 집단, 직업군 등) 상태를 직접 조사할 것이다. 그리고 난 연후에야 비로소 우리는 다시 개인적인 문제로 돌아가 보편적 원인들이 자살을 일으키기 위해 어떻게 개인화되는지를 살펴볼 것이다.

제2장
이기적 자살

먼저 여러 종교가 자살에 어떻게 영향을 미치는지를 살펴보도록 하자.

I.

유럽의 자살 분포도를 보면, 스페인, 포르투갈, 이탈리아처럼 가톨릭을 믿는 나라에서는 자살이 별로 증가하지 않는 반면, 프로이센, 작센, 덴마크 같은 개신교 국가에서 자살이 많이 일어나는 것을 곧바로 알 수 있다. 모르셀리가 계산한 다음과 같은 평균치는 그와 같은 첫 번째 결론을 확인해 준다.

인구 100만 명당 평균 자살자 수	
개신교 국가	190명
혼합 종교국(개신교와 가톨릭)	96명
가톨릭 국가	58명
그리스 정교 국가	40명

하지만 그리스 정교를 믿는 나라들에서 자살률이 낮은 것을 순전히 종교의 영향만으로 생각할 수 없다. 그 나라들의 문명은 유럽의 다른 나라의 문명과는 아주 다르며, 낮은 자살률은 문화의 차이에서 기인할 수도 있기 때문이다. 하지만 가톨릭이나 개신교를 믿는 대부분의 사회의 경우에는 상황이 다르다. 물론 그 사회들의 도덕적, 지적 수준이 모두 같은 것은 아니다. 하지만 그 사회들 사이의 유사성이 아주 커서 자살률의 관점에서 나타나는 현저한 대조는 종교의 차이 때문이라고 볼 수 있다.

그렇지만 그와 같은 첫 번째 비교는 너무 개괄적이다. 부인할 수 없는 유사성에도 불구하고 여러 다른 국가의 국민들이 살고 있는 사회 환경은 분명히 다르다. 스페인과 포르투갈의 문화는 독일의 문화에 비해 뒤떨어진다. 따라서 그와 같은 더딘 문화의 발달이 자살의 증가가 느린 이유라고 생각할 수도 있다. 그런 잘못의 원인을 피하면서 가톨릭과 개신교가 자살 경향에 미친 영향을 보다 분명히 확인하려면, 한 사회 내의 두 종교를 비교해 보아야 할 것이다.

독일의 큰 지방들 가운데 바이에른의 자살자 수가 가장 적다. 그곳에서는 1874년 이후 매년 인구 100만 명당 90명의 자살자가 나왔을 뿐이다. 그 반면, 프로이센에서는 133명(1871~1875년), 바덴에서는 156명, 뷔르템베르크에서는 162명, 작센에서는 300명에 달했다. 그런데 바이에른의 가톨릭 신도의 수가 가장 많다. 주민 1,000명당 7,132명이 가톨릭 신도이다. 다른 한편, 바이에른 내의 각 주를 서로 비교하면, 자살자의 수가 개신교 신도의 수와 정비례하며, 가톨릭 신도의 수와 반비례한다는 것을 발견할 수 있다(171면의 표를 참고). 앞서 제시된 법칙을 확인해 주는 것은 단지 상호 간 평균치의 비율만이 아니다. 또한 첫째 칸의 모든 수치가 둘째 칸보다 높고, 둘째 칸의 수치는 셋째 칸보다 모두 높다.

독일 남부지방(1867~1875)					
가톨릭이 소수 (50% 미만)	인구 100만 명당 자살자 수	가톨릭이 다수 (50~90% 미만)	인구 100만 명당 자살자 수	가톨릭이 다수 (90% 이상)	인구 100만 명당 자살자 수
라인강 연안 팔츠	167	하부 프랑켄	157	상부 팔츠	64
중부 프랑켄	207	슈바벤	118	상부 바이에른	114
상부 프란켄	204			하부 바이에른	49
평균	192	평균	135	평균	75

※ 15세 이하의 인구는 제외되었다.

프로이센 지방(1883~1890)							
개신교 (90% 이상)	인구 100만 명당 자살자 수	개신교 (68~89%)	인구 100만 명당 자살자 수	개신교 (40~50%)	인구 100만 명당 자살자 수	개신교 (28~32%)	인구 100만 명당 자살자 수
작센	309.4	하노버	212.3	서프로이센	123.3	포젠	96.4
슐레스비히	312.9	헤세	200.3	슐레지엔	260.2	라인 지역	100.3
포메른	171.5	브란덴부르크, 베를린	296.3	베스트팔렌	107.5	호엔촐레른	90.1
		동프로이센	171.3				
평균	264.6	평균	220	평균	163.6	평균	95.6

(인구 100만 명당)

	프랑스계 주들	독일계 주들	전체 주들
가톨릭	83명 자살	87명 자살	86.7명 자살
혼합			212명 자살
개신교	453명 자살	293명 자살	326.3명 자살

 좀 더 자세히 보면, 비교된 14개 주에서 오직 두 곳만이 약간 불규칙적일 뿐이다. 자살자의 수가 비교적 높은 슐레지엔은 두 번째의 범주에 속해야 하는데 세 번째에 속해 있다. 그 반면에 포메른은 첫째 칸보다 둘째 칸이 더 적절할 것이다. 왜냐하면 그 나라에는 프랑스계와 독일계 주민들이 같이 살고 있으므로, 종교의 영향을 각 민족별로 따로 관찰할 수 있기 때문이다. 그런데 종교의 영향은 두 민족에서 동일하다. 가톨릭 신도

[표 18] 각국의 종교별 인구 100만 명에 대한 자살자 수

	개신교	가톨릭	유대교	연구자
오스트리아(1852~1859)	79.5	51.3	20.7	바그너
프로이센(1849~1855)	159.9	49.6	46.4	바그너
프로이센(1869~1872)	187	69	96	모르셀리
프로이센(1890)	240	100	180	프린칭
바덴(1852~1862)	139	117	87	르로이
바덴(1870~1874)	171	136.7	124	모르셀리
바덴(1878~1888)	242	170	210	프린칭
바이에른(1844~1856)	135.4	49.1	105.9	모르셀리
바이에른(1844~1891)	224	94	193	프린칭
뷔르템베르크(1846~1860)	113.5	77.9	65.6	바그너
뷔르템베르크(1873~1876)	190	120	60	뒤르켐
뷔르템베르크(1881~1890)	170	119	142	뒤르켐

들이 많은 주에서는 민족에 관계없이 개신교 신도들이 많은 주에 비해 자살자의 수가 4.5배나 적은 것으로 나타나고 있다.

따라서 종교의 영향력 다른 무엇보다도 더 크다.

게다가 상당히 많은 경우에 각 종교별로 100만 명당 자살자 수를 직접적으로 확인할 수 있다. [표 18]의 수치는 여러 학자에 의해 관찰된 것이다.

결국 모든 나라에서 예외 없이 다른 종교보다 개신교에서 훨씬 많은 자살자가 나온다.[4] 그 차이는 최소 20~30%부터 최대 300%까지 펼쳐져 있다. 마이르[5]처럼 개신교 신도들이 평균치의 자살자만 내는 노르웨이

---

4 우리는 종교의 영향에 대한 프랑스의 자료를 가지고 있지 않다. 하지만 르루와는 센에마른에 대한 그의 연구에서 다음과 같은 수치를 제시하고 있다. 캉시, 낭테유레모, 마레유 등과 같은 여러 코뮌에서 개신교 신도들은 주민 310명에 1명꼴로 자살을 하며, 가톨릭 신도들은 주민 678명에 1명꼴로 자살한다(op. cit., p.203).

5 Handwoerterbuch der Staatswissenschaften, Supplément, t. l, p. 702.

와 스웨덴 같은 나라의 경우를 들어 만장일치의 사실에 반론을 전개해도 소용없다. 먼저 이 장章의 앞부분에서 지적한 것처럼, 상당히 많은 나라를 대상으로 비교가 이루어지지 않는 한 그런 수치는 큰 의미가 없다. 심지어 많은 나라를 대상으로 이루어지더라도 그런 비교가 결정적인 것은 아니다. 스칸디나비아반도와 중부 유럽에 살고 있는 주민들 사이에는 상당히 큰 차이가 있어 개신교가 두 곳의 주민들에게 정확히 동일한 영향을 미치지 않는다는 주장에도 일리가 있다. 게다가 두 곳의 자살률이 그 자체로는 별로 높지 않다고 해도, 유럽의 다른 민족에 비해 낮은 문화 수준을 고려하면 상대적으로 높은 것으로 보인다. 적어도 그 두 곳의 주민들의 지적 수준이 이탈리아 국민보다 더 높다고 생각할 근거는 없다. 하지만 자살률은 이탈리아보다 2~3배 높다(이탈리아가 100만 명당 40명인 데 비해 90~100명이다). 개신교가 자살률의 상대적인 악화의 원인이 아니라고 할 수 있을까? 결국 그런 사실은 많은 관찰을 근거로 확립된 법칙에 상반되지 않을 뿐 아니라, 오히려 그 법칙을 확인해 주는 경향이 있다.[6]

유대인들에 대해서 보자면, 그들의 자살 경향은 언제나 개신교 신도들보다 낮다. 차이는 그다지 크지 않지만 대체로 가톨릭 신도들의 자살률보다 낮다. 하지만 유대인들과 가톨릭 신도들의 비율이 역전되는 경우도 있다. 특히 최근에 그런 현상이 나타나고 있다. 19세기 중반까지 유대인들은 바이에른을 제외한 모든 나라에서 가톨릭 신도들보다 더 적게 자살했다.[7] 1870년경에야 비로소 유대인들의 자살이 늘어나기 시작했으

---

6 자살률이 낮은 비가톨릭 국가인 영국의 경우는 예외이다. 그 점에 대해서는 뒤에서 설명할 것이다(이 책의 181~182면을 참고하시오).

7 바이에른은 여전히 유일한 예외이다. 거기서는 유대인들이 가톨릭 신도들보다 2배나 높은 자살률을 보이고 있다. 그곳의 유대교 상황이 특별한가? 우리는 그렇다고 단언할 수 없다.

나, 그들의 자살률이 가톨릭 신도들을 크게 웃도는 경우는 극히 드물다. 게다가 유대인들이 다른 종교 집단보다 도시에 집중적으로 모여 있으며, 지적인 직업에 종사한다는 점을 잊어서는 안 된다. 그런 점에서 유대인들은 타종교 신도들에 비해 종교가 아닌 다른 이유로 자살하는 경향이 높은 것이다. 따라서 자살률이 상승하고 있음에도 불구하고 유대인들의 자살률이 낮다면, 같은 조건의 경우에 유대교의 자살률이 가장 낮다고 생각할 수 있다.

그렇게 해서 자살과 종교 사이의 관계가 확증되었다면, 그것을 어떻게 설명할 수 있을까?

II.

유대인들은 모든 곳에서 소수집단을 이루고 있고, 또 앞서 살펴본 가톨릭 신도들도 대부분의 사회에서 소수집단을 이루고 있다는 점을 생각해보면, 그 두 종교 집단에서 비교적 자살자 수가 적은 것을 설명할 수 있는 원인을 그런 점에서 찾으려고 할 수 있다.[8] 주변 사람들의 적대감에 맞서 투쟁하는 소수종교 집단은 스스로를 지키기 위해 엄격한 자기통제를 실시하고 특히 가혹한 규율을 적용하게 된다. 일시적으로 베풀어지는 관용을 정당화하기 위해 그 소수종교 집단은 더 높은 도덕성을 보여야한다. 그런 점 외에도 그와 같은 특별한 요인이 실제로 영향력을 행사하고 있다는 사실을 보여 주는 몇몇 사례가 있다. 프로이센에서 가톨릭 신

---

8   LEGOYT, *op. cit.*, p. 205; OETTINGEN, *Moralstatistik*, p. 654.

도들은 소수집단을 이루고 있다는 사실은 잘 알려져 있다. 왜냐하면 그들의 수는 전체 인구의 1/3에 불과하기 때문이다. 그런데 그들 가운데 자살을 한 자는 개신교 신도들의 1/3에 해당한다. 가톨릭 신도가 전체 주민의 2/3를 차지하는 바이에른에서는 그 차이가 줄어든다. 그곳에서 가톨릭과 개신교의 자살 비율은 시기에 따라 각각 100:275 혹은 100:238이다. 끝으로 국민 거의 전부가 가톨릭 신도인 오스트리아에서는 가톨릭과 개신교의 자살률이 불과 100:155에 불과하다. 따라서 개신교가 소수집단인 지방에서는 자살률이 감소하는 것처럼 보일 수도 있다.

하지만 먼저 자살은 비난의 대상이 되기에는 너무 약한 행동이며, 그런 만큼 자살에 대해 별로 강한 비난이 가해지지 않는다. 심지어 여론에 특별히 신경을 써야 하는 상황에 있는 소수집단에게도 그러하다. 자살은 다른 사람에게 피해를 주는 행위가 아니기 때문에, 다른 집단보다 자살 경향이 큰 집단을 굳이 비난하지는 않는다. 범죄나 비행을 저지른 집단이 고립되는 것과 같은 상황이 자살에는 일어나지 않을 수도 있다. 게다가 소수종교에 대한 불관용이 크면 종종 역효과가 발생하기도 한다. 종교에 대한 불관용은 소수종교인들로 하여금 여론을 존중하는 대신 오히려 외면하게 만든다. 어떤 사람이 치유할 수 없는 적개심의 대상이란 것을 느끼게 될 때, 그는 타협을 포기하고 오히려 가장 배척당하는 종교 의식에 더 고집스럽게 매달리게 될 것이다. 그런 현상이 유대인들에게서 자주 나타나며, 따라서 그들의 낮은 자살률은 어쩌면 다른 원인을 가지고 있을 수도 있다.

하지만 어쨌든 그런 설명은 개신교와 가톨릭의 상황을 설명하는 데 충분하지 않다. 왜냐하면 가톨릭이 다수집단인 오스트리아와 바이에른에서는 자살에 대한 가톨릭의 보호적인 영향이 작지만, 자살률은 상당히 낮기 때문이다. 따라서 가톨릭 신도들의 낮은 자살률은 단순히 그들이 소수집단에 속하기 때문이라고 할 수는 없다. 보다 더 일반적으로, 주민 전체에서 두 종교를 믿는 신도들의 비율이 어떠하든 간에, 자살이란 관점에서 비교하게 되면 개신교 신도들이 가톨릭 신도들보다 더 많이 자살한다고 단언할 수 있다. 거의 모든 주민이 가톨릭인 팔츠 북부(92%)나 바이에른 북부(96%)와 같은 곳에서도 가톨릭 신도인 자살자가 100명인 데 비해 개신교 신도는 각각 300명, 423명이다. 개신교 신도가 100명에 1명 꼴도 안 되는 바이에른 남부에서는 그 비율이 528%까지 올라간다. 따라서 소수집단에게 강요되는 신중함이 두 종교의 큰 자살률 차이의 일부 원인이 될 수 있다고 해도, 가장 큰 비중을 차지하고 있는 다른 원인이 있는 것이 분명하다.

우리는 그런 원인들을 두 종교 체계의 본질에서 찾아보고자 한다. 그렇지만 먼저 두 종교는 모두 자살을 분명하게 금지하고 있다. 또한 두 종교 모두 자살을 매우 엄격하게 도덕적으로 제재할 뿐만 아니라, 사후에 새로운 삶이 시작되거나 사후 세계에서 생전에 저지른 악행은 처벌받는다고 가르친다. 두 종교 공히 자살을 그런 악행에 포함시키고 있다. 끝으로 두 종교 모두에서 그런 금기는 신적인 특징을 가지고 있다. 그런 금기는 올바른 이성의 논리적인 결론으로서가 아니라 신의 권위에 근거한 것으로 제시되고 있다. 따라서 개신교 신도들이 자살의 증가에 덜 민감하다면, 그것은 그들이 자살을 가톨릭 신도들과 다르게 여기고 있기 때문이 아니다. 그 결과, 만일 두 종교가 자살이란 특별한 행위에 대해 같은 인식을 보인다면, 자살에 미치는 두 종교의 상이한 영향은 두 종교를 차별화하는 보다 일반적인 특성에서 기인하는 것이 틀림없다.

그런데 가톨릭과 개신교의 유일한 근본적 차이는, 개신교가 가톨릭보다 자유로운 탐구를 더 많이 허용한다는 것이다. 물론 가톨릭은 그리스 로마의 다신교나 유대일신교보다 사상과 성찰에 훨씬 더 큰 비중을 부여한다는 점에서 관념론적인 종교이다. 가톨릭은 형식적인 의식에 그치지 않고 양심의 통제를 추구한다. 따라서 가톨릭은 양심에 호소하며, 이성에 맹목적인 복종을 요구하며, 그 경우에도 이성적인 언어를 사용한다. 그럼에도 가톨릭 신도가 기성 교리를 성찰 없이 받아들인다는 것은 사실이다. 그는 자신의 믿음에 대한 역사적인 고찰을 하지는 않을 것이다. 왜냐하면 신도들이 의지하는 기본적인 원전이 그에게는 금지되어 있기 때문이다. 교회의 권위를 보여 주는 전체 위계질서가 아주 정교하게 구성되어 전통을 불변의 가치로 만든다. 가톨릭 사상에 있어 모든 '변화'는 금기이다. 하지만 개신교 신도는 훨씬 더 자기 신앙의 주체가 된다. 『성경』이 그의 손에 놓여 있을 뿐, 어떤 해석도 그에게 강요되지 않는다. 개신교의 구조 자체가 종교적 개인주의를 두드러지게 한다. 영국을 제외하고 그 어떤 곳에서도 개신교 성직자의 계급이 없다. 성직자는 일반 신도들처럼 자신의 양심 이외의 다른 신앙적 근원을 갖지 않는다. 그는 일반 신도들보다 더 많은 가르침을 받은 안내자이지만, 그에게 교리를 규정할 특별한 권한은 없다. 하지만 종교개혁의 창시자들에 의해 선언된 탐구의 자유가 관념적인 주장에 그친 것이 아님을 보여 주는 가장 확실한 증거는, 개신교에서는 가톨릭 교회의 통일성과는 완전히 대조적으로 수많은 분파가 생겨나고 있다는 점이다.

그렇게 해서 우리는 첫 번째 결론에 도달하게 된다. 개신교의 자살 경향은 그 종교에 활력을 불어넣고 있는 자유로운 탐구 정신과 관련이 있다는 결론이 그것이다. 그 관계를 잘 이해해 보도록 하자. 자유로운 탐구 그 자체는 다른 원인의 효과에 불과할 뿐이다. 자유로운 탐구가 나타났을 때, 오랫동안 전통에서 비롯된 기성 신앙을 받아들였던 사람들이 스스로 신앙을 규정할 수 있는 권리를 주장하게 되었을 때, 그것은 자유로운 탐구에 내재되어 있는 매력 때문은 아니었다. 왜냐하면 자유로운 탐구에는 행복만큼이나 슬픔이 뒤따랐기 때문이다. 하지만 사람들은 그런 자유를 원했다. 그런데 자유를 필요로 했던 이유는 단 하나뿐이었다. 전통적인 신앙의 붕괴가 그것이다. 만일 전통적인 신앙이 같은 힘으로 강요되었다면, 사람들이 그 신앙을 비판할 생각조차 할 수 없었을 것이다. 만약 전통적인 신앙이 전과 같은 권위를 가지고 있었다면, 사람들이 감히 그 권위의 원천을 확인해 줄 것을 요구하지도 못했을 것이다.

반성은 그것을 피할 수 없을 때에만 나타난다. 그러니까 몇몇 이념과 반성되지 않은 감정이 어느 시점까지 신앙이라는 행위를 잘 인도해 오다가 그 효능을 상실했을 때 반성이 나타나는 것이다. 그때 반성은 균열을 메우기 위해 개입한다. 반성은 균열을 만들지 않는다. 반성은 생각과 행동이 자동적인 관습이 되면서 사라지는 것과 마찬가지로, 반성은 관습이 혼란해지게 되면 다시 나타나게 된다. 반성은, 여론이 같은 힘을 더 이상 가지지 못할 때, 즉 여론이 전과 같은 호소력을 갖지 못하게 될 때에만 그 출현의 권리를 내세울 뿐이다. 따라서 만일 그런 반성의 요구가 어떤 시기에 일어나거나 일시적인 위기로만 발생하는 것이 아니라면, 만일 그 요구가 지속된다면, 만일 개인의 양심이 자율성을 계속 확인하려고 한다면, 그것은 반성과 양심의 끊임없는 충돌의 영향을 받기 때문이며, 또한 이미 폐기된 낡은 주장을 대체할 새로운 주장이 아직 형성되지 않았기 때문이다. 만일 새로운 신앙의 체계가 옛것처럼 모든 사람들에게 반론의 여지가 없는 것으로 재구성된다면, 그것에 대해 더 이상 토론하려 하지 않을 것이다. 심지어는 그것을 토론에 부치는 것 자체가 허용되지도 않을 것이다. 왜냐하면 사회 전체가 공유하는 이념은 그런 합의로부터 권위를 획득하게 되고, 그 권위는 그런 이념을 신성한 것으로 만들어 모든 이견 위에 위치시킬 것이기 때문이다. 그런 이념이 더 관용적이 되려면, 그것은 이미 대중적인 지지를 덜 받고 덜 완전해야 하며, 또 이미 논쟁 때문에 약화된 상태에 있어야 한다.

따라서 만일 일단 자유로운 탐구가 선포되고 난 뒤에 많은 분파가 생겨나는 것이 사실이라면, 그 자유로운 탐구는 분파를 전제하고, 또 그로부터 파생된다는 사실을 덧붙여야 할 것이다. 왜냐하면 자유로운 탐구는 잠재되어 있거나 아니면 반쯤 형성된 분파들이 보다 자유롭게 발전하도록 하기 위해서는 하나의 원칙으로 선포되고 정립될 뿐이기 때문이다. 따라서 개신교가 가톨릭보다 개인에게 더 많은 사상의 자유를 준다면, 그것은 개신교에 공통된 신앙과 의식의 수효가 더 적기 때문이다. 그런데 종교 집단은 집단적 '신념' 없이는 존재할 수 없으며, 그 '신념'이 광범위할수록 그 집단은 더욱 하나로 통일되고 더 강해진다. 왜냐하면 종교적 신조는 봉사의 상호 교환이라든가 서로의 차이를 가정하고 포함하는 일시적인 유대를 가지고 사람들을 통합하는 것이 아니기 때문이다. 종교적 신조만으로는 사람들을 통합시키기에는 약하다. 종교적 신념은 그들을 모두 하나의 동일한 교리 체계에 묶음으로써만 집단화시킬 수 있으며, 또한 그들을 그 교리 체계의 폭과 확실성이 더 크고 견고할수록 더 단단하게 집단화시킬 수 있다. 종교적 성격의 행동방식과 사고방식의 양태가 다양할수록, 즉 자유로운 탐구에서 멀어질수록, 신神의 관념이 존재의 모든 측면에서 보다 더 분명하게 나타나며, 또한 개인의 의지들을 하나의 동일한 목표로 더 잘 집중시키게 된다. 그와 반대로 종교 집단이 개인의 판단을 허용하면 할수록, 그 집단은 그들의 삶에서 지배력을 잃게 되며, 또한 그 결속력과 지속력이 더 약화된다. 그렇게 해서 우리는 다음과 같은 결론에 도달하게 된다. 자살의 관점에서 개신교가 높은 비율을 보이는 것은 개신교 교회의 통합력이 가톨릭 교회보다 약하기 때문이라는 결론이 그것이다.

그와 같은 결론을 통해 유대교의 상황도 설명할 수 있다. 실제로 오랜 세월 동안 기독교의 비난에 시달린 유대인들 사이에는 특별한 단결심이 나타나게 되었다. 그들은 널리 퍼진 적대감에 대항할 필요성을 느끼게 되고, 다른 주민들과의 자유로운 소통이 불가능하게 되자 그들 자신의 결속을 강화할 수밖에 없었다. 그렇게 해서 유대 공동체는 아주 강한 자의식과 결속력을 가진 작지만 치밀하고 응집력 있는 사회가 되었다. 그 사회에서는 모든 유대인이 비슷하게 생각하고 생활했다. 개인의 일탈은 생존을 위한 공동체 생활과 서로에 대한 계속되는 감시로 거의 불가능했다. 그렇게 해서 유대 교회는 다른 어느 교회보다 강하게 결속되었다. 유대 교회는 종교적 불관용의 대상이었기 때문에 그 자체에 의존할 수밖에 없었다. 그 결과 앞서 개신교에 대해 관찰한 결과로 유추해 보면, 자살로 기울 수 있는 여러 상황에도 불구하고 유대인의 자살 경향이 낮은 이유는 바로 그런 원인에 있는 것이 아닌가 한다. 어떤 의미에서는 유대인들의 낮은 자살률은 주변 사람들의 적대감 때문으로 돌릴 수 있다는 것은 분명하다. 하지만 그들의 자살률을 낮춰주는 영향이 나타났다면, 그것은 그 적대감이 그들에게 높은 도덕성을 부여해 주었기 때문이 아니라 오히려 그로 인해 그들이 더욱 단결해서 살 수밖에 없었기 때문이다. 그들이 속해 있는 종교 공동체의 강력한 일체감 덕택에 그들이 자살에 대한 면역성을 가지게 된 것이다. 게다가 그들을 강타한 배척은 그런 결과를 낳은 여러 원인들 중 하나에 불과할 뿐이다. 유대교 신앙 자체가 그런 결과를 낳는 데 가장 큰 기여를 했음이 분명하다. 실제로 유대교는 기본적으로 다른 모든 초기 종교와 마찬가지로 항상 생활의 세부사항까지 조정하는 의식들로 이루어져 있으며, 거기에는 개인적 판단이 개입할 여지가 거의 없다.

III.

몇몇 사실이 그런 설명을 뒷받침해 준다.

첫째, 모든 개신교 국가 중에서 영국은 자살자의 수가 가장 적은 나라이다. 실제로 영국에서는 자살자의 수가 100만 명의 주민들 중 약 80명뿐인 반면, 독일의 개신교 사회에서는 140명에서 400명에 달한다. 그렇다고 해서 영국이 다른 나라들보다 지적 활동이나 상업이 덜 활발한 것은 아니다.[9] 그런데 영국의 성공회는 다른 개신교 교회들보다 훨씬 강하게 통합되어 있다. 실제로 영국은 개인의 자유를 가장 중요하게 생각하는 나라로 여겨진다. 하지만 몇몇 사례를 통해 보면 현실적으로 자유로운 탐구를 막는 공동의 의무적 신앙과 의식이 독일보다 영국에서 훨씬 많다는 것을 알 수 있다. 우선, 영국에서는 여전히 많은 종교적 의무사항이 법으로 규정되고 있다. 가령, 일요일을 지키게 하는 법, 『성경』의 등장인물을 무대에 올리는 것을 금지한 법, 최근까지도 모든 정치적 대의기관의 구성원에게 신앙 고백을 요구했던 법 등이 그 좋은 예이다. 그 다음

---

9   영국의 자살 통계가 정확하지 못하다는 것은 사실이다. 자살과 관련된 형벌 때문에 많은 사례들이 사고로 보고된다. 따라서 통계의 부정확성으로 영국과 독일의 큰 자살률 차이를 설명하는 데 어려움이 있다.

으로, 영국에서 전통에 대한 존경심이 어느 정도 일반적이고 강력한지는 잘 알려져 있다. 그것은 다른 분야와 마찬가지로 종교에도 해당될 것이다. 그런데 고도로 발달한 전통주의는 항상 개인의 활동을 배제한다. 끝으로 모든 개신교 성직자들 가운데 성공회의 성직자들만이 유일하게 위계질서화되어 있다. 그와 같은 조직을 통해 개신교가 표방하는 종교적 개인주의와 상반되는 내적 통일성이 분명하게 드러난다.

게다가 영국에는 또한 그 어느 개신교 국가보다 많은 성직자가 있다. 1876년 영국에서는 성직자 한 명이 평균 908명의 신도들을 맡은 데 비해, 헝가리에서는 932명, 네덜란드 1,100명, 덴마크 1,300명, 스위스 1,440명, 독일 1,600명이었다.[10] 그런데 성직자의 수는 무의미한 세부사항이나 피상적 특징이 아니라 종교의 내재적 본질과 무관하지 않다. 그 증거는 어디서나 가톨릭 성직자가 개신교 성직자보다 많다는 것이다. 이탈리아에서는 신부 한 명당 가톨릭 신도가 267명, 스페인에서는 419명, 포르투갈에서는 536명, 스위스에서는 540명, 프랑스에서는 823명, 벨기에에서는 1,050명이다. 영국의 개신교 성직자의 수가 많은 것은, 성직자가 신앙 및 전통을 담당하는 실제적 기관이며, 어디서나 그 기관은 필연적으로 그 기능에 비례해 발전하기 때문이다. 신앙생활이 깊으면 깊을수록 그것을 지도할 사람이 그만큼 더 많이 필요하다. 개인의 양심으로 해석해서는 안 되는 교리와 계율이 많을수록, 그 뜻을 설명해 줄 수 있는 권위자가 더 많이 필요하다. 게다가 설명해 줄 권위자들이 많으면 많을수록, 그들은 더욱 더 신도들을 밀접하게 둘러싸고 개인행동을 더 억제할 수 있게 된다. 그렇게 해서 영국의 경우는 우리의 이론에 어긋나기는

10   OETTINGEN, *op. cit.*, p. 626.

커녕 그것을 확증해 준다. 개신교가 영국에서 유럽 대륙에서와 같은 결과를 낳지 않는다면, 그것은 영국의 종교 사회가 가톨릭 교회와 비슷할 정도로 강하게 조직되어 있기 때문이다.

하지만 여기에 우리의 이론을 더욱더 확증해 줄 보다 보편적인 증거가 있다. 자유로운 탐구에 대한 취향은 배움에 대한 취향 없이는 나타날 수 없다. 실제로 지식은 자유로운 사상의 목적을 달성할 수 있는 유일한 수단이다. 비합리적인 신앙과 의식儀式이 권위를 잃을 때 다른 신앙과 의식을 찾기 위해서는 계몽 의식에 호소할 수밖에 없다. 그런데 지식은 계몽 의식의 최고 형태이다. 결국, 그 두 가지 경향은 하나를 이룰 뿐이고, 같은 원인에서 기인한다. 사람들은 일반적으로 전통의 멍에에서 벗어남에 따라 자기계발을 갈망하게 된다. 왜냐하면 전통이 지성을 지배하고 있는 한, 전통은 자족적이며 경쟁적인 힘을 쉽게 용납하지 않기 때문이다. 하지만 역으로 관습이 모호해져 새로운 필요에 부응하지 못할 때 사람들은 빛을 찾게 된다. 그런 이유로 종교가 지배력을 상실하자마자, 그리고 바로 그 순간에만 지식의 최고 종합적 형태인 철학이 가장 먼저 등장하게 된다. 철학은 종교가 호소력을 잃은 후에야 비로소 등장한다. 그리고 나서 철학을 낳은 지식의 필요성이 커짐에 따라 점차 여러 분과의 개별 학문들이 생겨나게 되었다. 따라서 만일 우리가 틀리지 않았다면, 즉 집단적이고 관습적인 편견이 점점 약해지면서 자살 경향이 나타났다면, 만일 그로부터 개신교가 자살에 취약한 경향이 기인했다면, 우리는 다음 두 가지 사실을 밝혀야 한다. 1. 가톨릭 신도들보다 개신교 신도들의 배움의 욕망이 강해야 한다. 2. 배움의 욕망이 공통된 신념을 약화시킨다면, 그것은 일반적으로 자살률과 같이 변동해야 한다. 과연 두 가설은 사실일까?

가톨릭 국가인 프랑스와 독일의 개신교 상류층, 다시 말해 두 나라의 최고 계층만을 보면 프랑스가 독일에 비해 뒤지지 않는다. 프랑스의 대도시에서는 독일에 비해 조금도 뒤지지 않는 학문이 존중되고 보급되어 있다. 그런 관점에서 보면 프랑스는 몇몇 개신교 국가들을 앞지른다. 하지만 배움에 대한 욕망이 두 나라의 상류층에서는 같은 수준이라 해도 하류층에서는 그렇지 못하다. 두 나라의 '최고' 수준에서는 배움에 대한 욕망이 거의 비슷하지만 평균적으로는 프랑스가 낮다. 가톨릭 국가와 개신교 국가를 전체적으로 비교해도 같은 지적을 할 수 있다. 가톨릭 국가와 개신교 국가의 최고 문화 수준은 비슷하지만, 대중의 교육 수준에서는 상황이 전혀 다르다. 개신교 국민들(작센, 노르웨이, 스웨덴, 바덴, 덴마크, 프로이센)은 1877년에서 1878년까지 취학 연령(6~12세) 아동 1,000명 중 평균 957명을 취학시킨 반면, 가톨릭 국가들(프랑스, 오스트리아, 헝가리, 스페인, 이탈리아)은 겨우 667명을 취학시켜 31% 정도 뒤진다. 그런 비율은 1860~1861년과 1874~1875년 사이에도 마찬가지였다.[11] 개신교 국가들 중 가장 취학률이 낮은 프로이센은 가톨릭 국가들 중 취학률이 가장 높은 프랑스보다도 취학률이 훨씬 높다. 프로이센은 1,000명 중 897명의 아동을 취학시키는 데 비해, 프랑스는 겨우 766명을 취학시켰다.[12] 독일 전체에서는 바이에른이 가톨릭 신도가 가장 많고, 또 문맹자도 가장 많은 지역이다. 바이에른의 모든 지방 가운데 북부 팔츠 주에 가톨릭 신도들이 가장 많으며, 그곳에서 입대한 병사들 중에 문맹자가 제일 많았다(1871년에 15%). 프로이센에서는 포젠 공국과 프로이센 주의 경우가 거기

---

11 *Ibid.*, p. 586.
12 바이에른의 취학률이 프로이센보다 더 높았던 시기(1877~1878년)가 있었다. 하지만 딱 한 번뿐이었다.

에 해당한다.[13] 끝으로 전체 왕국을 통틀어서는 1871년에 개신교인 1,000명 중에 66명이 문맹이고, 가톨릭 신도 1,000명 중 152명이 문맹이었다. 그리고 두 종교를 믿는 여성들의 경우도 그 비율은 같았다.[14]

어쩌면 초등교육만으로 전체적인 교육 수준을 측정할 수 없다고 반박할 수도 있다. 국민의 교육 수준은 흔히 말하는 것처럼 문맹자의 수가 많고 적음에 따라 결정되는 것이 아니다. 일단 그런 유보를 인정해 보자. 설사 여러 교육 단계는 겉으로 보이는 것보다 더 밀접한 상호 연관이 있으며, 다른 단계와 동시에 발전하지 않고 어느 한 단계만 발전할 수 없다고 하더라도 말이다.[15] 어쨌든 초등교육의 수준이 한 사회의 학문 수준을 불완전하게 반영한다 해도, 국민 전체가 어느 정도 지식 욕구를 가지고 있는지를 비교적 정확하게 보여 줄 수 있을 것이다. 낮은 계층에 속한 사람도 더 배우고자 하는 욕구를 느끼는 것은 분명하다. 따라서 모든 사람이 배울 수 있는 수단을 마련해 주고, 나아가 합법적으로 문맹을 퇴치하기 위해서 국가가 국민들의 의식을 일깨우고 넓히는 것이 반드시 필요하다. 실제로 개신교 국가에서 초등교육에 큰 중요성을 부여했다면, 그것은 각 개인이 『성경』를 이해하는 데 필요하다고 판단했기 때문이다. 그런데 우리가 지금 목표로 하는 것은 그와 같은 교육 욕구의 평균적 강도, 즉 국민 각자가 학문에 부여하는 가치이지 학자들의 수준과 성과의 가치가 아니다. 그런 특별한 관점에서 볼 때, 고등교육과 학문적 성과의 정도는 좋은 기준이 될 수 없을 것이다. 왜냐하면 그것은 사회의 한정된 분야

---

13 *Ibid.*, p. 582.

14 MORSELLI, *op. cit.*, p. 223.

15 게다가 우리는 뒤에서(190~191면) 중등 및 고등교육도 가톨릭 국가보다는 개신교 국가에서 더 발달했음을 보게 될 것이다.

에서 일어나는 것만을 드러내 보이기 때문이다. 그보다는 대중적이고 일반적인 교육이 더 정확한 지표가 된다.

그렇게 해서 우리의 첫 번째 명제가 입증되었다. 이제 두 번째 명제를 증명하는 일이 남아 있다. 공통된 신앙의 약화에 따르는 지식욕의 증가가 자살의 증가를 가져오는 것은 사실인가? 개신교 신도들이 가톨릭 신도들보다 교육을 더 받았고 자살자도 더 많다는 것이 우리의 첫 번째 추정이었다. 하지만 법칙은 한 종교와 다른 종교의 비교뿐만 아니라 각 종교 내부의 관찰을 통해서도 검증되어야 한다.

이탈리아는 전적으로 가톨릭 국가이다. 그런데 그 나라에서 대중의 교육과 자살은 정확히 동일한 분포를 보이고 있다[표 19].

평균치들이 정확히 일치할 뿐만 아니라 또한 세부사항도 일치한다. 단 하나의 예외는 에밀리아 주이다. 그곳에서는 지역적 원인 때문에 자살률과 교육의 정도 사이에 아무런 관계가 없다. 프랑스에서도 비슷한 관찰을 할 수 있다. 프랑스에서 부부의 문맹률이 가장 높은(20% 이상) 군은 코레즈, 코르시카, 코트뒤노르드, 도르도뉴, 피니스테르, 랑드, 모르비앙, 오트비엔 등이다. 그런데 그곳 주민들 모두 낮은 자살률을 보이고 있다. 더 넓게 보면 문맹 부부가 10% 이상인 군 가운데 프랑스 자살의 본보기라고 할 수 있는 동북부 지역의 군은 한 곳도 없다.[16]

개신교 국가들끼리 비교를 해보면, 그와 똑같은 현상을 발견하게 된다. 자살은 프로이센보다 작센에서 더 많이 발생한다. 문맹자는 작센보다 프로이센에 더 많다(1865년, 1.3%:5.52%). 작센은 취학 인구수가 법정 기준 이상이라는 점에서도 독특하다. 1877~1878년에 취학 적령아

---

16 *Annuaire statistique de la France*, 1892~1894, p. 50, 51을 참고하시오.

[표 19]¹⁷ 이탈리아 주별 자살과 교육의 비교

주		부부가 모두 문해력이 있는 결혼의 비율 (1872~1878)	인구 100만 명당 자살자 수 (1864~1876)
제1집단	피에몬테	53.09	35.6
	롬바르디아	44.29	40.4
	리구리아	41.15	47.3
	로마	32.61	41.7
	토스카나	24.33	40.6
	평균	39.09	41.1
제2집단	베네치아	19.56	32
	에밀리아	19.31	62.9
	움브리아	15.46	30.7
	마르케	14.46	34.6
	캄파니아	12.45	21.6
	사르데냐	10.14	13.3
	평균	15.23	32.5
제3집단	시칠리아	8.98	18.5
	아브루치	6.35	15.7
	풀리아	6.81	16.3
	칼라브리아	4.67	8.1
	바실리카타	4.35	15
	평균	6.23	14.7

1,000명 중 1,031명이 학교를 다녔다. 다시 말해 많은 아이들이 법정 기간 이상으로 학업을 계속한 것이다. 다른 나라에서는 그런 현상을 찾아볼 수가 없다.¹⁸ 끝으로 영국을 보자. 주지하다시피 모든 개신교 국가들 중 영국은 자살자의 수가 가장 적은 나라이다. 그런데 영국은 교육에 있어서도 가톨릭 국가와 가장 비슷하다. 1865년에 해군 병사들의 23%가

---

17 문맹이 아닌 남편들의 수는 OETTINGEN, *op. cit.*, annexes, tableau 85에서 빌려 온 것이다. 그 수치는 1872~1878년, 자살은 1864~1876년에 해당하는 것이다.
18 OETTINGEN, *op. cit.*, p. 586.

글을 읽을 줄 모르고, 27%가 글을 쓸 줄 몰랐다.

위의 사례를 다른 사례들과 비교하면 더 많은 확증을 얻을 수 있을 것이다.

자유전문직과 넓은 의미의 부유층은 분명 가장 활발한 지적 취향을 가지고 있으며, 또한 가장 적극적인 지적 생활을 영위한다. 그런데 직업별, 계층별 자살 통계가 충분히 정확하게 작성될 수 없다고 하지만, 그래도 자살이 그 사회의 최상류층에서 가장 빈번하게 일어난다는 사실은 부인할 수 없다. 1826년에서 1880년까지 프랑스에서는 자유전문직의 자살률이 100만 명당 559명이었다. 그 반면에 그 뒤를 이은 하류층에서는 290명에 불과했다.[19]

이탈리아에서는 모르셀리가 학자들의 자살률을 계산했다. 그에 따르면 학자들의 자살률은 다른 직업에 종사하는 사람들보다 훨씬 높다. 실제로 1868~1876년에 그가 계산한 자살률은 100만 명의 학자들 가운데 482.6명에 해당한다. 그 다음 순위를 차지한 군인들은 100만 명당 404.1명 정도이다. 이탈리아 전체의 평균 자살률은 100만 명당 32명에 불과하다. 프로이센(1883~1890년)에서는 가장 엄격하게 선발되는 지적 엘리트인 공무원 집단이 100만 명당 832명으로 가장 높은 자살률을 보인다. 그 다음이 의료 분야에 종사하는 자들과 교사들이며, 공무원들보다는 훨씬 낮지만 상당히 높은 비율이다(각각 439명과 301명). 바이에른에서도 상황이 마찬가지다. 군인들을 제외한다면(자살의 관점에서 보면 군인들이 처한 상황은 예외적인데, 그 이유는 뒤에서 설명할 것이다), 공무원들이 454명의 비율로 2위를 차지하고 있는데, 465명의 비율로 1위인 상업 종사자들과 근소한

19 형사재판 행정보고서, 1882, p. CXV.

차이밖에 없다. 예술가, 문인, 언론인들이 416명으로 근소한 차이를 보인다.[20] 벨기에와 뷔르템부르크에서는 실제로 교육받은 계층은 매우 낮은 자살률을 보이는 듯하다. 하지만 그 두 나라의 전문직 명칭이 너무 부정확해서 각국의 예외적인 경우에 큰 중요성을 부여할 수는 없다.

그 다음으로, 우리는 세계의 어느 나라에서든 여성 자살자가 남성 자살자보다 적다는 것을 보았다. 그런데 여성들은 대체로 남성들보다 교육 수준이 낮다. 또한 본질적으로 전통주의자들인 여성들은 고정관념에 따라 행동하고 지적인 욕구를 크게 느끼지 않는다. 1878~1879년에 이탈리아에서는 1만 명의 기혼 남성들 중 4,808명이 결혼계약서에 서명할 수 없었으며, 1만 명의 기혼 여성들 중 7,029명이 서명할 수 없었다.[21] 1879년에 프랑스의 1,000쌍의 부부 중 서명할 줄 모르는 남성이 199명이었으며, 여성은 310명이었다. 프로이센에서는 개신교 신도들이나 가톨릭 신도들이나 모두 같은 남녀 차이를 볼 수 있다.[22] 영국에서는 다른 유럽 국가들에 비해 그 차이가 작은 편이다. 1879년에 1,000쌍의 부부 중 문맹 남성은 138명, 여성은 185명으로, 1851년 이후에 그 비율이 거의 같다.[23] 하지만 영국은 여성의 자살 수가 남성 자살 수와 거의 맞먹는 나라이다. 1,000명의 여성 자살자 수 기준으로 1858~1860년에 남성은 2,546명, 1863~1867년에는 2,745명, 1872~1876년 사이에는 2,861명이 자살했다. 그에 비해 다른 모든 나라에서는[24] 여성 자살률이 남성 자살률의 1/4,

20 PRINZING, *op. cit.*, pp. 28~31. 프로이센에서 예술가와 언론인들이 보통의 자살률(279명)밖에 보이지 않는 것은 기이하다.
21 OETTINGEN, *op. cit.*, annexes, tableau 83.
22 MORSELLI, p. 223.
23 OETTINGEN, *op. cit.*, p. 577.
24 스페인은 예외이다. 하지만 스페인의 통계가 정확한 것인지에 대한 의심 말고도 그 나라는 중부 및

1/5, 1/6에 불과하다. 끝으로 미국에서는 상황이 거의 정반대이다. 흑인 여성의 교육 정도는 남편의 그것과 같거나 더 높은 것으로 보인다. 그런데 몇몇 관찰자들의 보고에 다르면, 흑인 여성의 자살률이 높을 뿐만 아니라 때로는 백인 여성의 자살률보다 높은 것으로 나타났다.[25] 어떤 지방에서는 그 차이가 350%가 된다고 한다.

그렇지만 우리의 법칙으로 입증할 수 없는 한 가지 경우가 있다.

모든 종교 가운데 유대교는 가장 낮은 자살률을 보인다. 하지만 교육열은 아주 높다. 유대인들은 초등교육에 있어서도 이미 개신교 신도들에 못지않은 수준을 유지하고 있다. 실제로 프로이센에서는(1871년) 유대인 남녀 각 1,000명 중 문맹자는 남성 66명, 여성 125명이었다. 개신교 신도들은 각각 66명과 114명으로 거의 비슷하다. 하지만 유대인들은 다른 종교의 신도들보다 중등교육과 고등교육의 이수 비율에서 특히 높은 수치를 보여 주었다. 다음은 프로이센의 통계(1815~1876년)에서 빌려 온 수치이다.[26]

	가톨릭	개신교	유대교
주민 100명당 종교 비율	33.8	64.9	1.3
중학생 100명당 종교 비율	17.3	73.1	9.6

인구의 차이를 고려한다면, 유대인들은 가톨릭 신도들보다 14배, 개신

북부 유럽의 큰 나라들과 비교될 수 없다.
25 BALY et BOUDIN. MORSELLI, p. 225를 참고했다.
26 Alwin PETERSILIE, "Zur Statistik der höheren Lehranstalten in Preussen", in *Zeitschr. d. preus. stat. Bureau*, 1877, p.109 et suiv.

교 신도들보다 7배의 자녀를 김나지움(인문계 중등학교), 레알슐레(실업계 중등학교) 등에 보내고 있다. 고등교육에서도 상황은 같다. 여러 종류의 중학교에 다니는 가톨릭 청소년 1,000명 중 대학에 진학하는 수는 단지 13명이다. 개신교 청소년은 1,000명 중 2.5명이다. 그 반면에 유대인 청소년은 16명이다.[27]

하지만 유대인들이 높은 교육열을 보이면서도 자살률이 아주 낮은 것은, 그들이 지식에 대해 갖는 호기심에 수반되는 특별한 이유 때문이다. 종교적 소수집단이 주변의 증오에 맞서 자기 집단을 확실하게 보호하거나 경쟁에서 승리하기 위해서는 주류집단을 지식으로 압도하려 하는 것이 일반적 법칙이다. 그렇게 해서 개신교 신도들도 소수집단이 되었을 때 학문에 대한 더 큰 욕망을 갖게 된다.[28] 따라서 유대인들이 배우고자 하는 것은 반성적 사고를 통해 집단적 편견을 대체하고자 하는 것이 아니라, 단지 투쟁에서 이길 목적으로 더 잘 무장하기 위해서이다. 그들에게서 배움은 여론이나 때로는 법적으로 불리한 상황에서 벗어날 수 있는 하나의 수단인 것이다. 그리고 지식은 그 자체로 여전히 효력을 발휘하

---

27 *Zeitschr. d. pro stal. Bureau*, 1889, p. xx을 따른다.
28 다음은 프로이센의 여러 지역에서 볼 수 있는 개신교 신도들의 중학교 취학률 통계이다.

	전체 인구 중 개신교도의 비율	전체 학생 중 개신교 학생의 평균 비율	두 비율의 차이
제1그룹	98.7~87.2 평균(94.6)	90.8	-3.8
제2그룹	80~50 평균(70.3)	75.3	+5
제3그룹	50~40 평균(46.4)	56	+10.4
제4그룹	40 이하 평균(29.2)	61	+31.8

위에서 볼 수 있듯이 개신교가 대다수인 경우에는 취학 인구가 전체 인구와 비율이 맞지 않는다. 하지만 가톨릭 소수집단이 늘어남에 따라, 그 비율의 차이는 -에서 +로 바뀌고, 또한 개신교의 비율이 줄어듦에 따라 이 +의 차이는 더 커진다. 가톨릭 신도들도 역시 소수집단일 때에는 더 높은 지적 관심을 내보인다(OETTINGEN, *op. cit.*, p. 650를 참고하시오).

고 있는 전통에 큰 영향력을 미칠 수 없기 때문에, 그들은 자신들의 관습적인 일상생활에 지적인 삶을 얹어 놓았을 뿐, 지식으로 관습을 바꾸려 하지는 않는다. 그런 태도는 유대인들이 가진 성향의 복잡성에서 기인한다. 그들은 어떤 면에서는 원시적이지만, 다른 면에서는 지적이며 문화적이다. 그렇게 해서 그들은 오래된 소수집단의 특징인 엄격한 규율의 장점과 현대 문명사회가 누리는 문화생활의 혜택을 결합시키는 것이다. 요컨대 유대인들은 현대인들이 느끼는 절망을 공유하지 않으면서 그들의 지성을 갖추고 있는 것이다.

따라서 만일 유대인들의 경우에 지적 발전이 자살자의 수와 상관관계가 없다면, 그것은 그들의 지적 발달의 원인과 의미가 보통과는 다르기 때문이다. 결국 유대인들의 경우는 예외적임이 분명하다. 그들의 경우는 심지어 우리의 법칙을 확인해 주기도 한다. 만일 자살 경향이 교육받은 계층에서 많이 나타난다면, 그것은 앞서 지적한 것처럼 전통적 믿음이 약해졌기 때문이며, 또한 전통적 믿음이 약해지면서 도덕적 개인주의가 강해졌기 때문이다. 그런 경향은 유대인처럼 교육을 다른 이유, 다른 필요 때문에 추구한다면 사라지게 될 것이다.

IV.

이 장章에서 두 가지 중요한 결론이 도출된다.

첫째, 우리는 자살이 왜 지식과 더불어 증가하는가를 보았다. 지식이 자살의 증가를 결정하는 것은 아니다. 지식은 무죄이며, 지식을 비난하는 것은 옳지 못하다. 유대인들의 사례가 그 점을 증명해 준다. 하지만 그 두 가지 사실은 여러 다른 형태로 나타날 수 있는 하나의 일반적 상태의 산물이다. 인간은 자기가 소속되어 있는 종교집단의 응집력 상실 때문에 지식을 추구하게 되고 또 자살을 하기도 한다. 하지만 그가 배웠기 때문에 자살하는 것은 아니다. 심지어 종교를 해체하는 것도 인간이 획득한 지식 때문이 아니다. 오히려 종교가 해체되었기 때문에 지식에 대한 욕망이 눈을 뜨는 것이다. 지식을 추구하는 것은 기성관념을 깨기 위한 도구가 아니다. 오히려 기성관념이 파괴되기 시작했기 때문에 지식을 추구하는 것이다. 일단 지식이 자리를 잡게 되면, 지식은 그 자체의 이름으로, 지식 그 자체를 위해 싸울 수도 있고, 전통적인 정서의 반대자로 자리매김할 수도 있다는 것은 분명하다. 하지만 전통인 정서가 계속 활력을 유지한다면 지식의 공격은 효과를 내지 못할 것이다. 아니면 아예 공격 자체가 없을 수도 있다. 신앙은 논리적인 증명으로 흔들리지 않는다. 신앙이 다른 원인에 의해서 이미 깊이 흔들리는 상태에 있는 경우에 논증의 충격에 저항할 수 없게 되는 것이다.

지식은 악의 근원이 아니라 치유제이며, 그것도 우리가 이용 가능한 유일한 치유제이다. 신앙이 일상의 흐름에 휩쓸려 사라지게 되면, 그것을 인위적으로 다시 정립할 수 없다. 그 후에는 오로지 성찰만이 삶에서 우리를 인도할 수 있을 뿐이다. 일단 사회적 본능이 퇴화하면 우리에게 남겨진 유일한 지침은 지식뿐이다. 따라서 지식을 통해 도덕을 다시 세워야 한다. 그런 작업이 위험하다 해도 망설이지 말아야 한다. 왜냐하면 달리 선택의 여지가 없기 때문이다. 낡은 신념이 무너진 것을 근심하고 슬퍼하는 사람들에게, 위급한 시기의 어려움을 느끼는 사람들에게, 학문이 악의 근원이 아니라 치유제인 것을 깨닫게 하자! 그들이 학문을 적으로 여기지 않도록 하자! 학문이 해체를 일으킨 것이 아니다. 학문은 해체에 맞서 싸울 수 있게 해주는 유일한 무기이다. 학문을 비난하는 것은 해결책이 아니다. 사라진 전통의 권위는 학문을 침묵시킴으로써 회복되지 않는다. 그렇게 하면 사라진 전통의 복원을 더 어렵게 만들 뿐이다. 교육 그 자체를 목적으로 여기지 않도록 주의해야 하는 것은 사실이다. 교육은 단지 하나의 수단일 뿐이다. 정신을 인위적으로 구속함으로써 자유에의 열망을 사라지게 할 수 없는 것처럼, 단지 정신을 해방하는 것만으로는 정신의 균형을 회복하는 데 충분하지 못하다. 정신은 자유를 적절하게 이용해야 한다.

둘째, 우리는 종교가 대개의 경우 왜 자살을 예방하는 효과를 갖는지를 보았다. 그 이유는 흔히들 말하는 것처럼 종교가 세속적인 도덕보다 자살을 더 강하게 비난해서도 아니고, 신의 관념이 종교적 계율에 자살 의지를 억누를 수 있는 예외적인 권위를 부여해서도 아니며, 내세에 대한 전망과 자살한 사람이 인간의 법보다 내세의 법에 의해 받게 될 가혹한 벌에 대한 생각 때문에 종교적 금지가 더 강력해지기 때문도 아니다. 개신교 신도들도 가톨릭 신도들 못지않게 신을 믿고 영혼불멸을 믿는다. 더군다나 자살 경향이 가장 낮은 종교인 유대교는 자살을 공식적으로 금지하지 않고 있는 유일한 종교이며, 영혼불멸의 관념이 가장 약한 종교이다. 실제로 『성경』에는 자살을 금지하는 율법이 실려 있지 않으며,[29] 또한 내세에 대한 관념도 불명확하다. 랍비, 즉 유대교 성직자들이 『성경』에 없는 그 두 가지 사실에 대해 점차 보완한 것이 분명하다. 하지

---

29 우리가 알고 있는 자살에 대한 유일한 형벌의 규약에 관한 언급을 플라비우스 요세푸스의 「대로마유대전쟁사」(III. 25)에서 볼 수 있다. 여기서 저자는 단순히 이렇게 말하고 있다. "자살자의 시체는 해가 진 후에도 매장하지 않는다. 하지만 전쟁으로 죽은 사람들은 좀 더 일찍 매장된다." 하지만 우리는 그것이 명백한 형벌인가를 자문할 수 있다.

만 그들의 보완은 권위를 가지고 있지 못하다. 따라서 종교가 가진 유익한 영향력은 종교적 개념의 특별한 특성에서 기인한 것이 아니다. 만일 종교가 인간을 자살 욕구로부터 보호해 준다면, 그것은 종교가 '고유의' 논증으로 인간에게 그의 인격을 존중하도록 설교하기 때문이 아니다. 그것은 종교가 하나의 사회이기 때문이다. 종교라는 사회를 구성하는 것은 모든 신도들에게 공통되는 전통적이며, 따라서 의무적인 여러 신념과 의식이다. 그런 집단적 상태가 많고 강할수록 종교 공동체의 통합은 더욱 강해지며, 종교의 예방적 가치도 비례해서 더 커진다. 교리와 의식의 세부사항은 부차적이다. 본질적인 것은, 교리와 의식이 아주 강렬한 집단적 삶을 지탱할 수 있는 특징을 지녔다는 점이다. 개신교 교회는 다른 교회와 같은 정도의 결속력을 가지고 있지 못하기 때문에 결국 자살을 억제하는 동일한 영향력을 가지고 있지 못한 것이다.

제3장
이기적 자살(속)

만일 종교가 하나의 사회이기 때문에 자살을 방지할 수 있다면, 다른 사회들도 그와 같은 효과를 낼 수 있는 개연성이 있다. 따라서 그런 관점에서 가정과 정치 공동체를 살펴보도록 하자.

I.

절대치로만 본다면, 미혼자들이 기혼자들보다 자살을 덜 하는 것처럼 보인다. 가령, 프랑스에서는 1873~1878년 동안 16,264명의 기혼자들이 자살한 데 비해, 미혼자의 자살자 수는 11,709명에 불과하다. 그 비율은 132:100이다. 같은 비율이 다른 시기와 다른 나라들에서도 나타나기 때문에, 어떤 학자들은 과거에 결혼과 가정생활이 자살 기회를 증가시킨다고 주장했다. 일반적인 생각에 따라 자살을 무엇보다도 생활고 때문에 저지르는 절망적 행동이라고 생각한다면, 그런 견해는 그럴듯해 보인다. 실제로 미혼자는 기혼자보다 생활하기가 수월하다. 결혼에는 온갖 부담과 책임이 따르지 않은가? 기혼자는 가족의 현재와 미래를 보장하기 위해서 미혼자보다 더 많은 궁핍과 고난을 겪어야 되지 않는가?[30] 하지만 그와 같은 '선험적' 추론이 아무리 명백해 보인다 할지라도 완전히 틀린 것이며, 또한 그 추론을 명백하게 보이는 것처럼 뒷받침해 주는 사실들이 잘못 분석된 것이다. 여기서 우리는 그와 같은 사실을 처음으로 입증한 과학수사의 아버지라 불리는 베르티용의 정밀한 계산을 참고할 것이다.[31]

실제로 앞서 제시된 수치를 제대로 이해하기 위해서, 미혼자의 상당수가 16세 미만인 데 반해, 기혼자는 16세 이상이라는 사실을 고려해야 한다. 그런데 16세까지는 자살 경향이 매우 낮다. 이는 단지 연령이라는 요인 때문이다. 프랑스의 경우 그 연령층에서 100만 명당 1명 혹은 2명의 자살자가 있을 뿐이다. 하지만 그 이후의 연령층에서는 자살은 20배 이상 늘어난다. 16세 이하의 많은 어린이들이 미혼자에 포함되어 있어서 미혼자 자살 경향 평균치가 내려간 것이다. 왜냐하면 그런 감소는 독신생활이 아니라 나이에서 기인하기 때문이다. 미혼자들이 외관적으로 낮은 자살 경향을 보이는 것은, 그들이 미혼이기 때문이 아니라 그들 중 대다수가 미성년이기 때문이다. 따라서 결혼과 독신이 자살에 어떤 영향을 미치는가를 알기 위해 기혼자와 미혼자 인구를 비교하고자 한다면, 그런 혼란 요소를 제거하고 기혼자와 16세 이상 미혼자만 비교해야 할 것

---

30 WAGNER, *Die Gesetzmässigkeit,* etc., p. 177을 보시오.
31 다음의 사전 항목을 참고하시오. "Mariage", in *Dictionnaire encyclopédique des sciences médicales,* 2e série, v. p. 50 et suiv. Cf. 그 문제에 대해서는 다음을 참고하시오. J. BERTILLON fils, "Les célibataires, les veufs et les divorces du point de vue du mariage", in *Revue scientifique,* février 1879; DU MEME, un article dans le *Bulletin de la Société d'Anthropologie,* 1880, p. 280 et suiv.; DURKHEIM, "Suicide et natalité", in *Revue philosophique,* novembre 1888.

이다. 미혼자에서 16세 이하를 빼고 계산해 보면, 1863~1868년 사이에 16세 이상의 미혼자는 100만 명당 평균 173명이 자살하고, 기혼자는 154.5명이 자살하는 것으로 나타난다. 두 수치의 비율은 112:100이다.

따라서 독신에서 기인하는 자살 경향이 더 높다. 하지만 실제로 그 경향은 앞의 수치가 보여 주는 것보다 훨씬 더 높다. 우리는 16세 이상의 전체 미혼자와 전체 기혼자가 평균적으로 같은 나이인 것처럼 추론했다. 그런데 사실은 그렇지 않다. 프랑스에서 미혼남성의 대다수(정확히 58%)는 15세에서 20세 사이의 연령층에 속한다. 그리고 미혼 여자의 대다수(정확히 57%)는 25세 미만이다. 전체 미혼 남자의 평균 연령은 26.8세, 미혼 여자의 평균 연령은 28.4세이다. 그와 반대로 기혼자의 평균 연령은 40~45세이다. 남녀를 모두 고려한 연령별 자살률은 다음과 같다.

연령별 인구 100만 명당 자살자 수	
16~21세	45.9
21~30세	97.9
31~40세	114.5
41~50세	164.4

위의 수치들은 1848~1857년에 해당된다. 따라서 만일 나이가 유일하게 영향을 미치는 요소라면, 미혼자들의 자살률은 97.9명 이상이 될 수 없으며, 기혼자들의 자살률은 114.5명에서 164.4명 사이, 아니면 인구 100만 명당 약 140명의 자살률로 나타나야 할 것이다. 기혼자의 자살과 미혼자의 자살 비율은 100:69여야 할 것이다. 미혼자의 자살률은 기혼자의 2/3에 불과해야 한다. 그런데 실제로는 미혼자의 자살률이 더 높다는 것을 알 수 있다. 그러니까 결혼생활이 그 비율을 역전시켜버린 것이

다. 가정생활의 영향이 없다면 기혼자는 연령 때문에 미혼자보다 1.5배 더 자살해야 하는 반면, 실제는 그보다 훨씬 적은 수가 자살한다. 그 결과 결혼이 오히려 자살 위험을 반쯤 줄인다고 말할 수 있다. 좀 더 정확히 말하자면, 미혼자가 112:69의 비율, 즉 1.6배 더 자살한다는 결론이 도출된다. 따라서 기혼자의 자살 경향을 단위로 하면 같은 평균 연령 미혼자의 자살 경향은 1.6이 될 것이다.

그런 비율은 이탈리아에서도 거의 같다. 연령을 기준으로 하면, 기혼자는(1873~1877년) 100만 명당 102명, 16세 이상 미혼자는 77명이 자살해야 한다. 기혼자와 미혼자의 비율은 100:75라야 한다.[32] 하지만 실제로 기혼자가 더 적게 자살한다. 미혼자는 86명 자살하는 데 반해, 기혼자는 71명이 자살한다. 기혼자와 미혼자의 비율은 100:121이다. 따라서 미혼자의 자살 경향은 기혼자에 대해 121:75, 즉 프랑스와 마찬가지로 1.6배로 나타난다. 다른 나라에 대해서도 그와 유사한 주장을 할 수 있을 것이다. 기혼자의 자살률은 미혼자에 비해 평균 연령으로 보면 더 높아야 하는데, 실제로 모든 나라에서 더 낮다.[33] 뷔르템베르크에서는 1846~1860년 사이에 그 비율이 100:143, 프로이센에서는 1873~1875년 사이에 100:111이었다.

하지만 만일 그것이 이용 가능한 자료를 가지고 모든 사례에 적용 가능한 유일한 계산법이라면, 따라서 만일 그 계산법을 일반적인 상황에서도 이용하고자 한다면, 그 결과는 대략적인 것에 불과할 수밖에 없을 것

---

32 우리는 그 두 집단의 평균 연령이 프랑스와 같다고 가정한다. 그런 가정에서 기인하는 오차는 미미하다.

33 남녀를 같이 고려한다는 조건에서이다. 뒤에서 그와 같은 언급이 갖는 중요성을 보게 될 것이다(이 책의 제2부 제5장, III을 참고하시오).

이다. 분명, 그 계산법은 미혼자가 자살 경향을 높인다는 것을 증명하기에는 충분하다. 하지만 그 계산법으로는 어느 정도로 높이는지에 대해서는 정확하게 보여 주지 못한다. 실제로 나이의 영향과 결혼 유무의 영향을 구분하기 위해, 우리는 각각 30세와 45세의 자살률의 관계를 참고하고자 했다. 하지만 불행히도 결혼 유무의 영향은 그 관계에 이미 영향을 미쳤다. 왜냐하면 그 두 연령층의 표본 집단의 자살률은 미혼자와 기혼자를 모두 합쳐 계산되었기 때문이다. 두 연령에서 미혼여성과 기혼여성처럼 미혼남성과 기혼남성의 비율이 서로 같다면, 그때는 분명 결혼이 미치는 영향은 서로 상쇄되어 연령의 영향만 남게 될 것이다. 하지만 사실은 전혀 다르다. 30세에는 미혼남성이 기혼남성보다 약간 더 많은데(1891년 인구조사에 따르면, 미혼남성은 746,111명, 기혼남성은 714,278명), 그와 반대로 45세에는 미혼남성이 훨씬 적다(미혼남성 333,033명, 기혼남성 1,864,401명). 여성의 경우에도 상황은 마찬가지다. 그와 같은 불균등한 분포로 인해 그들의 자살 경향은 두 경우에 같은 결과를 낳지 않는다. 결혼의 영향으로 인해 30세의 자살률이 45세의 자살률보다 더 높아진다. 따라서 45세의 자살률은 상대적으로 낮아지고, 연령만 고려할 경우 45세의 우세가 감소하게 된다. 달리 말하자면 25~30세 인구와 40~45세 연령 간에 '순전히 나이의 영향으로' 발생하는 자살률의 차이는 분명히 위의 방법으로 계산한 것보다 더 크다. 그런데 차이의 정도는 상대적으로 기혼자가 자살하는 경우가 아주 적다는 것을 보여 준다. 따라서 위의 계산법에는 기혼자의 자살 면역성이 실제보다 덜 반영된 것이다.

그런데 위의 계산법은 더 큰 착오를 일으킨다. 배우자의 사별이 자살에 미치는 영향을 알아보기 위해 종종 사별한 사람들[34]의 자살률과 결혼 유무에 관계없이 같은 연령대(가령, 약 65세)의 사람들 전체의 자살률이 비교되곤 했다. 그런데 1863~1868년에 홀아비는 100만 명당 628명이 자살했고, 결혼 유무에 관계없이 평균 연령 65세의 남자는 100만 명당 461명이 자살했다. 따라서 그 수치로부터 동일한 연령에서는 사별한 사람들이 전체 인구의 그 어떤 계층보다도 훨씬 높은 자살률을 보인다는 결론을 내릴 수 있다. 그렇게 해서 자살의 관점에서 보면 사별한 상태가 가장 위험하다는 가정이 정립된다.[35]실제로 평균 연령 65세의 인구에서 더 많은 자살자가 나타나지 않는다면, 그것은 그 연령층에 해당하는 거의 대부분이 기혼자들(134,238명의 미혼자에 비해 997,198명)로 구성되어 있기 때문이다. 따라서 그런 비교를 통해 사별한 사람이 같은 연령의 기혼자보다 더 많이 자살한다는 사실이 충분히 증명된다고 해도, 미혼자들과 비교해서 사별한 사람들의 자살 경향에 대해서는 아무것도 추론할 수가 없다.

요컨대 평균치만 비교한다면, 여러 사실과 그 사실들과의 관계는 개략적으로 드러날 뿐이다. 그렇게 해서 기혼자가 보통 미혼자보다 자살을 덜 한다는 것이 사실이라고 해도, 어떤 연령층에서는 그 비율이 예외적으로 반대로 나타날 수도 있다. 우리는 실제 그런 경우를 보게 될 것이다. 그런데 그런 예외는 자살 현상을 설명하는 데 매우 유익할 수 있지만, 위의 방법으로는 밝혀지지 않을 것이다. 또한 완전한 역전 현상까지는 아니더라도 그 나름의 중요성을 가지고 있기 때문에, 연령별 변화가 있으면 자살의 이해에 유익할 수도 있다.

그와 같은 난점을 피할 수 있는 유일한 방법은 자살률을 연령별로, 각

---

34 역주: '사별한 사람들'은 결혼했다가 사별한 홀아비와 과부를 가리킨다.
35 다음의 사전 항목을 보시오. BERTILLON, art. "Mariage" in *Dict. encycl.*, 2e série, v. p. 52; MORSELLI, p. 348; CORRE, *Crime et suicide*, p. 472.

그룹별로 나누어 따로 계산하는 것이다. 예컨대 그런 조건 하에서 25~30세의 미혼자를 같은 연령의 기혼자와 사별한 사람들과 비교하고, 또한 다른 연령과도 비교할 수 있을 것이다. 그렇게 함으로써 결혼 상태의 영향을 다른 모든 영향으로부터 구분할 수 있고, 또한 가능한 모든 편차를 분명하게 드러낼 수 있을 것이다. 게다가 베르티용은 그런 방법을 사망률과 결혼율에 처음으로 적용했다. 하지만 애석하게도 그런 비교에 필요한 자료는 공식적인 통계 간행물에 포함되어 있지 않다.[36] 자살 연령은 실제로 결혼 상태와는 독립적으로 표시되고 있다. 우리가 알고 있는 한, 올덴부르크 대공국(뤼베크와 비르켄펠트를 포함)만이 유일하게 그런 자료를 제공해 주고 있다.[37] 1871~1875년 사이의 올덴부르크의 통계 간행물에는

---

36 자료를 모으는 작업이 개인의 의해 이루어진다면 몹시 힘든 작업이지만, 정부의 통계국에 의해서는 쉽게 이루어질 수 있을 것이다. 흥미롭지 못한 온갖 정보들이 주어지기도 하며, 또한 뒤에서 보게 되겠지만, 유럽 여러 사회의 가족생활의 상태를 보여 줄 수 있는 그 유일한 자료는 빠져 있다.

37 물론 같은 정보를 제공해 주고 있는 『국제인구통계학 보고』(1878, p. 195)에 재구성된 스웨덴의 통계가 있기는 하다. 하지만 그 통계는 쓸모가 없다. 우선, 그 통계에는 사별한 사람들과 미혼자들이 섞여 있다. 그로 인해 비교의 가치가 떨어진다. 그 두 가지 서로 다른 상황이 구별되지 않고 있어서 비교가 거의 무의미하다. 게다가 그 통계는 부정확한 것으로 보인다. 거기에서 참고할 수 있는 수치들을 제시해 보면 다음과 같다.

인구 10만 명당 연령별, 성별, 결혼상태별 자살률						
연령	16~25세	26~35세	36~45세	46~55세	56~65세	66~75세	75세 이상
남자 기혼	10.51	10.58	18.77	24.08	26.29	20.76	9.48
남자 미혼/홀아비	5.69	25.73	66.95	90.72	150.08	229.27	333.35
여자 기혼	2.63	2.76	4.15	5.55	7.09	4.67	7.64
여자 미혼	2.99	6.14	13.23	17.05	25.98	51.93	34.69

같은 성, 같은 연령대에서 기혼자 대비 미혼자 자살률						
연령	16~25세	26~35세	36~45세	46~55세	56~65세	66~75세	75세 이상
남자	0.5	12.4	3.5	3.7	5.7	11	37
여자	1.13	2.22	3.18	3.04	3.66	11.12	4.5

무엇보다도 도표의 통계에서 노년층 기혼자들의 자살률이 엄청나게 낮은 것이 의심스러워 보인다. 그것은 우리가 알고 있는 모든 사실과 너무나 차이가 난다. 그것을 검증하는 것이 불가피하다고 판단

연령별 자살 분포가 결혼 상태에 따라 개별적으로 제시되어 있다. 하지만 그 작은 나라에서는 15년 동안 1,369명의 자살자가 있었을 뿐이다. 그처럼 적은 사례만으로는 확실한 결론을 내릴 수 없기 때문에, 우리는 법무부의 미공개 자료를 토대로 프랑스의 경우를 직접 계산했다. 우리는 1889, 1890, 1891년의 자료를 분석했다. 그렇게 해서 약 2만 5천 건의 자살을 그런 방식으로 분류했다. 그런 수치는 그 자체로 귀납의 기초가 되기에 충분한 중요성을 가지고 있을 뿐만 아니라, 우리의 관찰을 더 이상의 기간으로까지 확장시킬 필요가 없다는 사실을 확신할 수 있게 해주었다. 실제로 해마다 각 연령별 자살률은 각 그룹에서 뚜렷하게 일정하게 나타난다. 그런 만큼 장기간의 평균을 계산할 필요가 없다.

[표 20]과 [표 21]은 상이한 결과를 담고 있다. 자료의 의미를 보다 분

해서 우리는 같은 기간 동안의 스웨덴의 연령별 자살자의 절대치를 조사해 보았다. 남성의 경우에는 다음과 같다.

연령	16~25세	26~35세	36~45세	46~55세	56~65세	66~75세	75세 이상
기혼자	16	220	567	640	383	140	15
미혼자	283	519	410	269	217	156	56

절대치를 바로 위 도표의 비율과 비교해 보면 착오가 있다는 것을 확신할 수 있다. 실제로 66~75세의 연령층에서 기혼자와 미혼자의 자살자 수는 그 절대치가 거의 같다. 그 반면에 인구 10만 명에 대한 비율에서 기혼자는 미혼자 보다 1/11밖에 자살하지 않는 것으로 나타나 있다. 그렇게 되기 위해서는 그 연령층의 기혼자는 사별한 사람들과 독신을 포함하는 미혼자보다 약 10배(정확하게는 9.2배)가 더 많아야 한다. 같은 이유로 75세 이상의 연령층에서도 기혼자의 수는 정확히 미혼자의 10배가 되어야 한다. 그런데 그것은 불가능한 일이다. 매우 높은 연령층에는 홀로 된 사람이 아주 많고, 또한 미혼자와 합치면 대체로 기혼자의 수와 비슷하거나 오히려 더 많은 것이 보통이다. 우리는 어떤 착오가 있었는지를 추정해 볼 수 있다. 미혼자와 사별한 사람들의 자살을 합쳤음이 틀림없고, 또한 그 합을 미혼자의 총수만으로 나누었음이 틀림없다. 그 반면에 기혼자의 자살 수는 기혼자 총수와 사별한 사람(홀아비 및 과부)의 총수를 합한 수로 나누었음이 분명하다. 그와 같이 추정되는 이유는, 기혼자의 낮은 자살률은 높은 연령층에서 유별나기 때문이다. 다시 말해 그처럼 높은 연령층에서는 홀로 된 사람들의 수가 계산에 심각한 오차를 일으킬 수 있을 정도로 많기 때문이다. 그 오차는 특히 사별한 사람이 많은 75세 이후에 제일 크다.

명히 하기 위해 우리는 각 연령별로 배우자를 사별한 사람과 결혼한 사람의 자살률 옆에 이른바 '자살방지계수'를 표시했다. 즉, 기혼자와 사별한 사람 간의 자살률 비교와 그 두 그룹과 미혼자의 자살률을 비교한 수치를 같이 표시했다. 여기서 자살방지계수는 한 그룹의 자살률이 다른 그룹에 비해 동일 연령에서 몇 배나 더 낮은가를 보여 주는 용어이다. 가령, 25세인 기혼남성의 자살방지계수가 같은 연령의 미혼자에 비해 3이라고 할 때, 그것은 25세 기혼남성의 자살 경향이 1이면 같은 연령인 미혼자의 자살 경향은 3이라 것을 의미한다. 자살방지계수가 1보다 작을 때는, 그것은 당연히 자살촉진계수가 된다.

두 개의 표에서 도출되는 법칙을 다음과 같이 정리할 수 있을 것이다.

① '너무 이른 결혼은 특히 남성의 경우에 자살률에 좋지 않은 영향을 미친다.' 그런 결과가 아주 적은 사례를 바탕으로 계산된 것이므로 검증을 거쳐야 한다는 것은 사실이다. 프랑스에서 15~20세에 해당하는 기혼자들의 자살은 연평균 겨우 1건, 정확하게 1.33건뿐이다. 하지만 올덴부르크 대공국의 사례와 여성의 경우가 비슷한 것을 보면, 그것은 우연의 일치는 아니다. 또 앞에서 인용한 스웨덴의 통계도 남성의 경우에는 같은 자살촉진 경향을 보인다. 앞서 살펴본 스웨덴의 통계[38]에서도 남성의 경우에는 적어도 같은 자살촉진 경향이 나타나 있다. 그런데 앞서 제시한 이유로 비록 높은 연령층에서의 통계가 부정확하기 하지만, 사별한 사람이 거의 없는 첫 연령 그룹의 통계를 의심할 만한 이유는 전혀 없

---

38 이 책의 203면을 참고하시오. 실제로 15~20세의 기혼자들에게 불리한 상황은 동일 연령 그룹 내에서 기혼자의 평균 연령이 미혼자의 평균 연령보다 높기 때문이라고 생각할 수도 있다. 하지만 그들의 자살률의 실질적인 악화를 증명해 주는 것은, 다음 연령(20~25세)대의 자살률이 5배 더 낮다는 사실이다[표 21].

[표 20] 인구 1만 명에 대한 성별, 연령별, 결혼지위별 연평균 자살률
(올덴부르크대공국, 1871~1875[39])

| 연령 | 미혼자 | 기혼자 | 홀로된 사람 | 자살방지계수 | | 홀로된 사람 |
| | | | | 기혼자 | | |
				미혼자와의 비율	홀로된 사람과의 비율	미혼자와의 비율
남자						
0~20	7.2	769.2		0.09		
20~30	70.6	49	285.7	1.4	5.8	0.24
30~40	130.4	73.6	76.9	1.77	1.04	1.69
40~50	188.8	95	285.7	1.97	3.01	0.66
50~60	263.6	137.8	271.4	1.9	1.9	0.97
60~70	242.8	148.3	304.7	1.63	2.05	0.79
70 이상	266.6	114.2	259	2.3	2.26	1.02
여자						
0~20	3.9	95.2		0.04		
20~30	39	17.4		2.24		
30~40	32.3	16.8	30	1.92	1.78	1.07
40~50	52.9	18.6	68.1	2.85	3.66	0.77
50~60	66.6	31.1	50	2.14	1.6	1.33
60~70	62.5	37.2	55.8	1.68	1.5	1.12
70 이상		120	91.4		1.31	

[표 21] 인구 1만 명에 대한 성별, 연령별 결혼지위별 연평균 자살률(프랑스, 1889~1891)

| 연령 | 미혼자 | 기혼자 | 홀로된 사람 | 자살방지계수 | | 홀로된 사람 |
| | | | | 기혼자 | | |
				미혼자와의 비율	홀로된 사람과의 비율	미혼자와의 비율
남자						
15~20	113	500		0.22		
20~25	237	97	142	2.4	1.45	1.66
25~30	394	122	412	3.2	3.37	0.95
30~40	627	226	560	2.77	2.47	1.12
40~50	975	340	721	2.86	2.12	1.35
50~60	1,434	520	979	2.75	1.88	1.46
60~70	1,768	635	1,166	2.78	1.83	1.51
70~80	1,983	704	1,288	2.81	1.82	1.54
80 이상	1,571	770	1,154	2.04	1.49	1.36
여자						
15~20	79.4	33	333	2.39	10	0.23
20~25	106	53	66	2	1.05	1.6
25~30	151	68	178	2.22	2.61	0.84
30~40	126	82	205	1.53	2.5	0.61
40~50	171	106	168	1.61	1.58	1.01
50~60	204	151	199	1.35	1.31	1.02
60~70	189	158	257	1.19	1.62	0.77
70~80	206	209	248	0.98	1.18	0.83
80 이상	176	110	249	1.6	2.18	0.79

다. 게다가 아주 어린 남편과 아내의 사망률이 같은 연령의 미혼 남녀의 사망률을 훨씬 능가한다는 것은 주지의 사실이다. 15~20세에서 미혼 남자의 사망률은 매년 1,000명당 8.9명인 데 비해, 같은 연령의 기혼남성은 51명으로, 473%나 더 높다. 여자의 경우는 그 차이가 적다. 기혼여성은 9.9명인 데 비해, 미혼자는 83명으로, 양자의 비율은 119:100이다.[40] 젊은 기혼자들에게 나타나는 그와 같은 높은 사망률은 사회적인 이유 때문인 것이 분명하다. 만일 신체적 미성숙이 그 주요 원인이라면, 출산의 위험이 있는 여성의 사망률이 더 높아야 할 것이다. 따라서 모든 면에서 미성년자의 결혼이 유해한 정신 상태를 일으키는 경향이 있다는 것이 증명되고 있다.

② '20세 이후의 연령층에서 기혼자는 남녀 모두 미혼자보다 높은 자살방지계수를 기록하고 있다.' 그 계수는 베르티용에 의해 계산된 것보다 높다. 그가 계산해 낸 계수 1.6은 평균치라기보다는 최소치이다.[41]

그 계수는 연령에 따라 변한다. 프랑스에서는 25~30세 사이에서 그 계수가 빠르게 최고치에 달하며, 올덴부르크에서는 30~40세 사이에서 그러하다. 그 다음에 그 계수는 점차 떨어지다 마지막 연령에서 약간 높아진다.

③ '미혼자와 비교해서 기혼자의 자살방지계수는 성별에 따라 변한다.' 프랑스에서는 남자가 여자보다 높으며, 그 차이도 상당하다. 기혼남성의 평균 계수는 2.73인 데 비해, 기혼여성의 평균 계수는 1.56으로

39 수치는 15년 동안의 전체 자살자 수에서 구한 것이다.
40 다음의 사전 항목을 참고하시오. BERTILLON, "Mariage", p. 43 et suiv.
41 단 하나의 예외가 있다. 그것은 70~80세의 여성의 경우로, 방지계수가 1보다 약간 낮다. 그와 같은 편차의 원인은 센 도의 영향이다. 다른 도에서는 여성의 계수가 1보다 높다[표 22]. 하지만 지방에서는 그 계수 다른 연령대보다 낮다는 사실을 지적해야 할 것이다.

43%가 더 낮다. 하지만 올덴부르크에서는 그 반대이다. 기혼여성의 평균 계수가 2.16, 기혼남성의 평균 계수는 1.83이다. 또한 남성과 여성의 계수의 차이의 비율은 16%로 프랑스보다 더 낮다는 사실을 지적하자. 따라서 우리는 다음과 같이 단언할 수 있을 것이다. '기혼자의 자살방지 계수가 더 높은 성별은 사회별로 다르며, 성별 계수 차이의 크기는 자살 방지계수가 유리한 성의 유리한 정도에 따라 다르다.' 우리는 앞으로 그와 같은 법칙을 확증해 주는 사실들을 더 보게 될 것이다.

④ '사별한 사람들은 각 성별 기혼자의 계수를 감소시키지만, 완전히 상쇄시키는 일은 거의 없다.' 사별한 사람들은 기혼자들보다 자살을 더 많이 하지만, 일반적으로 미혼자들보다는 적게 자살한다. 어떤 경우에는 그 계수가 1.6과 1.66까지 오르기도 한다. 기혼자의 계수처럼 사별한 사람들의 계수도 연령에 따라 변한다. 하지만 그 변화는 불규칙하며, 따라서 거기에는 법칙이 없다.

기혼자들의 경우와 마찬가지로, '미혼자와 비교한 사별한 사람들의 자살방지계수는 성별에 따라 변한다.' 프랑스에서는 남자가 유리한 입장에 있다. 홀아비의 평균 계수는 1.32인 데 비해, 과부의 평균 계수는 0.84로 37%가 더 낮다. 하지만 올덴부르크에서는 기혼자의 경우와 마찬가지로 여자가 더 유리하다. 과부의 평균 계수는 1.07인 데 비해, 홀아비의 평균 계수는 0.89로 17%가 더 낮다. 기혼자의 경우와 마찬가지로 여자가 유리할 때의 성별 차이는 남자가 유리할 때의 성별 차이보다 더 적다. 따라서 우리는 다음과 같이 단언할 수 있다. '사별한 사람들의 자살방지계수가 더 높은 성별은 사회에 따라 다르다. 그리고 성별 차이 비율은 자살방지 계수가 유리한 성의 유리한 정도에 따라 달라진다.'

그와 같은 사실들이 밝혀졌으니, 이제 그것들을 설명해 보도록 하자.

II.

기혼자들이 누리는 자살 면역성은 다음 두 가지 이유 중 하나일 것이다.

첫째, 그것은 가정환경에서 기인할 수 있다. 그 경우에 자살 경향을 중화시키거나 그 표출을 방지하는 것은 가족의 영향일 것이다.

둘째, 그것은 이른바 결혼 선택에서 기인할 수 있다. 사실상 결혼은 전체 인구를 대상으로 하는 일종의 선택이다. 결혼을 원하는 사람이 모두 결혼하는 것은 아니다. 건강, 재산, 도덕성 등과 같은 일정한 자격 없이는 가정을 성공적으로 이룰 기회가 적다. 그런 자격을 갖추지 못한 사람들은, 예외적으로 유리한 상황이 생기지 않는 한, 어쨌든 미혼자 계층에 속하게 된다. 미혼자 계층에는 병약자, 심신불능자, 가난한 사람 또는 큰 결점을 가진 사람 등이 포함되어 있다. 그처럼 그 계층에 속하는 사람들이 다른 계층에 속하는 사람들보다 훨씬 더 열등하다면, 그들이 더 높은 사망률과 범죄율, 나아가 더 높은 자살 경향을 갖는 것은 자연스럽다.

그와 같은 가설에 의하면, 자살, 범죄, 질병을 방지하는 것은 가족이 아니다. 기혼자들의 낮은 자살률은 단순히 가정생활을 영위하는 사람들이 이미 신체적 및 정신적 건강을 어느 정도 보장받은 사람들이라는 사실에서 기인할 수 있다.

베르티용은 두 가지 설명 사이에서 주저하다가 결국 모두 수용한 것으로 보인다. 그 이후, 르투르노는 그의 저서 『결혼과 가족의 진화*Evolution du mariage et de la famille*』[42]에서 두 번째 설명을 택했다. 그는 기혼자들이 가지는 부인할 수 없는 우월성이 결혼생활의 우월성의 결과이고 증거라고

---

42 Paris, 1888, p. 436.

보기를 거부했다. 만일 그가 그 사실들을 좀 더 차분하게 관찰했더라면 그런 성급한 결론을 내리지 않았을 것이다.

일반적으로 기혼자들이 미혼자들보다 신체적 및 정신적 조건에서 어느 정도 우월할 수 있다. 하지만 결혼 선택이 엘리트에게만 주어지는 것은 아니다. 특히 재산과 지위가 없는 사람들이 다른 사람들보다 결혼을 적게 한다는 것은 의심스럽다. 일반적으로 지적되고 있는 것처럼,[43] 가난한 사람들은 넉넉한 계층의 사람들보다 자녀를 더 많이 낳는다. 따라서 만일 가난한 사람들의 가족이 무분별하게 증가하는 것을 막을 수 없다면, 그들이 새로운 가족을 이루는 것을 어떻게 방해할 수 있겠는가? 게다가 뒤에서 다시 보겠지만, 가난은 사회적 자살률에 영향을 미치는 요인 중 하나가 아니다. 병약자들의 경우에도, 병약함은 여러 가지 이유로 자살의 요인에서 배제될 뿐 아니라, 병약자들 가운데 자살자들이 많은지의 여부도 증명되지 않았다. 인간을 자살로 유도하기 가장 쉬운 신체적, 심리적 기질은 모든 형태의 신경쇠약증이다. 그런데 신경쇠약증은 오늘날 결점이 아니라 우월함의 표식으로 여겨지기도 한다. 지적인 것을 애호하는 우리의 세련된 사회에서 신경증을 보이는 사람들이 거의 귀족처럼 여겨진다. 다만 정신병이 뚜렷한 사람들만이 결혼을 거절당한다. 하지만 그처럼 제한된 배제만으로는 기혼자의 상당한 자살 면역에 대한 설명으로 충분하지 않다.[44]

그와 같은 약간 '선험적인' 생각을 제외하고서라도 기혼자들과 미혼자

---

43 J. BERTILLON fils, article cité de la *Revue scientifique*.
44 기혼자들의 낮은 자살 경향이 결혼 선택 때문이라는 가설을 부정하기 위해서 사람들은 종종 사별한 사람들(과부나 홀아비)의 생활에서 기인할 수 있는 자살촉진 경향을 지적하곤 한다. 하지만 앞서 그들은 미혼자들에 비해 자살촉진 경향을 가지고 있지 않다는 사실을 보았다. 사별한 사람들은 미혼자들보다 더 적게 자살한다. 따라서 그런 주장은 성립되지 않는다.

들의 자살 면역성이 전혀 다른 원인 때문임을 증명해 주는 사실들이 많이 존재한다.

만일 자살 면역이 결혼 선택의 결과라면, 그것은 선택이 이루어지자마자, 즉 젊은 남녀가 결혼 생활을 시작하는 때부터 증가해야 한다. 그 시점에 최초의 차이가 나타나야 되며, 그 이후로 그 차이는 선택이 이루어짐에 따라, 다시 말해 결혼할 능력이 있는 사람들은 결혼하고, 능력이 없어 미혼으로 남을 계층의 사람들과 섞이지 않음에 따라 점점 더 커져야 한다. 요컨대 자살 면역이 최고치에 도달하는 시기는, 결혼할 능력을 갖춘 사람들은 다 결혼하고, 신체적, 정신적 열등함 때문에 미혼일 수밖에 없는 사람들만 미혼으로 남아 있는 시기여야 할 것이다. 그 시기는 30~40세 사이여야 한다. 실제로 그 이후에는 결혼이 거의 이루어지지 않는다.

그런데 자살방지계수는 전혀 다른 법칙에 따라 변화한다. 첫째, 자살방지계수가 종종 자살촉진계수를 대체한다. 아주 젊은 기혼자는 미혼자보다 더 큰 자살 경향을 가지고 있다. 자살 면역성이 내재적이고 유전적이라면 그렇게 될 수가 없다. 둘째, 최고치는 거의 즉시 발생한다. 자살방지계수는 기혼자의 면역성이 처음 나타나는 연령대(20~25세)에서 최고치에 이르며, 그 이후에는 그 수치를 넘어서지 못한다. 그런데 그 연령대에서 기혼남성은 미혼남성 143만 명에 비해 14만 8천 명, 기혼여성도 미혼여성 104만 9천 명에 비해 62만 6천 명(어림수)에 불과하다.[45] 따라서 그 연령대의 미혼자들에는 후일 기혼자 귀족층을 형성할 이른바 세습적 자질을 가진 엘리트층의 대다수가 포함된다. 따라서 자살의 관점에

---

45 1891년의 프랑스 인구조사 수치이다.

서 보면, 두 집단 간의 자살률 차이는 미미해야 한다. 하지만 그 차이는 실제로 아주 크다. 그와 마찬가지로 25~30세 연령대에는 30~40세 연령대에 결혼할 200만 명의 기혼자 중 100만 명 이상이 아직 미혼자로 남아 있다. 하지만 그들 미혼자들 중에 결혼을 할 수 있는 능력 있는 미혼자들이 많은 데도 미혼자의 자살방지계수는 그때가 가장 낮다. 자살과 관련해서 보면, 기혼자와 미혼자의 자살방지계수 차이가 가장 크다. 그와 반대로 기혼자와 미혼자의 분리가 완료되고, 기혼자 계층이 거의 완전히 채워지는 (30~40세의) 연령층에서는, 자살방지계수가 최고치에 이르고 결혼 선택이 종료되었음이 입증되는 대신, 자살방지계수가 갑자기 큰 폭으로 떨어진다. 남자의 경우에 그 계수는 3.2에서 2.77로, 여자의 경우에 2.22에서 1.53으로 32% 감소해 더 큰 차이가 난다.

다른 한편으로, 결혼 선택이 어떤 방식으로 이루어지든 간에, 그 영향은 미혼 남녀에게 동일하게 일어나야 한다. 왜냐하면 아내도 남편과 다른 방식으로 기혼자가 되는 것이 아니기 때문이다. 따라서 만일 기혼자의 도덕적 우위가 단순히 선택의 결과라면, 그것은 남녀에게 동일해야 할 것이다. 따라서 자살 면역도 남녀에게 동일해야 할 것이다. 그런데 실제로 프랑스에서는 기혼남성이 기혼여성보다 더 보호를 많이 받는다. 기혼남성의 자살방지계수는 3.2까지 오르고, 단 한 차례만 2.04 이하로 내려가며, 대략 2.8 주위를 오르내린다. 그 반면에 기혼여성의 최고 계수는 2.22(혹은 2.39)[46]를 넘지 않으며, 최소 계수의 값은 1보다 낮다(0.98). 게다가 프랑스에서 기혼여성은 기혼남성과 거의 비슷한 자살 경향을 갖는다.

---

46 우리는 그와 같은 계수를 유보한다. 왜냐하면 그 계수는 15~20세 연령대의 계수이고, 그 연령대에서 기혼여성의 자살은 매우 드물며, 따라서 그렇게 적은 사례를 가지고 계산된 그 계수의 정확성이 어느 정도 의심스럽기 때문이다.

다음은 1887~1891년 사이의 남녀 기혼자의 자살 비율이다.

연령	미혼자의 연령별 자살 백분율		기혼자의 연령별 자살 백분율	
	남자	여자	남자	여자
20~25	70	30	65	35
25~30	73	27	65	35
30~40	84	16	74	26
40~50	86	14	77	23
50~60	88	12	78	22
60~70	91	9	81	19
70~80	91	9	78	22
80 이상	90	10	88	12

이렇듯 각 연령층에서[47] 기혼여성의 자살 비율은 미혼여성의 비율보다 훨씬 더 높다. 그것은 물론 기혼여성이 미혼여성보다 자살에 더 노출되기 때문이 아니다. [표 20]과 [표 21]은 그 반대의 사실을 증명해 준다. 다만, 여자는 결혼을 해도 자살방지계수가 낮아지지 않지만, 남자보다는 덜 높아질 뿐이다. 하지만 만일 기혼자들의 면역성에 남녀 사이의 차

47 두 가지의 결혼 상태에서 성의 차이를 비교할 때, 나이의 영향을 배제하는 데 신경을 쓰지 않는 경우가 비일비재하다. 하지만 그 경우에는 부정확한 결과를 얻게 된다. 보통 방법을 따른다면, 1887~1891년 사이에 기혼남성의 자살 79명에 대해 기혼여성의 자살은 21명, 그리고 모든 연령에서 미혼남성의 자살 100건에 대해 미혼여성의 자살은 19건이다. 그런데 그 수치는 상황에 대한 그릇된 인상을 주게 된다. 바로 위의 도표에서 보는 것처럼, 기혼여성은 미혼여성에 비해 모든 연령층에서 자살 비율이 더 높다. 그 이유는 미혼자와 기혼자의 경우에 다 같이 남녀 간의 차이는 연령에 따라 변화하기 때문이다. 70~80세에서의 남녀 간의 차이는 20세에 비해 약 2배 정도이다. 그런데 미혼자는 거의 30세 미만의 사람들로 구성되어 있다. 따라서 만일 연령을 고려하지 않는다면, 실제로 얻게 되는 차이는 30세경의 미혼남성과 미혼여성의 차이이다. 하지만 만일 연령에 관계없이 그 차이를 기혼자들 사이의 차이와 비교한다면, 실제로 그 비교는 50세의 기혼자와 하게 되는 셈이다. 왜냐하면 기혼자의 평균 연령이 50세이기 때문이다. 그런 만큼 그와 같은 비교는 잘못된 것이다. 남녀 간의 차이는 나이의 영향으로 인해 기혼자나 미혼자에게서 동일하게 변화하지 않기 때문에 오류는 더 커진다. 다시 말하자면 미혼자의 경우에는 기혼자의 경우보다 남녀 간의 차이가 더 커진다.

이가 그 정도로 있다면, 그것은 가족생활이 남녀의 정신 상태에 영향을 다르게 미치기 때문일 것이다. 남녀의 면역성의 차이에 다른 원인이 없다는 것을 확실하게 증명하기 위해서는 그것이 나타나고 증가하는 것을 가정환경의 영향 아래서 관찰해 보아야 한다. 실제로 [표 21]은 처음에는 남녀 간에 자살방지계수는 거의 다르지 않다는 것을 보여 준다(여성의 경우는 2.39이나 2이고, 남성의 경우는 2.4이다). 그 후에 남녀의 차이가 점차적으로 커진다. 우선, 기혼여성의 계수가 최고 수치 연령층까지 기혼남성의 계수보다 느리게 증가하기 때문이며, 그 다음으로는 여자의 계수가 더 빨리, 더 많이 감소하기 때문이다.[48] 따라서 만일 자살방지계수가 가정의 영향이 길어짐에 따라 변한다면, 그것은 그 계수가 가정에 의존적이기 때문이다.

그보다 더 설득력이 있는 증거는 기혼남녀의 자살방지계수와 관련된 상황이 모든 나라에서 동일하지 하지 않다는 사실이다. 올덴부르크 대공국에서는 여성이 남성보다 낮으며, 우리는 뒤에서 그처럼 뒤집힌 또 다른 하나의 사례를 보게 될 것이다. 하지만 전체적으로 보면 결혼 선택은 모든 곳에서 같은 방식으로 이루어지고 있다. 따라서 결혼 선택이 결혼의 자살 면역 효과의 근본적인 요인일 수는 없다. 그렇지 않다면 어떻게 여러 다른 나라에서 반대되는 결과가 나타날 수 있겠는가? 그와 반대로 사회마다 가족이 성별에 대해 다르게 영향을 미치는 방식으로 구성되는 것은 가능할 것이다. 따라서 우리는 가족 집단의 구성에서 지금 탐구되고 있는 현상의 주요 원인을 발견해야만 한다.

---

48 그와 마찬가지로 앞의 표에서 연령이 높아질수록 기혼자의 자살에서 기혼여성이 차지하는 비율이 미혼자의 자살에서 미혼여성이 차지하는 비율보다 점점 더 높아진다는 것을 볼 수 있다.

하지만 그런 결과가 흥미롭기는 하지만, 좀 더 명확한 규명이 필요하다. 왜냐하면 가족 환경은 여러 다른 요소들로 구성되어 있기 때문이다. 가족에는 ① 아내와 남편, ② 자녀가 포함된다. 그렇다면 가족이 자살 경향에 미치는 유익한 영향은 ①에서 기인하는가, 아니면 ②에서 기인하는가? 달리 말해 가족은 두 연합체로 구성되어 있다. 한편에는 부부 그룹이, 다른 한편에는 이른바 가족 그룹이 있다. 두 집단은 기원도 다르고 성격도 다르며, 따라서 그 영향도 다르다. 부부관계는 계약과 선택에서 파생된 인척 관계이고, 가족관계는 자연 현상이며 혈연에 따른 인척 관계이다. 전자는 같은 세대의 두 사람을 결합시키고, 후자는 한 세대와 다음 세대를 결합시킨다. 후자는 인류만큼 오래된 것이며, 전자는 상대적으로 더 나중에 조직된 것이다. 두 관계가 그 정도로 다르기 때문에, 우리가 이해하고자 하는 자살 현상의 발생이 그 두 관계로부터 '선험적'으로 동일한 영향을 받는다는 것은 확실하지 않다. 어쨌든 두 관계가 모두 영향을 미친다 해도 같은 방식, 같은 정도는 아닐 것이다. 그런 만큼 우리는 그 두 관계가 모두 영향을 미치는지, 영향을 미친다면 각기 어떤 영향을 미치는지를 살펴보는 것이 중요하다.

우리는 이미 결혼이 자살에 미치는 영향이 적다는 하나의 증거를 가지고 있다. 금세기 초 이래 결혼율은 거의 변하지 않았는 데 비해, 자살률은 3배 늘었다는 사실이 그것이다. 결혼은 1821년에서 1830년 사이에 매년 인구 1,000명 중 7.8건, 1831년에서 1850년 사이에는 8건, 1851년에서 1860년 사이에는 7.9건, 1861년에서 1870년 시아에는 7.8건, 1871년에서 1880년 사이에는 8건이 이루어졌다. 같은 기간에 인구 100만 명당 자살률은 54명에서 180명으로 증가했다. 1880년에서 1888년 사이에는 결혼율이 약간 떨어진 데 반해(8건에서 7.4건으로), 자살은 1880년에서 1887년 사이에 16% 이상 증가했다.[49] 게다가 1865에서 1888년 사이에 프랑스의 결혼율(7.7건)은 덴마크(7.8건)와 이탈리아(7.6건)의 결혼율과 거의 같았다. 하지만 그 세 나라의 자살률은 달랐다.[50]

하지만 결혼이 자살에 미치는 영향을 훨씬 더 정확하게 측정할 방법이 있다. 무자녀 가족을 관찰하는 방법이 그것이다.

1887~1891년 사이에 무자녀 기혼남성은 매년 100만 명 가운데 644명이 자살했다.[51] 가족의 영향을 제외하고 결혼 그 자체가 자살에 어느 정도 영향을 미쳤는가를 알기 위해서는 위의 자살률을 같은 평균 연령의 미혼자 자살률과 비교하기만 하면 된다. [표21]에서 그 비교를 해볼 수 있다. 그 비교를 통해 우리는 중요한 정보 중 하나를 얻게 된다. 기혼자의 평균 연령은 오늘날과 마찬가지로 그때에도 46세 8개월 10일이었다. 그 연령의 미혼자 100만 명 중 975명이 자살했다. 그런데 975명에 대해 644명은 150:100의 비율이다. 무자녀 기혼남성의 자살방지계수는 1.5일 뿐이다. 그들은 같은 연령의 미혼자에 비해 3분의 1만큼 자살을 덜 했을 뿐이다.

---

49 르고이(op. cit., 175)와 코레(Crime et suicide, p. 475)는 자살률과 결혼율 간의 상관관계를 입증할 수 있을 것으로 생각했다. 하지만 그들의 착오는, 우선 그들이 너무 짧은 기간만을 분석한 점에서, 그 다음으로는 그들이 최근과 프랑스에서 결혼율이 1813년 이후에 유난히 높아 비정상적이었던 1872년의 수치를 비교한 점에서 기인한 것이다. 1872년에 결혼 인구는 1870년의 전쟁으로 인한 공백을 메우기 위해 증가한 것이다. 그와 같은 비교를 통해서는 결혼율의 변동을 제대로 측정할 수 없다. 같은 관찰이 독일과 그 밖의 거의 모든 유럽의 나라에도 해당된다. 마치 충격을 받은 것처럼 그 시기의 결혼율이 강한 영향을 받고 있는 것처럼 보인다. 이탈리아, 스위스, 벨기에, 영국, 네덜란드 등에서 결혼율은 갑자기 많이 올라갔고, 종종 그런 추세가 1873년까지 계속된다는 점을 지적하자. 전체 유럽이 두 나라의 전쟁으로 인한 결혼율의 감소를 보완하는 듯하다고 말할 수도 있을 것이다. 그 후 얼마 지나지 않아 엄청난 결혼율 감소가 일어난 것은 당연한 것으로 보인다(OETTINGEN, op. cit., annexes, tableaux 1, 2 et 3을 참고하시오).
50 LEVASSEUR, Population française, t. Ⅱ, p. 208을 참고했다.
51 1886년 인구조사, p. 123을 참고했다.

하지만 유자녀 기혼남성의 경우는 전혀 다르다. 유자녀 기혼남성은 매년 100만 명 중 366명만이 자살한다. 그 수치는 975명에 대해 100: 290의 비율이다. 다시 말해 결혼식이 많이 거행될 때, 기혼남성의 자살 방지계수는 거의 2배(1.5 대신에 2.9)나 된다.

따라서 부부사회는 기혼자의 자살 면역에서 아주 작은 비중을 차지하고 있을 뿐이다. 게다가 앞의 계산에서 그 비중은 실제보다 어느 정도 크게 평가되었다. 우리는 무자녀 기혼자의 평균 연령을 전체 기혼남성의 평균 연령과 같다고 가정했지만, 실제로는 더 낮다. 왜냐하면 그들 중에는 불임증 때문이 아니라 결혼한 지 얼마 안 되어 아직 아이를 갖기에는 너무 이른 젊은 남편들이 있기 때문이다. 결혼은 28세나 29세경에 하는 반면, 기혼남성은 평균 34세에 비로소 첫 아이를 갖는다.[52] 따라서 28~34세의 기혼남성은 거의 대부분 무자녀 기혼남성이다. 무자녀 기혼남성 평균 연령은 더 낮아진다. 따라서 46세를 평균 연령으로 생각한 것은 분명 과장된 것이다. 하지만 그렇게 되면 무자녀 기혼남성은 46세가 아닌 그보다 더 젊고, 따라서 자살을 덜 하는 미혼자들과 비교해야 한다. 그런 만큼 1.5라는 자살방지계수는 조금 과장된 것이다. 만일 우리가 무자녀 기혼 남자의 평균 연령을 정확하게 안다면, 그들의 자살률은 위의 숫자보다는 미혼자의 자살률에 더 가깝다는 것을 보게 될 것이다.

게다가 결혼의 영향이 제한적이라는 사실을 보여 주는 것은, 유자녀 홀아비가 무자녀 기혼남성보다 자살을 덜 한다는 사실이다. 실제로 유자녀 홀아비의 자살률은 100만 명당 937명이다. 그런데 그들의 평균 연령은 61세 8개월 10일이다. 같은 연령의 미혼자의 자살[표 21]은 1,434명에

---

52 *Annuaire statistique de la France*, 15e vol., p. 43을 참고하시오.

서 1,768명 사이, 즉 약 1,504명이다. 그 숫자는 937명에 대해 160:100에 해당한다. 따라서 유자녀 홀아비의 자살방지계수는 최소한 1.6으로, 무자녀 기혼남성보다 더 높다. 또한 우리는 그 계수를 계산하면서 과장하기보다는 오히려 과소평가했다. 왜냐하면 유자녀 홀아비들은 홀아비 전체에 비해 분명히 나이가 더 많기 때문이다. 실제로 홀아비 전체에는 사별로 인해 결혼이 일찍 끝난 사람들, 즉 아주 젊은 사람들도 포함되어 있다. 따라서 유자녀 홀아비들은 62세 이상의 미혼남성(연령 덕으로 더 많은 자살 경향을 가진)과 비교해야 한다. 그런 비교를 통해 유자녀 홀아비들의 면역성이 더 높다는 사실이 분명하게 드러나고 있다.[53]

1.6이라는 자살방지계수는 유자녀 기혼자들의 자살방지계수인 2.9보다는 현저히 낮은 것이 사실이다. 그 차이는 45%가 조금 못된다. 따라서 결혼생활 자체의 영향이 생각보다 더 크다고 생각할 수 있다. 왜냐하면 결혼생활이 끝났을 때, 홀아비의 자살 면역성이 그 정도로 떨어지기 때문이다. 하지만 결혼생활이 그런 감소에 미친 영향은 미미하다. 그 증거는 무자녀 홀아비에게는 훨씬 적은 영향을 미친다는 사실이다. 무자녀 홀아비들은 100만 명당 1,258명이 자살하며, 62세 미혼남성의 자살률은 1,504명으로 그 비율은 100:119이다. 따라서 그들의 자살방지계수는 약 1.2이며, 무자녀 기혼남성의 계수 1.5보다 약간 낮다. 전자는 후자보다 20% 낮을 뿐이다. 따라서 배우자의 사망이 혼인관계의 종말 이상의 다른 영향을 미치지 않을 때, 그 사망은 홀아비의 자살 경향에 큰 반향을 일으키지 않는다. 요컨대 결혼생활이 계속 이어져도 자살 경향을 억제하

---

53 같은 이유로 유자녀 기혼남성의 연령은 일반 기혼남성보다 더 높다. 그 결과 그들의 자살방지계수 2.9도 역시 실제보다 약간 낮은 것으로 생각하지 않으면 안 된다.

는 데는 그다지 큰 도움을 주지 못하는 것으로 보인다. 왜냐하면 결혼생활이 막을 내려도 자살 경향이 크게 높아지지 않기 때문이다.

유자녀 홀아비가 무자녀 홀아비보다 상대적으로 자살 경향이 불리한 이유는 자녀 쪽에서 찾아야 할 것이다. 어떤 의미에서는 자녀가 있기 때문에 홀아비는 분명 삶에 더 집착한다. 하지만 그와 동시에 자녀로 인해 홀아비가 겪어야 하는 위기가 더 심각할 수도 있다. 왜냐하면 단순히 부부관계만 타격을 입는 것이 아니라, 남아 있는 가족의 기능 역시 타격을 입기 때문이다. 핵심 요소인 부모가 없게 됨으로써 가정 전체가 고장을 일으키게 된다. 무너진 균형을 재정립하기 위해서 남편이 이중의 임무를 수행해야 하며, 또한 익숙하지 않은 기능을 담당해야 한다. 그런 이유로 그는 결혼생활 동안 누리던 이점을 잃게 된다. 결혼이 끝났을 뿐만 아니라, 또한 그가 이끌던 가족이 해체되었기 때문이다. 아내의 죽음이 아니라 어머니의 죽음이 재난을 야기하는 것이다.

하지만 결혼이 자살 경향에 그리 큰 영향을 미치지 못한다는 사실은 특히 자녀에게서 자연적인 보상을 받을 수 없는 여성의 경우에 명확하게 나타난다. 무자녀 기혼여성은(42세와 43세 사이) 100만 명당 221명의 비율로 자살을 하는데, 같은 연령의 미혼여성의 자살률은 150명에 불과하다. 두 자살의 비율은 100:67로, 자살방지계수는 1보다 작은 0.67로 떨어진다. 다시 말해 더 나빠진다. '결국, 프랑스의 경우에는 무자녀 기혼여성은 같은 연령의 미혼여성보다 1.5배나 더 자살한다.' 우리는 일반적으로 아내가 남편보다 가족을 통한 자살 경향 방지의 득을 덜 본다는 사실을 이미 지적했다. 이제 그 이유를 알게 된 것이다. 그것은 결혼관계 그 자체가 여자에게는 불리하며, 또한 자살의 경향을 악화시키기 때문이다.

그럼에도 대부분 기혼여성들의 자살방지계수가 유리해 보인다면, 그 것은 대체로 자녀의 존재가 결혼의 불리한 영향을 감소하고 교정하기 때 문이다. 물론 무자녀 가정은 예외이다. 하지만 그 효과는 약간의 감소에 지나지 않는다. 유자녀 기혼여성은 100만 명당 79명이 자살한다. 그 수 치를 42세의 미혼여성 자살률인 150명과 비교하면, 유자녀 기혼여성이 라도 1.89의 자살방지계수를 가지고 있을 뿐이다. 그러니까 같은 상황에 있는 유자녀 기혼남성보다 35% 적게 이득을 보는 셈이다.[54] 따라서 우리 는 자살에 대한 베르티용의 다음과 같은 명제에 찬성할 수 없다. "여성은 결혼을 하면 남성보다 더 큰 이득을 취하며, 결혼이 끝나면 필연적으로 남성보다 더 많은 피해를 입는다."[55]

III.

일반적으로 기혼자의 자살 면역성은 여성의 경우에는 전적으로, 남성 의 경우에는 대부분 부부생활이 아니라 가족생활에서 기인한다. 하지만 자녀가 없더라도 남성의 경우에는 적어도 1:1.5의 비율로 자살이 감소한 다는 사실을 보았다. 150명에서 50명의 감소, 즉 33%에 해당하는 감소 는, 가족이 완전할 때에 비하면 적은 감소이지만, 그렇다고 해서 무시할

---

54 무자녀 남편과 무자녀 아내 사이에서도 비슷한 계수 차이, 오히려 더 큰 차이가 있다. 후자의 계수 (0.67)는 전자의 계수(1.5)보다 더 낮다. 따라서 자녀의 존재는 결혼에 의해 상실한 만큼 아내에게 보 상을 해주는 셈이다. 만일 아내가 남편보다 결혼을 통해서 이득을 덜 본다면, 아내는 남편보다 자녀 의 존재에 의해 더 많은 이득을 보는 것이다. 아내는 남편보다 자녀들이 미치는 좋은 영향에 더 민감 하다.
55 다음의 사전 항목을 참고하시오. "Mariage", *Dict. encycl.*, 2e série, t. V, p. 36.

정도는 아니다. 따라서 그 원인을 이해하는 것이 중요하다. 그런 감소는 남자가 결혼을 해서 얻게 되는 혜택 때문인가, 아니면 오히려 결혼 선택의 결과인가? 결혼 선택이 자살에서 중요한 역할을 하지 않는다는 것은 이미 살펴보았다. 하지만 그 영향이 전혀 없는 것인지는 아직 증명되지 않은 상태이다.

얼핏 보면 그 가설을 입증하는 듯한 완벽한 사실이 하나 있다. 무자녀 기혼남성들의 자살방지계수는 결혼이 끝나도 부분적으로 유지된다는 사실, 즉 단지 1.5에서 1.2로 감소하는 데 불과하다는 사실을 우리는 이미 알고 있다. 그런데 무자녀 홀아비들의 면역성이 그들의 홀아비 상태 때문이 아닌 것은 분명하다. 홀아비 상태 자체는 자살 경향을 감소시키는 것이 아니라 반대로 강화시킨다. 따라서 그들의 면역성은 결혼이 아니라 이전의 다른 원인 때문일지도 모른다. 왜냐하면 그것은 아내의 죽음으로 결혼이 끝난 후에도 계속 되기 때문이다. 그렇다면 그들의 면역성은 결혼 선택에 의해 만들어진 것은 아니지만, 남편 고유의 어떤 특질 때문에 그것이 나타난 것은 아닐까? 그 특질은 결혼 전에 이미 존재했고 결혼과는 무관하기 때문에, 그것은 결혼 후까지 지속되는 것은 아주 자연스러울 것이다. 만일 남편들이 엘리트라면, 홀아비들도 당연히 그럴 것이다. 그런 선천적 우월성이 홀아비들에게 영향을 덜 미친다는 것은 사실이다. 왜냐하면 그들이 자살로부터 보호를 덜 받기 때문이다. 하지만 배우자를 잃은 충격으로 인해 예방 효과를 부분적으로 상실한 나머지 충분한 효과를 내지 못할 수도 있다.

그런데 그런 설명이 인정되려면 그것이 남성과 여성에 공히 적용되어야 할 것이다. 그러니까 여성에게서도 선천적 자질의 흔적을 찾아볼 수 있어야 하며, 또한 다른 조건이 같다면 기혼여성들이 미혼여성들보다 자살을 덜 해야 할 것이다. 그런데 무자녀 기혼여성들은 같은 연령의 미혼여성들보다 자살을 더 많이 한다. 따라서 기혼여성들이 선천적으로 자살방지계수를 타고 났다는 가설은 부정되고 만다. 다른 한편, 남성과 마찬가지로 여성에게도 타고난 자살방지계수가 존재하지만, 기혼녀의 정신 상태에 미친 결혼의 부정적 영향으로 인해 결혼해서 사는 동안에 그 효과가 완전히 무효화되었다는 사실을 용인할 수도 있다. 하지만 만일 선천적 자살방지계수의 효과가 결혼생활을 시작하면서 여자가 겪는 정신적 쇠퇴 때문에 제한되고 은폐되었다면, 결혼이 끝나 다시 혼자가 되면 그 효과가 다시 나타나야 할 것이다. 자신을 우울하게 했던 결혼의 멍에에서 벗어난 기혼여성은 미혼여성들에게는 없는 모든 장점과 타고난 우월성을 다시 회복해야 할 것이다. 달리 말하자면 미혼여성과 비교해서 무자녀 과부의 자살방지계수는 적어도 무자녀 홀아비의 그것과 비슷해야 할 것이다. 그런데 실제로는 그렇지 않다. 100만 명당 무자녀 과부의 자살률은 연간 322명이다. 60세(과부의 평균연령) 미혼여성의 자살률은 189명과 204명 사이, 즉 약 196명이다. 두 자살의 비율은 100:60이다. 따라서 무자녀 과부의 자살방지계수는 1보다 작으므로 자살촉진계수인 셈이다. 그 계수는 0.6으로, 무자녀 기혼여성의 계수(0.67)보다도 약간 더 낮다. 요컨대 무자녀 기혼여성의 자살면역성을 제한하는 것은 결혼 그 자체가 아니다.

아마도 이렇게 답을 할 수도 있다. 결혼으로 억눌렸던 다행스러운 선천적 자질이 (결혼이 끝나도) 완전하게 회복되는 것을 방해하는 것은, 바로 여자에게는 과부가 되는 것이 더 안 좋은 상태라는 답이 그것이다. 실제로 과부가 홀아비보다 더 힘들 것이라는 생각은 널리 퍼져있다. 과부가 자기뿐만 아니라 가족 전체의 생계를 위해 모든 것을 혼자 헤쳐 나가야 하기 때문에 그녀가 당면하는 정신적, 경제적 어려움이 강조되었다. 심지어 그런 견해는 사실에 의해 증명된 것으로 여겨져 왔다. 모르셀리가 작성한 통계에 의하면,[56] 과부는 기혼여성보다 남자의 자살 경향에 더 가까우며, 또한 기혼여성은 미혼여성보다 남자의 자살률에 더 가깝기 때문에, 과부가 가장 불리한 상황에 있다는 사실이 증명된다. 그런 주장을 뒷받침하기 위해 모르셀리는 다음과 같은 프랑스의 수치를 제시하고 있는데, 그 수치는 약간의 차이는 있지만 유럽의 다른 모든 나라에서 관찰된다.

연도	기혼자 자살 100건당 남녀 비율		홀로된 사람들의 자살 100건당 남녀 비율	
	남자	여자	남자	여자
1871	79	21	71	29
1872	78	22	68	32
1873	79	21	69	31
1874	74	26	57	43
1875	81	19	77	23
1876	82	18	78	22

실제로 남성과 여성 자살자들 중 여성의 비중은 기혼집단보다는 과부집단에서 더 큰 것 같다. 그렇다면 그것은 여자에게는 과부 신세가 결혼 상태보다 더 힘들다는 것을 보여 주는 증거가 아닐까? 만일 그렇다면, 과부가 된 그녀들의 자살 면역성이 결혼 상태에 있을 때보다 그 효과를 발휘하는 데 더 많은 방해를 받는다고 해도 놀라운 일은 못된다.

안타깝게도 그 법칙은 사실을 착각한 결과이다. 모르셀리는 어디서나 과부가 홀아비보다 2배나 더 많다는 사실을 잊고 있었다. 프랑스에서는

56 *Op. cit.*, p. 342.

홀아비 100만 명당 과부는 대략 200만 명이다. 프로이센에서는 1890년의 인구조사에 의하면 홀아비는 45만 명, 과부는 131만 9천 명이었다. 이탈리아에서는 각각 57만 1천 명과 132만 2천 명이었다. 그런 조건이라면 기혼남성과 동수인 기혼여성보다 과부의 비중이 더 높은 것은 아주 당연하다. 그런 비교로 유익한 정보를 얻기를 원한다면, 두 집단의 인구가 같아야 한다. 우리가 같은 인구로 비교한 결과는 모르셀리의 결과와 반대이다. 그런데 만일 그런 조치를 취한 후에 비교를 한다면, 우리는 모르셀리의 것과는 반대되는 결과를 얻게 된다. 사별한 사람들의 평균연령, 즉 60세에서 기혼여성의 자살률은 100만 명당 154명, 기혼남성의 자살률은 577명이다. 따라서 여자의 비중은 21%이다. 그 비중은 과부의 경우에는 현저히 낮아진다. 실제로 과부의 자살은 100만 명당 210명, 홀아비의 자살은 1,017명이다. 그로부터 사별한 사람들의 자살 100건 중 여자가 차지하는 비중이 17건에 불과하다는 결론이 도출된다. 그와 반대로 남자의 비중은 79%에서 83%로 커진다. 그렇게 해서 결혼에서 사별 상태로 넘어가면서 남자가 여자보다 더 불리해진다. 왜냐하면 남자가 기혼남성일 때 누리던 몇몇 이점을 유지하지 못하기 때문이다. 따라서 상황 변화가 여자보다 남자에게 덜 힘들고 덜 어려운 것이라고 가정할 아무런 이유가 없다. 사실은 그 반대이다. 게다가 홀아비의 사망률이 과부의 사망률보다 훨씬 높다. 또한 재혼률에서도 상황은 마찬가지다. 홀아비의 재혼율은 모든 연령에서 미혼남성보다 3~4배 높다. 그 반면에 과부의 재혼율은 미혼여성의 결혼율보다 조금 높을 뿐이다. 남자는 재혼을 열렬히 원하는 데 비해, 여자는 주저한다.[57] 만일 흔히 말하듯이 사별 상태가 남

---

57 BERTILLON, "Les célibataires, les veufs, etc.", *Rev. scient.*, 1879.

자에게 더 수월하고, 반대로 여자에게 훨씬 더 힘들다면, 재혼율은 전혀 다르게 나타날 것이다.[58]

하지만 과부가 된다고 해서 결혼에 적합한 여자의 선천적인 장점이 사라질 이유는 없다. 또한 그런 장점을 알아볼 수 있는 징후가 드러나지 않는다면, 선천적인 장점이라는 것이 있다고 가정할 이유도 없다. 따라서 결혼 선택 가설은 여성에게 전혀 적용되지 않는다. 결혼하는 여자가 어느 정도 자살을 예방하는 체질적 장점이 있다고 생각할 수 있는 근거는 전혀 없다. 그런 가정은 남자의 경우에도 근거가 희박하다. 무자녀 기혼 남성들의 자살방지계수 1.5는 실제로 그들이 가장 건강한 사람들에 편입되었다는 사실에서 기인하는 것이 아니다. 그 계수는 오로지 결혼의 효과일 수밖에 없다. 여자에게는 끔직한 결혼생활이 남자에게는 반대로 자녀가 없는 경우에도 유리하다는 사실을 인정해야 한다. 결혼한 남자들이 선천적으로 우수한 사람들은 아니다. 그들은 자살을 방지하는 기질을 선천적으로 가지고 결혼하는 것이 아니다. 그들은 결혼생활을 하면서 그런 기질을 획득하게 되는 것이다. 설사 그들이 몇몇 선천적인 장점을 지녔다고 해도, 그것은 아주 애매하고 불확실할 수밖에 없다. 왜냐하면 다른 조건이 주어지지 않으면 그것들은 아무런 효과도 내지 못하기 때문이다. 요컨대 자살이 개인들의 타고난 자질 때문이 아니라, 그들을 지배하는 외부 원인 때문이라는 것은 분명하다.

하지만 해결해야 할 난점이 하나 더 있다. 1.5라는 계수가 가족과는 별

---

58 또한 모르셀리는 그의 주장을 뒷받침하기 위해서 전쟁 직후에 과부의 자살은 미혼여성이나 기혼여성 보다 훨씬 더 높았다는 사실을 제시하고 있다. 하지만 그것은 단지 그 시기에 과부의 인구가 예외적으로 증가했기 때문이다. 따라서 과부의 증가는 자살의 증가로 나타나며, 그 증가는 다시 그 균형이 회복될 때까지, 그리고 여러 종류의 결혼이 정상으로 되돌아올 때까지 계속되는 것은 당연할 것이다.

개로 결혼에서 기인했다면, 결혼이 끝난 후에도 무자녀 홀아비의 경우에는 조금 줄어든 상태로(1.2) 계속 유지되는 것은 무엇 때문인가라는 난점이 그것이다. 만일 자살방지가 결혼 선택 때문이라는 이론이 부정된다면, 어떻게 그 이론을 다른 이론으로 대체할 수 있을까?

결혼 기간 동안에 생긴 습관, 취향, 경향 등은 결혼이 막을 내리더라도 사라지지 않는다고 가정하는 것으로 충분하다. 그만큼 확실한 가설도 없다. 따라서 만일 기혼남성이 비록 자녀가 없더라도 자살로부터 어느 정도 멀어졌다면, 그는 홀아비가 된 후에도 필연적으로 그런 경향을 유지할 것이다. 다만 사별 상태에는 정신적인 충격이 따르고, 뒤에서 보겠지만 모든 균형의 상실은 자살을 불러일으키는 경향이 있으므로 면역성은 약화된 상태로만 유지될 뿐이다. 그와는 반대이지만 같은 이유로 무자녀 기혼여성은 미혼여성보다 자살을 더 많이 하기 때문에, 그녀들이 일단 과부가 되면 강한 자살 경향을 가질 뿐만 아니라, 사별에 항상 수반되는 혼란과 부적응으로 인해 그 경향이 심지어 강화되기도 한다. 다만 결혼이 기혼여성에게 미친 나쁜 영향이 사별로 인해 좀 더 편안한 상태로 변화되기 때문에, 자살방지계수의 악화는 아주 미미할 뿐이다. 그 계수는 불과 몇 %만 낮아진다(0.67에서 0.6으로).[59]

59 유자녀의 경우, 사별 상태에 의해 발생하는 계수의 감소는 남녀에 있어 거의 같다. 유자녀 남편의 계수는 2.9인데, 사별하면 1.6으로 감소한다. 같은 상황에 있는 여성의 계수는 1.89에서 1.06으로 감소한다. 따라서 남성의 경우에 감소율은 45%이며, 여성의 경우에는 44%이다. 앞서 지적한 것처럼, 사별 상태는 두 가지 효과를 낳는다. ① 부부사회에, ② 가족사회에 지장을 초래한다. 그런데 여성은 결혼으로부터 이득을 덜 보기 때문에, ①의 지장은 남성보다 여성이 덜 느낀다. 하지만 반대로 여성은 ②의 지장을 훨씬 더 크게 느낀다. 왜냐하면 홀로된 남성이 여성의 집안일 기능을 대신 맡는 것보다 여성이 집안을 운영하는 남편의 기능을 떠맡는 것이 종종 더 어렵기 때문이다. 따라서 유자녀의 경우, 사별 상태에서 남녀의 자살률을 같은 비율이 되도록 변화시키는 일종의 보충작용이 일어난다. 따라서 사별한 여성이 결혼 상태에서 상실한 상태를 일부 회복할 수 있는 것은 특히 무자녀의 경우이다.

위의 설명은, 그것이 다음과 같은 일반적인 명제의 특수한 한 사례에 불과하다는 사실을 통해 확인된다. 한 사회에서 사별한 사람의 자살 경향은 남녀 각기 기혼자 자살 경향의 함수라는 명제가 그것이다. 만일 기혼남성이 자살로부터 강하게 보호받는다면, 홀아비도 약간 낮은 정도이기는 하지만 그래도 역시 강하게 보호받는다. 만일 기혼남성이 약한 보호밖에 받지 못한다면, 홀아비는 전혀 보호받지 못하거나 아주 약한 보호밖에 받지 못한다. 그와 같은 명제의 정확성을 확인하기 위해서는 [표 20], [표 21]에서 도출된 결론을 참고하는 것으로 충분하다. 두 표에서 우리는 결혼 상태와 사별 상태에서 한 성이 다른 성보다 항상 더 유리하다는 것을 확인했다. 그런데 첫 번째 상태에서 특권을 누리는 성이 두 번째 상태에서도 특권을 누린다. 프랑스에서는 남편이 아내보다 더 높은 자살방지계수를 가지고 있으며, 또한 홀아비가 과부보다 더 높다. 올덴부르크에서는 기혼자들 사이에서 그 반대 현상이 일어나고 있다. 아내가 남편보다 더 높은 면역성을 가지고 있으며, 과부도 홀아비보다 더 높은 면역성을 가지고 있다.

하지만 위의 두 사례만으로는 증거로서 불충분하기 때문에, 또 다른 한편으로 다른 나라에서는 명제를 검증할 자료를 갖추고 있지 않기 때문에, 우리는 비교의 범위를 확장시키기 위해 다음과 같은 절차를 밟았다. 한편으로는 센 도의 연령별, 결혼 유무별 자살률을 따로 계산하고, 다른 한편으로는 센 도를 제외한 모든 다른 도를 함께 묶어 별도로 계산했다. 그렇게 분리된 두 사회 집단은 비교를 통해 유익한 점을 기대할 수 있을 만큼 충분히 다른 집단이다. 그리고 그 두 사회 집단에서 가정생활은 실제로 자살에 매우 다른 영향을 미치고 있다[표 22].

센 도를 제외한 다른 도에서는 남편이 아내보다 훨씬 더 높은 면역성

[표 22] 센 도와 그 밖의 도에 있어서의 연령별, 결혼지위별 자살률의 비교
(1889~1891, 인구 100만 명 기준)

연령	남자(지방)			미혼자에 대한 자살방지계수		여자(지방)			미혼자에 대한 자살방지계수	
	미혼자	기혼자	홀로된 사람	기혼자	홀로된 사람	미혼자	기혼자	홀로된 사람	기혼자	홀로된 사람
15~20	100	400		0.25		67	36	375	1.86	0.17
20~25	214	95	153	2.25	1.39	95	52	76	1.82	1.25
25~30	365	103	373	3.54	0.97	122	64	156	1.9	0.78
30~40	590	202	511	2.92	1.15	101	74	174	1.36	0.58
40~50	976	295	633	3.3	1.54	147	95	149	1.54	0.98
50~60	1,445	470	852	3.07	1.69	178	136	174	1.3	1.02
60~70	1,790	582	1,047	3.07	1.7	163	142	221	1.14	0.73
70~80	2,000	664	1,252	3.01	1.59	200	191	233	1.04	0.85
80 이상	1,458	762	1,129	1.91	1.29	160	108	221	1.48	0.72
평균				2.88	1.45				1.49	0.78

연령	남자(센 도)			미혼자에 대한 자살방지계수		여자(센 도)			미혼자에 대한 자살방지계수	
	미혼자	기혼자	홀로된 사람	기혼자	홀로된 사람	미혼자	기혼자	홀로된 사람	기혼자	홀로된 사람
15~20	280	2,000		0.14		224				
20~25	487	128		3.8		196	64		3.06	
25~30	599	298	714	2.01	0.83	328	103	296	3.18	1.1
30~40	869	436	912	1.99	0.95	281	156	373	1.8	0.75
40~50	985	808	1,459	1.21	0.67	357	217	289	1.64	1.23
50~60	1,367	1,152	2,321	1.18	0.58	456	353	410	1.29	1.11
60~70	1,500	1,559	2,902	0.96	0.51	515	471	637	1.09	0.8
70~80	1,783	1,741	2,082	1.02	0.85	326	677	464	0.48	0.7
80 이상	1,923	1,111	2,089	1.73	0.92	508	277	591	1.83	0.85
평균				1.56	0.75				1.79	0.93

을 가지고 있다. 4개의 연령 그룹 1에서만 남편의 계수가 3 이하로 내려
갈 뿐이다.[60] 그 반면에 아내의 계수는 결코 2에 이르지 못하며, 남편의
평균 계수는 2.88인 데 비해 아내의 평균 계수는 1.49이다. 하지만 센 도

에서는 그 반대이다. 남편의 계수는 평균 1.56인 데 비해, 아내의 평균 계수는 1.79이다.[61] 그런데 홀아비와 과부 사이에서는 정확히 그 반대 결과가 나타난다. 센을 제외한 지방에서는 홀아비의 평균 계수가 높고(1.45), 과부의 평균 계수는 훨씬 낮다(0.78). 하지만 센 도에서는 반대로 과부의 평균 계수가 1에 가까운 0.93으로 더 높은 데 비해, 홀아비의 평균 계수는 0.75로 떨어지고 있다. '어떤 성이 더 유리하던 간에 사별했을 때의 자살 경향은 결혼 기간 중의 경향을 일정하게 따른다.'

$$\frac{\text{지방에서의 남편의 계수}}{\text{센 도에서의 남편의 계수}} = \frac{2.88}{1.56} = 1.84$$

$$\frac{\text{지방에서의 홀아비의 계수}}{\text{센 도에서의 홀아비의 계수}} = \frac{1.45}{0.75} = 1.93$$

여성의 경우에는

$$\frac{\text{센 도에서의 아내의 계수}}{\text{지방에서의 아내의 계수}} = \frac{1.79}{1.49} = 1.2$$

$$\frac{\text{센 도에서의 과부의 계수}}{\text{지방에서의 과부의 계수}} = \frac{0.93}{0.78} = 1.19$$

60 [표 22]에서 다른 도와 마찬가지로 파리에서도 20세 이하의 남편들의 계수는 1보다 적은 것을 볼 수 있다. 다시 말해 그들에게는 자살방지가 아니라 촉진이 있는 것이다. 그것을 통해 앞서 제시된 법칙이 입증된다.
61 여성이 결혼 후 유리한 경우의 남녀 차이는, 남편이 유리한 경우의 남녀 차이보다 더 적다는 것을 알 수 있다. 그런 사실 역시 앞서 언급된 사실에 대한 새로운 확증이다.

더군다나 두 사회집단에서 남편의 계수와 홀아비의 계수가 어떤 비율에 변하는가를 살펴보면, 다음과 같은 놀라운 결과를 볼 수 있다.

$$\frac{\text{지방에서의 남편의 계수}}{\text{지방에서의 홀아비의 계수}} = \frac{2.88}{1.45} = 1.98$$

$$\frac{\text{센 도에서의 남편의 계수}}{\text{센 도에서의 홀아비의 계수}} = \frac{1.56}{0.75} = 2$$

$$\frac{\text{지방에서의 아내의 계수}}{\text{지방에서의 과부의 계수}} = \frac{1.49}{0.78} = 1.91$$

$$\frac{\text{센 도에서의 아내의 계수}}{\text{센 도에서의 과부의 계수}} = \frac{1.79}{0.93} = 1.92$$

각 성별로도 수적 비율은 거의 같다. 특히 여자의 경우는 거의 절대적으로 같다. 따라서 홀아비의 계수는 기혼자의 계수의 증감과 일치할 뿐만 아니라, 또한 증감의 정도에 있어서도 정확하게 일치한다. 그와 같은 관계는 앞서 제시된 우리의 법칙을 보다 분명하게 증명해 주는 형태로 다시 표현될 수 있다. 실제로 남녀의 구별 없이 사별 상태는 기혼 상태의 면역성을 어디에서나 일정한 비율로 떨어뜨린다.

사별한 사람의 계수는 기혼자의 약 절반 정도이다. 따라서 사별한 사람들의 자살 성향은 기혼자의 자살 성향과 함수 관계에 있다고 해도 전혀 과장은 아닐 것이다. 달리 말하자면 전자는 부분적으로 후자의 결과이다. 하지만 결혼은 자녀가 없어도 남편의 면역성을 증가시키므로, 홀아비가 그와 같은 유리한 성향의 일부를 가지고 있다는 것은 놀라운 일이 아니다.

그와 같은 결과는 앞서 우리가 제기했던 문제를 해결해 줌과 동시에 사별 상태의 성격을 어느 정도 밝혀 준다. 그 결과는 우리에게 사실상 사별 상태 자체는 되돌릴 수 없을 정도로 나쁜 상태가 아니라는 사실을 가르쳐 준다. 종종 그 상태가 미혼 상태보다 더 나은 경우도 있다. 홀아비나 과부의 정신 상태는 전혀 특수한 것이 아니며, 같은 나라의 동성 기혼자들의 정신 상태에 달려 있다는 것은 사실이다. 사별한 사람들의 정신 상태는 기혼자들의 정신 상태의 연장에 불과하다. 주어진 한 사회의 결혼과 가정생활이 남자와 여자에게 어떤 영향을 미치는지를 말해 달라. 그러면 사별한 사람들에게 미치는 영향을 말해 줄 수 있을 것이다. 결혼과 가정생활이 행복할수록 사별의 고통은 더 클 수 있다. 하지만 다행스럽게도 그런 사람들이 위기에 더 잘 대처할 수 있도록 무장되어 있기 때문에 보상이 있다는 것이다. 그와 반대로 결혼과 가정생활이 바람직스럽지 못했을 때는 사별의 고통이 덜 심하다. 하지만 위기에 저항하려는 준비가 잘 되어 있지 않다. 따라서 남자가 여자보다 가정생활에서 더 많은 혜택을 받는 사회에서는 남자가 홀아비가 되었을 때 여자보다 더 큰 고통을 느끼기는 하지만 그와 동시에 여자보다 더 잘 견뎌낼 수 있는 상태에 있게 된다. 왜냐하면 홀아비는 그간 누렸던 건전한 영향 덕분에 가장 절망적인 선택인 자살을 피할 수 있기 때문이다.

IV.

다음 표는 방금 정리된 사실들을 잘 요약하고 있다.[62]

가정이 자살에 미치는 성별 영향

		자살률	미혼자에 대한 자살방지계수
남자	45세의 미혼 남자	975	
	유자녀 남편	336	2.9
	무자녀 남편	644	1.5
	60세의 미혼 남자	1,504	
	유자녀 홀아비	937	1.6
	무자녀 홀아비	1,258	1.2
여자	42세의 미혼 여자	150	
	유자녀 아내	79	1.89
	무자녀 아내	221	0.67
	60세의 미혼 여자	196	
	유자녀 과부	186	1.06
	무자녀 과부	322	0.6

위의 표와 앞서의 지적을 보면 결혼 자체가 자살방지 효과가 있어 보인다. 하지만 그 효과는 매우 제한되어 있고, 게다가 한 성에만 혜택이 될 뿐이다. 그와 같은 효과가 있음을 확인하는 것이 아무리 유용하다 해

62 베르티용은 자녀의 유무에 따라 여러 형태의 결혼에서의 자살률을 제시하고 있다(article cité de la *Revue scientifique*). 다음은 그가 제시한 결과이다.

인구 100만 명당 자살자			
유자녀 남편	205명	유자녀 아내	45명
무자녀 남편	478명	무자녀 아내	158명
유자녀 홀아비	526명	유자녀 과부	104명
무자녀 홀아비	1,004명	무자녀 과부	238명

통계 수치는 1861~1868년 사이의 것이다. 자살의 대체적인 증가에서 우리가 제시한 수치를 확인할 수 있다. 하지만 우리가 작성했던 [표 21]처럼 기혼자 및 홀로된 남성을 같은 연령의 미혼자와 비교하고 있지 않기 때문에, 위의 자료에서 자살방지계수에 관련된 정확한 결론을 도출할 수 없다. 다른 한편, 우리는 위의 자료가 프랑스 전국의 통계인지에 대해 의문을 가지고 있다. 왜냐하면 실제로 프랑스 통계국에 의하면, 1855년에 센 도를 제외하고는 1856년 전에 유자녀 부부와 무자녀 부부를 구분해서 인구조사를 실시한 적이 결코 없기 때문이다.

도, 그 유용성은 다음 장에서 더 확실히 이해될 것이다.[63] 기혼자가 누리는 면역성의 핵심 요소는 가족, 즉 양친과 자녀로 이루어진 완전한 집단으로서의 가족이라는 사실은 그대로이다. 남편과 아내도 가족의 구성원이기 때문에 면역성을 일으키는 데 기여할 것이다. 하지만 그들은 남편과 아내로서가 아니라 아버지와 어머니로서, 즉 가족집단의 일원으로 참여하는 것에 불과하다. 한 사람의 죽음이 다른 사람의 자살 가능성을 높인다면, 그것은 그들을 개인적으로 결합시켰던 유대가 파괴되었기 때문이 아니다. 그것은 살아남은 사람들이 그 충격을 겪어야 하는 재난이 가족에게서 발생했기 때문이다. 결혼의 특수한 영향에 대해서는 뒤에서 다시 고찰할 것이다. 여기서는 가족사회가 종교사회와 마찬가지로 자살을 방지하는 강력한 요인임을 지적하고자 한다.

심지어 그와 같은 면역성은 '가족의 밀도', 다시 말해 가족 구성원의 증가에 따라 더 커지기도 한다.

우리는 그런 주장을 『철학논집Revue philosophique』 1888년 11월호에 게재된 한 편의 논문을 통해 이미 제시했고 증명한 바 있다. 하지만 그때는 통계 자료가 충분하지 못해 기대했던 만큼 엄밀하게 그 주장을 증명하지 못했다. 실제로 프랑스 전체와 각 도의 평균 가족 수를 모르는 상태였다. 따라서 우리는 가족의 밀도를 자녀의 수에만 의존한다고 가정했다. 또한 인구조사에 자녀의 수가 나와 있지 않아 연간 1,000건의 사망에 대한 출생의 초과, 즉 인구학에서 자연 증가라고 부르는 수치를 이용해서 간접적으로 그 수를 추정해야 했다. 물론 그런 조치가 불합리한 것은 아니었다. 왜냐하면 자연 증가가 높으면 전체적으로 가족의 밀도가 높아질 수

---

63 이 책의 제2부 제5장, III을 참고하시오.

밖에 없기 때문이다.

하지만 결과가 꼭 그런 것은 아니다. 종종 그렇지 않은 경우도 있다. 자녀들이 이민, 독립을 위한 이주, 또는 다른 이유로 부모 곁을 일찍 떠나는 경향이 큰 사회에서는 가족 밀도가 가족의 수와 관계가 없다. 실제로 결혼 후에 자녀를 많이 낳는다 해도 집이 텅 빌 수 있다. 자녀가 교육을 위해 집을 떠나는 환경에서나, 자녀가 미처 성장하기도 전에 생활고로 인해 흩어져야 하는 가난한 환경에서 그런 일이 발생할 수 있다. 또한 역으로 보통의 출생률에도 불구하고 미혼의 성인 자녀들이나 결혼한 자녀들이 부모와 함께 살면서 하나의 가족사회를 이룬다면, 그 가정에는 밀도를 높일 수 있는 충분한 요인이 있을 것이다. 그와 같은 모든 이유 때문에 가족이 실제로 어떻게 구성되었는가를 모른다면 가족집단의 상대적인 밀도를 정확하게 측정할 수 없을 것이다.

1888년 말에야 비로소 공개된 1886년 인구조사 결과를 통해 우리는 그런 사실을 알게 되었다. 그 자료에 따라 프랑스의 여러 도의 자살과 평균 가족 수의 관계를 분석해 보면 다음과 같은 결과를 얻을 수 있다.

	인구 100만 명당 자살자 수(1878~1887)	100가구당 평균 가족 수
제1집단(11개 도)	430~380	347
제2집단(6개 도)	300~240	360
제3집단(15개 도)	230~180	376
제4집단(18개 도)	170~130	393
제5집단(26개 도)	120~80	418
제6집단(10개 도)	70~30	434

자살자가 줄어드는 것에 비례해 가족의 밀도는 일정하게 증가한다.
평균을 비교하는 대신에 각 그룹의 내용을 분석해도 그와 같은 결론을

확인할 수 있다. 실제로 프랑스 전국에서 평균 가족 수는 10가구당 39명이다. 따라서 만일 얼마나 많은 도가 위의 6개 그룹 평균을 상회하거나 미달하는지 조사하면 다음과 같다.

	가족 수가 평균 이하인 도	가족 수가 평균 이상인 도
제1집단	100	0
제2집단	84	16
제3집단	60	30
제4집단	33	63
제5집단	19	81
제6집단	0	100

가장 자살자 수가 많은 집단에는 가족의 수가 평균 이하인 도만 포함될 뿐이다. 그 관계는 완전히 역전될 때까지 점진적이고 아주 규칙적인 방식으로 바뀐다. 자살자 수가 아주 적은 마지막 집단에서는 모든 도의 가족 수가 평균보다 더 높다.

게다가 두 개의 지도도 거의 같은 형태를 보인다. 가족의 밀도가 가장 낮은 지역과 자살이 가장 많은 지역의 경계가 같다. 그 지역은 북부와 동부를 차지하며, 한쪽으로는 브르타뉴까지, 다른 한쪽으로는 루아르까지 펼쳐지고 있다. 그와 반대로 자살이 적은 서쪽과 남쪽에서는 일반적으로 가족 수가 많다. 그런 관계는 세세한 부분에서조차 나타난다. 북부 지방에서는 노르, 파드칼레 두 도가 특히 낮은 자살 경향으로 두드러진다. 노르가 고도의 공업 지대이고, 고도의 공업화는 자살을 증가시키는 만큼 그런 사실은 더욱더 놀랄 만하다. 그런데 같은 특징이 다른 분포도에서도 나타난다. 위의 두 도에서 가족의 밀도는 매우 높은 반면, 인접한 도에서는 매우 낮다. 두 지도에서 남쪽으로는 부쉬뒤론, 바르, 알프마리팀

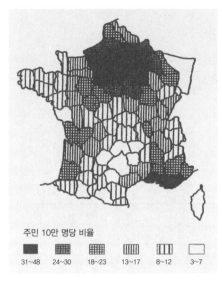

주민 10만 명당 비율

■	▦	▥	▥	▥	□
31~48	24~30	18~23	13~17	8~12	3~7

자살자(1878~1887)

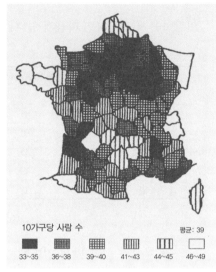

10가구당 사람 수   평균: 39

■	▦	▥	▥	▥	□
33~35	36~38	39~40	41~43	44~45	46~49

생계자 수입

에서 모두 밀도가 높게 나타나며(어두운 점), 서쪽에서는 브르타뉴의 밀도가 낮다(밝은 점). 두 지도에서 불일치의 경우는 예외적이며, 결코 뚜렷하게 나타나고 있지 않다. 수많은 요인들이 자살이라는 복잡한 현상에 영향을 미칠 수 있는 만큼, 그 정도의 전반적인 일치는 의미가 있다.

자살과 가족 수라는 두 현상 사이의 반비례 관계는 시간적인 변화에서도 드러난다. 자살은 1826년 이후 끊임없이 증가했고, 출생률은 계속 감소했다. 1821년에서 1830년 사이 출생률은 인구 1만 명당 308명의 비율이었다. 그런데 1881년에서 1888년 사이에는 240명밖에 되지 않았고, 두 기간 동안 계속 감소했다. 그와 동시에 점차 가족의 해체와 분산 경향도 계속되었다. 1856년에서 1886년 사이에 가구 수는 대략 200만 가구가 증가했다. 8,796,276가구에서 10,662,423가구로 규칙적으로 점점 늘었다. 하지만 같은 기간 동안에 인구는 200만 명밖에 늘지 않았다. 따라서 가족당 식구가 줄어든 것이다.[64]

자살은 특히 삶의 어려움 때문에 일어난다는 통속적인 관념은 확증된 사실이 아니며, 그와 반대로 자살은 오히려 삶의 부담이 커짐에 따라 줄어든다. 그것은 예상하지 못했던 멜더스의 이론의 결과이다. 멜더스가 가족 수의 통제를 요구한 것은 그런 제한이 어떤 경우에 공공의 복지에 필요하다는 생각 때문이었다. 그런데 실제로는 가족 수를 제한하는 것은 인간에게서 생존 욕망을 감소시키는 불행의 원천이 된다. 밀도가 높은 가족은 부유한 사람에게나 주어지는 일종의 사치이기는커녕, 오히려 그것은 일상생활의 필수불가결한 식량이다. 아무리 가난하더라도, 또 순전히 개인적인 이익이라는 관점에서만 보더라도, 자식을 부와 바꾼다는 것은 최악의 투자라고 할 수 있다.

그와 같은 분석의 결과는 우리가 앞서 도달한 결론과 일치한다. 그렇다면 어떤 이유로 가족의 밀도가 자살에 영향을 미치는 것일까? 답을 하기 위해 생리적 요인을 개입시켜서는 안 될 것이다. 왜냐하면 불임은 주로 생리적인 원인 때문이라고 해도, 대개 자발적으로 이루어지며 여론에 따라 달라지는 생식률의 저하의 경우에는 사정이 다르기 때문이다. 게다가 우리가 계산해 낸 가족의 밀도는 전적으로 출생률에 달려 있는 것이 아니다. 앞서 본 것처럼, 자녀가 적은 경우에도 다른 요소들이 그 역할을 대신할 수 있으며, 또 그 반대의 경우도 있기 때문에, 자녀들이 실제로 계속해서 집단생활에 참여하지 않는다면 그들의 수는 별다른 효과를 내지

---

64   1886년 인구조사 p. 106을 참고하시오.

못할 것이다. 따라서 자살률이 감소하는 이유가 직계 후손에게 느끼는 부모의 '고유한' 감정 때문은 아니다. 게다가 그런 감정이 실제로 유효하기 위해서는 일정한 상태의 가족사회가 전제되어야 한다. 가족이 해체된다면 그런 감정이 강렬할 수 없다. 그런 만큼 가족 수가 자살 경향에 영향을 미치는 것은 바로 가족의 기능이 그 밀도에 따라 달라지기 때문이다.

실제로 한 집단의 밀도는 그 활력이 떨어지지 않는다면 작아지지 않는다. 집합적 감정이 특별한 힘을 갖는다면, 그것은 각 개인의 의식에 영향을 미치는 힘이 모든 사람들에게 교차되어 반향을 일으키기 때문이다. 따라서 집합적 감정의 강도는 공동으로 상호 반향을 일으키는 의식의 수에 달려 있다. 바로 그런 이유 때문에 군중의 규모가 크면 클수록 그 내부에서 폭발하는 열정은 더욱 과격해질 수 있는 것이다. 따라서 식구가 적은 가족에서는 공통의 감정과 추억의 밀도가 아주 강할 수가 없다. 왜냐하면 소규모 가족에서는 그런 감정과 추억을 서로 표현하고 공유하면서 강화시킬 공동의식이 충분하지 못하기 때문이다. 소규모 가족에는 식구들을 하나로 묶는 강한 전통이 생겨날 수 없으며, 다음 세대로 전해지기도 어렵다. 게다가 소규모 가족은 필연적으로 단명한다. 그리고 지속성이 없으면 어떤 사회도 안정적일 수 없다. 그와 같은 집단의 통합 상태는 약할 뿐만 아니라 다양하게 번질 수도 없다. 왜냐하면 한편으로 집단의 통합 상태는 의견과 인상의 활발한 교류에 의존하기 때문이며, 다른 한편으로 더 많은 사람들이 참여할수록 그런 교류가 더 빠르기 때문이다. 밀도가 높은 사회에서는 그런 교류가 끊어지지 않는다. 왜냐하면 언제나 접촉 상태에 있는 사회 단위들이 항상 존재하기 때문이다. 그 반면에 밀도가 낮은 사회에서는 사회 단위들 간의 관계가 간헐적이며, 공동생활이 중단될 수 있는 순간들이 있을 수 있다. 마찬가지로 가족의 규모가 작을 때는 친척들이 모이는 일도 드물다. 따라서 가족사회가 활기를 잃고 그 구성원들이 가정을 버리고 떠나는 일도 흔히 발생한다.

하지만 한 집단이 다른 집단에 비해 공동생활이 적다고 말하는 것은 그대로 통합에 약하다는 것을 말하는 것이다. 왜냐하면 한 사회집단의 통합 상태만이 그 집단에서 순환되는 집합생활의 밀도를 반영할 수 있기 때문이다. 그 집단 구성원들 간의 교류가 보다 활발하고 지속적일수록 집단의 통합은 강하고 통일된 양상을 보인다. 따라서 앞서 우리가 도달한 결론은 다음과 같이 완성될 수 있다. 가족은 자살에 강력한 예방력을 가지고 있는 것과 마찬가지로, 가족이 강력히 통합되어 있을수록 자살의 예방력도 그만큼 더 커진다.[65]

V.

만일 통계학이 새로 발달한 학문이 아니었다면, 위의 법칙이 정치 사회에도 적용된다는 것을 같은 방법의 도움을 받아 쉽게 증명할 수 있었을 것이다. 역사를 통해서 보면 일반적으로 진화와 통합의 과정에 있는 젊은 사회에서는[66] 자살이 드물게 일어나고, 그 반대로 사회가 해체됨에

---

65 우리는 여기서 '밀도(densité)'라는 용어를 사회학에서 통용되는 의미와는 약간 다른 의미로 사용했다. 일반적으로 집단의 밀도는 결합된 개인들의 절대수의 함수로서가 아니라(그것은 오히려 '수량'이라고 불러야 할 것이다), 일정한 사회적 양속에서의 상호관계에 실제로 참여하고 있는 개인들의 수의 함수로서 규정한다(E. Durkheim, *Les règles de la méth. sociol,* p. 139). 하지만 가족의 경우에는 양과 밀도의 구별은 큰 의미를 가지지 않는다. 왜냐하면 가족이 가장 규모가 작은 집단이어서 모든 구성원들이 실제로 관계를 맺고 있기 때문이다.

66 이른바 '발전'이 가능한 젊은 사회와 후진 사회를 혼동해서는 안 된다. 다음 장에서 보겠지만, 후진 사회에서는 오히려 자살이 매우 빈번히 일어난다.

따라 자살이 증가함을 알 수 있다. 그리스와 로마에서는 도시국가 조직이 흔들리자 자살이 증가하기 시작했으며, 뒤이은 쇠퇴 단계에서 눈에 띄게 증가했다. 오스만제국에서도 같은 현상을 볼 수 있다. 프랑스에서는 사회를 뒤흔들고 낡은 사회 체제의 해체를 가져온 대혁명의 전야에 자살이 갑자기 늘었다고 그 시대의 학자들이 지적하고 있다.[67]

하지만 그런 역사적 자료 외에도 70년 밖에 안 되었지만 최근의 자살 통계가 앞서 제시된 것보다 더 정확하게 우리의 명제를 증명하는 몇몇 사례를 제공해 준다.

흔히 대규모 정치적 봉기로 인해 자살이 증가한다고 말한다. 하지만 모르셀리는 사실이 그와 같지 않다는 점을 분명하게 보여 주었다. 프랑스에서 19세기에 일어났던 모든 혁명으로 인해 각각의 혁명이 일어날 당시의 자살자 수가 감소했다. 1830년에는 1829년의 1,904명에서 1,756명으로 갑작스럽게 거의 10%가 떨어졌다. 1848년에도 감소는 상당하다. 그 전해의 3,647명에서 3,301명으로 줄었다. 이어서 1848~1849년 사이에 프랑스를 뒤흔들었던 위기가 유럽 전역으로 퍼졌다. 모든 나라에서 자살이 감소했으며, 그와 같은 감소는 위기가 심각하고 오래 간 만큼 더욱 두드러졌다. 다음 도표에서 그와 같은 사실을 확인할 수 있다.

연도	덴마크	프로이센	바이에른	작센	오스트리아
1847	345	1,852	271		611(1846년)
1848	305	1,649	215	398	
1849	337	1,527	189	328	452

---

67 엘베시우스는 1781년에 다음과 같이 기록했다 "경제적 무질서와 국가 헌법의 변화는 전반적으로 불안을 야기시켰다. 수도에서 발생한 수많은 자살은 그것을 증명해 주는 슬픈 사실이다."(LEGOYT. p. 30에서 재인용). 또한 메르시에는 그의 『파리 연감(Tableau de Paris)』(1782)에서 25년 동안에 파리의 자살자 수가 3배로 늘어났다고 말하고 있다.

독일에서는 대중의 감동이 덴마크에서보다 훨씬 더 생생했다. 또한 독일에서는 새 정부가 즉시 들어선 프랑스보다 투쟁이 오래 지속되었기 때문에, 자살 감소가 1849년까지 계속되었다. 1849년의 자살률은 바이에른에서 13%, 프로이센에서 18% 감소했으며 작센에서 1848년에서 1849년의 단 1년 사이에 18% 감소했다.

프랑스에서는 그와 같은 현상이 1851년에는 일어나지 않았으며, 1852년에도 역시 일어나지 않았다. 자살률은 정체되었다. 하지만 루이 보나파르트의 쿠데타는 파리에서 비슷한 영향을 미쳤다. 쿠데타가 12월에 일어났음에도 자살률은 1851년의 483명에서 1852년의 446명으로 떨어졌으며(-8%), 1853년에도 463명 정도였다.[68] 그것은 정권교체 혁명이 지방보다 파리에 더 큰 영향을 미쳤다는 사실과 지방은 거의 혁명에 관심이 없었다는 사실을 증명해 준다. 일반적으로 정치적 위기의 영향은 언제나 지방보다는 수도에서 현저하게 나타나는 것이 보통이다. 1830년에 파리의 자살률은 13% 감소했다(1년 전의 307명과 1년 후의 359명에 비해 그해에는 269명). 1848년에는 32% 감소했다(698명에서 481명).

위의 예보다 덜 심각하기는 하지만, 단순한 선거 위기도 종종 같은 결과를 가져오곤 한다. 프랑스에서 1877년 5월 16일에 있었던 헌정위기[69]와 그에 따른 대중선동, 그리고 불랑제의 선동[70]을 종식시킨 1889년의 선

---

68 LEGOYT, p. 252를 참고했다.
69 역주: 프랑스 제3공화국에서 대통령과 의회 사이의 힘의 분배 문제로 발생한 정치 위기를 가리킨다. 왕당파 대통령이 온건파 공화주의자 총리를 사면함으로써 촉발된 이 위기를 계기로 왕당파 운동의 패퇴했고, 그 결과 제3공화국이 오래 유지될 수 있는 조건이 형성되었다.
70 역주: 19세기 말에 활약한 프랑스 장군, 정치인 조르주 불랑제(Georges Boulanger, 1837~1891년)를 중심으로 한 반정부 운동을 가리킨다. 1886년에 전쟁장관을 지낸 그는 1870년 보불전쟁에서 프랑스의 패배를 곱씹으며 대외적으로 강경한 태도를 보였으며, 많은 대중의 지지 속에 1889년 국회의원 선거에서 큰 성공을 거두었다. 하지만 불랑제 자신의 미온적 태도와 애인의 죽음을 비관한 나머지 애인의

거도 역시 자살 기록에 뚜렷한 흔적을 남겼다. 그 증거를 구하기 위해서
는 그 두 해의 월별 자살 분포를 그 앞뒤 해의 분포와 비교하는 것으로
충분하다.

연도	1876	1877	1878	1888	1889	1890
5월	604	649	717	924	919	819
6월	662	692	682	851	829	822
7월	625	540	693	825	818	888
8월	482	496	547	786	694	734
9월	394	378	512	673	597	720
10월	464	423	468	603	648	675
11월	400	413	415	589	618	571
12월	389	386	335	574	482	475

　　1877년의 첫 몇 달 동안의 자살자 수는 1876년보다 많다(1876년에는
1,784명인 데 비해, 1877년 1월부터 4월까지는 1,945명이다). 그런 증가는 5월과
6월까지 계속된다. 의회는 6월 말에 해산되었을 뿐이었으며, 그때 선거
기간이 법적으로는 아니라 하더라도 실제로는 이미 시작되었다. 그 시점
에 분명 정치적 열정이 가장 고조되었을 것이다. 왜냐하면 시간이 지남
에 따라 또는 피로로 인하여 어느 정도 열기가 식었을 것이기 때문이다.
그 결과, 7월에는 그 전해의 자살률보다 높아지기는커녕 오히려 14% 낮
아졌다. 8월에 약간 주춤한 후에 조금씩이지만 10월까지는 계속 감소했
다. 그 시점에 위기는 끝났다. 그러자 일시 멈추었던 자살률이 상승하기
시작했다. 1889년에는 그런 현상이 더욱 두드러졌다. 8월 초에 의회가

무덤에서 자살하고 말았다. 그의 이름에서 '불랑제주의(boulangisme)'라는 용어가 파생되기도 했으며,
그를 프랑스 극우파의 기원으로 보는 견해도 없지 않다.

해산되었다. 곧바로 선거 열풍이 불어 9월 말까지 계속되었다. 9월에 선거가 실시되었다. 그런데 1888년 8월에 비해 1889년 8월에 갑자기 자살률이 12% 감소되고, 9월까지 계속되다가 선거가 끝난 10월에 갑자기 다시 감소세가 끝났다.

국가 간의 대규모 전쟁도 정치적 소요와 마찬가지로 자살률에 영향을 미친다. 1866년에는 오스트리아와 이탈리아 사이에 전쟁이 발발했는데, 자살률은 두 나라에서 모두 14% 감소했다.

연도	1865	1866	1867
이탈리아	678	588	657
오스트리아	1,464	1,265	1,407

1864년은 덴마크와 작센의 차례였다. 작센에서는 1863년에 643명이었던 자살자가 1864년에 545명으로 떨어졌으며(-16%), 1865년에는 619명으로 증가했다. 덴마크의 경우에는 1863년의 자살자 수를 알 수 없어서 1864년의 숫자와 비교하는 것은 불가능하다. 하지만 우리는 1864년이 1852년 이래 가장 적은 자살자를 낸 해(411명)임을 알고 있다. 그리고 1865년에는 451명으로 뛰어올랐는데, 그런 만큼 411명이라는 숫자는 그 전해에 비해 상당한 감소였던 것으로 보인다.

1870~1871년의 전쟁은 프랑스와 독일에서 같은 결과를 낳았다.

연도	1869	1870	1871	1872
프로이센	3,186	2,963	2,723	2,950
작센	710	657	653	687
프랑스	5,114	4,157	4,490	5,257

그와 같은 감소는 아마 전시에 일부 민간인이 소집되었으며, 전선의 부대에서 발생하는 자살을 고려하기 어렵기 때문이라고 생각할 수도 있을 것이다. 하지만 남자들뿐만 아니라 여자들도 그런 감소에 기여했다. 이탈리아의 경우 여자의 자살자가 1864년에 130명에서 1866년에는 117명으로 줄었다. 작센의 경우는 1863년에 133명, 1864년에는 120명, 1865년에는 114명이었다(-15%). 같은 나라에서 1870년에도 감소가 두드러진다. 1869년에 130명이었던 자살자가 1870년에 114명으로 줄었으며, 1871년에도 같은 수준을 유지했다. 13%의 감소는 같은 기간 동안 남자의 자살률 감소보다 높은 것이다. 프로이센에서는 1869년에 여자가 616명 자살한 반면, 1871년에는 540명(-13%)이 자살했다. 게다가 군대에 갈 나이의 젊은 남자들의 자살은 극히 일부에 불과했다. 1870년의 전쟁은 단지 6개월 지속되었다. 그 기간과 평화시에도 프랑스에서 6개월 동안에 25~30세 남자의 자살률은 100만 명 중 약 100명 정도인 데 비해,[71] 1869년과 1870년 사이의 차이는 1,057명이나 되었다.

위기의 시기에 발생한 일시적 감소가 행정업무의 마비로 인해 자살기록 수집이 정확치 못했기 때문이냐의 문제가 제기되기도 했다. 하지만 여러 가지 사실로 미뤄보면 그와 같은 우발적 원인으로만 그 현상을 충분히 설명할 수 없다. 첫째, 그 현상이 아주 광범위하게 일어난다. 자살의 감소는 피정복자들뿐 아니라 정복자들에게도, 침략자들뿐만 아니라 피침략자들에게서도 다 같이 일어난다. 게다가 충격이 심하면, 그 영향은 사건이 끝난 이후에도 상당히 오랫동안 지속되는 것으로 나타난다.

71 1889~1891년 사이에 그 연령층의 연간 자살자는 실제로 396명에 불과했으며, 반년 간에는 약 200명이었다. 그런데 1870~1890년 사이에는 모든 연령층의 자살자 수가 배가 되었다.

자살은 느리게 증가한다. 처음 수준으로 다시 돌아갈 때까지 몇 해가 걸린다. 평화시에 자살이 매년 규칙적으로 증가하는 나라에서도 사정은 마찬가지다. 기록상의 누락이 가능하고 또 특히 어려운 시기에 그 개연성이 더 높지만, 통계에 나타난 자살 감소의 주된 원인이 행정 부주의로 돌리기에는 아주 뚜렷한 일관성이 나타나고 있다.

하지만 우리가 계산 실수가 아니라 사회심리학적 현상을 대면하고 있다는 가장 좋은 증거는, 모든 정치적, 국가적인 위기가 그런 영향을 미치지 않는다는 사실이다. 단지 대중의 열정을 자극하는 위기만이 그런 영향을 미친다. 앞서 우리는 프랑스의 여러 혁명이 자살과 관련해서 지방보다 파리에 더 큰 영향을 미쳤다는 것을 이미 지적한 바 있다. 하지만 행정 혼란은 지방에서나 수도에서나 마찬가지였다. 다만 그런 사건에는 파리 사람들이 지방 사람들보다 항상 더 관심을 가졌다. 파리 사람들은 혁명의 주도자들이였고, 또 그들이 더 가까이서 참여했다. 그와 마찬가지로 1870~1871년의 전쟁과 같은 대규모의 국가 간 전쟁은 독일과 프랑스에서 다 같이 자살에 강한 영향을 미친 반면, 크림전쟁이나 이탈리아에서의 전쟁처럼 왕조 간의 사소한 분쟁은 대중을 강하게 흥분시키지 않아 자살에 별 영향을 주지 않았다. 그보다는 오히려 1854년에는 1853년에 비해 높은 자살 증가가 발생했다(3,415명에서 3,700명). 우리는 같은 사례를 1864년과 1866년의 전쟁 때 프로이센에서도 발견할 수 있다. 수치가 1864년에는 안정되어 있었으며, 1866년에는 약간 상승했다. 그 까닭은 그 전쟁들이 정치가들에 의해 주도되었으며, 1870년의 전쟁처럼 국민의 열정을 자극한 전쟁이 아니었기 때문이다.

그와 같은 관점에서 보면, 1870년의 전쟁이 독일의 다른 지역들, 특히 북부 독일과는 달리 바이에른에는 동일한 영향을 미치지 않았다는 점은 흥미롭다. 바이에른에서는 1869년보다 1870년에 더 많은 자살이 일어났다(425명에서 452명). 단지 1871년에 이르러서야 약간의 감소가 발생했으며, 1872년에도 어느 정도 계속되어 412명으로 떨어졌다. 그런데 그 수치는 1869년과 비교하면 9%, 1870년과 비교하면 4%의 감소에 불과한 것이다. 하지만 바이에른은 프로이센과 마찬가지로 전쟁에서 큰 역할을 했다. 바이에른은 전군을 동원했으며, 행정상의 혼란이 더 적을 이유도 없었다. 다만 바이에른은 프로이센과 같은 정신적 역할을 하지 않았을 뿐이다. 실제로 가톨릭 지역인 바이에른은 독일에서 가장 독자적으로 움직이는 곳이며, 그 자율성 때문에 질투의 대상이 되었다는 것은 주지의 사실이다. 바이에른은 왕의 의지에 의해 전쟁에 참여했지만 열의는 없었다. 따라서 바이에른은 다른 동맹 지역에 비해 그 당시에 독일을 뒤흔들었던 사회운동에 아주 강하게 저항했다. 그런 이유로 사회운동의 반향이 느리고 늦게 나타났다. 열광은 그 이후에 나타났을 뿐이며, 그것도 밋밋했다. 그때까지 냉정하고 완강하던 바이에른을 달구기 위해서는 1870년 승전 직후에 독일 전역을 휩쓴 영광의 물결이 필요했다.[72]

따라서 위의 사실을 같은 의미를 갖는 다음과 같은 사실과 비교해 볼 수 있다. 1870~1871년 사이에 프랑스에서는 자살률이 도시에서만 감소했다는 사실이 그것이다.

---

72 1872년의 감소가 1870년 사건으로 인한 것인지는 여전히 확실하지 않다. 실제로 전쟁 기간을 지나고 나서는 프로이센을 제외하고 자살의 감소가 그다지 눈에 띄지 않는다. 작센에서는 1870년의 감소는 8%에 불과하며, 그것조차도 1871년에는 지속되지 않으며, 1872년에는 거의 완전히 원상으로 회복됐다. 바덴공국에서는 감소가 1870년으로 한정되며, 1871년에는 244건으로 1869년보다 10%를 넘어선다. 따라서 프로이센만이 승리 직후 일종의 집단적 도취에 사로잡혔던 듯하다. 다른 나라들은 전쟁의 결과로 증가된 영광과 권력을 덜 느꼈으며, 사회적인 열정도 국가적으로 큰 위기가 막을 내림에 따라 곧 진정된 듯하다.

연도	도시 인구 100만 명당 자살자 수	지방 인구 100만 명당 자살자 수
1866~1869	202	104
1870~1872	161	110

하지만 자살은 여전히 도시보다는 농촌에서 더 어려웠을 것이다. 따라서 위와 같은 차이가 발생한 진짜 이유는 다른 데 있다. 전쟁은 더 감성적이고, 더 예민하고, 또 시사에도 밝은 도시인들에게만 강한 정신적 영향을 미쳤다는 사실이 그 진짜 이유에 해당된다.

따라서 그런 사실들에 대해서는 단 하나의 설명만이 가능할 뿐이다. 사회적 대사건이나 국가 간의 대전쟁은 집단 감정을 일으키며, 당파심과 애국심, 정치적 신념, 국가적 신념을 자극하고, 하나의 동일한 목적을 향해 모든 활동을 집중시킴으로써 적어도 일시적으로 사회의 통합을 더욱 강화시킨다는 설명이 그것이다. 우리가 앞서 제시한 자살 감소의 영향은 위기 그 자체에서 기인하는 것이 아니라, 오히려 위기가 일으킨 투쟁에서 기인한다. 위기를 맞아 사람들이 공통의 위험에 대처하기 위해 서로 밀접해질 수밖에 없기 때문에, 개인들은 자기를 더 생각하는 대신 공동의 목적을 더 생각하게 된다. 게다가 그와 같은 통합은 결코 일시적이 아니라 종종 그 직접적인 요인을 극복할 때까지 계속되기도 한다. 특히 통합의 정도가 강할수록 더욱 그러하다는 것을 알 수 있다.

VI.

그렇게 해서 우리는 다음과 같은 세 개의 명제를 연이어 설정하게 된다.

자살은 종교사회의 통합 정도에 반비례한다.

자살은 가족사회의 통합 정도에 반비례한다.

자살은 정치사회의 통합 정도에 반비례한다.

위의 세 명제를 한데 묶어보면, 세 종류의 사회가 자살의 감소에 영향을 미치는 것이 각 사회의 특수한 성격이 아니라 세 종류의 사회에 공통된 특성임을 알 수 있다. 종교가 종교적 감정의 특수성으로 그런 효과를 일으키는 것이 아니다. 왜냐하면 가족사회와 정치사회도 강하게 통합되었을 때에는 같은 효과를 일으키기 때문이다. 그런 사실은 앞서 여러 종교가 자살에 미치는 영향을 직접 연구했을 때에[73] 이미 증명된 바 있다. 역으로 자살 면역성을 일으키는 것이 가족적, 정치적 유대의 특수성 때문이 아니다. 왜냐하면 종교사회도 그와 같은 특권을 가지기 때문이다. 진정한 원인은 정도의 차이는 있지만 모든 사회 집단이 가지고 있는 공통적인 하나의 특성에서만 발견할 수밖에 없다. 그런데 그 조건을 충족시키는 유일한 특성은 세 집단 모두 강하게 통합된 사회적 집단이라는 것이다. 따라서 우리는 다음과 같은 보편적인 결론에 도달하게 된다. 자살은 개인이 속해 있는 사회 집단의 통합 정도에 반비례한다는 결론이 그것이다.

하지만 개인이 사회생활에서 벗어나서 개인적 목적을 공동체의 목적보다 우위에 두지 않는 한, 간단히 말해 개인의 개성을 집단성 위에 두지 않는 한, 사회는 해체될 수 없다. 개인이 속한 집단이 약화되면 될수록

73 이 책의 194~195면을 참고하시오.

그는 집단에 덜 의존하게 되며, 따라서 그 스스로에게 의존하면 할수록 그는 자신의 사적 이익 이외의 것에 근거한 다른 행위 기준을 더 인정하지 않게 된다. 따라서 만일 개인적 자아가 사회적 자아 앞에서, 또 사회적 자아를 희생시키면서까지 강력하게 자기를 내세우는 상태를 '이기주의'라고 부를 수 있다면, 우리는 지나친 개인주의화에서 기인하는 자살 유형에 '이기적 자살suicide égoïste'이라는 명칭을 부여할 수 있을 것이다.

그렇다면 그런 자살은 어떻게 해서 그런 유래를 갖게 되는가?

우선, 집단적 힘이 자살을 가장 잘 억제하는 요소이기 때문에, 그 힘의 약화는 자살의 증가로 이어진다는 사실을 지적할 수 있다. 사회가 강하게 통합되어 있을 때, 사회는 개인을 통제하고, 또 개인이 사회에 봉사해야 한다고 여길 수 있으며, 그 결과 개인이 자기 마음대로 자살하는 것을 허용하지 않는다. 따라서 사회는 개인이 죽음을 통해서 사회적 의무를 피하는 것을 막는다. 하지만 개인이 그와 같은 사회에의 종속을 정당한 것으로 받아들이는 것을 거부할 때, 사회는 어떻게 개인에게 지배권을 부과할 수 있는가? 각 개인이 사회를 떠나고자 원하는 경우, 사회는 그들을 각자의 자리에 붙들어 두는 데 필요한 권위를 더 이상 가지지 못하게 된다. 또한 사회는 스스로의 허약함을 의식하면서 더 이상 방해할 수 없는 그들 각자의 자유로운 행동의 권리를 인정하기까지 한다. 각 개인이 자신의 운명의 주인임을 인정받게 되어 자신의 삶을 스스로 끝낼 권리를 갖게 된다. 각 개인에게는 자신의 삶의 고통을 참을성 있게 견뎌야 할 이유가 없게 된다. 그와는 달리 각 개인이 좋아하는 집단에 소속되어 연대감을 느낄 때, 그들은 자신들의 이익보다 더 소중한 집단의 이익을 배반하지 않기 위해 삶에 더욱 집착하게 된다. 그들을 공통의 대의명분에 연결시켜 주는 관계 덕분에 그들은 삶에 더 집착하게 된다. 게다가 그들이 추구하는 고상한 목표는 개인적인 어려움을 깊이 느끼지 않도록 해 준다. 요컨대 일사불란하고 활력 넘치는 사회에서는 모든 구성원들 사이에 생각과 정서의 교류가 계속해서 이루어지게 된다. 그것은 일종의 상호 정신적 지원과 같은 것이라 할 수 있다. 그런데 그와 같은 지원을 통해 그들 각자는 자신만의 힘 속으로 빠져드는 대신에 집단적인 힘에 참여하게 되고, 또 지쳤을 때 도움을 받게 된다.

하지만 그런 이유들은 부차적일 뿐이다. 지나친 개인주의는 자살을 조장하는 원인을 촉발할 뿐 아니라, 그 자체가 자살의 원인이기도 하다. 지나친 개인주의는 인간을 자살로 유도하는 경향을 막는 장애물을 제거할 뿐 아니라, 처음부터 그런 경향의 흔적을 담고 있는 특별한 종류의 자살을 일으킨다. 그 점을 잘 이해하는 것이 중요하다. 왜냐하면 그것이 바로 방금 우리가 방금 구분한 이기적 자살 유형의 특징이기 때문이며, 또한 그 명칭을 정당화시켜주기 때문이다. 그렇다면 개인주의의 어떤 점에서 그런 결과가 기인하는가?

인간은 심리적 기질 때문에 그를 초월하고 또 그보다 오래 살아남는 어떤 대상에 귀속되지 않고서는 살 수 없다고 흔히들 말한다. 그런 귀속이 필요한 이유는 바로 인간이 완전히 소멸되기를 원치 않기 때문이다. 삶이 견딜 만한 것은 삶에 어떤 존재이유가 있거나 삶의 고통을 정당화시킬 수 있는 목표가 있을 때라고들 말한다. 그런데 개인 혼자만으로는 삶의 충분한 목적이 못된다. 개인은 아주 미미한 존재이기 때문이다. 개인은 공간적으로 한정되어 있을 뿐 아니라 시간적으로도 엄격한 제약을 받는다. 따라서 우리가 우리 자신 외에 다른 목적이 없다면, 우리는 결국 우리 자신의 모든 노력이 허사로 끝나고 만다는 생각에서 벗어날 수 없다. 하지만 그와 같은 허무주의는 우리를 두렵게 한다. 그런 상황에서 우리는 살아갈 용기, 즉 행동하고 투쟁하는 용기를 잃게 될 수도 있다. 왜냐하면 살아가기 위해 아무리 발버둥을 쳐도 결국 아무것도 남지 않을 것이기 때문이다. 요컨대 이기주의적 상태는 인간의 본성과 배치되며, 영속성을 갖기에는 너무 불확실한 상태이다.

하지만 절대적 형태로 제시된 그와 같은 주장에는 허점이 있다. 인간의 소멸이라는 생각이 그렇게 끔찍하기는 하지만, 그래도 자기 자신의 삶의 가치를 도외시하는 것에 동의함으로써만 삶의 가치를 찾을 수 있을 것이다. 왜냐하면 인간이 소멸하리란 생각을 어느 정도 떨쳐버릴 수 있지만, 그런 생각을 완전히 떨쳐버릴 수는 없을 것이기 때문이다. 무엇을 하더라도 그런 생각은 결국 불가피하다. 우리는 소멸을 몇 세대 뒤로 미룰 수 있고, 또 몸은 죽어도 이름을 몇 십 년, 몇 백 년 동안 남게 할 수 있을지 모른다. 하지만 대부분의 사람들에게 모든 것이 소멸하는 순간은 항상, 너무도 빨리 찾아오기 마련이다. 그도 그럴 것이 우리가 존재를 연장하기 위해 매개로 삼는 집단 역시 유한하기 때문이다. 그런 집단도 결국은 와해되며, 그와 함께 우리가 기울인 모든 노력도 사라지고 만다. 인류의 역사가 유지되는 한 계속 기억될 정도로 충분한 명성을 가진 사람들은 아주 드물다. 따라서 실제로 우리가 영원한 삶을 갈망한다면, 그처럼 짧은 전망은 우리의 갈망을 충족시키는 데 아무런 도움도 되지 않을 것이다. 그 뿐만 아니라 우리 안에 무엇이 남을 것인가? 게다가 우리에게서 무엇이 남게 될 것인가? 하나의 말, 하나의 소리, 미미한 흔적, 대개의 경우는 이름도 없는 것들이다.[74] 그 결과, 우리가 기울인 열렬한 노력

---

74 우리는 영혼불멸에 대한 신념이 삶을 이상적으로 보호해 주는 문제에 대해 말하는 것이 아니다. 왜냐하면, ① 그와 같은 신념은 왜 가족이나 정치 공동체가 자살을 방지해 주는가를 설명하지 못하기 때문이며, ② 앞서 본 것처럼 그런 신념이 종교의 예방 효과를 낳는 것이 아니기 때문이다.

과 관계되고, 또 그런 노력을 정당화시켜주는 것은 아무것도 남지 않게 된다. 비록 어린아이들은 스스로 생존 욕망을 조금도 느끼지 않는 타고 난 이기주의자들이며, 노인들은 그런 면에나 다른 면에서 종종 어린아이 들과 같다고 해도, 그들이 성인들에 비해 생명을 포기하는 일은 드물다. 실제로 우리는 15세 이하에서는 자살이 매우 드물며, 노년기에도 자살이 감소하는 경향이 있다는 사실을 이미 살펴보았다. 동물의 경우도 사정은 마찬가지다. 동물의 심리적 특성과 인간의 그것 사이에는 정도의 차이만 있을 뿐이다. 그런 만큼 자기 외부에서 존재이유를 갖는 조건하에서만 삶이 가능할 뿐이라는 주장은 잘못된 것이다.

그리고 신체의 모든 기능은 실제로 개인만을 위한 것이다. 그 기능들 은 인간의 육체적 삶의 유지에 필요불가결하다. 왜냐하면 그 기능들은 오직 그런 목적을 위해서만 만들어졌으며, 그 목적을 달성함으로써 그 기능을 완수하기 때문이다. 따라서 그런 기능들에 관한 한, 인간은 자기 초월적인 목적 없이도 합리적으로 행동할 수 있다. 그 기능들은 순전히 개인에게 봉사함으로써만 무엇인가에 봉사할 수 있다. 그런 이유로 다른 욕구를 갖지 않는다면 개인은 충분히 자족할 수 있으며, 또한 산다는 것 이외의 다른 목적 없이도 행복하게 살 수 있을 것이다. 다만 문명세계에 서 성인은 그렇게만 살 수가 없을 것이다. 그에게는 신체적 욕구와 관련 이 없는 많은 생각과 감정, 관습이 있다. 예술, 도덕, 종교, 정치적 신념, 과학 등의 역할은 신체의 소모를 보완하는 것도 아니며, 신체기관의 기 능을 유지해 주는 것도 아니다. 육체적 삶을 넘어서는 그와 같은 삶은 자 연환경의 요구 때문이 아니라 사회적 환경의 요구 때문에 생겨나고 확장 된다. 사회의 영향은 우리의 내부에서 우리를 다른 사람들에게로 기울게 하는 동정심과 연대의식을 일으킨다. 우리를 그 자체에 적합한 모습으로 만들고, 우리의 행동을 관장하는 종교적, 정치적, 도덕적 신념을 우리에게 주입하는 것은 바로 사회이다. 우리가 우리의 지식을 넓히고자 노력하는 것은 결국 우리 자신의 사회적 역할을 잘 수행하기 위함이다. 또한 우리에게 축적된 지식을 전달하면서 자기계발을 위한 수단을 제공해 주는 것도 역시 사회이다.

그렇게 해서 인간 행위의 고차원적 형태는 집단적 기원을 갖게 되며, 따라서 그런 행위는 집단적 목적을 갖게 된다. 그런 행위는 사회에서 유래되며, 그런 만큼 사회와 관련된다. 오히려 그런 행위들은 우리들 각자의 내부에서 구체화되고 개별화된 사회 그 자체이다. 하지만 그런 인간 행위가 존재이유를 갖기 위해서는 그 행위의 목표가 우리에게도 흥미로운 것이어야 한다. 우리는 인간 행위에 의존하는 만큼 사회에도 의존한다. 그와 반대로 우리가 사회로부터 멀어져 있다고 느끼면 느낄수록, 우리는 사회적 기원과 목적을 갖는 삶에서 그만큼 더 멀어진다. 만일 우리에게 봉사하고 또 우리가 참여해야 하는 외적 존재가 없다면, 왜 온갖 희생을 치르면서 우리를 구속하는 도덕률이나 법 개념, 제약적인 교의를 따라야 하는가? 왜 과학을 연구해야 하는가? 만일 과학이 우리의 생존 기회를 늘리는 것 이외의 다른 유용성을 가지고 있지 않다면, 우리가 과학에 수반되는 문제를 감내해야 할 이유가 없다. 본능으로 그런 역할을 잘 해낼 수 있다. 동물이 그것을 증명해 준다. 본능 대신 우유부단하고 실수할 가능성이 높은 성찰을 대신 택할 이유가 무엇인가? 특히 왜 그 모든 고통을 감내하는가? 만일 사물의 가치가 개인을 위한 것으로만 평가된다면, 그와 같은 수고는 무가치하고 이해될 수도 없을 것이다. 하지만 자기의 확고한 신념에 충실한 사람이나 가족사회 또는 정치사회와 연결되어 있고 또 거기에 적극적으로 참여하고 있는 사람에게는 그런 문제가 존재하지 않는다. 그들은 본능적으로 아무런 성찰 없이 자신들의 존재와 행동을, 때로는 교회나 교회의 살아 있는 상징인 신에게, 때로는 자신의 가족에게, 또 때로는 국가나 정당에 귀속시킨다. 그들은 고통을 받으면서도 자신들이 속한 집단의 영광을 위한 수단만을 볼 뿐이며 집단에 충성을 다한다. 그렇게 해서 기독교인들은 육신에 대한 경멸을 드러내고 신의 모습에 더 가까이 가기 위한 기회를 갖기 위해 박해를 기꺼이 받아들인다. 하지만 신도들이 회의를 느낌에 따라, 즉 그들이 속한 종교적 공동체의 진정한 일원이라고 덜 느끼게 되어 신앙에서 멀어짐에 따라, 또는 가족이나 공동체가 그들에게 낯설어짐에 따라, 그들 각자는 자기 자신에게 이해하기 어려운 신비한 존재가 되어버린다. 그리고 그때 그들은 다음과 같은 애타면서도 괴로운 질문을 피할 수 없게 된다. "무엇 때문에 사는가?"

달리 표현하자면, 만일 흔히 말하듯 인간이 이중적이라면, 그것은 육체적인 인간에 사회적 인간이 더해지기 때문이다. 그런데 사회적 인간은 필연적으로 그가 표현하고 봉사하는 사회를 전제로 한다. 그와 반대로 만일 사회가 해체되면, 만일 사회가 우리 주위에서 존재하고 작용하는 것을 우리가 느끼지 못한다면, 우리 내부에서 사회적인 모든 것은 그 토대를 상실하게 된다. 그렇게 되면 인간은 성찰만으로도 사라지게 될 인위적 환상들의 인위적인 조합과 환영에 불과할 것이다. 따라서 그 어떤 것도 우리의 행동에 봉사할 수 없다. 하지만 사회적 인간은 문명화된 인간의 모든 것이며, 가장 훌륭한 존재 형태이다. 그로부터 우리에게 삶의 이유가 결여되어 있다는 결과가 도출된다. 왜냐하면 우리가 의존하는 유일한 삶은 현실에서 충분한 역할을 하지 못하기 때문이고, 또한 현실에 뿌리를 내리고 있는 유일한 삶은 우리의 욕구를 충족시켜 주지 못하기 때문이다. 사회적 인간은 이미 고차원의 생활방식에 입문했다. 그렇기 때문에 그는 어린아이나 동물이라면 만족할 생활방식으로는 더 이상 만족할 수 없다. 또한 초창기의 생활도 이미 사라졌기 때문에 그는 절망하게 된다. 따라서 애써 노력해서 붙잡으려고 하는 것도 없고, 그저 노력이 허사가 되는 것을 느낄 뿐이다. 그것은 어떤 의미에서 우리의 활동에 초월적인 목적이 필요하다고 말하는 것이 옳은가를 보여 준다. 우리가 초월적 목적을 필요로 하는 것은 불가능한 불멸성의 환상 속에 머물고 싶어서가 아니다. 초월적 목표는 우리의 도덕성 속에 내포되어 있다. 그리고 그것은 그 자체의 존재이유를 상실하지 않는 한, 부분적으로라도 결코 사라지지 않는다. 도덕성 혼란의 상태에서는 아주 작은 실망만으로도 쉽사리 절망적인 결심을 하게 될 수도 있다는 사실을 지적할 필요는 없을 것이다. 만일 삶이 굳이 애써가며 살 가치가 없다면, 모든 것은 생명을 버리기 위한 구실이 될 수 있다.

　하지만 그것만이 전부가 아니다. 그와 같은 사회로부터의 유리는 고립된 개인에게서만 일어나는 것이 아니다. 국민성의 구성요소 중 하나는 삶의 가치를 평가하는 방식이다. 개인적인 기질이 있는 것과 마찬가지로 사람들로 하여금 사물을 밝게 보게 하거나 어둡게 보게 하고, 또 그들을 슬프게도 하고 명랑하게도 하는 집단적 기질도 있다. 심지어 사회만이 유일하게 삶의 가치에 대한 집단적 판단을 내릴 수 있다. 물론 개인은 그런 면에서 무기력하다. 왜냐하면 개인은 자신과 자신의 좁은 활동 범위밖에 모르기 때문이다. 따라서 개인의 경험은 보편적 평가의 기초로 소용되기에는 너무 제한적이다. 개인은 자신의 삶에 목표가 없다고 판단할 수도 있다. 하지만 다른 사람에 대해서는 아무것도 말할 수 없다. 그와 반대로 사회는 그 자체에 대한 인상, 건강 상태, 질병 상태 등을 일반화시켜 말할 수 있다. 그것은 궤변이 아니다. 왜냐하면 개인들은 사회생활에 아주 깊이 관여하고 있어서 사회가 병이 든다면 그들도 감염되지 않을 수 없기 때문이다. 사회의 고통은 개인의 고통이기도 하다. 사회는 전체이고, 따라서 사회가 느끼는 아픔은 각 부분으로 전달되기 때문이다. 그런 만큼 사회가 해체된다는 것에는 전체적인 삶의 정상적인 조건이 같은 정도로 손상된다는 의식이 동반된다. 사회는 우리의 최상의 모습이 달려 있는 목표이기 때문에, 우리의 활동이 무의미하다는 인식 없이는 사회에서 벗어날 수 없다. 우리는 사회의 작품이기 때문에, 그 작품이 무가치한 것이 되었다는 느낌이 없이 우리는 사회 자체의 퇴락을 의식할 수 없다. 그렇게 해서 좌절과 실망의 흐름은 특정한 개인에게서 발산되는 것이 아니라 사회 자체의 해체 상태를 표현하는 것이다. 그런 흐름을 통해 드러나는 것은 바로 사회적 연대의 해이, 일종의 집단쇠약증, 사회적 질병이다. 그것은 개인의 슬픔이 만성이 되면 개인의 신체가 해로운 것과 마찬가지다. 그때 형이상학적이고 종교적인 체계가 등장해 모호한 감정을 정리하기 위해 인간들에게 삶의 무의미성을 주장하며, 삶이 목적을 갖는다는 것은 자기기만이라고 주장한다. 또한 그때 새로운 도덕이 나타나 사실을 권리로 격상시키고, 자살을 권하거나 짧은 삶을 권유해 자살로 유도한다. 그렇게 해서 나타난 도덕은 비관적 교리로 악명 높은 창시자들에 의해 고안된 것처럼 보인다. 하지만 실제로 그런 도덕은 원인이라기보다는 오히려 결과이다. 그런 도덕은 사회적 유기체의 생리적 고통을 추상적 언어와 체계적 형태로 상징화하고 있을 뿐이다.[75] 그리

---

75 비관적 이론가들이 개인적 인상을 일반화한다고 하는 비난이 정당하지 않은 이유가 바로 그것이다. 그들은 일반적 조건의 메아리에 불과하다.

고 그런 흐름은 집단적이며, 따라서 그 집단적 기원으로 인해 개인들에게 영향을 미치는 권위를 갖게 된다. 또한 그런 흐름은 사회의 해체로 인해 이미 개인에게 직접 발생한 정신적 고뇌를 더욱 가중시키게 된다. 따라서 개인이 자신을 극단적으로 사회적 환경에서 해방시키는 순간에도 그는 여전히 사회의 영향을 받고 있는 것이다. 개인이 아무리 개체화한다고 해도 언제나 집단적인 그 무엇인가가 있다. 그와 같은 지나친 개인주의에서 파생하는 우울증과 의기소침이 그것이다. 개인은 다른 사람들과 공동으로 유대를 맺을 것이 아무것도 없을 때 슬픔 속에서 유대를 맺는 것이다.

따라서 그런 형태의 자살에 앞서 우리가 부여했던 명칭, 즉 이기적 자살이라는 명칭을 부여할 만하다. 이기주의는 단지 자살의 부차적 요인이 아니라 자살을 발생시키는 원인이다. 만일 그 경우에 개인과 삶의 관계가 느슨해진다면, 그것은 그와 사회를 연결하는 유대 자체가 느슨해지기 때문이다. 자살의 직접적 계기이자 결정적 원인인 것으로 보이는 사생활에 대해서 말하자면, 그것은 사실 우발적인 원인일 뿐이다. 만일 개인이 아주 작은 충격 상황으로 자살을 한다면, 그것은 사회의 영향으로 그가 자살에 쉽게 포획될 준비가 되어 있기 때문이다.

그와 같은 설명은 여러 사실을 통해 확인된다. 주지하다시피, 자살은 어린아이들에게는 예외적이고, 생의 말년에 도달한 노년층에서는 줄어든다. 그런데 어린아이들이나 노인들의 경우, 육체적인 삶이 큰 비중을 차지한다. 어린아이들은 아직 사회화가 덜 되었으며, 사회도 그들에게 아직 사회적 이미지를 제공해 줄 수 있는 시간을 가지지 못한 상태이다. 또한 사회는 노인들에게서 멀어진다. 노인들은 사회에서 은퇴한다. 따라서 그들은 자족적인 삶을 누릴 수 있다. 사회가 없어도 자족적인 삶을 누릴 수 있는 사람들이다. 자신들 이외의 다른 것에 의해 자기를 완성할 필요를 덜 느끼는 그들은 살아가는 데 필요한 존재의 결핍도 덜 느낀다. 동물들의 자살 면역성도 그와 다르지 않다. 다음 장에서 살펴보겠지만, 미개사회에도 고유한 형태의 자살이 있다. 하지만 방금 지적한 것과 같은 형태의 자살은 존재하지 않는다. 미개사회의 구성원들의 생활은 매우 단순하므로, 그들의 사회적 경향 역시 매우 단순하며, 그들이 만족하기 위해서는 아주 큰 사회성을 필요로 하지 않는다. 그들은 자신들을 귀속시킬 수 있는 외부적 목표를 쉽게 찾을 수 있다. 그들은 신과 가족만 있으면 어느 곳에 가든지 그들의 사회성이 요구하는 모든 것을 충족시킬 수 있다.

그것은 또한 여자가 남자보다 고립된 삶을 잘 견디는 이유이기도 하다. 과부가 홀아비보다 사별 상태를 더 잘 견디며 재혼에 덜 열정적이라는 사실로 미루어, 여성이 가족 없이 잘 견딜 수 있는 것이 여성의 우월성의 표시라고 생각하고 싶어 하는 사람들도 있다. 그들에 따르면 여성의 정서적 능력은 아주 커서 가정 밖에서도 쉽게 발휘되는 데 반해, 남성이 삶을 견디는 데는 여성의 헌신이 필수불가결하다는 것이다.

하지만 사실 여성이 그와 같은 특권을 가졌다면, 그것은 여성의 감성이 고도로 발달되었기보다는 오히려 덜 발달되었기 때문이다. 여성은 남성보다 공동체 생활에 덜 참여하기 때문에, 여성에게 사회적 영향이 덜 미친 것이다. 사회성의 영향을 덜 받기 때문에 여성에게는 사회가 덜 필요한 것이다. 여성의 사회적 요구가 많지 않고, 그런 만큼 더 쉽게 만족하는 것뿐이다. 예컨대 몇몇 헌신적인 활동과 애완동물만 있으면 늙은 미혼여성의 생활은 충만하다. 만일 여성이 종교적 전통에 충실하고, 그에 따라 자살을 방지할 수 있다면, 그것은 아주 단순한 사회적 활동만으로도 그녀의 많은 욕구가 충족되기 때문이다. 그와 반대로 남성은 그런 점에서 더 많은 어려움을 겪는다. 사고와 활동이 활발한 남성은 낡은 틀에 점차 만족하지 못하고 다른 틀을 필요로 한다. 그 자신이 보다 복잡한 사회적 존재인 만큼, 그는 균형을 유지하기 위해서 자기 외부에 있는 더 많은 요소들에 의지해야 한다. 결국 남성의 정신적 균형은 보다 많은 조건에 좌우되기 때문에 보다 더 쉽게 무너진다.

제4장
이타적 자살[76]

생명의 질서 속에서 그 어떤 것도 무한정 좋을 수는 없다. 생물학적인 특성은 그 한계를 벗어나지 않는 범위 내에서만 그 목적을 실현할 수 있을 뿐이다. 사회적 현상도 마찬가지다. 우리가 방금 본 것처럼, 만일 지나친 개인주의가 자살을 일으킨다면, 부족한 개인주의 역시 같은 효과를 낳는다. 인간이 사회로부터 유리되면 쉽게 자살하게 되고, 사회적 통합이 너무 강해도 마찬가지다.

---

76 STEINMETZ, "Suicide among primitive Peoples, in *American Anthropologist*", janvier 1894; WAITZ, *Anthropologie der Naturvoelker, passim*; "Suicides dans les armés", in *Journal de la société de statistique*, 1874, p. 250; MILLAR, "Statistic of military suicide", in *Journal of the statistical society*, Londres, juin 1874; MESNIER, *Du suicide dans l'armée*, Paris, 1881; BOURNET, *Criminalité en France et en Italie*, p. 83 et suiv.; ROTH, "Die Selbstmorde in der K. u. K. Armee in den Iahren 1873~1880", in *Statistische Monatschrift*, 1892; ROSENFELD, "Die Selbstmorde in der Preussischen Armee", in *Militarwochenblatt*, 1894, 3es Beiheft; Du MEME, "Der Selbstmord in der K. u. K. oest erreischischen Heere", in *Deutsche Worte*, 1893; ANTONY, "Suicide dans l'armée allemande", in *Arch. de méd. et de phar. militaire*, Paris, 1895.

I.

흔히 미개사회에서는 자살이 일어나지 않는다고들 한다.[77] 그런 주장은 부정확하다. 앞서 우리가 살펴본 이기적 자살이 미개사회에서는 흔히 일어나지 않는 것은 사실이다. 하지만 미개사회에는 다른 종류의 고유한 자살이 있다.

바솔린은 그의 저서 『덴마크의 죽음 경시의 원인 *De causis contemptae mortis a Danis*』에서 덴마크 전사戰士들은 늙고 병들어 죽는 것을 불명예로 알았으며, 그런 치욕을 피하기 위해 자살했다고 보고하고 있다. 고트족도 마찬가지로 자연사하는 사람은 독을 뿜는 동물들로 가득 찬 동굴 속에서 영원히 고통을 받는다고 믿었다.[78] 서西고트족의 변경에는 '선조들의 바위'라고 불리는 높은 봉우리가 있는데, 삶에 진력이 난 노인들이 그 꼭대기에 올라 투신했다고 한다. 그와 같은 습관은 트라키아족과 헤룰리족 등에게서도 볼 수 있다. 실비우스 이탈리에우스는 스페인 켈트족에 대해 이렇게 말하고 있다. "그들은 피를 아끼지 않는 민족이며 죽음을 갈망한다. 켈트족은 혈기왕성한 시기가 지나자마자 시간의 흐름을 견디지 못하며, 노년이 되도록 기다리는 것을 경멸한다. 그들은 삶을 언제 끝낼지 스스로 결정한다."[79] 따라서 그들은 자살한 사람에게는 낙원을 할당해 주고, 노쇠나 질병으로 사망한 사람은 음산한 지하를 할당해 주었다. 인도에서도 같은 습관이 오랫동안 지속되었다. 베다 경전에는 자살에 대한 찬사가 없지만, 그런 관습이 아주 오래된 것은 분명하다. 플루타르코스

---

77 OETTINGEN, *Moralstatistik*, p. 762.
78 BRIERRE DE BOISMONT, p. 23를 참고했다.
79 *Punica*, I, 225 et suiv.

는 칼라누스라는 브라만의 자살에 대해 이렇게 기록했다. "그는 현자들이 흔히 하는 관습에 따라 스스로 희생했다."[80] 퀸투스 쿠르티우스도 이렇게 기술했다. "그들 중에는 현인이라고 불리는 거칠고 잔인한 사람들이 있다. 그들의 눈에는 죽음의 시간을 예고하는 것이 영광이었고, 노쇠나 질환이 괴롭히게 되면 즉시 스스로 몸을 불태웠다. 그들에 의하면 죽음을 기다리는 것은 불명예이다. 따라서 노쇠해서 죽은 시신에는 아무런 존경도 표하지 않는다. 아직 숨을 쉬는 인간 제물이 아니라면 불을 더럽히는 것이 된다."[81] 피지,[82] 뉴헤브리디스, 망가 등에서도[83] 비슷한 사례가 보고되었다. 키오스에서는 일정한 연령이 지난 노인들이 모여 엄숙한 축제를 열고 머리에 화관을 쓴 채 즐거운 마음으로 햄록이란 독약을 마신다.[84] 우리는 그와 같은 관행을 트로글로다이트족[85]과 세리족에게서도 볼 수 있는데, 그들은 도덕성이 높은 것으로 유명하다.[86]

위의 민족들에게서는 노인들뿐만 아니라 여자들도 종종 남편이 죽으면 스스로 목숨을 끊도록 강요받았다. 그와 같은 야만적 관행은 힌두교 풍습에 깊이 뿌리박혀 있어 영국인들이 그것을 막으려고 했지만 계속되었다. 1817년에는 뱅골의 한 주에서 706명의 과부가 자살했고, 1821년에는 인도 전체에서 2,366명의 과부가 자살했다. 게다가 왕자나 부족장이 죽는 경우, 그의 신하들은 그보다 더 오래 살아서는 안 되었다. 갈리아에

80 *Vie d'Alexandre*, CXIII.
81 VIII, 9.
82 WYATT GILL, *Myths and songs of the South Pacific*, p. 163.
83 FRAZER, *Golden Bough*, t. l, p. 216 et suiv.
84 STRABON, § 486. - ELIEN, V. H. 337.
85 DIODORE DE SICILE, III, 33, V, VI.
86 POMPONIUS MELA, III, 7.

서도 그런 사례가 있었다. 앙리 마르탱에 따르면, 족장의 장례식은 그의 의복, 무기, 애마, 시종들과 더불어 마지막 전쟁에서 그와 함께 전사하지 못한 부하들을 다 함께 불태우는 피비린내 나는 살육의 현장이었다고 한다.[87] 부하들은 그들의 족장보다 결코 오래 살 수 없었다. 아산티족에서는 왕이 죽으면 그의 신하들도 따라 죽는 것이 의무였다.[88] 하와이에서도 같은 관습이 관찰되었다.[89]

따라서 자살은 원시부족에서 매우 빈번하게 일어났음이 분명하다. 하지만 그들의 자살에는 특징이 있다. 실제로 앞서 제시된 모든 자살은 다음의 세 범주 중 하나에 포함된다.

① 늙거나 병든 남자의 자살
② 남편이 사망한 여자의 자살
③ 족장의 죽음에 이은 부하나 시종의 자살

그런데 그 모든 경우에 인간이 자살한다면, 그것은 자살을 권리로 여기는 것과는 달리 의무이기 때문이다. 만일 그가 그 의무를 이행하지 않으면, 그는 명예를 잃게 될 뿐만 아니라 종종 종교적 벌을 받는다. 물론 노인이 자살했다는 소식을 들으면 우리는 우선 노년의 권태나 고통이 원인이라고 생각하는 경향이 있다. 하지만 만일 노인이 자살할 다른 이유가 없다면, 만일 그가 오직 견디기 힘든 삶에서 벗어나기 위해서 자살할

---

87 *Histoire de France*, I, 81. Cf. CESAR, *De Bello Gallico*, VI, 19.
88 SPENCER, *Sociologie*, t. II, p. 146.
89 JARVES, *History of the Sandwich Islands*, 1843, p. 108.

수 있다. 하지만 그는 자살을 강요받지는 않을 것이다. 그가 자살을 선택하는 특권을 누리는 것이 의무는 아니다. 그런데 방금 본 것처럼, 노인들이 계속 생존을 고집하는 경우에 사람들의 존경을 상실하게 되는 사례들이 있다. 어떤 사회에서는 그런 노인에게 장례의식을 치러 주지 않으며, 또 어떤 사회에서는 내세에 끔찍한 삶이 그를 기다리고 있는 것으로 여긴다. 결국 사회가 그에게 자살하도록 압력을 가하는 것이다. 이기적 자살의 경우에도 역시 사회가 개입하는 것은 사실이다. 하지만 그 개입은 두 경우에 다르게 이루어진다. 첫 번째 경우에는 사회가 자살을 선고하는 것에 그친다. 두 번째 경우에는 사회가 죽음의 선택을 금지한다. 이기적 자살에서 사회는 기껏해야 자살을 암시하거나 권유할 뿐이다. 하지만 여기서는 사회가 자살을 강요하며, 자살 의무가 강제성을 띠는 조건과 상황이 사회에 의해 결정된다.

따라서 사회가 그런 희생을 요구하는 것은 사회적 목적을 위함이다. 추종자가 족장과 같이 죽어야 하고, 시종이 주인을 따라 죽어야 한다면, 그것은 추종자와 족장, 신하와 군주의 끈끈한 의존 관계가 사회의 구성에 깊이 뿌리내려 그 관계의 분리를 생각할 수 없기 때문이다.

신하의 운명은 군주의 운명과 같아야 한다. 군주의 의복과 무기뿐만 아니라 신하도 주인이 가는 곳이라면 무덤까지도 따라가야만 한다. 만일 일이 다르게 진행되는 것을 상상할 수 있다면, 사회적 예속관계가 무력해질 것이다.[90] 아내와 남편의 관계도 마찬가지다. 노인들의 경우, 자

---

90 그와 같은 관행의 기저에는 죽은 사람의 혼이 그와 관계를 맺었던 사물이나 사람을 다시 방문하기 위해 세상으로 되돌아오는 것을 막으려는 생각이 있을 수도 있다. 하지만 바로 그와 같은 생각 자체가 하인들과 추종자들이 주인에게 철저하게 예속되었으며, 주인과 떨어질 수 없다는 사실을 함축하고 있다. 게다가 영혼이 지상에 머물러 있음으로써 발생할 수 있는 재난을 피하기 위해 그들이 공동 이익을 위해 희생되어야 한다는 생각 역시 거기에 내포되어 있다.

연사할 때까지 기다리지 않는 이유는 거의 대부분의 경우 종교적인 이유 때문일 것이다. 실제로 한 가족을 보호하는 수호신은 가장의 몸에 거주한다고 여겨졌다. 다른 한편으로, 사람의 몸에 깃들어 사는 신은 그 사람과 같은 건강과 질병을 겪고, 그와 함께 늙어간다고 여겨졌다. 따라서 사람의 기력의 노쇠는 신의 기력의 노쇠와 더불어 이루어지며, 또한 한 집단의 노쇠 역시 마찬가지다. 왜냐하면 무기력한 신의 보호를 받는 집단은 보호를 제대로 받을 수 없을 것이기 때문이다. 공동의 이익을 위해 아버지는 삶의 마지막을 기다리기보다는 그가 지니고 있는 귀중한 물건들을 후계자에게 물려주어야 하는 이유가 바로 거기에 있다.[91]

그와 같은 설명은 방금 제시한 종류의 자살이 무엇에 의존하는지를 충분히 보여 줄 수 있다. 사회가 일부 구성원들에게 자살을 강요할 수 있기 위해서는 개인의 인격의 가치가 작아야 할 것이다. 일단 인격이 형성되면, 그 존재 권리는 우선 그 인격의 주체인 개인에게 부여된다. 그리고 그 존재권리는 최소한 전쟁과 같은 극히 예외적인 상황에만 정지될 수 있을 뿐이다. 하지만 그처럼 약한 개체화의 원인은 하나밖에 없다. 개인이 집단생활에서 아주 작은 가치밖에 갖지 못하기 위해서는 그가 집단에 거의 완전히 흡수되어야 한다. 그러니까 집단이 고도로 통합되어 있어야 한다. 전체를 구성하는 부분들이 그 자체의 삶을 조금밖에 가질 수 없기 위해서는, 그 전체가 조밀하고 연속적인 덩어리여야 한다. 실제로 우리는 위에서 지적한 관행이 관찰되는 사회가 강력하게 통합된 사회임을 이미 살펴본 바 있다.[92] 그런 사회는 몇 개 되지 않은 구성요소들을 포함하

---

91   FRAZER. *Golden Bough*, *loc. cit.* et *passim.*
92   *Division du travail social*, *passim.*

고 있기 때문에 모든 사람은 거기에서 같은 생활을 한다. 관념, 감정, 직업 등, 모든 것이 모든 사람에게 공통이다. 그와 동시에 그런 집단의 규모가 작기 때문에 모든 사람이 서로 가까우며, 따라서 누구도 시야를 벗어날 수 없다. 그 결과, 언제나 모든 일에 집단적 상호감시가 이루어지며, 이탈이 쉽게 방지될 수 있다. 따라서 개인은 그 자신의 인격을 발전시키고 자신의 개성을 만들어 나갈 특별한 환경을 조성할 수 있는 수단을 가지고 있지 못하다. 그러니까 다른 동료들과 구분되지 않는 개인은 전체와 뗄 수 없는 하나의 부분에 불과하며, 그 자신의 개인적인 가치를 가지지 못한다. 그의 인격이 그처럼 낮은 가치를 갖기 때문에, 그가 스스로를 해치는 행위는 상대적으로 관대한 제재의 대상이 된다. 그렇게 되면 개인이 집단적 요구로부터 보호를 덜 받게 되는 것은 당연하며, 또한 사회는 사소한 이유일지라도 별로 가치가 없는 개인의 삶을 주저하지 않고 끝내는 것도 당연하다.

따라서 우리는 지금 앞서 살펴본 자살 유형과는 완전히 대조적인 다른 유형의 자살을 마주하고 있는 것이다. 앞서 본 자살이 지나친 개인화에서 기인한다면, 지금 다루는 자살은 너무 부족한 개인화 때문에 발생한다. 전자는 사회가 부분적으로 혹은 전체적으로 충분히 통합되지 못해서 개인이 사회를 벗어날 수 있기 때문에 일어난다. 후자는 사회가 개인을 너무 엄격하게 종속시키기 때문에 일어난다. 자신만을 위한 삶을 살고 자신에게만 복종하는 상태를 '이기주의'라고 불렀는데, 그 반대의 상태는 '이타주의'라는 명칭으로 적절히 표현할 수 있을 것이다. 이타주의는, 자아가 자신의 것이 아닌 상태, 자아가 다른 것과 섞여 있는 상태, 행위의 극極이 자아의 외부에 있는 상태, 즉 자신이 참여하는 집단 안에 있는 상태를 가리킨다. 그런 이유에서 우리는 강한 이타주의에서 기인하는 자살을 '이타적 자살suicide altruiste'이라고 부른다. 하지만 그와 같은 자살에는 의무로서 행해진다는 특징이 있기 때문에, 그런 점이 그 명칭에 포함되어야 한다. 따라서 우리는 그런 유형의 자살을 '의무적·이타적 자살suicide altruiste obligatoire라고 부르기로 한다.

그와 같은 자살을 규정하기 위해서는 두 개의 형용사의 결합이 필요하다. 왜냐하면 모든 이타적 자살이 반드시 의무적인 것은 아니기 때문이다. 사회가 노골적으로 강요한 것이 아니라 선택의 여지가 있는 이타적 자살도 있다. 달리 말해 이타적 자살에는 여러 종류가 있다. 우리는 방금 한 종류를 보았을 뿐이다. 이제 다른 종류를 보도록 하자.

위에서 언급한 여러 사회들이나 다른 종류의 사회에서 우리는 아주 사소한 즉각적, 명시적 동기로 자살이 자주 일어나는 것을 관찰할 수 있다. 티투스 리비우스, 카이사르, 발레리우스 막시무스 등은 갈리아족과 게르만족이 침착하게 자살하는 모습에 감탄 섞인 놀라움을 보이며 그것을 기록하고 있다.[93] 켈트족은 술이나 돈을 목적으로 죽음을 무릅쓴다고 한다.[94] 다른 민족들은 불이나 거대한 파도 앞에서도 물러나지 않는 것을 자랑하기도 한다.[95] 현대의 여행자들은 많은 미개사회에서 그와 유사한 관행을 관찰하고 있다. 폴리네시아에서는 한 남자가 아주 사소한 모욕 때문에 자살을 한 적도 있다.[96] 북아메리카 인디언들도 마찬가지다. 부부 싸움이나 사소한 질투만으로도 자살하는 남녀가 꽤 많은 것으로 알려져 있다.[97] 다코타족과 크리크족에서도 아주 사소한 일이 극단적인 행동으

---

93 CESAR, *Guerre des Gaules,* VI, 14; VALERE-MAXIME, VI, 11 et 12; PLINE, *Hist. nat.,* IV, 12.
94 POSIDONIUS, XXIII, *ap*. ATHEN. DEIPNO, IV, 154.
95 ELIEN, XII, 23.
96 WAITZ, *Anthropologie der Naturvoelker*, t. VI, p. 115.
97 *Ibid.,* t. III, 1e Hœlfte, p. 102.

로 이어지기도 한다.[98] 보잘것없는 이유로도 쉽게 할복하는 일본인들의 애기는 잘 알려져 있다. 일본에서는 심지어 적을 공격하는 것이 아니라, 자신의 손으로 할복하는 솜씨를 겨루는 기이한 대결이 보고된 바 있다.[99] 중국, 베트남의 코친차이나, 티베트, 삼왕국 등에서도 그와 유사한 사례가 기록되어 있다.

위의 모든 경우에서 사람들이 명백한 강압 때문에 자살하는 것은 아니다. 하지만 그런 자살도 의무적 자살과 다른 성격을 가지고 있지 않다. 여론이 공식적으로 자살을 강요하지 않는다 해도 자살에 우호적인 것은 사실이다. 삶에 연연하지 않는 것이 미덕, 그것도 훌륭한 미덕으로 여겨지며, 사소한 도발이나 허세 때문에 삶을 포기하는 사람이 찬양을 받는다. 그렇게 해서 자살은 사회적 위신을 얻게 되고, 그로 인해 자살이 부추겨지게 된다. 또한 그런 보상을 거부당하는 것은 아주 낮은 정도이긴 하지만 실제로는 처벌과 같은 효과를 낸다. 어떤 경우에서는 모욕의 치욕에서 벗어나기 위해 자살을 한다면, 다른 경우에는 좋은 평판을 얻기 위해 자살한다. 어린 시절부터 삶에 큰 가치를 부여하지 말도록 교육받고, 삶에 지나친 애착을 갖는 사람을 경멸하도록 교육을 받은 사람이라면, 아주 가벼운 구실만으로도 필히 삶을 버리게 될 것이다. 그처럼 가치가 작은 희생은 쉽게 결심할 수 있는 것이다. 따라서 의무적 자살과 마찬가지로 그런 관행은 미개사회의 가장 근본적인 도덕적 특징과 연결되어 있다. 왜냐하면 개인이 자신의 이익에 관심이 없고, 무조건적인 자기 부정과 극기 훈련이 되어 있을 경우에 비로소 그런 관행이 지속될 수 있기

---

98 Mary EASTMAN, *Dacotah*, p. 89, 169; LOMBROSO, *L'Uomo delinquente*, 1884, p. 51.
99 LISLE, *op. cit.*, p. 333.

때문이다. 그래야만 부분적으로나마 자발적인 자살이 가능하게 된다. 사회가 드러내 놓고 지시하는 자살과 마찬가지로, 그런 유형의 자살도 역시 비인격적인 상태, 즉 앞서 지적했듯이 원시인의 도덕적 특징으로 여겨질 수 있는 이타주의에서 비롯된다. 그런 이유에서 우리는 그런 자살에도 역시 이타적 자살이라는 명칭을 부여할 수 있다. 만일 그런 자살의 특징을 좀 더 부각시키기 위해 '선택적facultatif'이라는 단어를 덧붙일 수 있지만, 그 경우에도 그 단어는 엄밀히 의무적 자살에 비해 사회적 요구가 덜 분명하다는 것을 의미할 뿐이다. 실제로 그 두 종류의 자살은 어디에서 시작되고 어디에서 끝나는지를 모를 정도로 서로 밀접하게 연결되어 있다.

끝으로 이타주의가 보다 직접적으로, 보다 과격하게 자살을 유도하는 경우도 있다. 앞서 든 예에서는 특정한 상황과 더불어서만 자살이 발생한다. 자살이 일어나기 위해서는 사회가 자살을 의무로서 강요하거나, 명예가 문제가 되거나 해야 한다. 그것도 아니면 최소한 불쾌한 사건으로 인해 자살자의 눈에 자신의 삶의 가치가 평가절하 되어야 한다. 하지만 특별한 이유 없이 자기포기 자체가 찬양되기 때문에 오로지 희생 그 자체의 기쁨을 위해서 자살하는 경우도 없지 않다.

인도는 그런 종류의 자살이 일어나는 대표적인 나라이다. 힌두교 신도들은 브라만교의 영향으로 이미 쉽게 자살하곤 했다. 실제로 마누 법전은 자살에 몇몇 유보 조항을 두고 있다. 적어도 일정한 연령에 달하고, 적어도 한 명의 아들을 두어야 한다. 하지만 그런 조건이 충족되었다면, 사람은 살아서 할 일이 없다. "위대한 성자들이 사용했던 방법 중의 한 가지를 이용해서 자기 자신을 육신으로부터, 슬픔과 고통으로부터 해방시킨 브라만교 신도들은 명예롭게 브라만 천계에서 체류할 수 있다."[100]

혼히 그런 원칙을 극단적인 결과로 몰아 자살을 일종의 종교적 관행으로 만들었다고 불교를 비난하곤 한다. 하지만 실제로 불교는 자살을 단죄한다. 불교가 열반에서의 소멸을 최고의 기쁨이라고 가르치는 것은 사실이다. 하지만 그와 같은 자아의 소멸은 현세에서 비폭력적으로 실현될 수 있어야 하고 또 실현되어야만 한다. 사람이 존재로부터의 도피를 추구한다는 생각은 철저히 힌두교 교리의 정신이며, 또 힌두교 신도들의 소원과 일치한다. 하지만 그런 생각은 불교의 주요 종파에서도 여러 다른 형태로 나타나며, 또한 불교와 동시에 형성되었다고 할 수 있다. 자이나교의 경우도 마찬가지다. 자이나교의 성전에서도 자살에 대해 삶을 연장시키는 것이라고 비난하고 있다. 하지만 많은 사원의 비문을 보면 특히 남방의 자이나교 신도들에게서 종교적 자살이 빈번했다는 사실을 알 수 있다.[101] 신도들은 단식 자살을 하기도 했다.[102] 힌두교에서는 갠지스 강이나 그 밖의 다른 성스러운 강에서 죽는 관습이 널리 퍼져 있다. 비문을 보면 왕과 대신들이 그런 방법으로 죽음을 맞이했으며,[103] 또한 그와 같은 미신이 19세기 초까지도 완전히 사라지지 않았다는 것을 알 수 있다.[104] 브힐족에는 시바신에게 헌신하기 위해 신도들이 종교적인 동기로 투신하는 높은 바위가 있다고 한다.[105] 어떤 관리는 1822년에 그런 희생제의를 목격했다고 한다. 또 군중들 앞에서 크리슈나신상의 수레바퀴 밑으로 뛰어들어 대거 자살한 광신도들의 얘기는 이미 고전이 되었

---

100 *Lois de Manou*, VI, 32 (trad. LOISELEUR).
101 BARTH, *The religions of India*, Londres, 1891, p. 146.
102 BÜHLER, *Über die Indische Secte der Jaïna*, Vienne, 1887, p. 10, 19 et 37.
103 BARTH, *op. cit.*, p. 279.
104 HEBER, *Narrative of a Journey through the Upper Provinces of India*, 1824~1825, chap. XII.
105 FORSYTH, *The Highlands of Central India*, Londres, 1871, pp. 172~175.

다.[106] 샤를르부아는 일본에서 그런 종류의 의식을 관찰했다. 그는 이렇게 기술하고 있다. "해안을 따라 여러 척의 배를 가득 채운 광신도들이 몸에 돌을 매달고 물속으로 뛰어들거나, 아니면 그들의 신을 찬양하는 노래를 부르며 그들이 탄 배에 구멍을 뚫어 차츰차츰 가라앉게 하는 기이한 광경을 볼 수 있었다. 많은 구경꾼들이 그들의 용기를 찬양하고 그들이 사라지기 전에 명복을 빌면서 지켜보고 있었다. 아미타종의 신도들은 겨우 한 사람이 앉을 수 있는 공간밖에 없고, 환기통으로만 숨을 쉬어야 하는 동굴 속에 스스로를 가둔다. 그들은 그곳에서 단식하며 조용히 죽는다. 다른 신도들은 유황 불길이 솟아오르곤 하는 높은 바위산 꼭대기까지 올라간다. 그들은 끊임없이 신을 부르며 자신들의 생명을 희생 제물로 받아달라고 기도하면서 불길이 솟아오르게 해달라고 기원한다. 불길이 나타나면 그들은 그것을 신이 허락한 징표로 여기면서 깊은 심연 속으로 머리부터 투신한다. 이른바 순교자가 된 그들에 대한 기억이 곧 커다란 존경의 표시이다."[107]

그런 자살보다 더 이타적 특성이 잘 나타나는 자살은 없다. 그 모든 경우에 개인은 실제로 그 자신의 진정한 자아로 여겨지는 다른 무엇을 찾기 위해 그 자신의 존재의 허물을 버리는 것을 간절히 원하는 것이다. 그 진정한 자아를 어떤 이름으로 부르는가는 별로 중요하지 않다. 그는 자신이 그 안에 있고 또 그 안에만 있는 것으로 믿으며, 그는 진정한 존재가 되기 위해 자신을 그 진정한 자아에 일치시키고자 애써 노력하는 것

---

106 BURNELL, *Glossary*, 1866, '자간나트(Jagarnnath: 우주의 신)'에 대한 설명을 참고하시오. 그런 관행은 이제 거의 없어졌다. 하지만 간혹 지금도 발견되고 있다. STIRLING, *Asiat. Resch.*, t. XV, p. 324를 참고하시오.

107 *Histoire du Japon*, t. II.

이다. 따라서 그는 자신만의 고유한 삶을 가지고 있지 않다고 생각한다. 거기서 비인격성은 극점에 이르고, 이타주의가 가장 극명하게 나타난다. 하지만 그런 자살도 단지 사람들이 불행하다는 생각에서 기인하는 것이 아니냐고 주장할 수 있다. 개인이 그처럼 자발적으로 자살을 하는 경우, 그가 삶에 큰 애착을 느끼지 않는, 따라서 그의 자살이 어느 정도 우울하다는 생각의 표시로 간주될 수 있다는 것은 분명하다. 하지만 그 점에서는 모든 자살이 비슷하다. 그렇다고 해서 그 자살들을 구별하지 않는 것은 큰 잘못이다. 왜냐하면 불행하다는 생각은 항상 같은 원인에서 나오는 것이 아니며, 그런 만큼 그 외관에도 불구하고 사례에 따라 다르기 때문이다.

이기주의자는 세상에서 자신 말고는 세계에서 의미 있는 것을 찾지 못해서 불행한 반면, 지나친 이타주의자의 슬픔은 반대로 자신이 전혀 무의미하기 때문에 발생한다. 이타주의자는 집착할 아무런 목적을 찾을 수 없어 자신이 무용하고 존재이유가 없는 존재로 느껴지기 때문에 삶을 벗어던진다. 그 반면에 이기주의자는 목표를 가지고 있지만, 그 목표가 삶의 외부에 있어 그의 삶이 장애로만 여겨지기 때문에 삶을 버린다. 따라서 원인의 차이는 결과에서 다시 나타나며, 양자의 우울함은 전혀 다른 성격을 갖는다. 이타주의자의 우울은 치유할 수 없는 권태와 슬픈 의기소침이며, 모든 활동은 유용하게 사용될 수 없어서 스스로 무너져 내린다. 그와 반대로 이기주의자의 우울은 희망에서 나온다. 왜냐하면 아름다운 내세의 모습이 현실의 삶 너머로 엿보이기 때문이다. 그의 우울에는 심지어 만족을 추구하고 활발한 행동을 통해 확인되는 열정과 믿음이 포함되어 있기도 하다.

게다가 사람들이 삶을 어느 정도 우울하게 여긴다는 이유만으로는 강한 자살 경향을 충분히 설명할 수 없다. 기독교 신도도 자이나교 신도와 마찬가지로 현세의 삶을 아주 밝은 것으로 생각하지 않는다. 기독교 신도는 현세를 고통스러운 시험의 기간으로 본다. 그는 진정한 세상은 현세에 있지 않다고 생각한다. 하지만 기독교의 자살 혐오는 잘 알려져 있다. 그 이유는 기독교 사회가 그 이전의 사회에 비해 개인에게 더 중요한 자리를 마련해 주고 있기 때문이다. 기독교 사회는 각자에게 피할 수 없는 개인적 의무를 부여한다. 개인이 내세에서 즐거움을 누리는 것이 허용되는가의 여부는, 그가 현세에서 부여받은 의무를 완수하는가에 달려 있다. 그리고 그 내세의 즐거움 그 자체는 그것을 누리게 해준 의무와 마찬가지로 개인적이다. 따라서 기독교 정신 속에 들어 있는 온건한 개인주의로 인해 인간과 그의 운명에 대한 교리에도 불구하고 기독교는 자살을 조장하지 않는다.

그와 같은 정신적 태도의 논리적 기초로 소용되는 형이상학 또는 종교 체계는 곧 그 자체가 자살의 원인과 의미라는 것을 여실히 증명해 준다. 실제로 오래전부터 자살은 범신론적 믿음과 공존한다고 알려져 있었다. 불교 신도와 마찬가지로 자이나교 신도 역시 무신론적이다. 하지만 범신론이 반드시 유신론인 것은 아니다. 범신론의 본질적인 특징은, 개인에게 내재하는 실체는 그의 본성이 아니며, 그를 살아 있게 하는 영혼도 그 자신의 것이 아니기 때문에, 그에게는 실체가 없다는 생각 속에 있다. 그런데 그와 같은 교리가 힌두교의 기저에 놓여 있다. 브라만교에서도 이미 그런 요소가 발견된다. 그와 반대로 존재들의 원리가 그런 교리와 혼합되지 않고 존재 하나하나가 개별적 형태로 여겨지는 경우에는 그런 형태의 자살이 예외적이다. 유대교, 기독교, 이슬람교와 같은 일신교, 그리고 그리스와 로마의 다신교 신도들에게서 그러하다. 그 외에는 이타적 자살이 제의적 관습의 형태로 나타나는 경우는 결코 없다. 따라서 이타적 자살과 범신론 사이에는 상관관계가 있는 듯하다. 어떤 관계가 있는 것일까?

범신론 자체가 자살을 일으킨다는 생각을 받아들여서는 안 된다. 그와 같은 추상적인 생각으로는 사람들의 행동을 유도하지 못하며, 역사의 과정을 순수한 형이상학적 개념의 작용만으로 설명할 수 없다. 개인뿐만 아니라 민족의 경우에도, 정신적 표상은 무엇보다도 스스로 만들어 낸 것이 아닌 실체를 표현하는 기능만을 가질 뿐이다. 정신적 표상은 실체로부터 기인한다. 정신적 표상이 그 이후에 실체를 변화시킬 수 있다고 해도 제한된 범위 내에서만 가능할 뿐이다.

종교적 관념은 사회적 환경을 만들어 내는 것이 아니라 오히려 그 산물이다. 그리고 일단 형성된 종교적 관념이 그 형성 원인인 사회적 환경에 영향을 미치더라도 그리 심각하지 않다. 따라서 범신론의 핵심이 모든 개체에 대한 철저한 부정이라면, 그런 종교는 실제로 개인이 아무런 중요성도 갖지 못하는 사회, 즉 개인이 집단에 거의 함몰된 사회에서만 존재할 수 있다. 왜냐하면 인간은 자신이 살고 있는 협소한 사회의 모습으로만 세계를 표상할 수 있기 때문이다. 따라서 종교적 범신론은 범신론적 사회 조직의 결과이자 그 반영일 뿐이다. 그런 만큼 우리는 모든 곳에서 범신론과 관련되어 일어나는 특별한 자살의 원인을 그런 사회에서 찾아야 할 것이다.

우리는 다음과 같은 세 종류의 자살을 포함하고 있는 두 번째 유형의 자살을 검토했다. 의무적·이타적 자살, 선택적·이타적 자살, 신비주의적 자살의 완전한 형태인 극명한 이타적 자살이 그것이다. 그런 형태의 이타적 자살은 이기적 자살과 극명하게 대조된다. 이타적 자살은 전적으로 개인적인 것에 아무런 가치를 인정하지 않는 조잡한 도덕에서 기인하는 반면, 이기적 자살은 개인의 인격을 높은 위치에 두고 아무것에도 예속시키지 않는 세련된 윤리와 연결된다. 따라서 그 양자 사이에는 원시인과 문명인을 가르는 모든 차이가 있다.

물론 이타적 자살의 훌륭한 무대가 미개사회이긴 하지만, 최근에는 문명사회에서도 일어난다. 그와 같은 자살의 범주에 특히 기독교 순교자들의 죽음을 포함시킬 수 있다. 스스로 죽지 않았다고 하더라도 자신들의 학살을 자발적으로 허용한 기독교 개종자들의 행동은 실제로 자살이었다. 그들이 자결하지 않았다고 해도 그들은 모든 힘을 다해 죽음을 추구했으며, 또 죽음이 불가피하도록 행동했다. 그런데 자살이 있기 위해서는 죽음이 필연적으로 기인하는 행동을 희생자가 그 결과를 충분히 알고서 행하는 것으로 충분하다. 다른 한편, 신생 종교인 기독교 신도들이 열광적인 열정으로 최후의 고문에 항거했다는 사실을 통해 그들이 추종자를 자처한 신념을 위해 자신들의 인격을 완전히 포기했다는 사실이 입증된다. 몇 차례에 걸쳐 중세에 수도원을 휩쓸었던 자살의 광풍도 종교적 열정의 과잉 때문이며, 그런 만큼 이타적 특징을 가진 자살에 속할 개연성이 아주 크다.[108]

현대사회에서는 개인의 인격이 집단으로부터 훨씬 더 자유로워졌기 때문에 그와 같은 자살이 아주 널리 퍼질 수 없을 것이다. 보르페르 사령관이나 빌뇌브 제독처럼 패전의 굴욕보다 죽음을 택하는 군인이나, 가문의 명예가 더럽혀지는 것을 막기 위해 자살하는 불행한 사람들처럼, 오

---

108 그런 자살을 일으키는 정신 상태를 '무감각 상태(acedia)'라고 불렀다. BOURQUELOT, *Recherches sur les opinions et la législation en matière de mort volontaire pendant le Moyen Age*를 참고하시오.

늘날에도 여전히 이타적 동기로 자살하는 사람들이 분명 있다. 그들이 생명을 포기한다면, 그것은 그들이 자신들보다 더 사랑하는 무엇인가가 있기 때문이다. 물론 그런 자살은 예외적이고 드물게 일어난다.[109] 하지만 오늘날에도 이타적 자살이 만성적으로 일어나는 특수한 환경이 존재한다. 바로 군대이다.

II.

유럽의 모든 나라에서 군인의 자살 경향은 같은 연령대 민간인의 자살 경향보다 높다는 것은 보편적 사실이다. 그 차이는 25%에서 900%까지 천차만별이다[표 23].

덴마크는 두 집단의 자살률이 실질적으로 같은 유일한 나라다. 1845~1856년 사이에 민간인은 100만 명 중 388명, 군인은 100만 명 중 382명이 자살했다. 하지만 그 숫자에는 장교의 자살은 포함되어 있지 않다.[110]

군대에는 자살을 방지할 수 있는 많은 요인이 있는 만큼 그런 사실은 더욱 놀랍다. 우선, 신체적인 관점에서 보면 군대를 구성하는 인원들은 한 나라의 꽃이나 다름없다. 신중하게 선발된 그들에게는 심각한 신체적

---

109 혁명기에 그렇게 자주 일어나는 자살은 적어도 부분적으로는 이타적인 정신 상태에서 기인할 수 있다. 내부 투쟁이나 집단적 열광의 시기에 개인적인 인격은 그 가치를 상실하게 된다. 국가나 정당의 이익이 모든 것에 앞선다. 분명, 수많은 사형집행도 같은 원인에서 기인한다. 그런 시기에는 자기 자신뿐만 아니라 타인도 쉽게 죽일 수 있다.

110 군인의 자살에 대한 통계는 정부 자료와 바그너의 자료(*op. cit.*, p. 229 et suiv.)를 참고했다. 민간인에 대한 통계는 정부 자료와 바그너, 그리고 모르셀리의 자료를 참고했다. 미국의 경우는 군인의 평균 연령을 유럽에서와 같이 20~30세로 가정했다.

[표 23] 유럽 각국의 군인과 민간인 자살률 비교

	군인 100만 명당 자살자 수	같은 연령의 민간인 100만 명당 자살자 수	민간인에 대한 군인의 자살촉진계수
오스트리아(1876~1890)	1,253	122	10
미국(1870~1884)	680	80	8.5
이탈리아(1876~1890)	407	77	5.2
영국(1876~1890)	209	79	2.6
뷔르템베르크(1846~1858)	320	170	1.92
작센(1847~1858)	640	369	1.77
프로이센(1876~1890)	607	394	1.5
프랑스(1876~1890)	333	265	1.25

결함이 없다.[111] 게다가 다른 곳에서와 마찬가지로 단체정신과 공동생활은 군대에서도 자살 예방 효과를 가진다. 그렇다면 자살 촉진은 어디에서 기인하는 것일까?

장교가 아닌 일반 병사들은 대개 미혼이기 때문에, 그런 자살 촉진이 독신 상태 때문이라고 주장하기도 한다. 하지만 우선 독신 상태는 군대에서보다 민간인 생활에서 오히려 덜 부정적이다. 왜냐하면 방금 지적한 것처럼 군인은 고립되어 있지 않기 때문이다. 군인은 부분적으로 가족을 대신하도록 고안된 아주 강력한 조직사회의 한 구성원이다. 그와 같은 가설이 사실이든 아니든 간에 그 요인을 따로 떼어 내어 관찰할 수 있는 방법이 있다. 같은 연령의 군인의 자살률과 미혼자 자살률을 비교하는 것으로 충분하다. [표 21]에서 그런 비교가 가능하며, 그런 의미에서 그 표의 중요성이 새로이 분명하게 드러난다. 1888~1891년에 프랑스에서 군인 100만 명당 380명이 자살했다. 같은 시기에 20~25세의 미혼남성

---

111 그것은 신체적 요인 전체와 특히 결혼 선택이 효력이 없다는 것을 보여 주는 새로운 증거이다.

의 자살률은 237명에 불과하다. 미혼 민간인 남성의 자살 100건당 160건의 군인 자살이 있는 셈이며, 따라서 자살촉진계수는 1.6이다. 그 수치는 독신 상태와 완전히 무관하다.

부사관들의 자살을 별도로 계산한다고 해도 그 자살촉진계수는 여전히 높은 편이다. 1867~1874년에 부사관 100만 명당 연평균 993명의 자살률을 보였다. 1866년의 인구조사에 의하면 그들의 평균연령은 31세보다 약간 높다. 물론 우리는 그 당시 30세 미혼남성의 자살률을 알지 못하는 실정이다. 우리가 작성한 표에서는 훨씬 최근(1889~1891년)의 통계만을 볼 수 있는데, 그것이 우리가 가진 자료의 전부다. 하지만 그 통계를 참고하게 되면 부사관들의 자살촉진계수를 실제보다 더 낮추는 오류를 범하게 된다. 실제로 그 두 기간 동안에 자살자 수가 거의 두 배가 되었기 때문에, 고려된 연령의 미혼남성의 자살률도 분명히 상승했다. 따라서 1867~1874년의 부사관 자살률과 1889~1891년의 미혼남성·자살률을 비교하더라도, 우리는 자살에 미치는 군대의 부정적 영향을 더 낮게 평가할 수는 있어도 높일 수는 없다. 결국 그런 오차에도 불구하고 어쨌든 자살촉진계수가 나타난다면, 그것은 그런 영향이 실재할 뿐만 아니라, 또한 그 계수가 숫자상으로 보여 주는 것보다 더 많은 영향을 미친다는 것을 확신할 수 있다. 그런데 1889~1891년에 31세 미혼남성 100만 명당 자살자 수는 394명 내지 627명, 즉 평균 약 510명이다. 군인들의 자살률인 993명에 비해 100:194의 비율이다. 그것은 자살촉진계수가 1.94라는 사실을 의미하며, 그 계수가 4에 도달할 수 있다고 하는 것은 과장이 아니다.[112]

112 1867~1874년 사이의 자살률은 약 140명이며, 1889~1891년 사이의 자살률은 210~220명으로 거

끝으로 장교들은 1862~1878년에 100만 명당 평균 430명의 자살률을 기록했다. 대체로 크게 변하지 않는 그들의 평균 연령은 1866년에 37세 9개월이었다. 그런데 그들 중 대부분이 결혼했기 때문에, 그들을 같은 연령의 미혼남성과 비교할 것이 아니라, 미혼남성과 기혼남성을 포함하는 전체 남성 인구와 비교해야 한다. 그런데 1863~1868년 사이에 37세의 연령의 전체 자살률은 100만 명당 200명을 약간 상회한다. 그 수치는 430명의 자살률에 비하면 100:215이다. 따라서 자살촉진계수는 결혼이나 가정생활과 관계없이 2.15가 된다. 계급에 따라 1.6에서 거의 4까지 변하는 그와 같은 자살촉진계수는 분명히 군인 신분에 관련된 원인으로만 설명이 가능할 뿐이다. 물론 우리는 그런 영향이 있다는 사실을 프랑스의 경우에만 입증했을 뿐이다. 우리는 다른 나라에서 독신 상태의 영향을 따로 조사하는 데 필요한 자료를 가지고 있지 못하다. 하지만 유럽을 통틀어 덴마크를 제외하고 프랑스 군대의 자살률이 가장 낮기 때문에, 그런 결과가 다른 유럽 국가에서도 일반적인 특성일 뿐만 아니라 심지어 더 뚜렷하게 나타날 것이라고 확신할 수 있다. 그렇다면 군대에서의 자살은 어떤 원인으로 일어나는가?

알코올 중독을 생각할 수 있다. 한 해에 민간인들보다 군인들에게서 알코올 중독자가 더 많이 발생하기 때문이다. 하지만 먼저 앞서 증명한 것처럼 알코올 중독이 일반적인 자살률에 확실한 영향을 미치지 않는다면, 군인들의 자살에 더 많은 영향을 미칠 이유가 없다. 그 다음으로, 몇

의 60%가 높아졌다. 만일 미혼남성의 자살률이 같은 비례로 높아졌다면 ―다르게 진행될 이유가 없다―, 그들의 자살률은 그 시기의 첫해인 1867년에는 319명에 불과하다. 따라서 부사관들의 자살촉진계수는 3.11로 높아질 것이다. 우리가 1874년 이후의 그들의 자살률을 언급하지 않은 것은, 그때부터 직업적인 부사관들의 수가 점점 줄어들었기 때문이다.

해의 군복무 —프랑스는 3년, 프로이센은 2년 반이다— 만으로 군대의 자살률을 크게 높일 만큼 많은 알코올 중독자가 생겨난다고는 생각할 수 없다. 끝으로 알코올 중독을 가장 중요한 원인으로 여기는 학자들도 알코올 중독성 자살을 전체 사례의 10분의1밖에 발견하지 못하고 있다. 따라서 비록 알코올 중독성 자살이 같은 연령의 민간인들에 비해 군인들에게 두 배, 심지어는 세 배 더 나타난다고 하더라도, 군인의 자살이 민간인보다 항상 훨씬 많은 이유를 다른 곳에서 찾아야 할 필요가 있다.

가장 빈번하게 언급되는 이유는 군대생활에 대한 혐오이다. 그런 설명은 자살의 원인을 삶의 어려움으로 돌리는 통속적인 생각과 일치한다. 왜냐하면 군대에서의 엄격한 규율, 자유의 제한, 부대 생활의 불편함 등은 특히 견디기 어려운 것으로 여겨지기 때문이다. 하지만 사실을 말하자면 그보다 더 힘들면서도 자살의 경향이 높지 않은 직업도 많이 있다. 군인에게는 최소한 의식주는 보장된다. 하지만 그런 견해의 가치에도 불구하고 다음과 같은 사실들을 통해 그 불충분함과 단순함이 뚜렷하게 드러난다.

① 군복무에 대한 혐오는 군대생활 첫 해에 가장 심하고, 영내 생활에 익숙해짐에 따라 점차 줄어든다고 생각하는 것이 논리적이다. 조금 시간이 지나면 군대생활에 적응하게 된다. 습관에 의할 수도 있고, 또 가장 반항적인 부류는 탈영하거나 자살할 수도 있다. 게다가 군복무 기간이 길어지면 더 완벽하게 적응된다. 따라서 만일 군인들의 자살 경향이 갑작스러운 습관의 변화와 새로운 생활에의 적응 실패에서 온다면, 자살촉진계수는 군대 생활이 길어질수록 낮아져야 할 것이다. 그런데 다음 표에서 보는 바와 같이 사실은 전혀 그렇지 않다.

프랑스에서는 10년 미만의 군복무 기간에 자살률은 거의 3배로 증가

복무 기간	프랑스 군대 부사관 및 사병의 연간 자살률 (10만 명당, 1862~1869)	영국 군대 10만 명당 자살자 수		
		연령	군대 주둔	인도 주둔
1년 미만	28	20~25	20	13
1~3년	27	25~30	39	39
3~5년	40	30~35	51	84
5~7년	48	35~40	71	103
7~10년	76			

하는 데 비해, 같은 기간에 민간인 미혼남성의 자살률은 단지 237명에서 394명으로 증가할 뿐이다. 인도에 주둔한 영국 군대에서는 자살률이 20년 동안 8배로 증가하는 반면, 민간인의 자살률은 결코 그렇게 빨리 증가하지 않는다. 그런 사실을 통해 군대에 고유한 자살 증가가 군복무 초기에 집중되고 있지 않다는 것이 증명된다.

이탈리아에서도 상황은 마찬가지인 듯하다. 사실상 우리는 복무 기간별 비례 수치 자료를 가지고 있지 못하다. 하지만 3년의 복무 기간에서 복무 연도별 절대수치는 실질적으로 거의 같다. 복무 첫해에는 15.1명, 두 번째 해에는 14.8명, 세 번째 해에는 14.3명이다. 그런데 해가 지날수록 군인의 수는 사망, 제대, 휴가 등으로 확실히 줄어든다. 따라서 절대수치가 같은 수준에서 유지될 수 있는 것은 오직 비례수치가 현저하게 증가하는 경우일 뿐이다. 하지만 어떤 나라에서는 군복무 초기에 생활의 급격한 변화로 인해 자살이 있어날 수 있다. 실제로 프로이센에서는 처음 6개월 동안에 예외적으로 많은 자살이 일어난다고 한다. 마찬가지로 오스트리아에서도 1,000명의 자살자 중 156명이 처음 3개월에 자살했는데,[113] 명백히 아주 높은 수치이다.

하지만 그런 사실들은 앞서 지적한 내용과 전혀 모순되지 않는다. 왜냐하면 아마도 처음 몇 개월 동안의 어려운 시기에 일시적인 자살의 증가가 있은 후에, 프랑스와 영국에서 살펴본 것과 유사한 법칙에 따라 증가하며, 또 전혀 다른 원인에 의한 자살 경향의 증가도 가능하기 때문이다. 게다가 심지어 프랑스에서는 두 번째 해와 세 번째 해의 자살률이 첫해의 자살률보다 약간 낮지만, 그 뒤에는 계속 증가한다.[114]

② 일반 병사에 비해 장교 및 부사관의 군대 생활은 훨씬 덜 힘들고, 규율도 훨씬 덜 엄격하다. 그런 만큼 장교 및 부사관의 자살촉진계수는 일반 병사의 그것보다 작아야 한다. 하지만 사실은 그 반대이다. 프랑스에 대해서는 이미 그 사실을 지적한 바 있다. 그런데 다른 나라에서도 사정은 마찬가지다. 이탈리아에서는 1871~1875년 사이에 연 평균 100만 명당 565명의 장교가 자살한데 비해, 일반 병사의 자살은 230명에 불과했다(모르셀리). 부사관의 비율은 더욱 높아 100만 명당 1,000명에 달한다. 프로이센의 경우, 일반 병사는 100만 명당 560명이 자살한 데 비해, 부사관은 1,140명이 자살했다. 오스트리아에서는 일반 병사 9명당 1명의 장교가 자살하는 반면, 장교 1명당 일반 병사의 수는 분명 9명보다 훨씬 많다. 그와 마찬가지로 일반 병사 2명당 부사관의 수는 1명에 훨씬 못 미침에도 불구하고 일반 병사 1명당 2.5명에 해당하는 부사관이 자살했다.

---

113 다음을 참고하시오. ROTH, dans la *Stat. Monatschrift,* 1892, p. 200.
114 프로이센과 오스트리아 경우에는 복무 연한별 군인의 수가 집계되어 있지 않아 그 비율을 계산할 수 없다. 프랑스에서는 전쟁 이후 군인의 자살이 감소했다. 그 이유는 군복무 기간이 짧아졌기 때문이다(7년에서 5년으로). 하지만 자살의 감소가 오래 지속되지 않았으며, 1882년부터 자살이 현저하게 늘어났다. 1882년에서 1889년 사이에 자살률이 전쟁 전의 수준으로 되돌아갔다. 그리고 복무 기간이 5년에서 3년으로 다시 단축되었음에도 불구하고 자살자 수는 100만 명당 322명 내지 424명에 이르렀다.

③ 군대생활에 대한 혐오는 군인을 자유롭게 직업으로 선택한 사람들에게는 훨씬 적어야 할 것이다. 따라서 지원자들과 재입대자들에게서는 자살 성향이 낮아야 할 것이다. 하지만 그와 반대로 그들의 자살률은 예외적으로 높다.

	100만 명당 자살률	연령 (추정 평균)	같은 연령의 민간인 남성의 자살률(1889~1891)	자살촉진 계수
지원자(1875~1878)	670	25세	237~394(평균 315)	2.12
재입대자	1,300	30세	394~627(평균 510)	2.54

앞서 제시한 이유로 1889~1891년의 미혼남성과 비교해서 계산된 그와 같은 계수들은 분명히 현실의 계수보다 낮다. 그리고 재입대자들에서 나타나는 큰 자살 경향은 특히 주목할 만하다. 왜냐하면 그들은 이미 군대생활을 경험하고 난 뒤에 재차 군대에 남은 사람들이기 때문이다.

따라서 군대에서 자살을 가장 많이 하는 군인들은 직업적으로 가장 알맞은 소명을 가지고, 군의 필요에 가장 잘 부응하며, 군생활의 불편과 부족함을 가장 덜 느끼는 군인들이다. 군인이란 직업의 특수한 자살촉진계수는 군대생활에서 오는 혐오 때문이 아니라, 그 반대로 군인정신을 이루는 습관과 천성을 포함하는 전반적인 상태 때문이다. 그런데 군인에게 요구되는 첫 번째 자질은 일종의 비인격성이다. 민간 사회에서 그 정도의 비인격성을 요구하는 분야는 없다. 군인은 명령을 받게 되면 자신을 희생할 수 있어야 하기 때문에 목숨을 아끼지 않도록 훈련되어 있어야 한다. 그런 예외적 상황이 아니더라도 군인은 평상시나 근무시에나 명령에 의문을 제기하지 않고, 때로는 명령을 이해하지 못하더라도 무조건 복종해야 한다. 하지만 그렇게 하기 위해서는 군인에게는 개인주의와는 거리가 먼 정신적 극기가 필요하다. 그는 명령에 순순히 복종할 수 있도록 자신의 인격에 별 다른 가치를 부여하지 않는다. 한마디로 군인의 행동 원리는 그의 외부에 있다. 그것이 바로 이타주의의 특징이다. 현대사회를 구성하고 있는 모든 부분 가운데 군대는 가장 미개사회의 구조를 연상시키는 조직이다. 군대 역시 미개사회처럼 개인을 강하게 관리하고 그의 독립적 행동을 막는 집단적이고 단일한 그룹이다. 그와 같은 정신적 특질은 이타적 자살의 천혜의 토양이기 때문에, 군대의 자살은 이타주의와 같은 성격이며, 또 같은 원인에서 기인한다고 가정할 수 있는 여지가 있다.

그렇게 해서 복무 기간이 길어질수록 자살촉진계수가 증가하는 이유를 설명할 수 있다. 군인들의 자기포기 경향과 비인격적 경향은 오랜 훈련의 결과이다. 그와 마찬가지로 군인정신은 일반 병사들에게서보다는 재입대자들이나 부사관들에게서 더 강하다. 그런 만큼 그들이 일반 병사들보다 더 큰 자살 경향을 띠는 것은 당연하다. 그와 같은 가설을 통해 장교들보다 부사관들의 자살 경향이 더 큰 이유를 이해할 수 있기도 하다.

부사관들이 자살을 더 많이 한다면, 그것은 그들의 직책에서 수동적인 복종이 가장 많이 요구되기 때문이다. 아무리 훈련을 받더라도 장교는 어느 정도의 자율성을 지녀야 한다. 장교의 행동 범위는 더 넓으며, 따라서 보다 많은 개성을 가진다. 그 결과 이타적 자살을 유발시키는 조건은 장교보다 부사관 쪽이 훨씬 더 완벽하다. 장교는 자신의 생명이 가진 가치를 더 강하게 느끼므로 자살의 경향도 적다.

그와 같은 설명은 앞서 제시된 사실들뿐만 아니라 다음의 사실들을 통해서도 확인된다.

① [표 23]을 보면, 민간인의 자살 경향이 적을수록 군인의 자살촉진계수는 더 높다는 사실이 드러난다. 그리고 그 역도 사실이다. 덴마크는 자살로 유명한 나라이다. 하지만 덴마크 군인들은 민간인들보다 자살을 많이 하지 않는다. 덴마크 다음으로 자살을 많이 하는 나라는 작센, 프로이센, 프랑스이다. 그런데 세 나라의 군인의 자살촉진계수는 1.25와 1.77 사이로 아주 높은 것은 아니다. 그와 반대로 민간인의 자살이 많지 않은 오스트리아, 이탈리아 미국, 영국 등에서는 군인의 자살촉진계수가 아주 높다.

앞서 이미 인용된 논문에서 로젠필드는 어떤 이론적인 결론을 내리려는 의도 없이 군인의 자살이라는 관점에서 유럽의 주요 국가들을 비교한 후에 동일한 결과를 얻고 있다. 아래 도표에서 그가 계산한 자살촉진계수와 그에 따른 각국의 서열이 나타나 있다.

	20~30세 민간인 대비 군인의 자살촉진계수	민간인 100만 명당 자살률
프랑스	1.3	150(1871~1875)
프로이센	1.8	133(1871~1875)
영국	2.2	73(1876)
이탈리아	3~4	37(1874~1877)
오스트리아	8	72(1864~1872)

오스트리아가 이탈리아 앞에 놓여야 하는 점을 제외하면, 거의 정확하게 역비례 관계가 나타난다.[115]

---

115 오스트리아에서 군인의 자살촉진계수가 매우 높은 것은 민간인에 비해 군인의 자살 기록이 더욱 정확하기 때문이 아닌가 생각할 수 있다.

그와 같은 관계는 오스트리아-헝가리 제국에서 보다 뚜렷하게 관찰된다. 자살촉진계수가 가장 높은 부대들은 민간인의 자살률이 가장 낮은 지역에 주둔하는 부대들이다. 그 역도 또한 사실이다.

군대 주둔 지역	20세 이상 민간인 대비 군인의 자살촉진계수		20세 이상의 민간인 100만 명당 자살자 수	
빈(하부 및 상부 오스트리아, 잘츠부르크)	1.42		660	
브룬(모라비아 및 슈레지엔)	2.41		580	
프라하(보헤미아)	2.58	평균 2.46	620	평균 480
인스브루크(티롤, 포랄베르크)	2.41		240	
차라(달마티아)	3.48		250	
그라츠(슈타이어마르크, 케르텐, 카르니올라)	3.58	평균 3.82	290	평균 283
크라코프(갈라치아, 부코비나)	4.41		310	

단 하나 예외 지역이 있다. 인스부르크가 그곳이다. 그곳에서만 민간인의 자살률은 가장 낮고, 군인의 자살촉진계수는 평균 수준이다.

그와 마찬가지로 이탈리아에서도 볼로냐는 모든 지역 중에서 군인의 자살률이 가장 낮은 곳이지만(100만 명당 180명), 민간인의 자살률이 가장 높은 곳이기도 하다(99.5명). 그와 반대로 아풀리아와 아브루치는 군인의 자살률은 높지만(100만 명당 각각 370명과 400명), 민간인의 자살률은 불과 15명 및 16명으로 매우 낮다. 프랑스에서도 비슷한 사실을 볼 수 있다. 파리의 군대는 100만 명당 260명의 자살률로 440명의 자살률을 가진 브르타뉴보다 훨씬 낮다. 센 도의 20~25세 민간인의 자살이 214명에 불과한 만큼, 파리의 군인 자살촉진계수는 심지어 매우 낮아 무의미하다고 할 수 있다.

그와 같은 사실들을 통해 군인의 자살 원인이 민간인의 자살 원인과 다를 뿐만 아니라 반비례한다는 사실이 증명된다. 그런데 유럽에서 민간인 자살 원인은 특히 문명사회에 나타나는 지나친 개인화에서 유래한다. 따라서 군인의 자살은 그 반대의 경향, 즉 너무 약한 개인화나 또는 우리가 이타주의라고 불렀던 상황에 의존해서 발생한다. 실제로 군대를 비롯해 자살 경향이 높은 집단은 가장 발전이 덜 된 사회이며, 그 집단의 관습은 미개사회에서 관찰되는 관습과 아주 비슷하다. 개인주의 정신과 뚜렷이 대조되는 전통주의는 작센, 프로이센, 프랑스보다 이탈리아, 오스트리아, 영국 등에서 더 발전되었다. 전통주의는 그라츠나 빈에서보다 차라와 크라코프에서 더 강하며, 로마와 볼로냐보다 아풀리아에서, 그리고 센보다 브르타뉴에서 더 강하다. 전통주의가 이기적 자살을 방지하기 때문에, 전통주의가 여전히 강한 곳에서는 민간인의 자살률이 낮다는 것을 쉽게 이해할 수 있다. 다만 전통주의가 온건할 때만 그 방지 효과를 낼 수 있다. 전통주의의 강도가 일정 수준을 넘어서면 전통주의 그 자체가 자살의 원인이 된다. 주지의 사실이지만, 군대는 필연적으로 전통주의를 강조하는 경향이 있으며, 주변 환경의 지지를 받고 강화되면 전통주의는 더욱 더 강조된다.

군대에서 행해지는 교육의 효과는 민간인들의 생각과 감정에 일치할수록 더욱 크게 나타나게 된다. 그도 그럴 것이 군대교육이 아무런 제약을 받지 않기 때문이다. 그와 반대로 군인정신이 일반의 도덕관에 의해 강력하게 그리고 계속해서 제한받는 사회에서는, 젊은 군인을 한 방향으로 유도하는 데 총력을 기울이는 군대교육의 효과가 그렇게 강력할 수 없다. 따라서 전체 인구의 자살을 어느 정도 방지해 줄 만큼의 충분한 이타주의가 존재하는 국가에서는, 군인들이 높은 자살촉진계수를 갖게 되리라는 점은 쉽게 설명될 수 있다.[116]

② 모든 군대에서 정예부대의 자살촉진계수가 가장 높다.

	실제 또는 추정 연령(평균)	100만 명당 자살자 수		자살촉진계수
파리주재 특수부대	30~35세	570 (1862~1878)	2.45	모든 결혼 상태를 포함한 35세 민간인 남성과의 비교
헌병대		570(1873)	2.45	
베테랑 (1872년에 폐지됨)	45~55세	2,860	2.37	1889~1891년 당시 같은 연령의 미혼 남성과의 비교

1889~1891년의 미혼남성과 비교해 계산된 위의 마지막 계수는 매우 낮은 수치이지만, 그것은 일반부대의 계수보다는 훨씬 높다. 그와 마찬가지로 알제리에 주둔한 부대는 군인다운 군인을 배출하는 산실로 여겨졌는데, 프랑스에 주둔한 부대보다 1872~1878년 사이에 2배의 자살률을 기록하고 있다(100만 명당 280명에 비해 570명). 그와 반대로 자살률이 가장 낮은 부대들은 가교부대, 공병대, 구급부대, 행정부대 등으로 군대의 특징이 가장 적은 부대들이다. 그와 마찬가지로 이탈리아에서도 1878~1881년에 군 전체의 자살률은 100만 명 중 430명에 불과한 데 반해, 저격부대는 580명, 헌병특수부대는 800명, 군사학교와 훈련부대는 1,010명의 자살률을 기록했다.

그런데 정예부대를 일반부대와 구별시켜 주는 것은 강력한 극기정신과 군인으로서의 인내심이다. 따라서 군대의 자살률은 부대의 정신 상태에 따라 변한다.

---

116 어느 지역에나 이타주의가 있다는 사실을 지적하자. 브르타뉴의 군대는 브르타뉴 사람들로만 구성되어 있지 않다. 하지만 그들은 그 지역 환경의 정신적 분위기의 영향을 받는다.

③ 위의 법칙을 증명해 주는 마지막 증거는 군대의 자살이 모든 곳에서 감소 추세에 있다는 점이다. 프랑스에서는 1862년에 100만 명당 630명의 자살이 일어난 데 비해, 1890년에는 280명에 지나지 않았다. 그런 감소가 복무 기간을 단축시킨 법령 때문이라는 주장이 있었다. 하지만 그것은 새로운 징병법보다 앞서 발생했다. 1882년에서 1888년 사이의 상당한 증가를 제외하면, 그와 같은 감소는 1862년 이래로 계속된 것이다.[117] 게다가 그런 감소는 모든 나라에서 일어나고 있다. 프로이센에서 군인의 자살은 1877년의 100만 명당 716명에서 1893년의 457명으로 감소했다. 독일 전체에서는 1877년의 707명에서 1890년의 550명으로 감소했다. 벨기에에서는 1885년의 391명에서 1891년의 185명으로, 이탈리아에서는 1876년의 431명에서 1892년의 389명으로 각각 감소했다. 오스트리아와 영국에서는 감소가 현저하지는 않았지만, 그렇다고 증가된 것도 아니다(1876년에 오스트리아에서는 1,227명, 영국에서는 217명, 1892년에 오스트리아에서는 1,209명, 1890년에 영국에서는 210명).

그런데 우리의 설명에 근거가 있다면, 위와 같은 현상은 당연히 일어날 것이다. 실제로 낡은 군인정신의 쇠퇴는 위의 모든 나라에서 동시에 일어났던 것이 분명하다. 옳든 그르든 간에 군인들의 수동적 복종, 절대적 순종, 요컨대 비인격주의 등과 같은 야만적인 관습은 점점 더 대중의 양식과 모순되는 것으로 드러났다. 그런 만큼 그와 같은 관습들은 설 자리를 잃게 되었다. 새로운 열망에 부응하기 위해 군기가 완화되었으며, 개인에 대한 억압도 줄어들었다.[118] 게다가 같은 기간에 같은 사회에서

---

117 그와 같은 증가는 우연으로 여기기에는 너무 중요하다. 만일 그런 증가가 식민지 확장의 초기에 일어난 것이라면, 우리는 전쟁이 군인정신을 다시 일으킨 것은 아닌가라는 질문을 던질 수도 있다.

118 우리는 억압 때문에 개인들이 고통을 받았고, 또 그런 고통 때문에 그들이 자살을 했다고 말하는 것

민간인의 자살은 계속 증가했다는 사실은 주목할 만하다. 그것은 민간인들의 자살 원인이 군인들의 자살 원인과 반대되는 성격을 지녔다는 것을 보여 주는 새로운 증거이다.

따라서 모든 것이 군인의 자살은 이타적 자살의 한 형태일 뿐임을 증명해 준다. 물론 부대 안에서 발생하는 모든 자살이 그와 같은 성격과 원인을 갖는다고 주장하는 것은 아니다. 군복을 입었다고 해서 완전히 새로운 사람이 되는 것은 아니다. 군인이 받은 교육과 입대 전에 영위했던 삶의 영향은 마술에 걸린 듯 사라지지도 않는다. 게다가 공동생활에 참여하지 못할 만큼 일반사회와 격리된 것도 아니다. 따라서 군인의 자살은 종종 민간인의 자살과 같은 성격, 같은 원인을 가질 수도 있다. 하지만 상호관계가 없는 그런 산발적인 경우를 제외하면, 군대에서 일어나는 대부분의 자살과 군인정신의 필수불가결한 요소인 이타주의로 인한 자살은 단일하고 동질적인 범주에 속한다. 그와 같은 자살은 오늘날에도 잔존하고 있는 미개사회의 자살과도 같으며, 군인정신 그 자체는 어떤 면에서 보면 원시적 정신의 잔재라 할 수 있다.[119] 그와 같은 경향의 영향하에서 군인은 아주 사소한 좌절, 아주 사소한 이유, 휴가 취소나 징계나 불공정한 처벌, 진급 누락, 명예 손상, 일시적 질투심, 또는 그저 다른 사람의 자살을 목격하거나 알게 되어도 쉽게 자살하게 된다. 그것이 바로 앞서 우리가 살펴본 군대에서 흔히 관찰되는 자살 전염 현상의 원인이다. 만일 그와 같은 자살이 본질적으로 개인적 원인에 의한 것이라면, 그

은 아니다. 그들의 자신들의 개체화의 정도가 약했기 때문에 더 많이 자살한 것이다.

119 그것이 앞으로 완전히 사라질 것이라는 뜻은 아니다. 그와 같은 잔존물은 그 나름의 존재이유를 가지고 있다. 그리고 과거의 일부가 현재 속에 남아 있는 것은 자연스러운 일이다. 인생이란 그런 모순으로 이루어져 있다.

런 자살에 대한 설명이 불가능하다. 특정한 부대, 특정한 한 지점에서 그렇게 많은 사람들의 자살 경향이 기질적 특징 때문에 우연히 나타난다는 것을 받아들이는 것은 불가능하다. 다른 한편, 그와 같은 모방적 행동의 확산이 자살 성향이 전혀 없는 사람들에게서 일어난다는 것은 더욱 받아들이기 어렵다. 하지만 군인이라는 직업이 그들을 자살 경향으로 강력하게 유도하는 정신적 특질을 발전시킨다는 사실을 인정하게 되면, 모든 것이 쉽게 설명된다. 왜냐하면 정도의 차이는 있지만 그런 특질은 군대 생활을 하고 있거나 했던 사람들에게는 자연스럽게 형성될 것이기 때문이다. 또한 그 특질은 그들의 자살을 촉진하는 경향이 뚜렷하므로 아주 작은 자극만으로도 그런 경향이 구체적인 행동으로 나타날 수 있기 때문이다. 한 건의 자살이 발생하는 것으로 충분하다. 화약에 불이 붙듯이 선례를 따를 준비가 된 사람들 사이에서 자살이 급속도로 퍼지게 된다.

III.

이제 우리는 자살을 객관적으로 정의하면 어떤 장점이 있는지, 또 그것을 끝까지 따를 경우에 또 어떤 장점이 있는지를 더 잘 이해할 수 있다.

이타적 자살은 분명히 자살의 성격을 모두 지니고 있음에도 불구하고 우리가 존경심을 느끼고 칭찬하며 명예를 부여하는 행동의 범주와 매우 유사하기 때문에, 사람들이 흔히 그것을 자살로 간주하려 들지 않는다. 에스키롤과 팔레가 고대 로마의 정치가 카토의 죽음[120]과 프랑스 대혁명 당시 온건파인 지롱드파에 속한 자들의 죽음[121]을 자살로 보지 않았다는 것을 우리는 기억하고 있다. 하지만 만일 자기부정과 극기정신과 같은 직접적이고 외관적인 이유에서 기인한 자살이 자살이라는 이름에 걸맞지 않다면, 그보다는 약간 덜 명백하더라도 같은 정신적 특질로 인해 일어나는 죽음도 자살이라고 할 수 없을 것이다. 왜냐하면 그 차이는 아주 미미하기 때문이다. 만일 신을 찬양하기 위해 지하 구멍으로 투신해 죽는 카나리아섬 주민들의 죽음이 자살이 아니라면, 열반에 들어가기 위해서 죽음을 택하는 자이나교 신도들의 죽음에 어떻게 자살이라는 명칭을 부여할 수 있겠는가? 가벼운 모욕을 받았다고, 또는 단순히 삶을 경멸한다는 것을 과시하기 위해 스스로 죽음을 택하는 원시인이나, 불명예를 견디지 못해 죽는 파산자, 매년 자살자의 수를 늘리는 군인들의 죽음을 어떻게 자살이라고 부를 수 있을 것인가? 왜냐하면 그런 모든 사례들은 흔히 영웅적 자살이라고 불리는 것과 같은 원인인 이타주의 상태에 그 근거를 두고 있기 때문이다. 그와 같은 죽음을 모두 자살의 범주에 포함시키고, 특별히 순수한 동기에 의한 죽음을 자살에서 제외해야 할 것인가? 그렇다면 우선 어떤 기준으로 그것들을 구분해야 할 것인가? 그 어떤 동기에 의한 죽음이 자살이라는 명칭에 걸맞지 않는 것일까? 게다가 그런 사례들을 확연하게 두 범주로 구분함으로써 그 성격을 잘못 이해할 수도 있다. 그도 그럴 것이 그런 형태의 기본적 특성은 의무적·이타적 자살에서 가장 분명히 나타나기 때문이다. 다른 형태는 거기에서 파생된

---

120 역주: 카토(Cato, B.C. 95~B.C. 46년)는 고대 로마의 정치인이자 문인으로 소(小)카토라고 한다. 스토아 철학을 신봉한 인물로 항상 검소하게 살았으며, 1차 삼두정치 당시 키케로와 함께 공화정을 옹호하며 카이사르와 싸우다 패하자 자살하였다. 플라톤의 저서를 읽으면서 배를 스스로 찔러 죽었다.

121 역주: 지롱드파(les Girondins)는 프랑스 대혁명을 주도했던 정치 세력의 하나로, 지롱드 지방 출신 부르주아 계급이 다수를 차지했던 의원들이 대거 참가한 것에서 그 이름이 유래했다. 중산층 부르주아, 개신교 등이 뭉친 온건 공화파 계열의 정치 세력이었던 그들은, 후일 로베스 피에르와 자코뱅파 등과 같은 과격파 세력에 의해 대거 처형을 당하면서 역사의 뒷골목으로 사라졌다.

것에 불과하다. 하지만 그런 구분을 시도한다면, 상당히 많은 흥미로운 현상이 제외되던가, 아니면 모든 사례가 제외되지는 않더라도 임의적인 선별만 가능하고, 또한 분별해 낸 사례들이 같은 종류인지 밝혀내는 것이 불가능하게 될 것이다. 요컨대 주관적인 감정에 바탕을 두고 자살을 정의하는 경우에 우리는 그와 같은 위험에 봉착하게 된다.

게다가 그와 같은 자살을 배제하는 것을 정당화하는 주관적인 감정도 충분한 근거를 갖는 것은 아니다. 어떤 이타적 자살의 동기는 형태가 조금 달라 모든 사람이 도덕적이라고 여기는 행동에 근거한다고 할 수 있다. 그렇다면 이기적 자살의 경우에는 사정이 다른가? 개인의 자율성도 그 반대의 감정과 마찬가지로 그 자체의 도덕성을 갖지 않는가? 만일 이타적 감정이 용기의 조건이라면, 만일 이타적 감정이 마음을 강하게 해주고 단단하게까지 해준다면, 이기적 감정은 마음을 부드럽게 하고 동정을 일으킨다. 이타적 자살이 빈번한 사회의 사람들은 항상 자신의 생명을 버릴 각오가 되어 있기는 하지만, 그들은 또한 다른 사람의 생명에도 큰 가치를 부여하지 않는다. 그와 반대로 개인의 인격을 아주 높이 평가해 그것을 초월하는 다른 목적을 생각하지 않는 사람들은 다른 사람들의 인격도 또한 존중한다. 인격을 숭배하는 사람은 다른 사람들의 인격을 침해할 수 있는 모든 것을 견디지 못한다. 인간의 고통에 대한 광범위한 동정은 원시시대의 광신적 헌신을 계승할 수 있다. 따라서 모든 종류의 자살은 과장되고 편향된 미덕의 형태에 불과하다. 하지만 그런 미덕이 도덕의식에 영향을 미치는 방식은 이기적 자살과 이타적 자살을 서로 다른 형태로 구분해야 할 만큼 충분히 이질적인 것은 아니다.

제5장
아노미성 자살

사회라는 것은 균등하지 않는 힘으로 개인들의 정서와 행동을 그 자체에게로 끌어당기는 하나의 대상만이 아니다. 사회는 또한 그들을 통제하는 힘을 가지고 있다. 그와 같은 사회 통제 방식과 사회적 자살률 사이에는 상관관계가 있다.

I.

경제 위기가 자살 경향을 악화시키는 효과를 미친다는 것은 잘 알려진 사실이다.

오스트리아 빈에서 1873년에 금융 위기가 발생했고, 1874년에 그 절정에 달했다. 그러자 자살자 수가 곧바로 늘어났다. 1872년에 141명이었던 것이 1873년에는 153명, 1874년에는 216명으로 증가했다. 1874년에는 1872년에 비해 53%, 1873년에 비해 41% 상승했다. 금융 위기가 자살 증가의 유일한 원인이었다는 사실을 증명해 주는 것은, 금융 위기가 가장 심했던 시기, 즉 1874년 초반 4개월 동안 자살 증가가 특히 두드러졌다는 점이다. 1월 1일에서 4월 30일까지 자살자의 수가 1871년에는 48명, 1872년에는 44명, 1873년에는 43명, 1874년에는 73명이었다. 70%에 달하는 증가였다. 같은 시기에 프랑크푸르트 암마인에서 발생한 위기도 같은 결과를 낳았다. 1874년 이전에는 수년 동안 연 평균 22명이 자살했다. 그런데 1874년에는 32명으로 45% 상승했다.

우리는 1882년 겨울에 파리 증권거래소에서 발생한 그 유명한 대폭락을 잊지 않고 있다. 그 영향은 곧 파리뿐만 아니라 프랑스 전역에 나타났다. 자살의 연 평균 증가율은 1874년에서 1886년까지 2%에 불과했다. 1882년에는 7% 상승했다. 게다가 그 증가는 한 해의 다른 시기에 불균등하게 나타났는데, 특히 대폭락이 일어난 연초 3개월에 주로 증가했다. 그 3개월 동안 전체 증가량의 59%가 일어났다. 그런 증가가 비정상적 상황으로 인해 발생했다는 것이 분명한 것은, 1881년에는 증가가 없었을 뿐만 아니라 1883년에는 없어졌기 때문이다. 물론 1883년에는 전체적으로 1881년보다 더 많은 자살자가 생긴 것은 사실이다.

연도	1881	1882	1883
1년 간 자살자 수	6,741	7,231(7% 증가)	7,267
연초 3개월 간 자살자 수	1,589	1,770(11% 증가)	1,604

그와 같은 관계는 예외적인 경우에만 나타나는 것이 아니다. 그것은 하나의 법칙이다. 파산을 나타내는 수치는 경제생활의 변화를 반영하기에 충분한 기준이다. 그 수치가 1년 사이에 급격하게 높아지면, 그것은 아주 심각한 위기가 일어났다는 것을 의미한다고 볼 수 있다. 1845년에서 1869년 사이에 위기를 알려 주는 급격한 증가가 세 차례에 걸쳐 일어났다. 그 기간의 평균 파산 증가율이 3.2%였는 데 비해, 1847년에는

26%, 1854년에는 37%, 1861년에는 20%였다. 그런데 그 세 시기에는 자살자 수도 예외적으로 빠르게 증가했다. 24년 동안에 연평균 자살 증가율은 2%였던 것에 반해, 1847년에는 17%, 1854년에는 8%, 1861년에는 9%였다.

하지만 경제 위기는 무엇 때문에 영향을 미치는 것일까? 사회의 부를 이동시켜 빈곤을 증가시키기 때문일까? 생활이 더 힘들어져서 사람들이 쉽게 목숨을 버리게 되는 것일까? 그런 설명은 그 단순함 때문에 매력이 있다. 게다가 그런 설명은 자살에 대한 통념과도 일치한다. 하지만 사실은 그와 다르다.

만일 생활이 힘들어져 자살이 증가한다면, 삶이 수월해지면 자살은 감소해야 할 것이다. 그런데 생필품 가격이 크게 오르면 자살도 늘어나지만, 그 반대의 경우에도 자살이 평균 이하로 내려가지 않는다. 프로이센에서 1850년의 밀 가격은 1848~1881년 사이에 가장 낮았다. 그 당시에 밀 50kg에 6.91마르크였다. 그런데 그 시기에 자살자 수는 1849년의 1,527명에서 1,736명으로 증가했으며, 이는 13%의 증가에 해당한다. 그리고 밀 가격이 낮게 유지되었는 데도 불구하고 1851~1853년까지 자살은 계속해서 증가했다. 1858~1859년에도 밀의 가격이 떨어졌다. 그럼에도 자살자 수는 1857년의 2,038명에서 1858년의 2,126명, 1859년에는 2,146명으로 늘어났다. 또한 1861년에 11.04마르크까지 올랐던 밀의 가격이 1863년에서 1866년 사이에 점점 낮아져 1864년에는 7.95마르크까지 내려갔다가 그 기간 동안에 적당한 수준을 유지했다. 하지만 같은 기간에 자살자 수는 17%로 증가했다(1862년에는 2,112명, 1866년에는 2,485명이었다).[122] 바이에른에서도 비슷한 사례가 관찰되었다. 마이르[123]가 작성한 도표를 보면, 1835~1861년 사이에 호밀의 가격은 1857~1858, 1858~

1859년에 가장 낮았다. 그런데 자살자 수는 1857년에 286명에 불과했던 것이 1858년에는 329명, 1859년에는 387명으로 늘어났다. 같은 현상이 1848~1850년에도 일어났다. 그 당시에 밀의 가격이 유럽 전역에서처럼 바이에른에서도 매우 낮았다. 그런데 앞서 언급했던 정치적 사건으로 인해 자살이 약간 감소했지만 같은 수준을 유지했다. 자살자 수는 1847년에 217명, 1848년에 215명, 1849년에는 189명으로 약간 감소했지만, 1850년에는 다시 상승해 250명에 달했다.

빈곤의 증가가 자살의 증가에 거의 영향을 주지 않지만, 갑작스러운 국가의 번영을 가져오는 다행스러운 사태도 경제 위기와 마찬가지로 자살에 영향을 미친다.

1870년에 있었던 비토리오 에마뉴엘의 로마 정복은 이탈리아 통일의 결정적인 기반이 되었으며, 이탈리아가 유럽 강대국으로 발돋움하게 된 개혁 운동의 출발점이 되었다. 이탈리아의 무역과 산업이 크게 자극을 받았고 놀라울 만큼 빠른 속도로 변화가 일어났다. 1876년에는 총 5만 4천 마력에 해당하는 4,459개의 증기기관으로 모든 공업 수요를 충족시켰다. 그 반면에 1887년에는 증기기관 수가 9,983개로 늘어났고, 출력은 16만 7천 마력으로 3배가 증가했다. 당연히 생산량도 그 기간에 같은 비율로 증가했다.[124] 무역도 같이 성장했다. 해운, 통신, 운수업이 발전했을 뿐만 아니라 사람과 물자 이동이 두 배로 늘었다.[125] 그와 같은 전체 경제활동의 성장이 봉급 인상으로 이어졌으며(1873년에서 1889년 사이

122 STARCK, *Verbrechen und Verg. in Preussen*, Berlin, 1884, p. 55.
123 *Die Geseizmässigkeit in Gesellschaftsleben*, p. 345.
124 FORNASARI DI VERCE, *La criminalita e le ricende economiche d'Italia*, Turin, 1894, pp. 77~83.
125 *Ibid.*, pp. 108~117.

에 35% 증가된 것으로 추산된다), 특히 같은 시기에 빵 가격이 하락한 만큼 노동자들의 물질적 여유도 더 향상되었다.[126] 끝으로 보디오의 계산에 따르면, 사유재산이 1875~1880년에 평균 455억 리라, 1880~1885년에는 510억 리라, 1885~1890년에는 545억 리라으로 증가했다.[127]

그런데 그와 같은 전반적 발전과 더불어 자살자 수가 예외적으로 증가했다는 점을 지적할 수 있다. 1866~1870년에 사이에는 자살률이 대체로 안정되었으나, 1871~1877년에는 36%가 늘어났다. 그 자살률은 다음과 같다.

100만 명당 자살자 수			
1864~1870년	29명	1874년	37명
1871년	31명	1875년	34명
1872년	33명	1876년	36.5명
1873년	36명	1877년	40.6명

그 뒤로 증가가 계속 이어졌다. 1877년의 자살자 총수는 1,139명에서 1889년에는 1,463명에 달해 28%의 증가를 보였다.

프로이센에서도 그와 같은 현상이 두 차례 발생했다. 1866년에 왕국은 크게 팽창했다. 왕국은 몇 개의 주요 주를 통합함과 동시에 북부 동맹의 수장이 되었다. 영광과 권력의 성장은 곧바로 자살자의 급격한 증가로 이어졌다. 1856~1860년 사이의 연평균 자살자 수는 100만 명당 123명이었고, 1861~1865년 사이에는 122명에 불과했다. 하지만 1866~1870년

---

126 *Ibid.,* pp. 86~104.
127 1885~1890년에 사유재산의 증가가 낮았던 것은 재정 위기 때문이었다.

의 5년 동안에는 1870년의 감소에도 불구하고 평균 자살자 수가 133명으로 상승했다. 승전 직후인 1867년은 1816년 이래 자살률이 가장 높았던 해이다(1864년에는 8,739명에 1명의 비율이었는데, 1867년에는 5,432명에 1명의 비율이었다).

1870년의 전쟁 직후에는 다행스럽게도 새로운 변화가 나타났다. 독일이 통일되었으며, 프로이센이 독일 전체의 주도권을 잡게 된 것이다. 막대한 전쟁 배상금으로 부유해지고, 상업과 공업은 크게 발전했다. 하지만 자살의 증가는 전례 없이 급격했다. 1875년에서 1886년 사이에 자살은 3,278명에서 6,212명으로 늘어 90%의 증가를 기록했다.

세계만국박람회가 성공하면, 개최국의 국민들의 삶에 도움이 되는 사건으로 간주된다. 박람회를 통해 산업에 활기가 돌고, 많은 외화가 유입되며, 공공의 번영이 촉진되는데, 특히 개최 도시에서 그러하다. 하지만 박람회를 통해 자살자 수가 상당히 증가되기도 한다. 그런 현상이 특히 1878년의 박람회에서 발생했다. 그해의 자살률 증가는 1874~1886년 사이에 가장 높았다 그해는 1882년의 경제 위기 때보다 더 높은 8% 증가를 기록했다. 그리고 그 증가가 박람회 때문임을 증명하는 것은, 그 증가의 86%가 정확히 박람회가 개최된 6개월 동안 일어났다는 사실이다. 1889년의 사태는 프랑스 전국에 똑같은 영향을 미친 것은 아니었다. 어쩌면 불랑제 사태가 자살의 증가를 억제함으로써 박람회의 효과를 상쇄시켰을 가능성도 있다. 파리에서 정치적 흥분이 국내 다른 지역과 같은 효과를 냈겠지만, 1878년과 같은 상황이 벌어진 것은 확실하다. 그러니까 박람회가 열린 7개월 동안에 자살은 거의 10%, 정확하게 말해서 9.66%가 증가한 반면, 그해의 남은 기간의 자살자 수는 1888년과 이듬해인 1890년보다 더 적었다.

연도	1888	1889	1890
박람회가 열린 7개월	517	567	540
나머지 5개월	319	311	356

불랑제 사건이 발생하지 않았다고 해도 그 증가는 더욱 컸을 것인지 생각해 볼 일이다.

하지만 경제 위기가 자살을 촉진하는 효과가 없음을 더 잘 증명해 주는 것은 경제 위기로 인해 오히려 반대 효과가 나타날 수도 있다는 것이다. 농민들이 비참한 생활을 영위하는 아일랜드에서는 자살이 거의 일어나지 않는다. 가난으로 인해 허덕이는 칼라브리에서도 자살이 많이 일어나지 않는다. 스페인에서는 자살이 프랑스의 10분의1 밖에 일어나지 않는다. 가난이 자살을 방지한다고 말할 수 있을 정도이다. 프랑스의 여러 도에서 소득이 높은 사람이 많은 도일수록 자살률이 더 높다.

인구 100만 명당 자살자 수 (1878~1887)	도의 수	인구 1,000명당 사유 재산 소유자 수의 평균 (1886)
48~43	5	127
38~31	6	73
30~24	6	69
23~18	15	59
17~13	18	49
12~8	26	49
7~3	10	42

자살과 부유층 분포를 비교해 보면 그 관계를 입증할 수 있다.

따라서 만일 산업 위기나 금융 위기가 자살을 증가시킨다면, 그것은 그런 위기가 빈곤을 초래하기 때문이 아니다. 갑작스러운 번영도 같은

주민 10만 명당 비율

31~48	24~30	18~23	13~17	8~12	3~7

자살자(1878~1887)

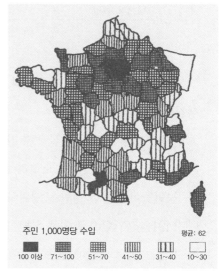

주민 1,000명당 수입   평균: 62

100 이상	71~100	51~70	41~50	31~40	10~30

생계자 수입

결과를 낳을 수 있다. 그런 위기로 자살이 증가하는 이유는, 바로 그 위기 자체가 고비이기 때문이다. 다시 말해서 집단적 질서가 흔들리기 때문이다.[128] 모든 균형의 파괴는 자살의 촉진 요인이다. 균형의 파괴로 인해 삶이 편해지고 또 활력이 증대된다고 해도 결과는 마찬가지다. 사회 질서가 심각하게 재조정되어야 하는 상황에서는, 그것이 갑작스러운 성장에서 기인하든 아니면 예기치 않은 재난에서 기인하든 간에, 사람들은

---

128 복지의 개선이 자살을 감소시킨다는 것을 증명하기 위해 빈곤 탈출의 안전판인 이민을 할 때는 자살이 줄어든다는 것을 입증하려고 한 학자가 있었다(Legoyt. pp. 257~259). 하지만 이민과 자살 사이에는 역비례 관계보다는 평행관계가 더 많았다. 이탈리아에서는 1876년에서 1890년 사이에 이민자 수가 인구 10만 명당 76명에서 335명으로 증가했다. 그 수치는 1887년과 1889년 사이에 더욱 늘어났다. 그와 동시에 자살도 계속 증가했다.

쉽게 자살하는 경향이 있다. 어떻게 그런 일이 가능할까? 어떻게 일반적으로 생활수준을 끌어올리려는 노력 때문에 자살하게 되는 것일까?

위의 질문에 답을 하기 위해서는 먼저 살펴보아야 할 견해들이 있다.

II.

살아 있는 것은 어떤 것이라도 그 욕구에 상응하는 수단 없이는 행복할 수도 없고 생존할 수도 없다. 달리 말하자면, 만일 욕구가 수단으로 충족할 수 있는 것 이상이나 또는 전혀 다른 것을 요구한다면, 그의 욕구는 끊임없이 갈등을 일으킬 것이고 힘들게 기능할 수밖에 없다. 그런데 고통 없이 이루어지지 않는 활동은 반복되지 않는 경향이 있다. 충족되지 않는 삶의 충동은 위축된다. 또한 삶의 충동은 나머지 모든 것들의 결과물일 뿐이기 때문에, 다른 것들이 모자라면 삶의 충동도 약화될 수밖에 없다.

동물의 경우에는 최소한 정상적인 상태에서는 그 균형이 자동적이고 자발적으로 이루어진다. 왜냐하면 동물은 순전히 물질적 조건에 의존하기 때문이다. 유기체가 요구하는 것은 생존 과정에서 끊임없이 소모되는 물질과 에너지가 소모된 분량만큼 주기적으로 재공급되어야 하는 것이 전부이다. 왜냐하면 공급량과 소모된 양이 같아야 하기 때문이다. 생존을 위해 소모된 부족분이 채워지면 동물은 만족해서 더 이상 요구하지 않는다. 동물의 사고 능력은 육체적인 욕구 충족 이외의 다른 목적을 생각할 수 있을 정도로 발달되어 있지 않다. 다른 한편, 각 기관의 작용은 생명에 필요한 에너지의 전반적 상태와 신체적 균형의 필요성에 의존하기 때문에, 에너지의 사용은 공급에 의해 규제되어 자동적으로 균형이 이루어진다. 한쪽의 한계는 다른 쪽의 한계가 된다. 또한 그런 한계를 극복할 수 있는 수단을 가지지 못한 생명체의 생존 과정에 이미 그 한계가 기입되어 있다.

하지만 인간의 경우는 그렇지 않다. 왜냐하면 인간의 욕구 대부분은 육체에 의존하지 않으며, 의존하더라도 동물과 같은 정도로 의존하지 않기 때문이다. 엄밀히 말하자면 인간의 신체적 생존을 유지하기 위해서 필요한 물질의 공급량은 산정할 수 있는 것으로 여겨진다. 물론 그 양은 동물의 경우에 비해 정확하지 않으며, 인간의 욕망에 개방되어 있어 변동의 여지가 훨씬 더 크다. 왜냐하면 인간은 본능적인 자연적 요구를 충족시키는 데 필요한 최소량을 넘어, 보다 각성된 성찰을 통해, 더 나은 조건을 행동을 통해 충족하고자 하는 목표를 설정하기 때문이다. 그렇지만 그런 종류의 욕구는 곧 넘을 수 없는 한계에 직면한다는 점을 알게 된다. 인간이 합법적으로 추구할 수 있는 안녕, 안락, 사치의 양을 어떻게 결정할 수 있겠는가? 인간의 신체 구조에서도 또 심리 구조에서도 그와 같은 욕구에 대한 한계를 설정할 기준을 찾아낼 수 없다. 개인의 삶의 기능은 욕구를 어느 선에서 멈추라고 요구하지 않는다. 인간이 역사의 시초부터 그 요구의 양을 계속 증가시켜 왔고, 또 보다 완전한 만족을 이루어 왔으면서도, 평균 건강 수준이 떨어지지 않았다는 것이 그 증거이다. 특히 무엇보다도 다양한 생활조건, 직업, 사회적 기여도 등에 따라 변하는 요구 수준을 어떻게 정할 수 있을까? 여러 사회계층에 속하는 사람들이 동등하게 만족할 수 있는 사회는 없다. 하지만 인간의 본성은 그 기본적 특징에서 보면 거의 같다. 인간 본성이 다르기 때문에 욕구 수준이 다른 것이 아니다. 개인적 차원에서는 욕구가 무한하다. 따라서 외부적인 힘에 의한 통제가 없다면, 개인의 정서적 욕구는 바닥을 모를 심연이며, 그 어떤 것으로도 채울 수 없다.

만일 개인의 욕구를 외부에서 억누르지 않는다면, 그것은 개인에게는 괴로움의 원천이 될 뿐이다. 왜냐하면 무한한 욕망은 정의상 충족될 수 없기 때문이다. 만족을 모르는 것이 정신적 이상의 징후로 여겨지는 데는 그만한 이유가 있다. 제한되지 않은 욕망은 언제나 이용 가능한 수단을 무한히 넘어선다. 따라서 그 어떤 것도 그런 욕망을 충족시킬 수 없다. 사라지지 않는 갈증은 끊임없는 고문이나 다름이 없다. 물론 인간의 욕망의 한계를 넘어서 달성할 수 없는 목표를 설정하는 것이 그의 행동의 고유한 특징이라는 주장도 있다. 하지만 그처럼 불확정적인 상태가 육체적 욕구나 정신생활과 조화를 이루는 것은 불가능할 것이다. 인간이 노력하고 행동해서 얻는 즐거움이란, 앞으로 나아가면서 그 자신의 노력이 헛되지 않은 것이라는 점을 느끼는 데서 온다. 그런데 목표가 없이 앞으로 나아갈 때, 결국 같은 말이 되겠지만, 무한히 멀리 떨어져 있는 목표를 향해 나아갈 때는 전진이 없다. 목표가 없으면 어떤 길을 가더라도 현실과 목표 사이의 거리는 줄어들지 않고 언제나 같다. 모든 것은 마치 아무런 진전도 없이 그 자리에서 부산을 떠는 것처럼 진행된다. 심지어 우리가 걸어온 길을 돌아보아도 또 걸어온 거리에 자부심을 느낀다 해도, 그것은 다만 거짓된 충족을 줄 뿐이다. 왜냐하면 가야 할 거리는 전혀 단축되지 않았기 때문이다. 따라서 달성될 수 없는 목표를 추구한다는 것은 자신을 영원히 불만족의 상태로 떨어뜨리는 것이다. 물론 인간은 비합리적인 것을 희망할 수도 있으며, 심지어는 비합리적인 희망이라고 해도 그 자체가 쾌락일 수도 있다. 그런 희망으로 얼마 동안 버티는 것도 가능할 것이다. 하지만 끊임없이 반복되는 좌절을 겪으면서도 무한히 지속될 수는 없을 것이다. 그런데 그 인간이 유지 가능한 상태에, 또는 미리 설정한 이상에라도 도달할 수 없다면, 대체 미래가 과거보다 어떤 점에서 더 낫겠는가? 그렇지만 인간은 더 많이 소유할수록 더 많은 것을 원하게 된다. 충족은 욕구를 진정시켜 주기는커녕 오히려 새로운 욕구를 자극할 뿐이다. 그와 같은 행동이 즐겁다고 말할 수 있을까? 우선, 그런 행동은 맹목적인 상태에서만 유용할 수 있다. 그 다음으로, 그런 행동으로 즐거움을 느끼고 고통스러운 불안을 어느 정도 달래고 진정시키기 위해서는, 그 무한한 활동이 적어도 어떤 방해도 없이 손쉽게 이루어져야 한다. 하지만 그런 행동이 방해를 받는다면, 그때 남는 것은 불안과 걱정뿐이다. 그런 상태에서 극복할 수 없는 장애물이 나타나지 않는다면 그것은 기적일 것이다. 그와 같은 상황에서 인간의 생명의 실은 가늘어지고 어떤 순간에라도 끊어질 수 있는 것이다.

따라서 그렇게 되지 않으려면 무엇보다도 먼저 욕망을 제한해야 한다. 그럴 경우에만 욕망은 능력과 조화를 이루며 만족될 수 있다. 하지만 개인은 욕망을 제한할 수 없으므로, 어떤 외부적인 힘이 반드시 그에게 주어져야 한다. 그와 같은 외부적 통제력은 마치 신체가 육체적 욕구를 통제하는 역할을 하는 것처럼 정신적 욕구를 통제하는 역할을 수행해야 한다. 그러니까 그런 통제력은 정신적인 것일 수밖에 없다. 인간의 의식이 각성함으로써 그의 잠재적인 동물적 생존의 평형이 깨진 것이다. 따라서 의식만이 그 균형을 회복시킬 수 있는 수단을 제공해 줄 수 있다. 여기서는 물리적인 규제는 효과가 없다. 왜냐하면 물리적 및 화학적 힘으로 인간의 마음을 바꿀 수 없기 때문이다. 인간의 욕구를 생리적 기제로 자동적으로 억제할 수 없다면, 오직 인간이 정당하다고 인지한 한계 앞에서만 멈출 수 있을 뿐이다. 만일 인간이 주어진 한계를 넘어서는 것이 정당하다고 느낀다면, 그는 자신의 욕망을 제한하는 데 동의하지 않을 것이다. 다만 앞서 지적한 이유로 인해 인간은 스스로 정의의 법을 설정할 수 없다. 따라서 인간은 정의의 법을 그가 존중하는 권위로부터 받아들여야 하며, 그 권위에 자발적으로 복종해야 한다. 유일하게 사회만이 여러 조직을 통해 직접적으로 또는 전체적으로 그와 같은 조정 역할을 할 수 있을 뿐이다. 왜냐하면 사회가 개인보다 우월한 정신적 힘과 그가 인정하는 권위를 갖기 때문이다. 사회만이 법을 규정할 수 있으며, 사회만이 개인의 욕구가 넘을 수 없는 한계를 설정할 수 있을 뿐이다. 또한 사회만이 공공의 이익이라는 이름으로 모든 계급의 구성원들에게 앞으로 제공할 보상이 어떤 것일지를 정할 수 있을 뿐이다. 실제로 여러 가지 사회적 기여의 개별적 가치, 그에 따른 상대적 보상, 따라서 각 직업별 노동자에게 평균적으로 적정한 위로 조치 등에 대한 지각은 사실상 역사의 모든 단계에서 사회의 도덕의식 속에 희미하게 존재할 뿐이었다. 각각의 기능은 여론에 따라 등급이 매겨지며, 등급의 서열에서의 지위에 따라 특정한 복지계수가 정해진다. 예컨대 일반적인 통념에 따르면, 노동자가 자신의 삶의 개선을 위한 노력에서 상한선이라고 여기는 생활방식이 있으며, 또 한편으로는 노동자들이 심각한 결함이 없는 한 그 아래로 떨어지는 것을 용인할 수 없다고 여기는 하한선이 있다. 그런 상한선과 하한선은 도시노동자, 농촌노동자, 하인, 일용노동자, 서기, 관리 등에 따라 각기 다르다. 그와 마찬가지로 부유한 사람이 가난하게 사는 척한다면 비난을 받을 것이며, 또한 지나친 사치를 해도 비난을 받게 된다. 경제학자들이 다음과 같은 이의를 제기해도 소용없었다. 만일 한 개인이 너무 많은 재화를 쓸데없이 낭비하면 여론이 시끄러워질 것이며, 도덕적으로 혼란한 시기에만 여론의 비난이 약해질 것이라고 말이다.[129] 따라서 항상 법적인 형태로는 아니지만 각 사회의 계급별로 정당하게 추구할 수 있는 안락함의 최고 수준을 상대적으로 정확하게 규정하는 진정한 조절 장치가 있다. 게다가 그처럼 정해진 척도는 결코 고정되어 있지 않다. 그 척도는 국민소득의 증감에 따라 바뀌며 사회 도덕관념의 변화에 따라 바뀐다. 따라서 한 시기에 사치로 느껴졌던 것이 다른 시기에는 더 이상 사치가 아닐 수 있다. 오랫동안 특정 계급에게 예외적인 특혜로 주어지던 복지가 모든 사람에게 엄정하게 필요한 것으로 바뀌기도 한다.

그와 같은 압력 하에서 개인은 자기 영역에서 막연하게 욕망의 한계를 알게 되고 그 이상은 바라지 않게 된다. 만일 개인이 최소한 규칙을 존중하고 집단적 권위에 순종한다면, 다시 말해 그가 건전한 정신 상태에 있다면, 그는 한계 이상을 요구하는 것은 옳지 않다고 느낄 것이다. 그렇게 해서 욕망의 목적과 끝이 정해지게 된다. 물론 그런 결정이 부동이거나 절대적인 것은 아니다. 각 계급의 경제적 이상에 일정한 한계가 부여되고, 그 한계 안에서 어느 정도 자유롭게 욕망을 추구할 수 있다. 하지만 그런 자유가 무한한 것은 아니다. 그와 같은 상대적 제한과 조정은 인간으로 하여금 자신의 몫에 만족하게 함과 동시에 그 몫을 조금씩 늘려 나가도록 자극하기도 한다. 그와 같은 평균적인 만족이 안정감, 행복감, 생활의 즐거움을 주며, 또한 그것은 개인뿐만 아니라 사회가 건강하다는 것을 보여 주는 특징이기도 하다. 일반적으로 개인은 자신의 조건과 조화를 이루며, 또 자신의 활동에 따른 정상적인 보상을 정당하게 추구하는 것만을 바랄 뿐이다. 그로 인해 인간이 부동 상태에 빠지는 것은 아

---

129 그와 같은 비난은 실제로 순전히 도덕적 비난이며, 법적으로 제한할 수 없는 것이다. 우리는 금지법의 부활이 바람직하다거나 가능하다고 생각하지 않는다.

니다. 개인은 자신의 삶을 멋지게 만들려고 노력할 수 있다. 하지만 그런 방향에서의 노력은 성과를 거두지 못하더라도 개인을 절망하게 만들지는 않는다. 자신이 이미 얻은 것을 사랑하고, 또한 자신에게 부족한 것을 얻기 위해 모든 정열을 다 쏟아부은 것은 아니기 때문에, 그가 부족한 것을 얻는 데 실패하고 또 열망한 것을 얻는 데 실패하더라도 여전히 새로운 열정이 남아 있는 것이다. 중요한 것은 여전히 그의 수중에 있다. 행복의 한계가 정해져 있어서 행복의 균형은 오히려 안정적이다. 그리고 조금 부족하다 해도 그는 당황하지 않는다.

하지만 만일 개인이 자신의 역할이 정해지는 방식을 정당하지 않다고 느낀다면, 그가 여론에 따라 정해진 자신의 역할의 정당성을 인정해도 아무런 의미가 없다. 노동자가 정당한 보상을 받고 있지 않다고 생각한다면, 그는 자신의 사회적 지위와 조화를 이루지 못할 것이다. 만일 그가 다른 지위를 차지할 권리가 있다고 느끼면, 그는 현재 가진 것만으로는 만족할 수 없을 것이다. 따라서 각각의 사회적 조건에 따른 평균적 욕구 수준을 여론에 따라 조정하는 것만으로는 충분하지 못하며, 사회적 조건이 개인에게 허용되는 방식을 보다 명확하고 확고한 규율로 정해야 한다. 규제가 없는 사회는 없다. 규제는 시간과 공간에 따라 달라진다. 과거에는 출생이 거의 유일한 사회적 분류 원칙이었다. 오늘날에는 상속재산과 재능에서 기인하는 것 이외의 다른 타고난 불평등은 없다. 하지만 규제의 형태는 달라지지만 그 목적은 어디에서나 같다. 어느 사회에서나 규제는 개인을 넘어서는 권위, 즉 집단적 권위에 의해서만 부과될 수 있을 뿐이다. 왜냐하면 그런 규제의 제정은 한 집단의 이런 저런 구성원들에게 공공 이익의 이름으로 희생과 양보를 요구하지 않고서는 불가능하기 때문이다.

인간의 경제적 조건이 상속으로 정해지지 않는다면 도덕적 압력은 무용하다고 생각하는 사람들도 있다. 그들에 따르면, 만일 상속이 없어지고 사람들이 같은 자원을 가지고 삶을 시작할 뿐만 아니라 모든 경쟁이 완전히 동등한 조건에서 이루어진다면, 누구도 그 결과가 타당하지 않다고 생각하지 않을 것이다. 모든 사람들은 모든 일이 제대로 돌아가고 있다고 본능적으로 느낄 것이다.

실제로 그와 같은 이상적인 평등에 가까워질수록 사회적 규제는 덜 필요하다는 것은 의심의 여지가 없다. 하지만 그것도 단지 정도의 문제에 불과하다. 왜냐하면 한 가지 상속은 언제나 존재하기 때문이다. 타고난 재능의 유전이 그것이다. 지능, 취향, 과학, 예술, 문학, 산업적 능력과 용기, 손재주 등은 태어나면서부터 물려받는 선물이다. 그것은 마치 재산의 상속자가 자본을 물려받고, 과거에 귀족이 작위와 직위를 물려받는 것과 같다. 그런 만큼 출생과 더불어 우연히 더 적게 물려받은 사람들에게 자신들의 불리한 몫을 받아들이게 하기 위해서는 도덕적 훈련이 필요할 것이다. 그렇다면 모든 사람이 똑같은 몫을 갖고, 보다 유용하고 가치 있는 사람들에게 더 많이 주지 말라고 요구하는 데까지 나아가야 하는가? 하지만 그렇게 되면 재능 있는 사람들이 평범하고 무능한 사람들과 동일한 취급을 받아들이도록 하는 더 강력한 규율이 필요할 것이다.

다만, 앞서 지적한 것처럼, 그와 같은 규율은 거기에 사람들이 복종하면서 그것을 정당한 것으로 여길 때만 유용할 따름이다. 그런 규율이 관습과 강제로만 유지될 때, 평화와 조화는 환상에 불과하게 된다. 불안과 불만이 잠재하고 있다. 피상적으로만 억제된 욕망은 언제라도 폭발하게 된다. 그와 같은 현상이 로마와 그리스에서 귀족과 평민으로 구성된 계급의 기본 조직이 흔들렸을 때 일어났다. 근대 사회에서는 귀족적 편견이 과거의 지배적 지위를 상실하기 시작했을 때 그런 현상이 일어났다. 하지만 그런 봉기는 예외적이다. 사회가 어떤 고질적인 위기를 겪을 때에만 그런 봉기가 일어날 뿐이다. 정상적인 상태라면 대다수의 사람들이 집단적 질서를 평등한 것으로 인정한다. 따라서 질서를 개인에게 부과하기 위해서는 권위가 필요하다고 말할 때, 그것이 질서를 확립하려면 폭력이 유일한 수단이라는 것을 말하는 것은 아니다. 규제가 개인의 욕망을 제약하기 때문에, 그것은 개인을 지배하는 힘에서 나와야 한다. 하지만 또한 그들이 두려움이 아닌 존중으로 그 힘에 복종해야 한다.

결국 인간의 활동이 모든 제약을 넘어설 수 있다는 것은 사실이 아니다. 그와 같은 특권을 누릴 수 있는 존재는 세상에 없다. 왜냐하면 모든 존재는 우주의 한 부분으로서 다른 나머지 부분과 연결되어 있기 때문이다. 모든 존재의 성격과 표현 방법은 그 자체뿐만 아니라 다른 존재에게도 의존하며, 따라서 제약과 규제는 불가피하다. 그런 점에서 보면 광물과 생각하는 인간 사이에는 정도와 형태의 차이가 있을 뿐이다. 인간이 받는 제약의 특징은 신체적인 것이 아니라 정신적인 것, 사회적인 것이라는 점이다. 인간은 물질적 환경으로부터 부과되는 것이 아니라 그 자신보다 우월하다고 느끼는 의식에서 오는 법의 지배를 받는다. 인간 존재의 위대한 면은 육체를 초월하고 육체의 멍에를 벗어나는 대신 사회의 멍에를 진다는 점이다.

다만, 사회가 힘든 위기를 겪거나, 유익하지만 갑작스러운 전환을 맞이하면 일시적으로 그런 영향력을 행사할 수 없게 된다. 그런 경우에 우리가 앞서 지적한 바와 같이 갑작스러운 자살 곡선의 상승이 일어나게 된다.

실제로 경제 위기가 닥친 경우에 사회적 계급의 하락이 일어나 갑자기 전보다 낮은 지위로 떨어지는 사람들이 생길 수 있다. 그렇게 되면 그들은 필요와 욕구를 줄이고 제한하며 더 절제해야 한다. 그렇게 해서 사회적 이점이 모두 상실되며, 그들의 도덕적 교육은 다시 시작되어야 한다. 그런데 사회는 짧은 순간에 그들을 새로운 생활에 적응케 하고 또 익숙지 않은 엄격한 절제를 가르칠 수가 없다. 그로부터 그들은 강요된 새 조건에 적응하지 못하며, 그런 전망조차도 참을 수 없게 되는 결과과 도출된다. 그런 고통으로 인해 그들은 미처 새로운 상황을 겪기도 전에 자신의 위축된 삶을 포기하게 되는 것이다.

하지만 위기의 원인이 권력과 부의 갑작스러운 증가라고 해도 사정은 마찬가지다. 그렇게 되면 생활조건이 실제로 바뀌게 되고 욕구를 규제하던 기준도 달라진다. 왜냐하면 그 기준은 사회적 부에 따라 다르고, 각 계급에게 돌아가야 할 몫을 결정하기 때문이다. 그 기준의 척도가 바뀌게 되면 새로운 척도가 즉시 마련되는 것이 아니다. 공적 의식에 따라 인간과 사물이 재분류되는 데 시간이 필요하다. 따라서 규제에서 풀려난 사회적 힘이 균형을 회복하지 못하는 한, 인간과 사물의 사회적 가치는 불명확해지고, 그 결과 일시적으로 모든 규제가 마비되게 된다. 가능한 것과 불가능한 것, 정당한 것과 부당한 것을 더 이상 구분하지 못하게 되고, 합법적인 주장과 희망이 무엇인지, 도를 넘는 주장과 희망이 무엇인지도 모르게 된다. 따라서 욕망의 제약이 없어진다. 그와 같은 혼란이 심각하다면 여러 직업의 인구 분포의 원칙에까지 영향을 미치게 된다. 또한 사회의 여러 부분들의 관계가 불가피하게 수정되므로, 그 관계를 보는 통념도 변한다. 사회의 여러 구성 부분들의 관계가 필연적으로 바뀌기 때문에, 그 관계를 보는 생각도 바뀌게 된다. 그런 위기로 특혜를 입는 특정 계급의 사람들은 더 이상 과거의 운명에 체념하지 않으려 하며,

갑작스러운 재산으로 인해 그들은 온갖 질투의 대상이 된다. 게다가 여론을 통해 더 이상 통제되지 않는 욕망은 방향을 잃고 멈춰서야 할 한계를 모르게 된다. 게다가 그들은 갑자기 활발해진 공적 생활로 인해 이상 흥분 상태에 빠지게 된다. 왜냐하면 번영이 증가하면 할수록 욕망도 더 커지기 때문이다. 전통적인 규제가 그 권위를 상실하는 순간, 뜻밖의 횡재가 크면 클수록 욕망은 더 자극받고, 더 조급해지고, 더 통제를 참지 못하게 된다. 따라서 가장 강한 규제가 필요한 시기에 욕망이 규제를 받지 못하게 되는 사실로 인해 일종의 무규율 상태, 즉 '아노미anomie'가 더욱 고조된다.

하지만 그런 상황에서 그들의 욕구를 충족시키는 것은 불가능하다. 과도해진 야망은 어떤 결과를 얻더라도 결코 만족하지 못한다. 왜냐하면 멈추라는 경고가 없기 때문이다. 따라서 그 어떤 것도 욕망을 만족시킬 수 없으며, 흥분은 진정되지 못하고 지속된다. 특히 도달 불가능한 목표를 향한 경주는 경주 그 자체 이외에는 아무런 즐거움이 없기 때문에, 하나밖에 남지 않은 그 즐거움이 장애에 부딪친다면 경주자는 완전히 빈손이 된다. 그런데 그런 경주는 통제되지 않아서 경쟁은 점점 더 치열해짐과 동시에 고통스럽게 된다. 또한 계급이 정해지지 않은 상태이기 때문에 모든 계급의 구성원들이 경주에 참여하게 된다. 그런 만큼 경주가 가장 비생산적일 때 더 많은 노력이 요구된다. 그런 조건에서 어떻게 삶에 대한 의지가 약해지지 않을 수 있겠는가?

그와 같은 설명은 가난한 국가에서 나타나는 현저한 자살 감소에 의해 뒷받침된다. 만일 빈곤이 자살을 방지한다면, 그것은 빈곤 그 자체가 일종의 규제이기 때문이다. 사람이 무엇을 하더라도 욕구는 어느 정도 현재의 수단을 고려할 수밖에 없다. 실제로 개인이 바라는 것을 결정하는 데 그가 지금 소유하고 있는 것이 부분적으로 참고사항이 된다. 따라서 그가 가진 것이 적을수록 그는 자신의 욕망의 한도를 제한하고자 한다. 권력의 결여나 절제의 강요가 그런 한계에 적응시키는 것이다. 많이 가진 사람이 없을 때에는 질투할 것도 없다. 그와 반대로 부는 그 힘으로 인해 우리가 우리 자신만 믿으면 된다는 착각을 하게 한다. 부는 별다른 어려움 없이 많은 물건들을 소유할 수 있다는 생각을 갖게 한다. 그런데 한계를 덜 느끼는 사람일수록 모든 제한을 견디지 못한다. 따라서 많은 종교가 가난의 미덕과 그 정신적 가치를 강조하는 것도 터무니없는 일은 아니다. 실제로 종교가 인간에게 자제하는 것을 가르쳐 주는 최고의 학교이기 때문이다. 종교는 우리에게 끊임없는 자기절제를 요구하고, 차분하게 집단의 규율을 받아들이게 한다. 그 반면에 부는 개인을 추켜올림으로써 비도덕성의 원천인 반항정신을 항상 야기할 위험성이 있다. 물론 인간이 자신의 물질적 조건을 향상시키려 해서는 안 된다는 것은 아니다. 하지만 번영의 성장이 유발하는 도덕적 위험에 치료제가 없다면, 그 위험 자체가 있다는 사실을 잊어서는 안 될 것이다.

III.

만일 앞서 제시한 경우들처럼 아노미가 간헐적으로, 또 심각한 위기하에서만 발생하는 것이라면, 아노미가 때에 따라서는 사회적 자살률의 변동을 초래할 수 있을 것이다. 그렇다고 해서 아노미가 자살률 변화를 결정하는 규칙적이고 항상적인 요인인 것은 아니다. 하지만 아노미가 만성적으로 나타나는 사회생활의 한 영역이 있는데, 상업과 공업이 그것이다.

실제로 지난 1세기 동안의 경제발전은 주로 산업 부문의 이해관계에서 모든 규제로부터 해방됨으로써 이루어졌다. 아주 최근까지도 모든 도덕적 힘이 총동원되어 그 관계를 규제하려 들었다. 먼저, 종교가 있다. 종교의 영향은 노동자와 고용주, 빈자와 부자에게 동등하게 미쳤다. 종교는 노동자들와 빈자들에게 사회질서는 신의 섭리이고, 각 계급의 몫은 신에 의해 직접 할당된 것이라고 가르치면서, 현세에서의 불평등이 내세에서 보상받을 것이라는 희망을 심어줌으로써 그들이 현세에 만족하도록 했다. 종교는 또한 고용주들과 부자들에게 현세의 이익이 결코 인간의 전부가 아니라는 것, 인간은 현세의 이익을 초월한 더 고귀한 뜻에 복종해야 한다는 것, 따라서 현세의 이익을 무제한으로 추구해서는 안 된다는 것을 상기시킴으로써 그들을 지배했다. 그 다음으로, 세속 권력은 경제활동을 지배함으로써 경제활동의 폭을 제한했으며, 경제를 정치에 상대적으로 종속시켰다. 끝으로 경제 부문에서도 봉급과 제품 가격, 생산량을 규제하면서 모든 직업 집단은 평균 소득 수준에 간접적으로 묶여 있으며, 그 토대 위에서 상황에 따라 욕구가 부분적으로 해결되었다. 물론 그런 조직을 기술하면서 우리가 그 조직을 하나의 모델로 제안하는 것은 아니다. 그런 조직은 커다란 변동이 없다면 현대사회에는 적합하지 않을 것이다. 결국 우리가 단언하고자 하는 것은, 과거에는 방금 지적한 규제가 존재했고, 그런 규제의 영향이 유익했지만, 현재는 그것을 대체할 만한 것이 없다는 점이다.

실제로 종교는 과거에 건설했던 대제국의 대부분을 잃었다. 정부는 경제생활을 지배하기는커녕 경제의 도구나 시녀가 되었다. 정통 경제학자들과 극단적인 사회주의자들은 서로 정반대의 학파이지만, 서로 연합해서 정부의 역할을 여러 사회적 기능의 수동적 중재자의 역할로 축소시키려 한다. 정통 경제학자들은 정부를 단지 개인적 계약의 보호자로 만들려고 한다. 그 반면에 사회주의자들은 정부에게 공공의 장부 정리 임무, 즉 소비자의 수요를 기록해 그것을 생산자에게 전달하며, 총수입을 조사해 일정한 공식에 따라 분배하는 임무를 맡기려고 한다. 하지만 두 학파는 정부에 다른 사회 기구를 종속시켜 모든 기구를 하나의 주요 목표로 수렴할 수 있는 권한을 부여하지 않으려 한다. 두 학파는 또한 국가는 산업 발전이라는 유일하거나 주요한 목표를 가져야 한다고 주장한다. 그런 주장이 서로 뚜렷이 대조되는 두 이론 체계의 기초가 되는 경제유물론의 도그마에 함축되어 있다. 그런 이론들에는 산업이 보다 높은 목적을 위한 수단이 아닌 개인과 사회의 지상 목표가 되었다는 여론이 잘 표현되어 있을 뿐이다. 그렇게 해서 욕망은 그것을 제한하는 모든 권위로부터 해방되었다. 말하자면 욕망을 신성시함으로써 번영 숭배는 모든 인간 법 위에 자리 잡게 되었다. 경제적 이익의 추구를 막는 것은 일종의 신성모독이 되는 것처럼 보인다. 그런 이유로 산업계 내에서 직업 집단을 중개로 시행되는 공리적 규제까지도 성공적으로 지속할 수 없게 되었다. 요컨대 그런 욕망의 해방은 산업 발전 자체와 시장의 거의 무한대의 확장으로 인해 더욱 악화되었다. 생산자가 주변 이웃에게서만 이윤을 얻는 한, 이익이 제한되며, 따라서 지나친 야망으로 이어지지 않게 된다. 하지만 생산자가 거의 전 세계의 소비자를 겨냥하는 지금, 그와 같은 끝없는 전망 앞에서 욕망은 과연 과거처럼 그 자체를 제약하는 것을 수용할 수 있겠는가?

그것이 바로 산업사회에서 일어나 그 일부를 지배하고 있고, 또 다른 분야로까지 확산되고 있는 흥분이다. 산업사회에서는 위기 상태와 아노미가 항구적이고 또 정상적이다. 사회계층의 위에서부터 아래까지 탐욕은 끝을 모르고 일어난다. 욕구 수준이 도달할 수 있는 한계보다 훨씬 위에 있기 때문에, 그 어떤 것도 탐욕을 진정시킬 수가 없다. 그처럼 흥분된 상황과 비교하면 현실은 가치가 없는 것처럼 보인다. 따라서 끝내는 현실을 버리게 된다. 하지만 가능성도 현실이 되면 역시 버려진다. 새로운 것과 몰랐던 쾌락과 이름도 붙여지지 않은 감각에 대한 갈망이 일어나지만, 그런 것들도 일단 익숙해지면 매력을 상실한다. 그렇게 되면 아주 사소한 실패에도 사람들은 그것을 견디지 못하게 된다. 모든 열기는 식어버린다. 온갖 소동이 얼마나 쓸데없는 일이었는가가 백일하에 드러난다. 제멋대로 축적된 새로운 감각들이 고난의 시기에 의지할 수 있는 확고한 행복의 기초가 될 수 없음이 밝혀진다. 이미 성취한 결과를 즐길 줄 알고, 계속해서 새로운 욕구를 다른 욕구로 대체하는 것을 추구하지 않는 현명한 사람은 어려운 시기에도 삶에 애착을 가질 수 있다. 하지만 모든 것을 미래에 두고, 미래만을 바라보면서 사는 사람은 현재의 아픔을 이겨낼 기쁨을 과거에서 찾지 못한다. 왜냐하면 그에게 과거는 성급하게 밟아온 일련의 단계들에 불과하기 때문이다. 그를 그 자신에 대해 맹목적으로 만드는 것은, 그 자신이 지금까지 누리지 못했던 보다 큰 행복에 대한 기대이다. 하지만 그는 중도에서 멈추게 된다. 그렇게 되면 그는 과거에서도 미래에서도 바라볼 대상을 상실하고 만다. 더군다나 그는 자신의 끝없는 추구가 무용하다는 것을 느끼지 않을 수 없기 때문에 결국 환멸을 맛보기 위해서는 권태감만으로 충분할 것이다.

따라서 오늘날 그런 정신 상태가 경제위기로 인한 자살 증가의 주원인이 아닌가를 물을 수 있다. 인간은 건전한 규제를 받는 사회에서 운명의 타격도 역시 더 잘 견뎌낸다. 불편과 제약에 익숙하기 때문에 약간 더 많은 불편을 견디는 것은 그다지 어렵지 않은 것이다. 하지만 일체의 제약 자체를 혐오하는 경우, 보다 답답한 제약이 어떻게 참을 수 없는 것으로 보이지 않겠는가? 열에 들떠 초조한 생활을 하는 동안에는 자살 경향에 결코 지지 않는다. 이미 달성한 목표를 넘어서는 것 이외의 다른 목표를 갖지 않은 경우, 뒤로 물러서려면 얼마나 괴롭겠는가! 그런데 오늘날의 경제 상황을 특징짓는 그와 같은 체계의 결핍으로 인해 온갖 모험의 길이 열리고 있다. 상상력은 언제나 새로운 것을 추구하고, 그 어떤 것의 규제도 받지 않기 때문에, 상상력은 닥치는 대로 헤매게 된다. 그런 만큼 필연적으로 좌절이 늘어나고 위험도 많아지며, 위기도 증가하고 보다 파괴적이 된다.

그런데 그와 같은 경향은 이제 완전히 고질화되어 사회는 그것을 정상적인 것으로 여기게 된다. 인간의 본성이란 영원히 만족을 모르며, 영원히 무한한 목표를 향해 쉬지 않고 나아가는 데 있다고 반복해서 말하곤 한다. 무한에 대한 열정은 규율이 무너져 인간을 괴롭히게 될 무절제한 의식에서만 나타남에도 불구하고, 오늘날에는 그것이 정신적 탁월함의 증거로 여겨진다. 어쨌든 가장 빠른 진보는 하나의 교리가 되었다. 또한 그런 불안정성의 이점을 찾는 이론과 더불어 그런 불안정성을 낳은 상태를 일반화하면서 삶은 악한 것이고, 쾌락보다 고통이 더 많으며, 그릇된 매력으로 인간을 현혹하는 것이라고 주장하는 다른 이론들도 나타났다. 그와 같은 무질서는 경제 부분에서 가장 두드러지며 동시에 그 피해자도 가장 많다.

공업과 상업 부문은 실제로 가장 많은 자살자를 내는 직업군이다[표 24]. 두 직업에 종사하는 사람들의 자살률은 자유전문직 종사자들과 거의 같은 수준이거나 때로는 더 높기도 하다. 그들은 특히 농부들에 비해 훨씬 높은 자살률을 보인다. 그 까닭은 농업 부문에서는 옛날의 규제력

[표 24] 직업별 인구 100만 명에 대한 자살자 수

	상업	운수업	공업	농업	자유전문직[130]
프랑스[131] (1878~1887)	440		340	240	300
스위스 (1876)	664	1,514	577	304	558
이탈리아 (1866~1876)	277	152.6	80.4	26.7	618[132]
프로이센 (1883~1890)	754		456	315	832
바이에른 (1884~1891)	465		369	153	454
벨기에 (1886~1890)	421		160	160	100
뷔르템베르크 (1873~1878)	273		190	206	
작센 (1878)	341.59			71.17	

이 여전히 작용하며, 또한 산업 열병의 영향이 가장 적게 나타나기 때문이다. 과거의 보편적 경제 질서의 흔적이 가장 잘 남아 있는 부분이 바로 농업 부문이다. 또한 만일 공업 부문의 자살에서 고용주들을 노동자들과 구분해서 계산하면, 농업과 공업의 사이의 편차는 훨씬 더 클 것이다. 왜냐하면 고용주들이 아마도 아노미의 영향을 더 많이 받기 때문일 것이다. 독립적인 자산가들이 보이는 높은 자살률(100만 명당 720명)은 가장 많은 것을 소유한 자들이 가장 많은 피해를 입는다는 것을 잘 보여 준다.

130 통계에서 자유전문직을 세분하면 자살률이 가장 높은 것으로 나타난다.
131 1826~1880년 사이에 경제는 그다지 영향을 받지 않았던 것으로 보인다[1880년의 보고서(Compte rendu)]. 하지만 직업에 대한 통계가 과연 정확한가?
132 그 수치는 문필에 종사하는 사람들에게만 해당된다.

복종을 강요하는 모든 요인은 아노미 상태의 영향을 누그러뜨리는 경향이 있다. 최소한 하층계급의 범위는 그들보다 상위계급 때문에 제한을 받는다. 또한 같은 이유로 그들의 욕구는 훨씬 더 한정되어 있다. 자신들보다 상위계급이 없는 최고 계급에 속하는 자들은, 그들을 규제하는 힘이 없다면 필연적으로 욕망에 몰입하게 된다.

따라서 아노미는 현대사회의 일정하고 특수한 자살 요인이다. 아노미로 인해 발생한 자살이 연간 자살률에서 일정한 비중을 차지한다. 그렇게 해서 우리는 다른 유형의 자살과 구별되는 새로운 유형을 마주하게 된다. 아노미 유형의 자살이 다른 유형의 자살과 다른 점은, 개인이 사회와 연결되는 방식이 아니라 사회가 개인을 규제하는 방식에 있다. 이기적 자살은 인간이 삶에서 그의 존재이유를 더 이상 찾지 못해서 일어난다. 이타적 자살은 존재이유가 삶의 외부에 존재하기 때문에 일어난다. 세 번째 종류의 자살, 곧 아노미성 자살은 앞서 설명한 대로 인간의 활동이 충분히 규제되지 못해서 생기는 고통에서 나온다.

물론 아노미성 자살과 이기적 자살은 비슷한 점이 있다. 두 유형의 자살 모두 사회가 개인에게 불충분한 존재라는 점에서 기인한다는 것이다. 하지만 개인에게 사회가 부재하는 영역은 두 경우에 서로 다르다. 이기적 자살에서는 진정한 집단 활동의 결핍으로 인해 개인이 목적과 의미를 상실하게 된다. 아노미성 자살에서는 개인의 욕망에 미치는 사회의 영향이 결핍되어 개인을 제동 없이 방치하게 된다. 그로부터 두 유형의 자살은 그 상호관계에도 불구하고 서로 구분된다는 결론이 도출된다. 인간은 사회적 활동을 하면서도 욕망을 통제하지 못할 수도 있다. 또한 인간은 이기적이 아니면서도 아노미 상태에서 살 수 있다. 그 반대의 경우도 가능하다. 따라서 그 두 유형의 자살은 동일한 사회적 환경에서 발생하는 것이 아니다. 이기적 자살은 주로 지적 직업을 가진 사람들, 즉 사색의 세계에서 주로 일어나는 반면, 아노미성 자살은 주로 공업과 상업 세계에서 일어난다.

IV.

하지만 경제적 아노미만이 자살을 일으키는 아노미는 아니다.

앞서 이미 살펴본 배우자의 사별에 의한 자살[133]은 실제로는 남편이나 아내의 죽음으로 인한 가정적 아노미에서 기인한다. 생존자가 영향을 받는 가족적 재난이 일어난 것이다. 혼자 남게 된 새로운 상황에 적응하지 못해 쉽게 자살을 선택하게 된다.

하지만 또 다른 종류의 아노미성 자살을 눈여겨볼 필요가 있다. 왜냐하면 더 만성적이며 동시에 결혼의 성격과 기능을 더 잘 보여 주기 때문이다.

『국제인구학연보Annales de démographie internationale』(1882년 9월호)에서 베르티용은 이혼에 대한 훌륭한 논문을 발표했다. 그는 그 논문에서 전 유럽에 걸쳐 이혼 및 별거자 수와 자살자 수가 비례한다는 명제를 입증했다.

이혼과 자살이라는 두 개의 관점에서 여러 나라들을 비교해 보면, 양자의 비례는 분명하게 드러난다[표 25]. 각각의 평균들의 관계에서뿐만 아니라, 자살이 이혼만큼 많지 않은 네덜란드만이 유일한 예외일 뿐이다.

---

133 이 책의 218~219면을 참고하시오.

[표 25] 유럽 각국의 이혼율과 자살률 비교

		부부 1,000쌍당 연간 이혼 건수	인구 100만 명당 자살자 수
이혼·별거율이 낮은 국가	노르웨이	0.54(1875~1880)	73
	러시아	1.6(1871~1877)	30
	영국, 웨일스	1.3(1871~1879)	68
	스코틀랜드	2.1(1871~1881)	
	이탈리아	3.05(1871~1873)	31
	핀란드	3.9(1875~1879)	30.8
	평균	2.07	46.5
이혼·별거율이 중간인 국가	바이에른	5(1881)	90.5
	벨기에	5.1(1871~1880)	68.5
	네덜란드	6(1871~1880)	35.5
	스웨덴	6.4(1871~1880)	81
	바덴	6.5(1874~1879)	156.6
	프랑스	7.5(1871~1879)	150
	뷔르템베르크	8.4(1876~1878)	162.4
	프로이센		133
	평균	6.4	109.6
이혼·별거율이 높은 국가	작센	26.9(1876~1880)	299
	덴마크	38(1871~1880)	258
	스위스	47(1876~1880)	216
	평균	37.3	257

그와 같은 법칙은 다른 나라들이 아니라 한 나라 안의 여러 지방을 비교해 보면 더욱 엄밀하게 검증된다. 스위스는 두 현상 간의 일치가 특히 두드러진다[표 26]. 개신교를 믿는 주들에서 이혼도 가장 많고 자살도 가장 많다. 그 다음은 종교가 섞인 주들이며, 가톨릭을 믿는 주들이 마지막에 위치한다. 각 그룹 안에서도 같은 일치를 볼 수 있다. 가톨릭을 믿는 주에서는 졸로트룬과 아펜첼 이너intérieur에서 이혼이 가장 많고 또 자살도 역시 가장 많다. 프라이부르크는 가톨릭을 주로 믿으며 프랑스계임에도 이혼과 자살이 모두 높다.

[표 26] 스위스 각 주들의 이혼과 자살의 비교

	부부 1,000쌍당 이혼 미 별거 수	인구 100만 명당 자살자 수		부부 1,000쌍당 이혼 미 별거 수	인구 100만 명당 자살자 수
Ⅰ. 가톨릭 주들 〈프랑스 및 이탈리아계〉					
티치노	7.6	57	프라이부르크	15.9	119
발레	4	47			
평균	5.8	50	평균	15.9	119
〈독일계〉					
우리		60	졸로투른	37.7	205
상부 운터발덴	4.9	20	아펜첼 이너	18.9	158
하부 운터발덴	5.2	1	추크	14.8	87
슈바르츠발트	5.6	70	루체른	13	100
평균	3.9	37.7	평균	21.1	137.5
Ⅱ. 개신교 주들 〈프랑스계〉					
뇌샤텔	42.4	560	보드	43.5	352
〈독일계〉					
베른	47.2	229	샤프하우젠	106	602
바젤(도시)	34.5	323	아펜첼 아우터	100.7	213
바젤(농촌)	33	288	글라우스	83.1	127
			취리히	80	288
평균	38.2	280	평균	92.4	307
Ⅲ. 혼합된 종교의 주들					
아르가우	40	195	제네바	70.5	360
그라우뷘덴	30.9	116	생갈	57.6	179
평균	36.9	155	평균	64	269

개신교를 주로 믿는 독일계 주에서는 샤프하우젠에서 이혼과 자살 모두 가장 높다. 끝으로 다종교 주에서는 아르가우를 제외하고 이혼과 자살의 순서가 정확하게 일치한다.

프랑스의 도를 같은 방식으로 비교해도 역시 같은 결과가 나온다. 프랑스의 도를 자살률에 따라 8개 범주로 분류하면, 각 범주는 이혼 및 별거율과 같은 순위로 배열된다는 것을 확인할 수 있다.

	인구 100만 명당 자살자 수	부부 1,000쌍당 평균 이혼 및 별거 수
제1집단(5개 도)	50 미만	2.6
제2집단(18개 도)	51~75	2.9
제3집단(15개 도)	76~100	5
제4집단(19개 도)	101~150	5.4
제5집단(10개 도)	151~200	7.5
제6집단(9개 도)	201~250	8.2
제7집단(4개 도)	251~300	10
제8집단(5개 도)	300 이상	12.4

이혼과 자살의 관계가 확인되었으니 이제 그것을 설명해 보자.

먼저 기억을 되살리기 위해 베르티용의 설명을 간단히 언급하고자 한다. 그에 의하면 자살의 수와 이혼의 수는 서로 비례한다. 왜냐하면 양자가 모두 동일한 요인에 의존하기 때문이다. 즉, 불완전한 균형을 유지하는 사람들의 수가 많고 적음에 따라 변한다. 베르티용의 주장에 따르면, 잘 어울리지 않는 부부가 많은 나라에서 이혼이 많다고 한다. 그런 부부는 불규칙한 생활을 하는 사람들, 인격과 지능이 낮은 사람들에게서 특히 많으며, 그런 특질은 자살 경향으로도 이어진다는 것이다. 따라서 이혼과 자살의 일치는 자살에 미친 이혼 자체의 영향 때문이 아니라, 양자가 같은 원인에서 기인해서 다르게 표현되는 두 가지 현상이기 때문이다. 하지만 이혼이 특정한 정신분석학적 결함과 관련되어 있다는 그런 주장은 자의적이며 증거도 없다.

스위스는 이탈리아보다 이혼이 15배 많고, 프랑스가 이탈리아보다 이혼이 약 7배 많다고 해서, 스위스에는 이탈리아보다 정신적 불균형자가 15배나 많고 프랑스는 이탈리아보다 6~7배나 더 많다고 가정할 이유는 없다. 게다가 자살에 관한 한, 순수하게 개인적인 조건이 얼마나 미미한 영향을 미치는지를 우리는 이미 알고 있다. 또한 다음과 같은 여러 사실들로 인해 그런 이론의 부족함이 밝혀질 것이다

이혼과 자살의 뚜렷한 상관관계의 원인은 사람들의 기질적 성향이 아니라 이혼의 내재적 성격에서 찾아야 한다. 그 점에 대해 다음과 같은 첫 번째 명제가 정립될 수 있다. 필요한 자료를 검토할 수 있는 모든 나라에서 이혼한 사람들의 자살률은 다른 사람들보다 월등히 높다는 명제가 그것이다.

100만 명당 자살자 수								
지역	15세 이상 미혼자		기혼자		홀로된 사람		이혼한 사람	
	남자	여자	남자	여자	남자	여자	남자	여자
프로이센 (1887~1889)	360	120	430	90	1,471	215	1,875	290
프로이센 (1883~1890)	388	129	498	100	1,552	194	1,952	328
바덴 (1885~1893)	458	93	460	85	1,172	171	1,328	
작센 (1847~1858)			481	120	1,242	240	3,102	312
작센(1876)	555.18		821	146			3,252	389
뷔르템베르크 (1846~1860)			226	52	530	97	1,298	281
뷔르템베르크 (1873~1892)	251		218		405		796	

남녀 양성에서 이혼한 사람들은 기혼자에 비해 더 젊은 데도 불구하고(프랑스에서 기혼자의 평균 연령은 46세, 이혼자의 평균 연령은 40세) 3배 내지 4배 더 자살한다. 또한 사별한 사람들의 평균 연령이 더 높은 데도 불구하고 이혼한 사람들의 자살률이 사별한 사람들보다 더 높다. 어떻게 그

런 결과가 나오는 것일까?

이혼의 결과로 발생하는 정신적 및 물질적 생활 변화가 그런 현상의 원인임에는 의심의 여지가 없다. 하지만 그것만으로는 충분한 설명이 못 된다. 실제로 배우자와 사별하는 것도 이혼에 못지않은 생활의 혼란이다. 일반적으로 배우자 사별에 이어 심지어 훨씬 더 불행한 결과가 이어지기도 한다. 왜냐하면 이혼은 대개 남편과 아내의 합의 끝에 이루어져 일종의 해방인 반면, 사별은 부부가 원한 것이 아니기 때문이다. 하지만 이혼한 사람들은 연령 때문에 사별한 사람들의 절반 정도의 자살률을 보여야 하지만, 어느 나라에서나 더 높은 자살률을 보이며 때로는 2배가 되기도 한다. 하지만 이혼자들은 나이 때문에 사별한 부부들보다 자살을 덜 해야 되지만, 실제로는 모든 곳에서 더 많이 자살하며, 심지어는 2배에 이르기도 한다. 자살촉진계수가 2.5에서 4에 해당하는 것은 결코 생활조건의 변화 때문이 아니다.

그 원인을 알아내기 위해 앞서 제시한 명제들 중 하나를 참고해 보자. 이 책의 제2부 제3장에서 우리는 한 사회의 사별한 사람들의 자살 경향과 그 사회의 기혼자들의 자살 경향 사이에 함수관계가 있음을 보았다. 만일 기혼자의 자살 경향이 아주 낮으면, 사별자의 자살 경향은 낮지만 그래도 여전히 높은 편이다. 또한 결혼으로 자살 예방 혜택을 더 받는 남성은 사별 상태에서도 더 보호를 받는다. 한마디로 말하자면, 부부 중 한 명의 죽음으로 인해 부부사회가 해체되더라도 결혼이 자살에 미친 영향은 생존자에게도 일부 영향을 미친다.[134] 그렇다면 결혼이 사망 때문이 아니라 이혼이라는 법적 행동 때문에 중단된 때에도 같은 현상이 일

---

134 이 책의 227면을 참고하시오.

어날 것이라고 가정할 수 없을까? 그러니까 이혼한 사람들의 자살 경향은 이혼 그 자체의 결과라기보다 이혼에 의해서 종식된 결혼의 영향이라고 가정할 수 없을까? 이혼자들의 자살 경향은 결혼사회의 어떤 특성과 관련이 있으며, 부부는 이별한 뒤에도 계속 그 영향을 받는다. 만일 이혼한 자들이 강한 자살 경향을 보인다면, 그것은 같이 살고 있는 동안에도 그들이 이미 가지고 있었던 경향이며, 또 그들의 공동생활의 영향이기도 하다.

위의 주장이 인정된다면 이혼과 자살의 상응관계는 설명 가능하다. 실제로 이혼이 빈번하게 일어나는 나라에서는 이혼에 영향을 주는 결혼의 '고유한' 특성이 반드시 널리 퍼져 있을 것이다. 왜냐하면 그 영향은 법적으로 갈라서게 될 부부에게만 국한되는 것이 아니기 때문이다. 만일 그 영향이 이혼한 사람들에게서 가장 강하게 나타난다면, 다른 사람들, 즉 이혼하지 않은 대다수의 사람들에게도 낮은 정도라 할지라도 나타날 것이다. 왜냐하면 자살이 많은 곳에는 자살 시도도 많고, 질병률의 상승 없이 사망률의 상승이 있을 수 없는 것과 마찬가지로, 실제 이혼이 많은 곳에서는 이혼에 가까운 상태에 있는 가정이 많을 것임에 틀림없기 때문이다. 따라서 자살을 촉진하는 가정이 이혼만큼 일반화되는 경우에 실제 이혼의 횟수도 늘어날 것이며, 그런 만큼 두 현상의 변화는 같은 방향으로 이루어질 것이다.

그와 같은 가설은 앞서 제시된 모든 사실들과 일치할 뿐만 아니라 직접 증명도 가능하다. 실제로 그런 가설에 근거가 있다면, 이혼이 빈번한 나라의 기혼자 자살률은 이혼이 어려운 나라의 자살률보다 높아야 한다. 바로 그것이 여러 사실들로부터 도출되는 결론이며, 적어도 남편의 경우는 [표 27]에서 확인할 수 있다. 이혼이 거의 없는 가톨릭 국가인 이탈

[표 27] 기혼자의 자살 면역성에 대한 이혼의 영향

	인구 100만 명당 자살자 수		미혼남성에 대한 기혼남성의 자살방지계수
	15세 이상 남성	기혼남성	
이혼이 없는 나라			
이탈리아(1884~1888)	145	88	1.64
프랑스(1863~1868)[135]	273	245.7	1.11
이혼이 보통인 나라			
바덴(1885~1893)	458	460	0.99
프로이센(1883~1890)	388	498	0.77
프로이센(1887~1889)	364	431	0.84
이혼이 매우 빈번한 나라[136]			

작센(1879~1880)	전체 자살자 100명에 대한 비율		0.63
	미혼남성	기혼남성	
	27.5	52.5	
	남성 주민 100명에 대한 비율		
	미혼남성	기혼남성	
	42.1	52.47	

리아는 기혼남성의 자살방지계수가 가장 높은 나라이다. 상대적으로 이
혼이 자주 일어나는 프랑스의 계수는 더 낮으며, 또한 이혼이 보다 빈번
하게 일어나는 나라로 갈수록 자살방지계수가 더 낮아지는 것을 볼 수
있다.[137]

---

135 우리는 시간적으로 멀리 떨어진 이 기간을 채택했다. 그 이유는 그 당시에는 이혼이 법으로 폐지되
었기 때문이다. 게다가 이혼을 다시 규정한 1884년의 법은 지금까지 기혼남성들의 자살에 눈에 띄는
효과를 내지 못했던 것으로 보인다. 자살방지계수는 1888~1892년 사이에는 현저하게 변화하지 않
았다. 하나의 제도가 그렇게 짧은 기간에 효과를 내기는 어렵다.

136 작센과 관련하여 우리는 이 점에 대해 외팅겐에게서 가져온 상대적인 숫자만을 가지고 있을 뿐이다.
하지만 그 숫자로도 우리의 목적에 충분하다. 르고이(p. 171)에게서 다음과 같은 사실을 증명해 주는
또 다른 자료들을 발견할 수 있다. 즉, 작센에서 기혼남성들의 자살률이 독신들보다 더 높다는 사실
이 그것이다. 르고이 자신은 이 사실을 놀라면서 지적하고 있다.

137 그런 관점에서 몇몇 나라만을 비교하는 이유는, 다른 나라들의 통계가 남편과 아내의 통계를 구별하
지 않고 있기 때문이다. 아래에서 남녀를 구분하는 것이 얼마나 필요한 일인지를 보게 될 것이다.

우리는 올덴부르크대공국의 이혼자 수를 구할 수가 없었다. 그 나라는 개신교 국가이기 때문에 이혼이 빈번할 것이라고 생각할 수 있다. 하지만 가톨릭교인 소수파도 상당히 많으므로 이혼이 지나치게 많지는 않을 것이다. 그런 관점에서 본다면 그 나라의 이혼은 바덴이나 프로이센과 비슷한 수준일 것이다. 그런데 그 나라는 기혼남성의 자살면역성에서도 다른 나라와 비슷한 수준에 있다. 15세 이상의 미혼남성 10만 명당 연간 52명이 자살하며, 기혼남성 10만 명당 66명이 자살한다. 기혼남성의 자살방지계수는 0.79인데, 이혼이 드물거나 거의 일어나지 않는 가톨릭 국가의 수치와는 아주 다르다.

프랑스에서는 위의 사실을 보다 엄밀하고 확실하게 관찰할 수 있는 기회가 주어진다. 이혼은 프랑스의 다른 어떤 도보다 센에서 가장 빈번하다. 1885년에 프랑스 전체의 이혼율은 1만 가구당 5.65에 불과했는 데 비해, 센의 이혼율은 1만 가구당 23.99였다. 그런데 [표 22]를 보면 기혼남성의 자살방지계수는 다른 도보다 센에서 현저히 낮다는 사실을 알 수

하지만 [표 27]을 보고 프로이센, 바덴, 작센에서는 기혼남성이 미혼남성보다 실제로 자살을 더 많이 한다고 결론을 내려서는 안 될 것이다. 그러니까 그들의 자살계수가 연령과 연령이 자살에 미치는 영향과 따로 산출되었다는 것을 놓치면 안 된다. 그런데 평균연령의 미혼남성들은(25~30세) 평균연령의 기혼남성(40~45세)의 반만큼 자살하기 때문에, 기혼남성들은 심지어 이혼이 빈번한 사회에서도 어느 정도 자살에 대한 면역성을 가지고 있다. 하지만 그 면역성은 다른 나라에서보다 낮다. 그 면역성이 무시될 수 있기 위해서는 연령을 고려하지 않으면 기혼남성의 자살률은 미혼남성의 자살률의 2배가 되어야 할 것이다. 그런데 실제는 그렇지 않다. 그와 같은 사실을 고려하지 않더라도 우리가 내린 결론에는 전혀 영향이 없다. 왜냐하면 기혼남성의 평균연령은 나라에 따라 거의 다르지 않으며(2~3년에 불과하다), 자살에 대한 연령의 영향은 모든 곳에서 같기 때문이다. 따라서 연령의 효과를 무시하면서 우리는 자살방지계수의 절대 가치를 감소시켰다. 하지만 그런 감소가 모든 나라에서 같은 비율로 이루어졌기 때문에, 우리에게 중요한 상대적 가치는 변하지 않았다. 왜냐하면 우리는 각국의 기혼남성의 면역성의 절대 가치를 구하려고 하는 것이 아니라, 다만 면역성의 관점에서 여러 나라들을 분류하고자 한 것뿐이다. 그처럼 단순화를 하게 된 까닭은, 우선 문제를 쓸데없이 복잡하게 만들고 싶지 않기 때문이고, 또한 연령의 효과를 정확히 계산하는 데 필요한 모든 사례를 구할 수 없었기 때문이다.

있다. 실제로 센에서는 20~25세의 자살방지계수가 3에 달한다. 물론 그 수치가 정확한 것인지는 의심스럽다. 왜냐하면 그 연령대에서는 기혼남성 자살이 연간 단 한 건도 일어나기 어렵다는 점을 고려하면, 너무 적은 사례를 가지고 계산된 것이기 때문이다. 30세부터 자살방지계수는 2를 초과하지 않으며, 60~70세에서는 1보다도 낮아 가장 낮은 수치를 기록하고 있다. 평균하면 그들의 자살방지계수는 1.73이다. 그와 반대로 센을 제외한 다른 도에서는 자살방지계수가 8곳 중 5곳이 3 이상이다. 평균은 2.88로 센보다 1.66배나 높다.

바로 거기에 이혼이 널리 퍼진 나라의 높은 자살률은 어떤 기질적 특징, 특히 불안정한 사람들의 수와는 아무 관계가 없다는 또 하나의 증거가 있다. 만일 그것이 진정한 원인이라면, 기혼남성뿐만 아니라 미혼남성도 그 영향을 받아야 할 것이다. 그런데 기혼남성이 사실상 가장 큰 영향을 받고 있다. 따라서 앞서 가정한 바와 같이 해악의 근원을 결혼이나 또는 가족생활의 어떤 특성에서 찾아야 할 것이다. 다음 두 가지 가설 중 하나를 선택해야 한다. 기혼남성의 낮은 면역성은 가족사회의 조건에 기인한 것인가, 아니면 결혼사회의 상태에서 기인한 것인가? 가족의 사기가 저하되었기 때문인가, 아니면 결혼의 유대가 잘못되었기 때문인가?

첫 번째 설명을 부적절하게 만드는 사실 한 가지는, 이혼이 가장 빈번한 사람들 사이에서 출산율이 가장 높으며, 따라서 가족의 밀도가 매우 높다는 것이다. 그런데 우리는 가족의 밀도가 높은 곳에서는 가족정신이 매우 강하다는 것을 알고 있다. 따라서 그런 현상의 원인은 결혼의 특성에 있다고 생각할 만한 근거가 있다.

실제로 그런 현상이 가족의 특성에서 기인한다면, 이혼이 드문 나라보다 이혼이 빈번한 나라에서 기혼여성의 자살률도 높아야 한다. 왜냐하면

[표 28]¹³⁸ 기혼여성의 자살 면역성에 대한 이혼의 영항

	인구 100만 명당 자살자 수		자살방지계수		아내보다 남편의 자살방지계수가 높은 정도	남편보다 아내의 자살방지계수가 높은 정도
	16세 이상 미혼여성	기혼여성	기혼 여성	기혼 남성		
이탈리아	21	22	0.95	1.64	1.72	
프랑스	59	62.5	0.96	1.11	1.15	
바덴	93	85	1.09	0.99		1.1
프로이센	129	100	1.29	0.77		1.67
프로이센 (1887~1889)	120	90	1.33	0.83		1.6
작센	전체 자살자 100명에 대한 비율					
	미혼여성	기혼여성				
	35.3	42.6				
	전체 주민 100명에 대한 비율					
	미혼여성	기혼여성				
	37.97	49.74	1.19	0.63		1.73

기혼여성도 남편과 마찬가지로 나쁜 가족관계의 영항을 받기 때문이다. 그런데 그와 정반대의 상황이 발생한다. 기혼여성의 자살방지계수는 남편들의 계수가 떨어질수록, 즉 이혼의 빈도가 높을수록 상승한다. 그리고 그 역도 마찬가지다. 결혼의 유대가 더 빈번하고 쉽게 끊어질수록, 아내들은 남편들보다 자살방지에 있어 더 유리한 입장에 있다[표 28].

남편과 아내의 자살방지계수의 역비례 관계는 주목할 만하다. 이혼이 없는 나라에서 아내는 남편보다 보호받지 못한다. 이혼이 더 쉽게 이루어지는 프랑스에서보다 이탈리아에서 아내가 더 불리하다. 그와 반대로 이혼이 인정되는 나라에서는(가령, 바덴) 남편이 아내보다 보호받지 못하

138 시기는 [표 27]에서와 같다.

며, 이혼의 빈도가 높아질수록 남편은 더 불리해진다.

그런 관점에서 보면 올덴부르크대공국은 앞의 사례와 마찬가지로 이혼이 평균 수준인 독일의 다른 지역들과 비슷하다. 올덴부르크대공국에서 미혼여성은 100만 명당 203명의 자살률을, 기혼여성은 156명의 자살률을 보인다. 따라서 기혼여성의 자살방지계수는 1.3으로 남편의 계수인 0.79보다 훨씬 높다. 프로이센과 거의 비슷하게 전자는 후자의 1.64배 정도이다.

센과 프랑스의 다른 도를 비교해 보아도 그 법칙은 아주 정확하게 입증된다. 이혼이 적은 지방에서는 기혼여성의 평균 계수가 1.49에 불과하며, 기혼남성의 평균계수 2.88의 절반에 불과하다. 센에서는 그 관계가 정반대다. 남성의 면역성은 1.56이며, 20~25세의 연령층에 해당하는 의심스러운 수치를 제외하면 1.44에 불과하다. 그 반면에 여자의 면역성은 1.79이다. 따라서 남편과 비교해 센 도의 아내들의 상황은 다른 도에 비해 2배 이상 유리하다.

프로이센의 여러 주를 비교해도 같은 주장을 할 수 있다.

이혼율 801~405	기혼여성의 자살방지계수	이혼율 371~324	기혼여성의 자살방지계수	이혼율 229~116	기혼여성의 자살방지계수
베를린	1.72	포메른	1	포젠	1
브란덴부르크	1.75	슐레지엔	1.18	헤세	1.44
동프로이센	1.5	서프로이센	1	하노버	0.9
작센	2.08	슐레스비히	1.2	라인란트	1.25
				베스트팔렌	0.8

첫째 그룹의 모든 계수들은 둘째 그룹의 계수보다 현저하게 높으며, 셋째 그룹의 계수가 가장 낮다. 단 하나의 예외는 헤세의 경우로, 그곳에

서는 알 수 없는 이유로 이혼한 사람들의 수가 적은 데도 불구하고 기혼 여성의 면역성이 매우 높다.[139]

그처럼 일치하는 여러 증거가 있음에도 불구하고 그 법칙을 최종적으 로 검증해 보자. 기혼남성의 면역성을 기혼여성과 비교하는 대신, 여러 나라에서 결혼이 성별에 따라 자살에 어떤 방식으로 영향을 미치는지를 보자. [표 29]에서 그와 같은 비교를 해볼 수 있다. 표를 보면, 이혼이 허 용되지 않거나 최근에야 이혼이 허용된 나라에서는 미혼자보다 기혼자 의 자살에서 여성 비율이 훨씬 더 큰 것을 알 수 있다. 그 의미는 그런 나 라에서는 기혼여성보다 기혼남성이 더 유리하다는 것이다. 그리고 아내

[표 29] 유럽 각국에서의 결혼지위별 자살의 성별 비교

국가	연도	미혼자의 자살 백분율		기혼자의 자살 백분율		미혼여성에 대한 기혼여성의 평균 초과량	기혼여성에 대한 미혼여성의 평균 초과량
		남성	여성	남성	여성		
이탈리아	1871	87	13	79	21	6.2	
	1872	82	18	78	22		
	1873	86	14	79	21		
	1884~1888	85	15	79	21		
프랑스	1863~1866	84	16	78	22	3.6	
	1867~1871	84	16	79	21		
	1888~1891	81	19	81	19		
바덴	1869~1873	84	16	85	15		1
	1885~1893	84	16	85	15		
프로이센	1873~1875	78	22	83	17		5
	1887~1889	77	23	83	17		
작센	1866~1870	77	23	84	16		7
	1879~1890	80	22	86	14		

139 연간 이혼자 수가 나타나지 않은 그 지역들을 조사된 이혼자 수에 따라 분류해야 할 것이다.

의 입장은 프랑스보다 이탈리아가 더 불리하다. 미혼여성과 비교해 기혼여성의 자살 초과 비율은 프랑스보다 이탈리아에서 2배이다. 이혼이 흔한 나라들로 가면 그 반대의 사실이 나타난다. 그 나라들에서는 결혼으로 여자가 유리해지는 데 비해 남자가 불리해진다. 그리고 여자의 유리한 입장은 바덴보다 프로이센에서 더 두드러지며, 프로이센보다 작센에서 더 두드러진다. 자살에 대해 말하자면 여자의 상황은 이혼이 '최고로' 많이 발생하는 나라에서 유리하다.

따라서 우리는 다음과 같은 법칙에 재론의 여지가 없다고 생각한다. '자살의 관점에서 보면 이혼이 자유로울수록 여자가 더 유리해지며, 그 역도 마찬가지다.'

위의 명제로부터 다음과 같은 두 결론이 도출된다.

첫째, 이혼이 빈번한 사회에서 관찰되는 자살률의 상승은 주로 기혼남성 때문이며, 그와 반대로 기혼여성의 자살 빈도는 다른 곳에서보다 더 낮다. 따라서 만일 이혼이 여자의 정신적 상태의 개선과 더불어서만 늘어날 뿐이라면, 이혼이 자살 경향을 촉진시킨다고 여겼던 가족사회의 불리한 조건과 연결되어 있다는 사실은 받아들일 수 없게 된다. 왜냐하면 그와 같은 자살 촉진은 남편뿐 아니라 아내에게도 나타나야 하기 때문이다. 가족 분위기의 침체는 두 성에 반대되는 영향을 미칠 수 없다. 가족 분위기의 침체로 어머니는 유리해지고 아버지는 크게 불리해지는 것은 불가능하다. 따라서 우리가 연구하는 현상의 원인은 가족의 구성이 아니라 결혼 상태에 있다. 실제로 결혼이 남편과 아내에게 반대되는 방향으로 영향을 미치는 것은 충분히 가능하다. 왜냐하면 그들은 부모로서는 같은 목적을 갖는다 해도, 배우자로서는 각자의 이해관계가 다를 수 있고 종종 대립되기도 하기 때문이다. 그 결과 사회에 따라서는 결혼 제도의 특성이 한쪽에게는 득이 되고 다른 편에게는 해가 될 수도 있다. 앞서 설명된 모든 경향으로 보아서 이혼이 바로 그런 경우에 해당하는 것으로 보인다.

둘째, 위와 같은 이유로 이혼과 자살이 밀접하게 관련된 불행한 결혼 상태는 단순히 잦은 가정불화 때문이라는 가설을 우리는 폐기처분할 수밖에 없다. 왜냐하면 그런 원인으로 인해 가족의 유대가 훼손되는 것과 마찬가지로 여자의 면역성 역시 높아질 수 없기 때문이다. 만일 이혼이 빈번한 사회에서 자살자의 수가 실제로 부부싸움에 비례한다면, 아내도 남편과 마찬가지로 고통받아야 할 것이다. 그와 같은 상황에서 여자만 예외적으로 보호될 이유가 없다. 또한 이혼은 대부분의 경우 아내의 요구로 이루어지는 만큼(프랑스에서는 이혼의 60%, 별거가 83%), 위의 가설은 더 근거가 없다.[140] 왜냐하면 가정불화는 주로 남자에게 책임이 돌아가기 때문이다. 그렇게 되면 이혼이 빈번한 사회에서 아내들에게 고통을 주는 남편들이 왜 더 많이 자살하며, 남편들 때문에 고통받는 아내들이 왜 자살을 덜 하는지 그 이유를 알 수 없다. 게다가 부부 불화의 증가가 이혼의 증가와 같은 정도로 증가하는지도 증명되지 않았다.[141]

그런 가설을 제외한다면, 이제 단 하나의 가설만 남게 된다. 이혼 제도 자체가 결혼에 영향을 미침으로써 자살을 결정한다는 가설이다.

그렇다면 결혼이란 무엇인가? 결혼은 성적 관계의 규제이다. 여기서 성적 관계란 성교를 비롯한 육체적 본능뿐 아니라 문명이 육체적 욕구라는 기반 위에 점진적으로 접목시킨 모든 종류의 감정으로까지 확대된다.

---

140 LEVASSEUR, *Population française*, t. II, p. 92. Cf. BERTILLON, *Annales de Dem. inter.*, 1880, p. 460(작센에서는 남녀의 이혼 요구 비율이 거의 비슷하다).
141 BERTILLON, *Annales*, etc., 1882, p. 175 et suiv.

왜냐하면 인간에게 사랑이란 육체적인 것 이상으로 정신적인 것이기 때문이다. 남자는 여자에게 단순히 성욕의 충족만을 추구하는 것은 아니다. 자연적 성향이 모든 성적 진화의 원천이었다. 하지만 그 성향은 점점 심미적, 도덕적 감정이 더해져 복잡해지고 다양해졌으며, 오늘날에는 애초에 그 출발점이 되었지만 복잡하게 발전하는 전체 과정에서 그 성향은 가장 작은 요소가 되어버렸다. 지적 요소와 접촉함에 따라 성적 본능도 육체적 성격을 어느 정도 벗어나서 지적 성격을 띠게 되었다. 인간은 육체적 욕구뿐만 아니라 정신적 이유로 사랑을 추구한다. 따라서 인간의 성은 동물의 성과는 달리 규칙적이고 자동적인 주기를 갖지 않는다. 심리적인 흥분이 항상 성적 충동을 일깨울 수 있다. 그렇기 때문에 인간의 성적 충동은 주기적이지 않다. 하지만 그처럼 변화되고 다양화된 성적 성향은 정확히 육체적 욕구에 직접 의존하는 것이 아니기 때문에, 거기에는 사회적 규제가 반드시 필요하다. 그 어떤 것도 성적 충동을 육체적으로 통제할 수 없는 만큼, 사회에 의해 제약되어야 하는 것이다. 그것이 바로 결혼의 기능이다. 결혼은 애정생활을 통제하며, 일부일처제는 더 엄격히 통제한다. 한 남자와 한 여자를 영원히 맺어줌으로써 욕구의 대상을 엄격하게 규정하며 그 한계를 정하는 것이다.

그런 규정을 통해 남편이 결혼에서 얻는 혜택인 정신적 균형이 이루어진다. 그에게 허용된 것 이상의 충족을 추구할 수 없기 때문에, 남자는 자신의 의무에 충실하고 자신의 욕구를 제한하는 것이다. 남자가 복종하는 규제는 그 자신의 조건 속에서 행복을 구하게 만들고, 또 거기에 이르는 수단을 제공해 주는 일종의 구원적인 성격을 띤다. 게다가 정열의 일탈이 금지되어 있으며, 정해진 애정의 대상도 그를 배반하지 못하도록 되어 있다. 왜냐하면 의무는 상호적이기 때문이다. 자신의 쾌락이 제한된다고 해도, 그런 확실성이 그의 정신적 기초를 공고하게 만들어 준다. 하지만 미혼자의 상황은 전혀 다르다. 미혼자는 자신의 취향에 따라 대상을 합법적으로 구할 권리가 있으며, 따라서 그는 무엇이든 열망할 수 있지만 아무것도 그를 만족시키지 못한다. 그와 같은 무한을 향한 병적 욕망으로 인해 모든 곳에서 아노미가 발생하며, 우리 의식의 다른 부분도 바로 공격받게 된다. 그런 욕망은 종종 뮈세가 묘사한 성적 형태를 취하게 된다.[142] 인간은 규제되지 않으면 그 스스로를 규제할 수 없다. 지금까지 경험한 쾌락을 넘어 다른 쾌락을 상상하고 원하게 된다. 또한 가능한 모든 것을 경험하고 나면 불가능한 것을 꿈꾸게 된다. 존재하지도 않는 것을 갈망하게 된다.[143] 그런 끝없는 추구 속에서 그런 정서가 어떻게 악화되지 않을 수 있겠는가? 그 지점에 도달하기 위해 돈 후안처럼 끊임없이 애정 행각을 벌이면서 살아야 하는 것은 아니다. 보통 독신의 생활로도 충분하다. 새로운 희망은 끊임없이 일어나지만 결국 기만당할 뿐이며 그 뒤에 권태와 환멸만 남길 뿐이다. 게다가 자신이 얻고 싶은 것을 얻을 수 있는지 확실하지 않은 상태에서 어떻게 욕망을 고착시킬 수 있겠는가? 아노미는 이중적이다. 스스로 자신에게 확실한 것을 줄 수 없는 것과 마찬가지로 자신에 대해서도 확실한 권리를 갖지 못한다. 미래의 불확실성에 자신에 대한 불확실성이 더해져 인간은 계속해서 변화를 추구하게 된다. 그로부터 자살의 가능성을 증가시키는 좌절, 불안, 불만 등이 필연적으로 도출되게 된다.

그런데 이혼은 결혼 규제의 악화를 함축하고 있다. 이혼이 존재하는

---

142 『롤라(Rolla)』와 『나무나(Namouna)』에서 묘사된 돈 후안의 초상화를 참고하시오.
143 괴테의 『파우스트』에서 파우스트의 독백을 참고하시오.

사회, 특히 이혼이 법과 관습으로 지나치게 쉬운 사회에서 결혼은 환상에 불과하다. 그런 결혼은 열등한 형태의 결혼이다. 그런 결혼은 유익한 영향을 제대로 발휘할 수 없을 것이다. 그런 결혼은 욕망을 통제하는 힘이 약하고 위기를 맞아 쉽게 깨질 수 있다. 그런 결혼은 열정을 통제하는 힘이 약하므로 반항을 불러일으킬 수 있다. 열정은 주어진 한계 안에서 쉽게 포기하지 못한다. 기혼남성의 장점이었던 정신적 안정과 평온은 줄어든다. 그 자리에 현재 가진 것에 만족하지 못하게 하는 불안 상태가 들어선다. 게다가 현재의 즐거움이 확실치 않은 만큼 현재를 고수할 마음이 약해진다. 또한 미래는 더욱 불확실해진다. 사람은 언제 어디가 끊어질지 모르는 사슬로는 강하게 규제될 수 없다. 자기 발밑의 땅이 안전하다고 느껴지지 않을 때, 그는 자신의 위치 너머를 바라보지 않을 수 없게 된다. 그런 이유로 결혼이 이혼에 의해 약화되는 사회에서 기혼자의 자살 면역성이 떨어지는 것은 불가피하다. 그런 사회의 기혼남성은 미혼남성과 비슷해지며, 결혼으로 얻는 이점도 어느 정도 상실할 수밖에 없다. 그 결과로 전체 자살률은 높아진다.[144]

하지만 그와 같은 이혼의 결과는 남자에 국한된 것이고, 기혼여성에게는 영향을 미치지 않는다. 실제로 여성의 성적 욕구는 정신적인 성격이 옅다. 왜냐하면 일반적으로 여성의 정신생활은 덜 발달되어 있기 때문이다. 여성의 성적 욕구는 육체적 욕구와 직접적으로 연결되어 있으며, 육

---

144 그렇다고 해서 이혼으로 인해 결혼이 약화되지 않는 사회에서는 엄격한 일부일처제가 염증을 일으킬 위험이 있다고 할 것인가? 물론 아니다. 만일 의무의 도덕성이 느껴지지 않으면, 당연히 그런 결과가 생겨날 것이다. 실제로 중요한 것은 규제의 존재만이 아니라, 그 규제가 여러 의식들에 의해 받아들여져야 한다는 점이다. 그렇지 않으면, 즉 규제가 도덕적 권위를 갖지 못하게 되고 내면적인 관성의 힘에 의해서 유지될 수밖에 없다면, 유익한 역할을 수행할 수 없게 된다. 그런 규제는 별로 도움이 되지 않으면서 사람을 괴롭힐 뿐이다.

체적 욕구를 이끌기보다는 그것에 수동적으로 따르며, 따라서 육체가 그 욕구를 효율적으로 통제한다. 여성은 남성보다 본능적인 존재이다. 그런 만큼 안정과 평온을 찾기 위해서 여성은 본능을 따라가기만 하면 된다. 여성에게는 결혼, 특히 일부일처제와 같은 엄격한 사회적 통제가 필요하지 않다. 그와 같은 통제는 아무리 유익한 것이라도 불편한 면이 없지 않다. 결혼을 영구적인 것으로 고정시킴으로써 그 결과에 관계없이 모든 결혼의 해체를 막는다. 한계를 정함으로써 결혼은 모든 출구를 막아 버리며, 정당한 희망까지도 금지시킨다. 남성도 그런 불변성 때문에 피해를 입지 않는 것이 아니다. 하지만 남성은 그런 피해를 다른 이득으로 대부분 보상받는다. 게다가 남성은 관습으로 결혼제도의 엄격성에서 어느 정도 벗어날 수 있다. 그와 반대로 여성에게는 그런 보상이나 위안이 없다. 일부일처제는 여성에게 엄격한 의무를 무조건 강요한다. 다른 한편, 여성은 자연적으로 욕망을 제한할 수 있으므로, 결혼은 여성에게 욕망을 제한하고 자신의 운명에 만족하도록 가르치는 데 있어 남성만큼 유용하지 않다. 하지만 결혼은 견딜 수 없는 상황에서도 여성이 거기에서 벗어나지 못하게 막는다. 따라서 결혼 통제는 여성에게는 큰 이득이 없는 속박이다. 보다 더 융통성 있고 가벼운 결혼은 아내의 상황을 더 좋게 바꿀 수 있다. 그런 이유로 이혼은 여성을 보호하며 여자들은 남자들보다 더 이혼에 의지하는 것이다.

따라서 이혼 제도로 인해 생겨난 결혼의 아노미 상태는 이혼과 자살의 비례 현상을 설명해 준다. 이혼이 빈번한 사회의 기혼남성의 빈번한 자살은 아노미성 자살이다. 그들의 자살은 그런 사회에 나쁜 남편과 나쁜 아내가 많기 때문이 아니며, 또한 불행한 가정이 많기 때문도 아니다. 그런 자살은 결혼 통제력이 약해진 상태에서 '자생적으로' 발생한다. 결혼생활 중에 생겨난 그런 정신 상태는 결혼이 끝나도 계속되며, 결국 이혼으로 드러나는 유난히 높은 자살 경향을 일으킨다. 그렇다고 그런 통제의 무력화가 전적으로 이혼의 법제화에 의해 나타난다고 주장하는 것은 아니다. 이혼은 기존의 관습을 존중하는 범위 내에서만 이루어지기 때문이다. 만일 대중의 의식이 점점 부부관계의 영구성이 합리적이라고 판단하게 되면, 입법자들은 심지어 쉬운 이혼의 법제화조차도 고려하지 않을 것이다. 따라서 결혼의 아노미는 법에 명시되지 않더라도 여론에 의해 생겨날 수 있다. 하지만 이혼을 법제화되게 되면 그 모든 결과가 완전하게 나타나게 된다. 결혼법이 개정되지 않은 한, 개인의 욕망을 법으로 어느 정도 통제할 수 있다. 특히 비난만으로도 아노미 성향의 증가를 막을 수 있다. 그런 이유로 아노미는 이혼을 법제화 한 사회에서만 현저하게 나타나고 쉽게 관찰될 수 있는 영향을 미칠 뿐이다.

그와 같은 설명은 이혼과 자살의 비례관계[145]와 남편과 아내의 반비례하는 면역성의 변화를 잘 보여 주지만, 다음 몇 가지 사실들에 의해 그런 설명이 더 분명하게 확증된다.

① 이혼이 허용되는 사회에서만 진정한 결혼의 불안정성이 있을 수 있다. 왜냐하면 별거는 부부에게 자유를 허용하지 않고 단지 결혼의 일부 효과를 제한하지만, 이혼은 결혼을 완전히 해체하기 때문이다. 따라서 만일 그런 종류의 아노미가 실제로 자살 경향을 증가시킨다면, 이혼자들은 별거자들보다 훨씬 높은 자살 경향을 가져야 한다.

---

145 남편의 면역성이 낮은 곳에서는 아내의 면역성이 높기 때문에, 서로 상쇄되지 않는가 하고 의아해 하는 사람도 있을 것이다. 하지만 전체 자살자의 총수 중 기혼여성의 비중은 매우 적으며, 따라서 여성의 자살 감소는 남성의 자살 증가를 상쇄할 만큼 전체 자살 가운데 큰 비중을 갖는 것은 아니다. 그런 이유로 이혼은 결국 자살자 총수의 증가를 따르게 된다.

그것이 그 문제에 대해 우리가 가지고 있는 자료의 핵심이다. 르고이[146]의 계산에 따르면, 작센에서는 1847~1856년 사이에 이혼자들은 100만 명당 1,400명, 별거자들은 100만 명당 176명의 자살률을 보였다. 별거자의 자살률은 기혼남자의 자살률(318명)보다도 더 낮다.

② 만일 미혼자들의 높은 자살률이 그들의 만성적인 성적 아노미의 경험과 부분적으로 관련이 있다면, 그들의 자살 경향은 특히 성적 감수성이 가장 강렬한 시기에 제일 커야 할 것이다. 실제로 미혼자들의 자살률은 20~45세에서 그 이후보다 더 급격히 상승한다. 그 연령대의 자살률은 네 배로 상승하는 반면, 45세에서 최고 연령(80세 이상)까지는 두 배로 상승할 뿐이다. 하지만 그와 같은 지속적인 증가는 여자들에게서는 나타나지 않는다. 미혼여성의 자살률은 20~45세 사이에서 두 배도 안 되는 106명에서 171명으로 증가할 뿐이다[표 21]. 따라서 성적 연령은 여성의 자살률 상승에 영향을 미치지 않는다. 앞서 우리가 인정한 것처럼 그런 결과는 여성이 그런 유형의 아노미에 민감하지 않다면 당연한 것이다.

③ 끝으로 이 책의 제2부 제3장에서 제시된 여러 사실도 그와 같은 이론으로 설명되고 검증될 수 있다.

우리는 제3장에서 프랑스에서 결혼은 그 자체로 가족과 상관없이 남자에게 1.5의 자살방지계수를 주는 것을 보았다. 우리는 이제 그 계수가 무엇에 해당하는지를 알게 되었다. 그 계수는 남자가 결혼의 통제력에서 얻는 이득과 결혼이 그의 욕망을 조절하고 정신적 안정을 가져다줌으로써 얻는 이득을 나타낸다. 하지만 그와 동시에 자녀의 출산으로 결혼의 부정적 영향이 사라지지 않는 한, 프랑스의 기혼여성의 상황은 오히려

146 LEGOY, *op. cit.*, p. 171.

악화된다는 사실도 지적했다. 우리는 그 이유를 방금 기술했다. 남자가 가족 내에서 심술궂고 이기적인 역할을 맡고 있기 때문에 배우자에게 피해를 주는 것은 아니다. 프랑스에서는 최근까지 이혼이 용이하지 않았으므로 결혼이 여성들에게 부과한 엄격한 규율은 무겁고도 이득 없는 멍에였다. 그렇게 해서 우리는 일반적으로 결혼의 영향이 남녀에게 상반되게 미치는 이유를 알게 되었다.[147] 그것은 남자와 여자의 이해관계가 상반되기 때문이다. 남자는 규제를 필요로 하는 반면, 여자는 자유를 필요로 한다.

게다가 인생의 특정 시기에 이유는 다르지만 남자와 여자가 같은 방식으로 결혼의 영향을 받는 것처럼 보인다. 앞서 살펴본 것처럼, 만일 젊은 남편들은 같은 연령의 미혼남성보다 더 많이 자살한다면, 그것은 분명 그 연령에서는 그들의 열정이 지나치게 강하고 자신만만해서 엄격한 규율에 순종하기가 어렵기 때문일 것이다. 따라서 그런 규제가 그들에게는 욕망을 충족 불가능하게 만드는 극복하기 어려운 장애물처럼 나타난다. 아마도 사람이 어느 정도 나이를 먹어 순화되고 규율을 필요로 하게 되는 연령에 이르러야 결혼이 자살을 방지 효과를 내게 되는 것은 바로 그런 이유에서일 것이다.[148]

---

147 이 책의 218~219면을 참고하시오.
148 결혼 자살방지 효과는 심지어 30세 이후에서야 나타난다고 말할 수 있을지도 모른다. 실제로 그 연령까지 무자녀 기혼남성은 연간 절대치에서는 유자녀 기혼남성과 거의 같은 자살률을 갖는다. 즉, 20~25세에서는 자살률이 각각 6.6%이며, 25~30세에서는 무자녀는 기혼남성은 33%, 유자녀 기혼남성은 34%의 자살률을 보인다. 하지만 유자녀 기혼자의 수가 무자녀 기혼자의 수보다 그 연령에서 훨씬 많은 것은 분명하다. 그 결과, 후자의 자살 경향은 전자의 자살 경향보다 몇 배 더 많거나, 또는 미혼남성의 자살과 같은 정도여야 할 것이다. 하지만 우리는 안타깝게도 그 문제에 대해 다음 가설을 정립할 수밖에 없다. 인구조사에서 각 연령별로 무자녀 남편의 수를 유자녀 남편의 수와 구별해서 제시하지 않고 있기 때문에, 삶의 주기 별로 각각의 자살률을 계산하는 것은 불가능하다는 가설이 그것이다. 우리는 1889~1891년에 대해 법무부에서 나온 절대치만을 제시할 수 있을 뿐이다. 우리는

끝으로 우리는 제3장에서 결혼이 남편보다 아내에게 유리한 사회는 그 반대 경우보다 항상 더 적다는 사실을 보았다.[149] 그와 같은 사실은 결혼이 여자에게 유리한 사회에서조차 여자의 이득은 남자에게 결혼이 유리한 사회에서 남자가 얻는 이득보다 적다는 증거이다. 그것은 여자가 결혼을 덜 필요로 하기 때문이다. 그런데 그것이 바로 우리가 방금 제시한 이론의 가정이다. 따라서 이 책의 앞부분과 이번 장의 모든 결과는 서로 부합하며 모순되지 않는다.

그렇게 해서 우리는 오늘날의 결혼관 및 결혼의 역할에 대한 통념과는 동떨어진 결론에 이르렀다. 결혼은 흔히 여자를 위해서 만들어진 것이고, 남성의 변덕으로부터 약한 여성을 보호하기 위한 것이라고 여겨지고 있다. 특히 일부일처제는 남성이 다처 본능을 희생하고 결혼에서 여성의 지위를 개선하고 향상하기 위한 제도로 제시된다. 그런데 실제로는 어떤 역사적 이유로 남성들이 그런 제약을 받아들였건 간에, 그들은 그로 인해 오히려 혜택을 입고 있다. 남성이 포기하는 자유는 그에게는 고통의 원천일 뿐이다. 그런데 여성은 남성처럼 자유를 포기할 이유가 없으며, 그런 점에서 여성은 같은 규제를 받음으로써 오히려 희생을 하고 있다고 말할 수 있다.[150]

그 통계를 이 책의 부록에 있는 표에 제시했다. 그와 같은 인구조사의 허점은 매우 유감스러운 요소이다.

149 이 책의 208, 229면을 참고하시오.

150 앞서의 고찰을 통해, 이기적 자살과 이타적 자살이 서로 반대되는 유형인 것처럼, 아노미성 자살에도 반대 유형의 자살이 있을 수 있음을 알게 된다. 그것은 과도한 규제에서 기인하는 자살이며, 강압적인 규율에 의해 미래가 무자비하게 제한되고, 욕망이 난폭하게 제압당한 자들의 자살이다. 그것은 또한 아주 젊은 기혼자들이나 무자녀 기혼여성들의 자살이기도 하다. 따라서 완벽을 기하기 위해 우리는 네 번째 자살 유형을 만들어야 할 것이다. 하지만 그런 유형은 오늘날 거의 중요성이 없으며, 방금 제시한 예들을 제외하면 그 예를 찾아보기가 극히 어려우므로 무시해도 좋을 것이다. 그럼에도 그런 유형이 역사적인 관심의 대상은 될 수는 있다. 특정한 조건에서는 빈번하게 일어나는 노예들의 자

살이나(CORRE, *Le crime en pays créoles*, p. 48), 한마디로 지나친 물리적 및 정신적 압제로 인한 모든 자살은 거기에 속하지 않을까? 피할 수 없고 융통성이 없는 규율의 성격을 나타내고, 또한 우리가 계속 사용하고 있는 용어인 '아노미'라는 표현과 대조시키기 위해, 우리는 그와 같은 자살을 '숙명적 자살(suicide fataliste)'이라고 부를 수 있을 것이다.

제6장
여러 유형의 자살의 개별적 형태

　이제 우리의 연구로 한 가지 사실은 분명해졌다. 자살은 하나가 아닌 여러 형태라는 사실이 그것이다. 물론 자살은 항상 삶보다 죽음을 택한 사람들의 행동이다. 하지만 자살을 결심하게 만든 원인은 모든 경우에서 다르며, 때로는 상반되기도 하다. 그런데 그런 원인들의 차이가 결과의 차이에 반영되지 않는다는 것은 불가능하다. 따라서 우리는 성질이 다른 여러 종류의 자살이 있다고 확신할 수 있다. 하지만 그런 차이가 있다는 것만으로는 충분치 않다. 여러 종류의 자살을 직접 관찰을 통해 포착하고, 또 어떠한 차이가 있는지를 밝혀야 한다. 그래야만 앞서 구분한 자살의 세 유형에 따라 특정 부류에 속하는 개별 자살의 특징을 살펴볼 수 있을 것이다. 그렇게 해서 우리는 자살의 사회적 원인에서 개인적 실행에 이르기까지 자살을 일으키는 여러 가지 양상을 추적해 보려고 한다.

　우리의 연구의 초기에는 불가능했던 형태학적 분류도 이제 자살의 원인에 따른 분류의 기초가 생긴 만큼 시도해 볼 수 있다. 실제로 앞서 발견한 자살의 세 원인을 참고해서 개인들이 자살을 실행할 때 나타나는 독특한 특성이 과연 그 세 원인에서 비롯되는 것인지, 또 그렇다면 어떻게 나타나는지를 파악하면 될 것이다. 분명히 자살의 모든 특성을 그런 방식으로 연역할 수 없다. 왜냐하면 순전히 개인적 기질에 의존하는 자살도 있을 것이기 때문이다. 자살자는 자신의 기질과 그가 처한 특수한 조건을 나타내는 개인적 흔적을 자신의 자살 행위에 남기며, 따라서 그런 개인적 흔적은 자살 현상의 사회적, 일반적 원인으로는 설명될 수 없다. 하지만 사회적, 일반적 원인들도 자살에 그 나름의 특별한 흔적을 남길 것이다. 우리가 추적하고자 하는 것이 바로 그런 집단적 표식이다. 게다가 그런 추적은 개략적으로 이루어질 수밖에 없다는 것은 확실하다. 매일 일어나는 자살과 역사 속에서 일어난 자살 전부를 체계적으로 설명하는 것은 불가능하다. 선택을 위한 객관적 기준이 없다면 우리는 다만 객관적이고 가장 일반적이고 강렬한 특징만을 부각시킬 수 있을 뿐이다. 더욱이 우리는 그런 특징이 발생하는 개별 원인과 그 특징들을 연역적으로 연결시킬 수 있을 뿐이다.

비록 그 추론이 실험을 통해 항상 확인될 수는 없겠지만, 우리가 할수 있는 모든 작업은 원인과 특징의 논리적 연관관계를 밝히는 것뿐이다. 우리는 실험으로 확인되지 않은 연역은 항상 의심쩍을 수 있다는 것을 잘 알고 있다. 하지만 그런 한계가 있다고 해도 여기서의 작업이 쓸모없는 것은 아니다. 비록 앞서 내린 결론에 실례를 제시하는 방식에 불과하다 해도, 그 작업은 감각적 관찰의 자료 및 일상의 구체적 경험과 보다 밀접하게 연결시켜 그 결론에 구체적 특징을 부여하는 이점을 갖게 될 것이다. 게다가 그런 작업은 실제로는 현저한 차이가 있음에도 불구하고 일반적으로 별 차이 없는 것처럼 한 덩어리로 인식하는 사실들을 좀 더 분명하게 가려줄 수도 있을 것이다. 자살은 정신질환과 같은 것이다. 일반인들이 볼 때 정신질환이란 유일한 상태에서 언제나 같은 것으로 상황에 따라 외관적으로 다양한 형태만 있는 것처럼 보인다. 하지만 그와는 달리 정신의학자들에게 정신질환이란 단어는 여러 가지 질병분류학적 유형을 지칭한다. 그와 마찬가지로 일반적으로 자살자들을 모두 삶의 무게를 이기지 못한 우울증 환자로 여긴다. 실제로는 인간이 생명을 버리는 행동은 정신적, 사회적 의미가 전혀 다른 여러 가지 유형으로 분류될 수 있다.

I.

고대로부터 분명히 알려졌고, 특히 오늘날 널리 퍼진 한 가지 자살 형태가 있다. 라마르틴의 소설 『라파엘_Raphaël_』에서 그 형태를 찾아볼 수 있다. 그 특징은 모든 행동의 원천이 무너지는 우울한 권태의 상태이다. 그런 상태에 있는 사람은 사업, 공공 문제, 유용한 일, 심지어 가정일까지도 지루해 하고 관심을 갖지 않는다. 그는 자기로부터 빠져나오는 것을 싫어한다. 그와는 달리 그는 활동하지 않아 잃은 것을 사색과 내면생활에서 보충하고자 한다. 주위에 관심을 두지 않는 의식은 자의식에 몰두하고, 자신을 유일한 관심의 대상으로 삼아 자기를 관찰하고 분석하고자 한다. 하지만 그런 극단적 집중으로 인해 그 자신과 주변 세계를 갈라놓는 틈새는 더 커질 뿐이다. 개인이 그 정도로 자신에게 골몰하는 순간, 그는 모든 외부 세계로부터 더 격리되고, 그 자신의 고립 생활을 숭배할 정도로 강조하게 된다. 자신만을 바라보면서 자기가 아닌 것과 관계를 맺는 이유를 찾을 수 없다. 어떤 의미에서 모든 활동은 이타적이다. 왜냐하면 모든 활동은 원심적이며, 또 자신의 한계 밖에서는 존재가 흩어지기 때문이다. 그와 반대로 성찰은 개인적이고 이기적이다. 왜냐하면 개인이 외부 세계와 떨어져 자신 속으로 은둔함으로써만 가능하기 때문이다. 그리고 그런 은둔이 철저할수록 성찰도 깊어진다. 행동은 다른 사람들과 섞이면서만 할 수 있다. 하지만 반대로 생각하기 위해서는, 다른 사람들을 외부에서 보고 더 나아가 자기 자신에 대해 사고하기 위해서는 다른 사람들과 어울리는 것을 그만두어야 한다. 따라서 내적 성찰에 모든 활동을 집중하는 사람은 그를 에워싸고 있는 모든 것에 무감각해진다. 그가 사랑을 한다면, 그것은 자신을 위해서도 아니고, 다른 사람과 풍요로운 유대를 맺고 어울리기 위해서도 아니다. 그것은 오직 자신의 사랑에 대해 성찰하기 위해서이다. 그의 정열은 피상적일 뿐이다. 왜냐하면 그것은 메마르기 때문이다. 그의 정열은 자신 이외에는 아무것도 만들어 내지 못하는 무익한 상상 속에서 낭비되고 있다.

하지만 다른 한편으로, 모든 내면생활은 외부에서 기초적인 자원을 끌어들인다. 우리가 사고할 수 있는 것은 대상과 대상을 생각하는 방식뿐이다. 완전히 불확정적인 상태에서는 우리 자신의 의식을 성찰할 수 없다. 그런 상태에서의 성찰은 생각조차 할 수 없다. 그런데 의식은 자신이 아닌 것과의 접촉을 통해서만 확정된다. 따라서 만일 의식이 일정한 한계 이상으로 개체화되면, 만일 인간이건 사물이건 다른 존재와 자기를 지나치게 분리시키면, 의식은 더 이상 그 자신의 원천과 소통할 수 없게 되며, 의식을 적용할 대상조차 찾지 못하게 된다. 자기의 주위에 허무를 만들면서 의식은 자기 내부에서도 허무를 만든다. 그렇게 되면 의식에는 그 자신의 비참함 외에는 성찰할 아무 것도 남지 않게 된다. 또한 의식은 그 안에 있는 허무만을 성찰의 대상으로 삼을 수밖에 없고, 그 결과는 우울함이다. 그런 상태는 중독이 되고, 자포자기로 인해 일종의 병적인 환희를 가져온다. 그런 상태에 정통했던 라마르틴은 그의 작품에서 다음과 같은 말로 그런 상태를 잘 묘사하고 있다. "내 주위의 모든 권태는 나 자신의 권태와 놀라운 조화를 이루고 있다. 권태는 그 자체의 매력으로 더욱 커졌다. 나는 우울의 심연 속으로 빠져들어 갔다. 하지만 그것은 온갖 생각과 인상, 영원과의 교류, 나 자신의 영혼의 은둔으로 가득 찬 생기 있는 우울이었기 때문에, 나는 거기에서 빠져나오고 싶지 않았다. 그것은 질병이지만 고통이라기보다는 매력이 넘치는 체험으로, 그 속에서는 죽음이 마치 무한 속에서의 관능적 일탈을 닮았다. 그래서 나는 내 자신을 그 우울 속에 완전히 침잠시키기로 결심했다. 또한 마음을 산란케 하는 사회를 피하고 내가 거기서 만나는 모든 것 속에서도 침묵, 고독, 냉담으로 나 자신을 묶어두기로 결심했다. 나의 정신의 고립은 장막과 같고, 나는 그 장막에서 더 이상 사람을 보지 않고, 오직 자연과 신만을 보기를 원할 뿐이었다."[151]

하지만 인간은 그런 허무에 매료되지 않고서는 그렇게 허무 앞에서 명상에 잠겨 있을 수 없다. 허무에 영원이라는 이름을 부여해 봤자 소용없다. 그 속성이 바뀌지 않는다. 사람이 존재하지 않은 것에서 쾌락을 느끼게 되면 결국 그는 삶을 완전히 중단함으로써만 만족할 수 있을 뿐이다. 그것이 바로 하르트만이 의식의 발달과 생존 의지의 약화 사이에서 관찰할 것을 주장한 병행론의 핵심인 것이다. 실제로 관념과 활동은 서로 대립적인 관계에 있으며 반대 방향으로 진행되는 두 개의 힘이다. 그리고 삶은 활동이다. 사고한다는 것은 행동을 포기한다는 것을 뜻한다. 따라서 사고하는 만큼 인간은 삶을 포기하는 것이다. 그런 이유로 절대적인 관념의 지배는 불가능하며, 특히 지속될 수 없다. 왜냐하면 그것이 바로

---

151 *Raphaël*, Edit. Hachette. p. 6.

죽음이기 때문이다. 하지만 하르트만이 생각한 것처럼 현실 자체가 환상으로 가리지 않으면 참을 수 없다는 것을 의미하지는 않는다. 우울은 사물에 내재하는 것이 아니다. 우울은 세계로부터 우리에게 찾아오는 것이 아니며, 단순히 세계에 대한 명상에 의해 생겨나는 것도 아니다. 우울은 우리 자신의 생각의 산물이다. 우리가 우울의 모든 조각을 만든다. 하지만 그런 우울을 만들어 내는 것은 비정상적인 사고이다. 만일 의식이 종종 인간을 불행하게 만든다면, 그것은 단지 의식이 그 본성을 거역하고 그 자신을 절대화하거나 그 자체가 목적이 되는 병적인 발전을 했기 때문이다. 그런 의식은 최신의 발견도 아니며, 지식의 궁극적인 정복의 결과도 아니다. 우리가 기술한 의식의 주요 요소는 스토아학파의 정신 구조에서 볼 수 있다. 스토아주의는 인간으로 하여금 자신만의, 자신을 통한 삶을 살기 위해 일체의 외부 세계에서 벗어나라고 가르친다. 다만 그런 삶을 살아야 할 이유가 없으므로 스토아주의의 교리는 결국 자살로 끝나고 말 뿐이다.

그런 정신 상태의 논리적 귀결인 최종 행동, 즉 자살에서 방금 지적한 것과 같은 특징들이 다시 나타난다. 자살의 실행은 전혀 난폭하지 않으며 급하지 않다. 자살자는 직접 시기를 선택하며 계획을 오랫동안 심사숙고한다. 그는 심지어 시간이 오래 걸리는 방법도 마다하지 않는다. 불쾌하지 않은 차분한 우울이 그의 마지막 순간을 장식한다. 그는 마지막까지 자신을 분석한다. 팔레가 보고한 사업가의 자살의 경우가 그 예이다.[152] 그는 외딴 숲속으로 들어가 굶어 죽었다. 그는 거의 3주에 걸친 고통 속에서 자신의 느낌을 정기적으로 기록했다. 그 기록은 보존되어 있

---

152 *Hypocondrie et suicide*, p. 316.

다. 또 어떤 사람은 숯불을 피워 질식해 죽었는데, 죽으면서 자신의 관찰을 조금씩 메모했다. "나는 내가 용감하지도 비겁하지도 않다고 생각한다. 나는 내게 남은 짧은 시간 동안 질식사의 느낌과 고통의 시간을 기술해 보고자 할 뿐이다."[153] 또 다른 사람은 스스로 '황홀한 휴식에의 기대'라고 부른 죽음에 이르기 전에 마룻바닥에 핏자국을 남기지 않기 위해 복잡한 장치를 마련해 놓기도 했다.[154]

그처럼 다양한 자살들이 이기적 자살과 관련이 있다는 것을 쉽게 알아볼 수 있다. 그런 자살들이 이기적 자살의 결과이며 그 개별적 표현들이라는 점은 의심의 여지가 없다. 행동에 대한 기피, 우울, 고독 등은 이기적 자살의 특징인 지나친 개체화에서 기인한다. 만일 개인이 스스로 고립된다면, 그것은 타인과의 유대가 약해지거나 끊어졌기 때문이며, 또한 사회가 충분히 통합되어 있지 않기 때문이다. 개인과 개인의 의식을 분리시키고, 서로를 낯설게 만드는 소원함은 사회 조직망이 와해된 결과이다. 또한 그런 종류의 자살이 갖는 지적, 사색적 특징은 이기적 자살이 고도의 지식과 성찰의 지능을 필요로 한다는 사실로 쉽게 설명될 수 있다. 정상적으로 의식의 작용 범위를 확장하도록 강요하는 사회에서는 의식을 자살로부터 보호하는 정상적 한계를 넘어설 위험도 훨씬 더 커진다는 것은 분명하다. 모든 것에 의문을 품은 정신, 만일 그런 정신이 자신의 무지를 감당할 만큼 강하지 않으면 자기 자신에게도 의문을 갖게 되며 의혹에 빠지게 된다. 왜냐하면 정신이 의문의 대상인 존재를 확인하지 못한다면 ―그 모든 신비를 쉽사리 푼다는 것은 기적에 가까운 일이

---

153 BRIERRE DE BOISMONT, *Du suicide*, p. 198.
154 *Ibid.*, p. 194.

다―, 정신은 결국 모든 실재를 부정하게 되며, 문제의 제기 자체에 이미 부정적 해결로 기우는 경향이 내포되어 있기 때문이다. 하지만 그렇게 함으로써 정신은 모든 긍정적 내용을 상실하게 되고, 또 저항할 힘이 없어지므로, 결국 내적 몽상의 허무에 빠져들 수밖에 없게 된다.

하지만 그런 고상한 형태의 이기적 자살이 유일한 유형인 것은 아니다. 그보다 더 흔한 다른 유형이 있다. 자신의 상황을 우울하게 성찰하는 대신 즐겁게 결정을 내리는 사람이 자살하는 경우이다. 그는 자신의 이기주의와 그 논리적 결과를 알고 있다. 하지만 그는 그 결과를 미리 수용하고 어린아이나 동물처럼 살아가고자 한다. 다만 그가 자신의 행동을 알고 있다는 점에서 차이가 날 뿐이다. 그는 자신의 욕구를 충족시키는 것을 유일한 임무로 여기며, 쉽게 만족하기 위해 욕구를 단순화하기까지 한다. 다른 것을 바랄 수 없다는 것을 알고 있는 그는 더 이상 요구하지도 않는다. 그 유일한 목적을 달성하는 데 방해를 받게 되면, 그는 의미가 없어진 삶을 마감할 모든 준비가 되어 있는 것이다. 그것이 바로 에피쿠로스적 자살이다. 에피쿠로스는 제자들에게 죽음을 서두르라고 가르치지 않았다. 그와 반대로 그는 그들에게 삶에 조금이라도 흥미가 있는 한 살아가라고 충고했다. 다만 삶에서 다른 목적을 갖지 않는 사람은 항상 목적을 완전히 상실하기가 더 쉬우며, 감각적 쾌락이란 인간을 삶에 연결시키기에 매우 약한 고리라는 것을 명확히 알고 있었기 때문에, 에피쿠로스는 그의 제자들에게 사소한 상황의 징후에도 삶을 쉽게 버릴 준비를 하라고 가르쳤다.

따라서 여기서는 철학적이고 몽상적인 우울이 회의적이고 환멸적인 태연함으로 대체되며, 그런 태연함은 특히 마지막 순간에 뚜렷하다. 그런 자살자는 증오나 분노 없이 자살을 실행한다. 하지만 지적 인간이 자살에서 맛보는 병적인 만족도 느끼지 않으면서 자살을 감행한다. 그런 자살자는 지적 인간보다 덜 정열적이다. 그는 마지막에 도달한 종말을 보고 놀라지 않는다. 그는 이미 죽음을 가까이 있는 것으로 예견한다. 따라서 그는 자살을 오랫동안 준비하지 않는다. 그 자신의 과거 삶에 동의를 하면서 그는 단지 고통을 최소화하려고 할 뿐이다. 그것은 특히 방탕한 사람의 죽음에서 잘 나타난다. 그들은 안이한 삶을 더 이상 계속할 수 없는 순간이 오면 역설적으로 평온을 느끼고 당연하다는 듯이 자살한다.[155]

앞서 이타적 자살을 설명하면서 충분한 실례를 제시했으므로, 여기서 다시 그 특징적인 심리 형태를 길게 기술할 필요는 없을 것이다. 이타주의가 이기주의와 반대되는 것처럼 이타적 자살은 이기적 자살과 대조된다. 이기적 자살의 특징은 우울한 권태나 에피쿠로스적 무관심과 같은 총체적 우울증에 있다. 그와 반대로 격렬한 감정에서 기원하는 이타적 자살은 정열의 연소를 요구한다. 의무적 자살의 경우에는 이성과 의지가 정열에 봉사한다. 개인은 자신의 양심의 명령에 따라 자살한다. 양심의 명령에 복종하는 것이다. 따라서 그의 행동이 가지는 두드러진 특징은 자기에게 주어진 의무를 완수한다는 감정에서 나오는 차분한 확신감이다. 카토와 보르페르 제독의 죽음 등이 그와 같은 역사적인 예이다. 게다가 이타주의가 고조되면 충동은 훨씬 더 열정적이 되고 무분별해진다. 인간은 신념과 열광의 폭발로 인해 죽음 속으로 뛰어들 수 있다. 그런 열광은 그 자체로 즐거운 것일 수도 있고 엄숙한 것일 수도 있다. 숭배하는 신과의 합일을 위한 수단으로서의 죽음인가, 아니면 무섭고 적대적인 힘을 진정시

---

155 BRIERRE DE BOISMONT, p. 494, 506에서 여러 사례들을 볼 수 있다.

키기 위한 속죄의 제물로 자신을 바치는 죽음인가에 따라 그렇게 된다. 우상의 마차 바퀴 아래로 기꺼이 뛰어드는 광신도의 종교적 열광은 돈오의 경지에 이른 수도승의 종교적 열정, 자신의 범죄를 속죄하기 위해서 삶을 끝내는 범죄자의 참회와 유사하지 않다. 하지만 표면적인 차이 밑에는 동일한 기본적 특징이 놓여 있다. 그런 만큼 이타적 자살은 앞서 살펴본 것과 같은 우울증 자살과는 달리 아주 적극적인 자살이다.

우리는 그런 특징을 원시인이나 군인들의 자살에서도 찾아볼 수 있다. 그들은 자신들 명예에 대한 사소한 모욕 때문에 또는 자신들의 용기를 증명하기 위해 자살한다. 그들의 자살이 손쉽게 이루어진다고 해서 그것을 에피쿠로스적 자살의 환멸 어린 무관심과 혼동해서는 안 된다. 물론 자신의 생명을 희생하려는 성향은 적극적인 성향은 아니라고 할 수 있다. 하지만 그런 희생이 자발적이고 쉽게 본능에 따라 반응하도록 깊이 자리 잡고 있다는 것은 사실이다.

르루와는 그런 형태의 전형으로 여겨질 수 있는 사례를 보고한 바 있다. 한 장교가 목을 매려고 했다가 실패한 후 다시 시도하면서 그의 마지막 느낌을 기록한 것이다. "참 기구한 운명이구나! 목을 맺고 의식을 잃었는데, 줄이 끊어지면서 왼쪽 팔로 떨어지고 말았다. 다시 준비를 하고 곧 자살하려 했다. 그에 앞서 마지막으로 파이프 담배를 피우고자 했다. 정말 마지막 담배가 되기를 바란다. 첫 번째 시도에서는 어려움이 없이 순조로웠다. 두 번째 시도도 순조롭기를 바란다. 나는 마치 이른 아침에 술 한 잔을 마신 듯 평온하다. 고백하지만 이상하게도 정말 평온하다. 이것은 모두 사실이다. 나는 이제 완전한 평온 속에서 죽으려고 한다."[156]

156 LEROY, op. cit., p. 241.

그런 평온함 밑에는 역설도 없고 회의도 없으며, 방탕한 사람이 자살할 때 완전히 감추지 못하는 비의지적인 경련 같은 것도 없다. 평온은 완전하다. 자살이 자살자의 모든 적극적인 성향으로 인해 일어나기 때문에, 그는 평온을 유지하기 위해 특별히 노력하지 않으며, 그의 행동은 직접적인 것이다.

끝으로 세 번째 형태의 자살이 있다. 그 자살은 그 행동이 열정적이라는 면에서 첫 번째 자살 형태와 대조적이다. 또한 그 자살은 자살자의 최후의 순간을 지배하는 열정이 전혀 다른 성격의 것이라는 점에서 두 번째 형태와도 대조적이다.

세 번째 형태의 자살에서 발견되는 열정은 열광도 아니고, 종교적, 도덕적, 정치적 신념도 아니며, 군인의 미덕도 아니다. 그것은 좌절이 동반된 모든 감정이며 분노이다. 자살자들이 남긴 1,507건의 유서를 분석한 브리에르 드 부아몽은 주로 노여움과 격노, 좌절감 등의 표현이 많음을 발견했다. 때때로 그들은 삶에 대해 맹렬한 욕설과 비난을 드러내며, 자신에게 자살이라는 불행을 안긴 책임이 있는 특정인을 향한 위협과 비난을 퍼붓는다. 그런 형태의 자살 중에는 분명히 살인에 이은 자살도 있다. 어떤 사람은 자신의 삶을 파멸시킨 사람을 죽인 후에 자살한다. 자살자의 분노는 말이 아니라 행동으로 드러날 때 가장 명백하다. 이기적 자살자에게는 그와 같은 맹렬함이 없다. 물론 이기적 자살자도 때로는 삶을 후회하는 경우도 있지만, 그의 후회는 슬픔 어린 후회이다. 삶이 그를 억누르지만 심한 갈등을 일으키는 것은 아니다. 그는 삶을 고통스러운 것이라기보다는 공허한 것으로 여긴다. 삶은 그에게 흥미로운 것은 아니지만, 그렇다고 그에게 적극인 고통을 부과하는 것도 아니다. 그의 우울한 상태는 흥분조차 허용하지 않는다. 하지만 이타적 자살은 전혀 다르다.

정의로 보면 이타주의자는 자신의 동료가 아니라 자신을 희생시킨다. 그것이 다른 두 형태의 자살과 구별되는 세 번째 형태의 심리적 특징이다.

그런데 그 세 번째 형태는 아노미성 자살의 성격에도 포함되어 있다. 실제로 통제가 안 된 감정들이 서로 조정되지 못하거나, 그런 감정들이 충족되어야 할 조건들과 잘 어울리지 않는다.

따라서 그런 고통스러운 감정들은 서로 충돌하지 않을 수 없다. 증가하든 감소하든 간에 아노미는 적절한 한계를 넘어서게 함으로써 환멸과 실망으로의 길을 열어 준다. 자신에게 익숙한 지위에서 갑자기 배제된 사람은 자신이 지배하고 있다고 생각했던 상황이 자신의 지배 밖으로 벗어난다고 느낄 때 분노의 감정을 피할 수 없다. 또한 그는 그런 분노로 인해 자신을 파멸시킨 실제 또는 상상의 원인에 대해 자연스럽게 반감을 갖게 된다. 재난의 원인이 자신에게 있다고 스스로 인정할 경우에는 그 자신에게 분노하고, 그렇지 않을 경우에는 다른 사람에게 분노한다. 자신을 향할 경우에는 오직 자살이 있을 뿐이며, 다른 사람을 향할 경우에는 자살에 앞서 살인이나 폭력적인 행동이 행해진다. 하지만 두 경우에서 감정은 같으나 그 적용이 다르다. 개인은 그가 전에 다른 사람을 공격했든 안했든 간에 분노하게 되면 항상 자기 자신을 공격한다. 익숙한 모든 습관이 전복되면 그는 심한 흥분 상태에 빠지게 되며 필연적으로 파괴적인 행동에서 위안을 찾는다. 그렇게 격앙된 감정을 분출하게 되는 대상은 기본적으로 덜 중요하다. 그보다는 오히려 우연한 상황에 의해 분출의 방향이 결정된다.

과거의 지위보다 떨어질 때뿐만 아니라, 그 반대로 질서나 자제 없이 끊임없이 더 높은 지위로 이동하게 되는 경우에도 상황은 다르지 않다. 때로는 자신이 이룰 수 있다고 생각한 목표에 이르지 못할 수도 있겠지만, 실제로는 그 목표가 그의 능력 밖의 것일 수도 있다. 사회적 분류가 명확하지 않은 시기에 빈번하게 일어나는 그런 형태의 자살은 잘못 평가된 사람의 자살이다. 때로는 자신의 모든 욕구와 변화에 대한 갈망을 일시적으로 충족시키고 난 후에도, 갑자기 극복할 수 없는 장애에 부딪치거나 지나치게 제약적이 된 삶을 참지 못하고 성급하게 삶을 포기할 수도 있다. 베르테르의 경우가 거기에 해당한다. 그 자신이 직접 질풍노도의 마음이라 부르고 무한에 심취했던 베르테르는 사랑의 실패 때문에 자살한다. 성공에 심취했던 예술가들이 한 순간의 야유나 심한 비평 또는 인기가 하락하면서 자살하는 경우도 같은 것이다.[157]

불만을 품을 상대나 상황이 없는 상황에서 사람들은 자신들의 욕구를 진정시켜주기는커녕 자극시키기만 하는 가망 없는 노력에 자연히 지친다. 그렇게 되면 그들은 삶 자체에 불만을 품고 삶이 자신을 속였다고 비난하게 된다. 다만, 그들이 몸을 맡겼던 허망한 흥분에서 깨어나게 되면 앞의 경우처럼 좌절된 감정을 폭력적으로 표현하기에는 너무 지친 상태가 된다. 그들은 결국 지쳐서 정력적으로 대응을 할 수 없게 된다. 그들은 어떤 점에서 지적 이기주의자와 비슷한 우울에 빠지게 되지만 권태의 달콤함을 느끼지는 못한다. 그 지배적인 정서는 삶에 대한 분노에 찬 경멸이다. 세네카는 이미 그의 동시대인들에게서 그런 정신 상태와 그로 인해 일어나는 자살을 관찰한 바 있다. 그는 이렇게 말하고 있다. "우리를 괴롭히는 악은 우리가 사는 곳이 아니라 우리 자신의 내부에 있다. 우리는 무엇이든 사소한 일도 참아내지 못하고, 고통을 받아들이지 못하고, 쾌락을 즐길 능력이 없으며, 모든 일에 참을성이 없다. 모든 변화를

---

157 BRIERRE DE BOISMONT, pp. 187~189에서 제시하고 있는 여러 사례들을 참고하시오.

시도한 후에 언제나 같은 느낌으로 돌아올 뿐 새로운 것을 찾지 못하기 때문에 죽는 사람이 얼마나 많은가!"[158] 오늘날 그런 정신 상태가 가장 잘 나타나고 있는 것은 아마 샤토브리앙의 소설 『르네René』에서일 것이다. 라파엘이 자신의 멸망을 자기 안에서 발견한 사색의 인간이라면, 르네는 만족을 모르는 유형이다. 그는 고통스럽게 이렇게 외친다. "나는 일관성이 없이 같은 기호를 오래 즐길 수 없고, 쾌락의 바닥까지 도달하려는 열망의 희생자라고 비난을 받는다. 나는 늘 내가 도달할 수 있었던 목표를 놓친다는 비난을 받는다. 아아! 나는 본능적으로 미지의 선만을 구하고 있다. '내가 모든 곳에서 한계를 느끼고, 한 번 경험한 것은 무엇이나 더 이상 가치를 느끼지 못하는 게 나의 잘못인가?'[159]

위의 묘사는 앞서 사회학적 분석으로 설명했던 이기적 자살과 아노미성 자살의 상호관계 및 차이점을 결정적으로 보여 준다.[160] 두 유형의 자살 모두 이른바 무한의 병으로 인한 고통 때문에 일어난다. 하지만 그런 병이 두 경우에 다른 형태를 띤다. 이기적 자살의 경우에는 성찰적 지성이 무절제하게 악화되는 반면, 아노미성 자살의 경우에는 감정이 너무 흥분해서 모든 규제를 벗어나게 된다. 이기적 자살에서는 사고가 자기 속으로 침잠함에 따라 목표를 잃게 되는 반면, 아노미성 자살에서는 한계를 모르는 열망이 목표를 잃게 된다. 전자는 꿈의 무한함 속에서, 그리고 후자는 욕망의 무한함 속에서 길을 잃은 것이다.

결국 자살의 심리적 법칙조차도 흔히 생각하는 것처럼 그렇게 단순하지 않다. 자살자가 삶에 지쳤다든지, 삶에 환멸을 느꼈다든지 등과 같은

---

158 *De tranquillitate animi*, II, *sub fine*. Cf. Lettre XXIV.
159 *René*, édit. VIALAT, Paris, 1849, p. 112
160 이 책의 320면을 참고하시오.

방식으로 말하는 것은 정의가 아니다. 실제로 자살에는 여러 종류가 있으며, 그와 같은 차이는 자살이 실행되는 방식에서 뚜렷하게 드러난다. 그런 만큼 자살 행위와 자살자들은 몇 종류로 분류될 수 있으며, 그 종류들은 앞서 우리가 사회적 원인에 따라 분류한 자살의 유형들과 기본적 특징에서 일치한다. 사회적 원인이 개인의 내부로 연장된 것처럼 보인다.

그렇지만 그 특징들이 실제 체험에서도 순수하고 고립된 상태로 발견되는 것이 아니라는 점을 덧붙이는 것이 좋을 듯하다. 그 특징들은 종종 서로 뒤섞여 복합적 유형을 만들어 내는 경우도 있다. 여러 가지 유형의 특징들이 하나의 자살에 종합적으로 나타나고 있는 것이다. 그 이유는 자살의 상이한 사회적 원인들이 한 개인에게 동시에 영향을 미쳐 복합적인 결과를 일으키기 때문이다. 그것은 마치 정신질환자가 여러 종류의 정신착란의 포로가 되어, 서로 다른 원인들임에도 불구하고 그것들이 같은 방향으로 집중되어 하나의 동일한 현상을 일으키는 것과 같다. 상이한 원인들은 서로를 강화시킨다. 또한 다른 종류의 열병들이 한 사람에게 동시에 나타나 각자 그 나름대로 신체에 열이 나게 하는 것과 같은 이치이다.

특히 서로 아주 특별한 친연성을 가진 두 자살 요인이 있다. 이기주의와 아노미가 그것이다. 우리는 실제로 두 요인이 같은 사회적 상태의 서로 다른 두 측면이라는 점을 알고 있다. 따라서 두 요인이 같은 개인에게서 발견된다고 해도 놀라운 일은 아니다. 심지어 이기주의자가 어느 정도 무규율적 경향을 갖는 것은 불가피한 일이기도 하다. 왜냐하면 사회로부터 격리되어 있으므로 사회가 그를 통제할 만큼 충분히 장악하고 있지 못하기 때문이다. 그럼에도 이기주의자의 욕망은 대개 고조되지 않는데, 그것은 그에게서 삶의 정열이 시들어 완전히 내향적이 되어 외부 세계에 흥미를 느끼지 못하기 때문이다. 하지만 그는 완전한 이기주의자도 순수한 선동자도 아닐 수 있다. 그런 경우에 그는 두 가지의 역할을 동시에 수행한다. 그는 자신 속의 공허를 메우기 위해 새로운 감각을 찾게 된다. 실제로 그는 이른바 정열적인 기질을 충분히 발휘하지 않아 조만간 권태를 느끼게 되고, 그로 인해 그는 다시 자신의 내부로 침잠하며 원래의 우울증이 더 심해진다. 그와 반대로 규제받지 않으려는 기질에도 이기주의의 싹이 있다. 왜냐하면 고도로 사회화된 사람은 모든 사회적 규제에 저항할 수 없기 때문이다. 다만 아노미의 작용이 지배적인 곳에서는 이기주의의 싹이 자라날 수 없을 뿐이다. 왜냐하면 아노미는 사람을 외부로 향하게 만듦으로써 자신의 내부로 고립되는 것을 막기 때문이다. 하지만 아노미가 덜 강한 경우에는 이기주의가 어느 정도 영향을 미칠 수 있게 된다. 예컨대 무절제한 욕망에 사로잡힌 사람이 한계에 부딪치게 되면, 그는 자신 속으로 빠져들어서 좌절된 열망의 도피처를 내면생활에서 찾게 된다. 하지만 자신을 결합시킬 대상을 찾지 못하게 되면서 나타나는 우울증은 결국 새로운 도피처를 찾게 만들며, 불안과 불만은 다시 고조된다. 그렇게 해서 우울과 흥분이, 꿈과 행동이, 욕망의 도취와 성찰적인 우울증이 교대로 일어나면서 혼합적인 자살이 일어난다.

또한 아노미는 이타주의와 연결될 수도 있다. 하나의 같은 위기가 한 개인의 삶을 파괴하고 주변과의 균형을 깨뜨리면서 동시에 자살을 하게 만드는 이타적 경향을 갖게 할 수도 있다. 그런 현상은 이른바 포위된 사람들의 자살에서 특히 잘 나타난다. 예컨대 예루살렘이 포위되었을 때 많은 유대인들이 자살했는데, 그것은 다음 두 가지 이유에서였다. 하나는 로마의 승전이 그들을 로마의 신민이자 속국屬國인으로 만듦으로써 익숙했던 생활에 변화가 일어날 위협을 느꼈기 때문이었다. 다른 하나는 그와 동시에 그들이 자신들의 도시와 종교를 너무 사랑했으므로 그것들이 사라지는 것을 참을 수 없었기 때문이었다. 그와 마찬가지로 파산한 사람이 자살을 하는 것도 가난하게 살 수 없기 때문이기도 하지만, 또한 파산의 수치로부터 그 자신과 가문을 지키기 위해서이기도 하다. 장교나 부사관이 전역을 강요당했을 때 쉽게 자살하는 것도 자신들의 생활방식에 일어날 갑작스러운 변화 때문이기도 하지만, 또한 삶에 큰 가치를 두지 않는 그들의 일반적 경향 때문이기도 하다. 두 가지의 원인이 같은 방향으로 작용하는 것이다. 결국 이타적 자살의 열정적인 흥분이나 용감한 결의가 아노미로 생겨난 도취와 연계되면 자살이 일어나게 된다.

끝으로 서로 반대되는 이기주의와 이타주의의 영향이 합쳐질 수도 있다. 파편화된 사회가 더 이상 개인 활동의 목표를 제공할 수 없는 시기에, 개인이나 개인들의 그룹은 그런 일반적인 이기주의 상태의 영향을 받으면서도 또 다른 목적을 추구하게 된다. 하지만 어떤 이기적 쾌락으로부터 다른 쾌락으로 끊임없이 이동하는 것은 좋지 않은 도피의 수단이라고 느끼며, 또한 그런 도피적 쾌락은 아무리 새롭다 해도 불안을 해소시킬 수 없다고 느끼기 때문에, 사람들은 영구히 결속할 수 있는 안정적인 대상을 찾아 삶의 의미를 얻으려고 할 수 있다. 다만, 그들은 현실에서는 아무런 만족을 얻을 수 없기 때문에, 그런 역할을 수행할 새로운 이상적인 실체를 만들어 냄으로써만 만족을 구할 수 있을 뿐이다. 그렇게 해서 그들은 머리 속에서 상상적인 존재를 만들어 그 노예가 되며, 그런 존재에 몰두하면 할수록 그들은 자신들을 포함해 모든 것으로부터 소외된다. 그들의 눈에는 그 어떤 것에도 가치가 없으므로 그 상상의 존재에 모든 존재이유를 부여하게 된다. 그들은 그렇게 해서 현실과는 모순되는 이중의 삶을 살게 된다. 그들은 현실세계에서는 개인주의자들이지만, 자신들의 이상적인 목적을 위해서는 극단적 이타주의자가 된다. 그런데 그 두 경향은 모두 자살을 유발한다.

　스토아적 자살의 원인과 성격도 마찬가지다. 바로 위에서 우리는 이기적 자살의 일부 기본적 특성이 어떻게 스토아적 자살에서도 나타나는가를 보았다. 하지만 스토아적 자살은 전혀 다른 측면에서도 고려될 수 있다. 스토아철학자들은 개인의 인격 범위를 넘어서는 모든 것에 대해 무관심을 표방해야 하고, 개인은 자족적이어야 한다고 주장한다. 하지만 그와 동시에 그들은 개인이 보편적 이성에 의존해야 하며, 또한 이성의 실현을 위한 도구가 되어야 한다고까지 주장한다. 따라서 스토아철학자들은 대립하는 두 관념을 결합시킨다. 가장 급진적인 도덕적 개인주의와 극단적 범신론이 그것이다. 그들의 자살은 이기적 자살처럼 무감동한 것임과 동시에 이타적 자살처럼 의무적으로 행해진다.[161] 그런 형태의 자살에서는 이기주의자의 우울과 이타주의자의 적극적 정열이 모두 발견된다. 이기주의와 신비주의가 결합되어 있는 것이다. 게다가 그런 결합은 퇴폐적인 시대에 고유한 신비주의에서도 두드러진다. 다만, 그런 신비주의는 외관과는 달리 성장 과정에 있는 젊은 사람들이 가지는 신비주의와는 아주 다르다. 후자의 신비주의는 개인의 의지를 같은 방향으로 이끄는 집단적 비약과 공동 과업에 협력하기 위해 개인을 무시하는 자기부정의 정신에서 도출된다. 그 반면에 전자의 신비주의는 자기 자신과 자신의 허무를 의식하면서 극복하려 하지만, 인위적이고 피상적인 성공밖에 거둘 수 없는 자의식의 이기주의일 뿐이다

161　세네카는 카토의 자살을 사물에 대한 인간 의지의 승리라고 칭송했다(De Prov., 2, 9 et Ep., 71, 16).

II.

자살의 성격과 자살자가 선택한 죽음의 방법 사이에 어떤 관계가 있으리라고 '선험적'으로 생각할 수도 있다. 실제로 자살자가 선택한 수단은 자살을 초래한 감정에 의존하므로 그런 감정이 자살 방법에도 나타나리라고 생각하는 것은 아주 자연스러워 보인다. 따라서 여러 종류의 자살을 그 외양에 따라 분류한 통계를 자료로 그 문제를 해결하려 할 수도 있을 것이다. 하지만 그 문제에 대한 우리의 연구는 부정적인 결과만을 보여줄 뿐이다.

하지만 자살 수단의 선택을 결정하는 것은 분명히 사회적 원인들이다. 왜냐하면 여러 가지 자살 방법의 상대적 빈도는 같은 사회에서는 오

[표 30] 1,000명의 자살자의 자살 유형 분포(남녀 종합)

국가	연도	교살	익사	무기 사용	투신	음독	질식사
프랑스	1872	426	269	103	28	20	69
	1873	430	298	106	30	21	67
	1874	440	269	122	28	23	72
	1875	446	294	107	31	19	63
프로이센	1872	610	197	102	6.9	25	3
	1873	597	217	95	8.4	25	4.6
	1874	610	162	126	9.1	28	6.5
	1875	615	170	105	9.5	35	7.7
영국	1872	374	221	38	30	91	
	1873	366	218	44	20	97	
	1874	374	176	58	20	94	
	1875	362	208	45		97	
이탈리아	1874	174	305	236	106	60	13.7
	1875	173	273	251	104	62	31.4
	1876	125	246	285	113	69	29
	1877	176	299	238	111	55	22

랜 기간 일정한 반면, [표 30]에서 보는 바와 같이 사회에 따라 현저한 차이를 보이기 때문이다.

각국의 국민들은 선호하는 자살 방법을 가지고 있으며, 그 선호 순위에는 거의 변화가 없다. 그 경향은 오히려 자살자 총수보다도 더 일정하다. 때때로 자살자 총수에 일시적으로 영향을 주는 사건들도 자살 방법에 항상 영향을 주는 것이 아니다. 거기에 더해 자살에서 사회적 원인들은 자연적 요인들의 영향이 거의 나타나지 않을 정도로 지배적이다. 예컨대 모든 예상과는 달리 익사 형태의 자살은 고유한 법칙에 따라 계절별로 변화하지 않는다. 아래는 1872~1878년 사이에 프랑스에서 익사 자살의 월별 분포를 전체 자살 분포와 비교한 통계이다.

연간 1,000명의 자살자 월별 분포

	1월	2월	3월	4월	5월	6월	7월	8월	9월	10월	11월	12월
전체 자살	75.8	66.5	84.8	97.3	103.1	109.9	103.5	86.3	74.3	74.1	65.2	59.2
익사 자살	73.5	67	81.9	94.4	106.4	117.3	107.7	91.2	71	74.3	61	54.2

익사 자살은 따뜻한 계절에도 다른 방식의 자살보다 약간 늘어났을 뿐이다. 그 차이는 무의미할 정도이다. 하지만 익사 자살은 여름에 가장 많을 것으로 여겨진다. 또한 익사 자살은 기후 때문에 프랑스의 북부에서는 남부보다 덜 일어난다고들 생각했다.[162] 하지만 1845~1856년 사이에 코펜하겐에서 일어난 익사 자살은 이탈리아에 못지않게 많았다(이탈리아에서는 1,000명 중 300명꼴이었고, 코펜하겐에서는 281명이었다). 또한 상트페테

---

162 MORSELLI, pp. 445~446.

르부르크에서도 1873~1874년 사이에 익사 자살이 가장 많았다. 따라서 기후는 익사 자살에 아무런 장애물이 되지 못한다.

다만, 전체 자살을 좌우하는 사회적 원인들은 자살 방식을 결정하는 원인들과는 다르다. 왜냐하면 우리가 분류한 자살의 유형과 가장 많이 선택된 자살 방법 사이에 어떤 관계를 정립하는 것이 불가능하기 때문이다. 이탈리아는 기본적으로 기독교 국가이며, 최근까지 과학문명이 비교적 덜 발달된 국가이다. 그런 만큼 지적 발달과 어느 정도 반비례하는 이타적 자살은 프랑스나 독일보다 이탈리아에서 더 빈번할 것이라고 생각할 수 있다. 이 책의 뒷부분에서 그와 같은 가설을 증명할 수 있는 몇 가지 근거를 제시할 것이다. 어쨌든 총기를 사용한 자살은 중부 유럽의 다른 국가들보다 이탈리아에서 훨씬 더 빈번하게 일어나기 때문에, 그런 방식의 자살은 이타주의와 무관하지 않다고 생각된다. 그런 종류의 자살을 군인들이 가장 많이 선택한다는 점이 그런 생각을 뒷받침할 수 있다. 하지만 안타깝게도 프랑스에서는 총기 자살을 가장 많이 선택하는 사람들이 작가와 예술가, 관료 같은 지식인 계급이다.[163] 또한 우울증 자살은 목을 매는 자살 형태를 취할 것으로 여겨질 수도 있다. 하지만 실제로 그 형태는 농촌에서 가장 많이 선택되고 있으며, 우울증은 오히려 도시에서 더욱 두드러지는 정신적 상태이다.

인간을 자살하게 만드는 원인과 특정한 자살 방법을 선택하게 하는 원인은 서로 다르다. 자살 방법의 선택을 결정하는 동기는 그 성격이 전혀 다르다. 우선, 자살자가 이런 저런 도구를 사용하는 것은 여러 관습과 관행 때문이다. 방해하는 요인이 없는 한, 사람은 보통 가장 쉽게 손에 잡

---

163 LISLE, *op. cit.*, p. 94.

히고 일상생활에서 가장 익숙한 죽음의 방법을 선택하게 된다. 그런 이유로 높은 곳에서 몸을 던져 자살하는 방법은 농촌에서보다 높은 건물이 많은 도시에서 더 빈번하게 일어난다. 그와 마찬가지로 철도가 많이 부설됨에 따라 열차에 투신하는 형태의 자살이 일반화된다. 전체 자살자 중에서 자살 방법의 상대적 비율을 보여 주는 도표에는 산업기술, 건축양식, 과학적 지식 등이 부분적으로 반영되어 있다. 전기의 사용이 더욱 일상화되면 전기를 이용하는 자살도 더욱 증가하게 될 것이다.

하지만 가장 중요한 요인은 어쩌면 각 국민들이 자살 방법에 부여하는 상대적 품위일 것이다. 한 나라에서는 각 사회 집단마다 여러 자살 방법에 다른 품위를 부여한다. 모든 방법이 같은 차원에 놓이지 않는다. 어떤 방법은 좀 더 고상한 것으로, 또 어떤 방법은 천박하고 위엄이 없는 것으로 간주된다. 그리고 각각의 방법을 분류하는 기준도 집단에 따라 다르다. 군대에서는 참수가 불명예스러운 죽음으로 여겨진다. 다른 집단에서는 목을 매는 방법이 불명예스러운 것으로 여겨진다. 그런 이유로 목을 매는 자살은 도시보다는 농촌에서, 대도시보다는 소도시에서 더 빈번하게 일어난다. 목을 매는 방법은 도시인들의 유순한 태도에 거슬리는 거칠고 난폭함을 의미하며, 교양 있는 계급의 인체에 대한 생각과도 잘 맞지 않기 때문이다. 그런 방법을 기피하는 것은 아마도 그런 종류의 죽음이 역사적으로 불명예스러운 사건들과 관련되어 있다는 점에서 기인할 수도 있다. 또한 단순한 농촌 사람들보다 세련된 도시인들이 그런 점에 대해 더 예민하다는 점도 그런 기피의 원인이 될 수 있다.

따라서 자살자가 선택하는 죽음의 형태는 자살의 성격과는 전혀 별개의 현상이다. 그 두 가지는 자살이라는 동일한 행동의 요소로 아주 밀접하게 연결된 듯 보이지만, 실제로는 서로 무관하다. 두 요소 사이에는 외형적으로 병렬적인 관계가 있을 뿐이다. 왜냐하면 두 요소 모두 사회적 원인에 종속되지만, 그것들이 드러내는 사회적 조건은 서로 크게 다르기 때문이다. 한 요소는 다른 요소에 대해 아무것도 알려주지 않으며, 전혀 다른 연구를 통해서만 알아낼 수 있다. 그런 이유에서 일반적으로는 여러 자살의 방식에 대해 자세하게 논하는 것이 보통이지만, 여기서는 그 문제에 대해 더 이상 길게 논의하지 않기로 한다. 설사 자세히 논의한다 해도 아래의 도표에 요약된 지금까지의 연구 결과에 아무것도 덧붙일 것이 없을 것이다.

자살의 사회적 유형의 병인론 및 형태학적 분류

		근본적 성격	개별적 성격	2차 변화
기본 유형		이기적 자살	무관심	자기만족의 나태한 우울증
				회의적 환멸과 냉정
		이타적 자살	열정과 의지력	평온한 의무감
				신비한 열정
				평화로운 용기
		아노미성 자살	흥분, 분노	평범한 삶에 대한 심한 비난
				특정한 개인에 대한 비난(타살-자살)
혼합 유형		이기적-아노미성 자살		선동과 무관심, 행동과 공상의 혼합
		아노미성-이타적 자살		격앙된 흥분
		이기적-이타적 자살		도덕적 용기를 내포한 우울증

결국 자살의 일반적 특징들은 사회적 원인들에서 직접적으로 도출된 결과이다. 그와 같은 결과는 그 특징들이 개별적 사례를 통해 개별화되어 자살자의 개인적 기질이나, 그가 처한 특수한 상황에 따른 여러 가지 차이에 따라 복잡해진다. 하지만 그런 복잡한 결합 밑에서도 언제나 그 기본적 형태를 발견할 수 있다.

제3부

사회 현상으로서
자살의 일반적 성격

제1장
자살의 사회적 요소

사회적 자살률을 변동시키는 요소들을 알게 되었으므로, 이제 그 자살률에 상응하는 현실의 성격과 그것의 수량적 표현을 자세하게 검토할 수 있을 것이다.

I.

자살이 '선험적'으로 좌우된다고 생각할 수 있는 개별적 조건에는 두 종류가 있다.

우선, 자살자가 처해 있는 외부적 상황이다. 자살하는 사람들은 가정에서 슬픈 일을 당했거나, 자존심에 상처를 입었거나, 가난이나 질병으로 고통받든가, 또는 비난받을 도덕적 과오를 범했을 수 있다. 하지만 우리는 그와 같은 개인적 특수 사정으로는 사회적 자살률을 설명할 수 없음을 살펴보았다. 왜냐하면 사회적 자살률은 기복이 심한 데 비해, 개별 자살 사례의 직접적인 조건이 되는 상황들의 다양하고 상이한 결합은 거의 같은 상대적 빈도를 유지하기 때문이다. 따라서 개인적 상황은 자살 행위의 결정적인 원인이 아니다. 개인적 상황이 자살의 계획에서 종종 중요한 역할을 담당하지만, 그것이 자살의 원인이라는 증거는 아니다. 주지의 사실이지만 성찰하는 의식의 영향을 받는 인간의 사고는 종종 순전히 형식에 불과하며, 의식 자체가 알지 못하는 이유로 이미 굳힌 결심을 더 강화시키는 것 이외의 다른 목적을 가지고 있지 않다.

게다가 종종 자살이 뒤따라 일어나기 때문에 자살의 원인이 된다고 여겨지는 상황은 대단히 많다. 어떤 사람은 풍족하게 살면서 자살을 하며, 어떤 사람은 가난하게 살면서 자살을 한다. 어떤 사람은 가정에서 불행하기 때문에 자살을 하며, 어떤 사람은 불행했던 결혼을 이혼으로 끝맺고 나서 자살한다. 어떤 군인은 자신의 잘못이 아닌 일로 징계를 받고 자살을 하며, 어떤 범죄자는 아직 처벌조차 받지 않은 상태에서 자살을 하기도 한다. 아주 다양하고 심지어 완전히 상반되는 사건들이 똑같이 자살의 구실이 될 수 있다. 그런 만큼 그런 상황들 하나하나가 자살의 명확한 원인은 아니다. 그렇다면 모든 상황에 공통된 특질들을 자살의 원인이라고 할 수 있지 않을까? 하지만 과연 그런 특질이 있을까? 기껏해야 실의와 슬픔 등이 그런 공통 특질을 구성한다고 할 수 있을 뿐이다. 하지만 어느 정도 강한 슬픔이 비극적인 결과를 야기하는지에 대해서는 아무런 결정을 할 수 없다. 아주 사소한 삶에 대한 실망이 자살을 야기하지 못한다고 할 수도 없다. 그렇다고 실망이 반드시 자살을 야기한다고 할 수도 없다. 어떤 사람들은 끔찍한 불행을 이겨내는 반면, 어떤 사람들은 사소한 고민으로도 자살을 한다는 것을 우리는 알고 있다. 게다가 가장 심한 고통을 받는 사람들의 자살률이 가장 높지 않다는 것도 이미 보았다. 오히려 지나친 안락이 사람으로 하여금 자신을 포기하도록 만들기도 한다. 삶이 가장 안락한 시기에, 또 그런 안락을 누리는 계급이 조금이라도 불편한 점이 있으면 쉽게 삶을 포기하는 경향이 있다. 설사 자살자의 개인적인 상황이 자살의 진정한 원인이라고 하더라도, 그런 경우는 아주 드물다. 따라서 그런 방식으로는 사회의 자살률을 설명할 수 없다.

따라서 자살이 개인적 조건의 영향을 가장 많이 받는다는 점을 강조하는 자들조차도 자살의 조건을 개인의 외면적인 상황보다는 개인의 내면적인 특성, 즉 생리적 특질이나 신체적 요인에서 찾으려 했다. 그렇게 해서 자살은 특정한 기질이나 신경쇠약증의 산물이며, 신경쇠약증과 같은 요인의 영향을 받는다고 여겨졌다. 하지만 우리는 신경쇠약과 사회적 자살률 사이에 직접적이고 규칙적인 상관관계가 없다는 사실을 규명했다.

그 두 사실은 심지어 하나가 최고조에 달했을 때 다른 하나는 최하로 떨어지고, 따라서 그 사이에는 역비례 관계가 나타나기도 한다. 또한 우리는 자살률의 변동과 인종, 기후, 기온 등과 같이 신경 계통에 가장 큰 영향을 준다고 여겨지는 자연환경의 상태 사이에도 아무런 상관관계가 없다는 것도 규명했다. 신경쇠약자가 어떤 상황에서 어느 정도 자살 성향을 보인다고 해도, 그가 그로 인해 반드시 자살하게끔 예정되어 있는 것은 아니다. 그리고 정확히 그런 의미에서 자연적 요인의 영향도 사람의 전체적 성향을 결정하기에 충분하지 않다.

개인을 제쳐 놓고 각 사회가 보이는 자살 성향의 원인을 그 사회의 성격에서 찾을 때에는 전혀 다른 결과를 얻게 된다. 생물학적, 물리적 질서에 속하는 사실들과 자살과의 관계는 불명확하고 애매한 반면, 특정한 사회적 환경과 자살의 관계는 직접적이고 일정하다. 정확히 그 기회에 우리는 진정한 법칙과 대면하게 되었고, 그에 따라 자살의 여러 유형을 정연하게 분류할 수 있게 되었다. 그렇게 해서 우리가 확정한 사회학적 원인들은 종종 물리적 원인들의 영향이라고 생각했던 여러 자살 현상까지도 설명할 수 있었고, 또한 그런 영향의 증거까지도 찾아낼 수 있었다.

여성이 남성보다 자살을 훨씬 덜 한다면, 그것은 여성이 남성보다 집단생활에 덜 참여하기 때문이다. 따라서 여성은 좋든 나쁘든 집단생활의 영향을 덜 받는다. 다른 이유 때문이기는 하지만 노인들과 어린이들의 경우도 사정은 마찬가지다. 끝으로 자살이 1월에서 6월까지 증가하고 그 이후에 감소한다면, 그것도 인간의 사회적 활동이 계절적으로 같은 변화를 보이기 때문이다. 따라서 사회적 활동의 상이한 영향은 같은 리듬을 따를 것이며, 그 결과로 두 시기 중 전반기에 훨씬 더 두드러지는 것은 당연한 일이다. 그런데 자살도 그런 사회적 활동의 영향을 받는 것 중 하나이다. 그와 같은 모든 사실로부터 사회적 자살률은 사회학적으로만 설명될 수 있다는 결론이 도출된다. 매 시기마다 일시적인 자살의 빈도를 결정하는 것은 바로 한 사회의 정신적 상태이다. 따라서 각 사회에는 그 구성원들을 자살로 유도하는 일정한 양의 에너지를 가진 집단적인 힘이 존재한다. 자살자의 행동은 얼핏 보기엔 개인적 기질만을 드러내는 것처럼 보이지만, 실제로 그 행동은 외부적으로 표현되는 그들의 사회적 조건의 연속이며 연장인 것이다.

그렇게 해서 이 책의 앞부분에서 제기한 문제에 대한 답이 제시되었다. 각 사회는 크거나 작은 자살 성향을 지니고 있다고 말하는 것은 단순한 비유가 아니다. 그 표현은 사태의 본질에 근거한 것이다. 각 사회 집단은 실제로 자살에 대한 고유의 집단적 경향을 가지고 있으며, 그 집단적 경향은 개인적 경향의 결과라기보다는 오히려 모든 개인적 경향이 생겨나는 원천이다. 집단적 경향을 구성하는 것은 권태로운 우울증, 적극적인 자기부정, 심한 좌절 등과 같은 경향으로 나타나는 각 사회의 이기주의, 이타주의, 아노미의 흐름이다. 그와 같은 전체 사회의 집단적 경향이 개인에게 파고들어 자살을 결정하게 만드는 것이다. 일반적으로 자살의 직접 원인으로 여겨지는 개인적 사건들 대해서 말하자면, 그것들은 사회의 정신 상태의 반향인 자살자의 정신적 성향에서 유래한 것이다. 자살자는 그의 자살 이유를 설명하기 위해 자신을 에워싸고 있는 가장 가까운 주변 상황을 비난한다. 그에게 삶이 슬픈 이유는 그 자신이 슬프기 때문이다. 어떤 의미에서 보면 그의 슬픔은 분명히 외부에서 오는 것이다. 하지만 그의 슬픔은 살면서 겪은 이런저런 사건이 아니라 그가 속해 있는 집단에서 오는 것이다. 그런 이유로 자살의 계기라고 할 수 있는 직접적인 원인을 찾을 수는 없다. 자살은 자살유발의 원인들이 개인에게 영향을 미치는 정도에 달려 있다.

II.

게다가 사회적 자살률의 안정성만으로도 위의 결론의 정확성이 충분히 입증될 것이다. 비록 방법론적인 이유 때문에 그 문제를 지금까지 유보했지만, 그렇다고 다른 답을 인정하는 것은 아니다.

케틀레가 같은 기간에 반복된 일정한 사회 현상의 뚜렷한 규칙성을 가지고 학자들의 관심을 끌었을 때,[1] 그는 자신의 평균인 이론으로 그런 규

---

1   특히 다음 두 권의 저서를 지적했다. *Sur l'homme et le développement de ses facultés* ou *Essai de physique sociale*, 2 vol., Paris, 1835; *Du système social et des lois qui le régissent*, Paris, 1848.
    케틀레가 그 규칙성에 대해 처음으로 과학적 설명을 했지만, 그가 첫 번째 관찰자는 아니다. 정신 통계는 쉬스밀치 목사의 다음 저서에서 처음으로 발견된다. SÜSSMILCH, *Die Göttliche Ordnung in den Veränderungen des menschlichen Geschlechts, aus der Geburt, dem Tode und der*

칙성을 설명할 수 있다고 생각했다. 그런데 평균인 이론은 그와 같이 뚜렷한 특징을 체계적으로 설명하는 유일한 이론이다. 그에 의하면 각 사회에는 구성원 대다수가 비교적 정확하게 재현하는 분명한 유형이 있으며, 오직 소수만이 혼란을 야기하는 원인의 영향으로 인해 그런 유형에서 벗어나려 한다. 예컨대 프랑스인 대다수가 보이는 신체적, 정신적 특징의 총체가 있으며, 그런 총체는 이탈리아인들이나 독일인들에게서는 결코 같은 방식이나 같은 정도로 나타나지 않는다. 그 반대도 마찬가지다. 그런 특징들은 아주 넓게 퍼져 있기 때문에, 거기서 파생된 행위들도 많아서 커다란 그룹을 형성하게 된다. 그와 반대로 일탈적 특징들에서 파생된 행동들은 그 특징들 자체처럼 비교적 드물다. 다른 한편, 그런 일반적 유형은 절대 변하지 않는 것은 아니지만, 개인적 유형에 비해 훨씬 느리게 변한다. 왜냐하면 사회 전체의 변화는 한 사람 또는 몇몇 개인들의 변화보다 훨씬 더 어렵기 때문이다. 그런 안정성은 그 유형의 특성에서 파생된 행동에 자연스럽게 나타난다. 그리고 사회적 유형이 변하지 않는 한, 행동의 규칙성도 그 양과 질에 있어서 그대로 남는다. 따라서 그와 같은 행위 양식이 가장 일반적인 것과 마찬가지로, 안정성이 통계에 잡히는 인간 행위를 드러내는 보편적 법칙이 되는 것은 필연적이다. 실제로 통계학자는 한 사회에서 일어나는 같은 성격을 띤 모든 사실들을 취합한다. 왜냐하면 사회의 일반적 유형이 변하지 않는 한 대부분의 사실들도 크게 변하지 않기 때문이며, 다른 한편으로 일반적 유형의 변화

Fortpflanzung desselben erwiesen, 3 vol., 1742.
그 문제에 대해서는 다음을 참고하시오. WAGNER, *Die Gesetzmässigkeit,* etc.(제1부); DROBISCH, *Die Moralische Statistik und die menschliche Willensfreiheit,* Leipzig, 1867(특히 pp. 1~58); MAYR, *Die Geseizmässigkeit im Gesellschaftsleben,* Munich, 1877; OETTINGEN, *Moralstatistik,* p. 90 et suiv.

는 드물며, 따라서 통계의 집계와 결과는 상당히 긴 세월 동안 같은 상태로 남아 있을 것이기 때문이다. 물론 개별적인 특징이나 사건에서 파생된 사실들에 대해서 말하자면, 그것들은 그와 같은 규칙성을 갖지 못한다. 따라서 안정성은 절대적이지 못하다. 그것들은 예외에 속한다. 그렇기 때문에 변화는 예외적이고 오히려 안정성이 일반적인 법칙이다.

케틀레는 그와 같은 일반적 유형에 '평균적 유형'이라는 이름을 붙였다. 왜냐하면 그것은 개별적인 유형들의 산술 평균을 내면 거의 정확하게 그런 유형을 얻을 수 있기 때문이다. 예컨대 특정한 사회 집단의 구성원들 전체의 키를 잰 다음, 그것을 전부 합해 사람 수로 나누면 그 수치는 정확하게 그 그룹에서 가장 일반적인 키를 나타낸다. 왜냐하면 평균보다 더 크거나 작은 사람들, 즉 거인과 난쟁이들은 그 수에 있어서 거의 비슷할 것이기 때문이다. 따라서 그들은 서로 상쇄되어 지수에 아무런 영향도 미치지 않는다.

그 이론은 매우 단순해 보인다. 하지만 우선, 평균적 유형이 어떻게 대다수의 사람들 사이에서 실현되는가를 이해하지 않고서는 그 이론을 하나의 설명으로 간주할 수 없다. 왜냐하면 평균적 유형이 개인들의 변화에도 불구하고 동일할 수 있기 위해서는 실제로 개인들에게서 독립되어야 한다. 하지만 그와 동시에 평균적 유형은 어떤 방식으로든 그 개인들 속에 스며들어 있어야 한다. 만일 평균의 유형이 민족적 유형과 같은 것이라고 한다면, 그 문제는 전적으로 무의미해진다. 왜냐하면 인종의 구성요소는 개인의 외부에 근원을 두고 있으므로 개인과 같은 변화를 갖지 않지만, 그럼에도 그 개인을 통해서만 실현될 수 있을 뿐이기 때문이다. 따라서 인종적 특징은 극히 개인적 특질에 파고들어 그 기초로 소용된다고 설명될 수 있다. 다만, 그런 설명을 자살에 적용시킬 수 있으려면 자살 경향은 철저하게 인종에 의해 결정되어야 할 것이다. 그런데 그런 가설이 사실과 모순된다는 것을 우리는 알고 있다. 사회적 환경의 일반적 상태가 대부분의 사람들에게 동일하다고 해서 그 상태가 그들에게 거의 같은 방식으로 영향을 주고, 또 그들에게 부분적으로나마 같은 양상을 부여한다고 가정할 수 있겠는가? 사회적 환경은 본질적으로 공통된 관념, 신념, 관습, 경향으로 이루어진다. 그런 것들이 개인 내부로 파고들어가기 위해서는 어느 정도 개인들로부터 독립해 있어야 할 것이다. 그와 같은 입장이 우리가 제안했던 해결책에 가깝다. 왜냐하면 개인적 경향이 파생된 집단적 경향을 암묵적으로 인정하기 때문이다. 그리고 난 다음에 우리가 해결해야 하는 문제는 바로 그런 집단적 경향이 무엇이며, 또 어떻게 작용하는가를 알아보는 것이다.

하지만 또 다른 문제가 있다. 평균적 인간의 일반성을 어떤 방식으로든 설명할 수 있다고 해도, 그 개념으로는 사회적 자살률의 규칙성을 설명할 수는 없다. 실제로 그 개념의 성격상, 평균적 유형에 의해 이해될 수 있는 유일한 특징은 인구의 대다수에서 발견되는 것들이다. 그런데 자살은 소수자의 행동이다. 자살이 아주 빈번한 나라에서도 자살은 주민 100만 명당 300명이나 400명에 불과하다. 평균인의 자기 보존 본능으로 인해 자살은 극히 제한된다. 평균인은 자살을 하지 않는다. 자살의 경향이 드물고 비정상적이라면, 자살은 평균인에게는 완전히 낯선 것이다. 따라서 평균인에 대한 철저한 지식으로도 자살이 어디에서 기인하는지를 설명할 수 없다. 더구나 어떻게 해서 한 사회의 자살률이 안정성을 띠는지를 이해하는 데도 전혀 도움이 되지 않는다. 요컨대 케틀레의 이론은 부정확한 관찰에 근거하고 있다. 그는 안정성이 인간 활동의 가장 일반적인 행위에서만 관찰된다고 생각했다. 그런데 실제로 안정성은 희귀하고 고립된 사회 분야에서 일어날 뿐인 산발적 행위에서도 같은 정도로 발견된다. 케틀레는 예외적인 것이 아닌 불변성을 어떻게 알게 되는가를 설명함으로써 원하는 모든 것에 대답했다고 생각했다. 하지만 예외는 그 자체의 불변성을 가지며, 그 불변성은 다른 불변성보다 전혀 열등하지 않다. 모든 사람은 죽는다. 모든 살아 있는 생명체는 죽음을 피할 수 없도록 되어 있다. 그와 반대로 아주 적은 수의 사람들은 자살을 한다. 절대 다수의 사람들은 자살 경향이 없다. 하지만 자살률은 다른 일반적 사망률보다 더 큰 안정성을 갖는다. 따라서 케틀레가 인정했던 특질의 확산성과 불변성 사이에는 밀접한 상관관계는 존재하지 않는다.

게다가 케틀레 자신의 방법에 따른 결과가 우리의 결론을 확증해 준다. 그의 원칙을 위해 평균적 유형에 속하는 어떤 특질의 정도를 계산하려면 해당 사회에서 그 특질을 나타내는 사실들의 총합을 그 특질을 일으킬 수 있는 개인의 수로 나눠야 한다.

그렇게 해서 오랫동안 100만 명당 150명 이상의 자살자가 나오지 않은 프랑스 같은 나라에서 자살 경향의 평균은 100만분의150, 즉 0.00015일 것이다. 100만 명당 80명이 자살하는 영국의 평균은 0.00008에 불과하다. 따라서 평균인들에 사이에서 그만큼의 비율을 가진 자살 경향이 있어야 한다. 하지만 그 수치는 실질적으로 영寒과 같다. 그처럼 미약한 행위의 경향이라면 자살은 없는 것으로 여겨질 수 있다. 그런 비율은 단독으로 한 건의 자살을 일으키기에 충분한 힘도 가지고 있지 못하다. 따라서 두 사회 중 한 사회에서 연간 왜 더 많은 자살이 일어나는지는 자살 경향의 일반성만으로는 설명이 안 된다.

또한 그와 같은 추정조차 크게 과장되어 있다. 케틀레는 평균적으로 사람들에게 일정한 자살 친화성이 있다고 임의로 가정하고, 그 친화력의 강도를 평균인들 사이에서가 아니라 오직 소수의 예외적인 사람들 사이에서만 관찰한 행위에 따라 추정해 그런 결론에 도달했다. 그렇게 해서 비정상이 정상을 규정하는 데 사용되었다. 물론 케틀레는 경우에 따라 서로 다른 방향에서 일어나는 비정상적 사례들이 서로를 보완하고 상쇄한다는 점을 지적함으로써 그와 같은 반론을 피할 수 있을 것으로 생각했다.

하지만 그와 같은 상쇄는 키의 예에서처럼 정도의 차이는 있을지언정 모든 사람에게 발견되는 특징일 경우에만 실현 가능할 뿐이다. 우리는 예외적으로 큰 사람과 예외적으로 작은 사람의 수가 실제로 거의 같다고 생각할 수 있다. 그런 경우에는 예외적인 키의 평균은 정상적인 키와 거의 같게 된다. 따라서 모든 계산이 끝난 다음에야 비로소 정상인의 키가 나온다. 하지만 자살의 경우처럼 본질적으로 예외적인 사실의 경우에는 그 반대 결과가 나온다. 자살의 경우에 케틀레의 방법은 평균 외적 요소를 인위적으로 평균적 유형 안으로 편입시킬 뿐이다. 하지만 방금 본 것처럼 평균적 유형은 아주 미약한 상태로 나타날 뿐이다. 왜냐하면 정확히 그런 특성이 분포된 개인들의 수가 실제보다 훨씬 더 많아지게 되기 때문이다. 요컨대 그런 실수가 실제로 그다지 중요하지 않다고 해도 오류임에는 분명하다.

실제로 케틀레가 계산해 낸 수치의 의미는 특정한 사회 그룹에 속한 한 개인이 1년 중에 자살을 하게 될 확률이다. 만일 인구 10만 명 중 1년에 15명이 자살을 한다면, 우리는 그로부터 한 개인이 같은 기간 동안에 자살을 하게 될 확률이 10만분의15라는 결론을 도출할 수 있다. 그렇다고 해서 그런 확률이 우리에게 평균적인 자살 경향의 수치를 제공해 주는 것은 결코 아니며, 또한 그와 같은 경향의 존재 여부를 증명하는 데 소용될 수도 없다. 100명 중의 몇 사람이 자살을 한다는 사실이 다른 사람들도 일정 정도의 자살 경향을 갖는다는 의미를 포함하고 있는 것은 아니며, 또한 자살의 성격이나 그 원인의 강도 등에 대해서도 아무것도 알려주지 않는다.[2]

결국 평균인 이론은 우리가 제기한 문제를 해결하지 못한다. 여기서 그 문제를 다시 한 번 살펴보자. 자살자는 극히 소수이며 널리 흩어져 있다. 자살자는 각자 따로 자살하며, 다른 사람이 자살하는 것을 모른다. 그렇지만 사회가 변하지 않는 한 자살자의 수는 일정하다. 따라서 아무리 독립적이라 해도 그런 개별적인 행동은 실제로는 개인들을 지배하는 단일한 원인이나 여러 원인들의 총체 때문에 일어나야 한다. 그렇지 않다면 그런 모든 개별적인 의지들이 서로의 존재를 모르는 상태에서 매년 같은 수의 자살자를 낸다는 사실을 어떻게 설명할 수 있겠는가? 적어도 그것들 대부분은 서로 아무런 영향을 미치지 않는다. 그것들 사이에는 어떤 협력도 없다. 그런데도 모든 일이 마치 단일한 명령을 이행하듯이 일어난다. 따라서 공통적인 환경 속에 모든 개별적 의지들로 하여금 같은 방향의 경향을 띠게 하는 힘이 있으며, 그 힘의 세기가 크고 작음에 따라 자살자 수가 많거나 적어지게 만든다. 그리고 그런 힘의 효과는 신

---

2 그런 견해를 통해 인종은 사회적 자살률을 설명할 수 없다는 또 하나의 증거가 주어진다. 실제로 인종적 유형은 그 자체가 생성적 유형이다. 그 유형은 상당수의 개인들에게 공통된 특성들만을 포함한다. 하지만 자살은 예외적인 현상이다. 따라서 인종은 자살을 결정할 아무런 요인도 가지고 있지 않다. 그렇지 않다면 자살은 실제보다 더 일반적이어야 한다. 그렇지만 인종을 구성하는 어떤 요소도 자살의 충분한 원인으로 여겨질 수 없는데도, 인종이 그 본질상 사람들에게 다소간에 자살을 일으키는 어떤 원인을 제공한다고 말할 수 있을까? 그런 가설이 사실로 증명된다 하더라도, 물론 그럴 리도 없지만. 인종적 유형은 아주 평범한 영향밖에 주지 못한다는 사실을 인정할 수밖에 없을 것이다. 왜냐하면 그 가상의 영향은 대다수의 사람에게서는 나타나지 않고 아주 예외적으로만 나타날 것이기 때문이다. 한마디로 말해 모두가 같은 인종에 속한 사람들 사이에서 왜 겨우 100만 명당 100건 또는 200건의 자살밖에 일어나지 않는지가 인종을 통해서 설명될 수 없다.

체적, 자연적 환경에 따라 변하는 것이 아니라 전적으로 사회적 환경의 상태에 따라 변한다. 따라서 그 힘은 집단적이다. 다시 말해서 각 민족은 고유의 집단적 자살 경향을 가지고 있으며, 그에 따라 자살자의 수가 결정된다.

그런 관점에서 보면 자살률의 안정성은 그 개별성에 비해 결코 더 신비롭지 않다. 왜냐하면 각 사회는 짧은 기간 동안에는 쉽게 변하지 않는 고유의 특성을 가지고 있으며, 그런 자살 경향은 집단의 정신 상태에 그 근원을 두고 있어 집단에 따라 다를 수밖에 없고, 또한 각 집단의 자살 경향은 오랜 기간 일정한 것으로 보이기 때문이다. 그것은 사회적 공동의식의 가장 본질적인 요소 중 하나이다. 그런데 그런 공동의식적 상태는 개인뿐만 아니라 집단적 존재에게는 가장 개성적이고 가장 안정적일 수밖에 없다. 왜냐하면 그보다 더 근본적인 것은 없기 때문이다. 그렇게 되면 거기에서 파생되는 효과도 같은 정도의 특성과 안정성을 가져야 한다. 심지어 자살률이 전체 사망률보다 더 큰 안정성을 갖는 것도 당연하다. 왜냐하면 기온, 기후, 지리적 영향 등, 한마디로 공중보건의 여러 조건들은 해가 감에 따라 국민성보다 더 쉽게 변할 수 있기 때문이다.

그렇지만 앞서 논의한 것과는 외관적으로 다른 가설이 있으며, 어떤 학자들은 그 가설을 그럴듯하게 생각할 수 있다. 문제를 해결하기 위해 자살 결정의 가장 중요한 원인으로 여겨지는 사생활의 여러 사건들이 한 해에 같은 비율로 반복된다는 것을 가정하는 것으로 충분하지 않을까? 가령 해마다 똑같은 수의 불행한 결혼, 파산, 야망의 좌절, 빈곤 등이 일어난다고 할 수도 있다.[3] 그렇다면 같은 수의 사람들이 비슷한 상황에 처

3   앞서 인용된 드로비슈의 주장이다.

하게 되므로 매년 그런 상황에서 같은 수가 자살을 결심한다는 것도 당연하다. 그런 사람들이 보다 강력한 영향에 굴복했다고 상상할 필요도 없다. 그저 그들은 같은 상황에서 같은 방식으로 추론했다고 보는 것으로 충분하다.

하지만 우리는 그런 개인적 사건들이 비록 상당히 넓은 규칙성을 갖고 자살에 앞서 일어나지만, 자살의 실질적인 원인이 아님을 잘 알고 있다. 다시 한 번 말하지만 인간은 삶의 불행만으로는 자살을 하지는 않는다. 다른 이유로 자살에 끌리기 때문에 자살하는 것이다. 따라서 다양한 상황의 규칙적 발생으로도 자살의 규칙성은 설명할 수 없다. 더군다나 그런 개인적 상황이 어떠한 영향을 미치든 간에 그런 방법은 문제를 해결하지 않고 바꾸는 것에 불과하다. 왜냐하면 그런 절망적인 상황이 각 나라마다 고유한 법칙에 따라 왜 해마다 동일하게 반복되는지를 이해하는 문제가 남아 있기 때문이다. 이른바 안정된 사회에서 언제나 같은 수의 가정 파탄이나 경제적 재난 등이 어떻게 일어날 수 있는 것일까? 같은 사회에서 같은 사건들이 같은 비율로 규칙적으로, 하지만 사회에 따라 다양하게 반복된다는 사실은 다음과 같은 가설이 없다면 설명이 불가능할 것이다. 즉 각 사회마다 구성원들로 하여금 상업과 공업 부문에 뛰어들게 만들고, 또 가정불화 등을 일으키기 쉬운 행동을 하게 만드는 일정한 힘의 경향이 있다는 가설이 그것이다. 그런데 그와 같은 가설은 이미 논박된 것으로 생각되는 가설을 조금 다른 형태로 변형시켜 되풀이하는 것에 불과하다.[4]

---

4   그런 논의는 다른 경우에서보다는 더 두드러지지만 자살의 문제에만 국한되는 것은 아니다. 그 논의는 조금 다른 형태로 범죄에 대해서도 적용될 수 있다. 실제로 범죄자도 자살자와 마찬가지로 예외적인 존재이며, 따라서 평균적 유형으로는 범죄의 동향을 설명할 수 없다. 하지만 결혼은 살인이나 자

III.

먼저 방금 우리가 사용한 용어의 의미와 중요성을 잘 이해하도록 하자.

우리는 보통 집단적 경향이나 집단적 감정을 말할 때, 그런 표현들에서 단순한 비유만을 보거나, 일정한 수의 개인적 상태의 평균을 제외하고는 아무것도 지칭하지 않는 말하는 방식만을 보려고 한다. 집단적 경향이나 집단적 감정을 개인의 의식을 지배하는 '고유한' 힘으로 여기지 않는다. 하지만 자살 통계가 잘 보여 주는 것처럼 집단적 경향이나 집단적 감정은 그와 같은 성격을 갖는다.[5] 사회를 구성하는 개인들은 해마다 바뀐다. 그럼에도 사회 자체가 변하지 않는 한, 자살자의 수는 일정하다. 파리의 주민은 매우 빨리 바뀐다. 하지만 프랑스의 전체 자살자 중 파리의 자살자가 차지하는 비율은 거의 일정하다. 군대의 인원이 완전히 바뀌는 데 불과 몇 년이면 충분하다 해도, 한 나라에서 자살한 군인의 총수는 아주 느리게 바뀔 뿐이다. 모든 나라에서 집단생활은 연간 일정한 리듬을 따라 전개된다. 1월에서 7월까지는 증가하다가 그 후에는 감소한다. 몇몇 유럽 국가들은 아주 다른 평균적 유형을 가지고 있음에도 자살의 계절별, 월별 변화는 동일한 법칙을 따르고 있다. 그와 마찬가지로 개

살보다 훨씬 더 일반적임에도 불구하고 역시 평균적 유형으로 설명이 안 된다. 삶의 주기에 따르면 같은 연령에서 결혼하는 사람의 수는 미혼자에 비해서 소수이다. 예컨대 프랑스의 경우에 결혼을 가장 많이 하는 연령인 25세에서 30세의 사람들은 1,000명의 미혼자당 남성은 176명, 여성은 135명의 결혼율을 보일 뿐이다(1877~1881년 사이). 따라서 성적 경험과는 혼동해서는 안 되는 결혼 경향이 소수의 개인들에게서 나타날 수 있을 만큼 충분한 힘을 가지고 있다고 해도, 그런 경향이 평균적 유형 속에서 가지는 힘은 특정한 시기의 결혼을 충분히 설명할 수 있을 만큼 일반적인 힘이 아니다. 그 경우에도 자살의 경우와 마찬가지로 통계 수치는 개인적 경향의 평균 강도를 나타내는 것이 아니라 결혼에 대한 충동을 나타내는 것이다.

5   게다가 자살의 통계만이 유일한 것이 아니다. 앞서 제시한 것처럼 모든 정신적 통계에 관련된 사실에도 그런 결론이 함축되어 있다.

별적 기질에 관계없이 기혼자의 자살 경향과 사별한 사람의 자살 경향은 다른 사회집단에서도 같은 양상을 보인다. 그 이유는 모든 곳에서 사별한 사람의 정신 상태는 기혼자의 정신 상태와 같은 관계를 유지한다는 사실이다. 따라서 특정한 사회, 특정한 지역의 자살 경향을 결정하는 원인은 개인과는 독립적이어야 한다. 왜냐하면 그 원인은 영향을 받는 개인들이 누구냐에 관계없이 같은 강도를 유지하기 때문이다. 생활양식의 불변성이 결과에서의 불변성을 낳는다고 할 수 있을 것이다. 물론 그렇다. 하지만 생활양식과 결과에서의 불변성은 서로 다른 것이고, 그 불변성은 설명을 필요로 한다. 만약 생활양식이 변하지 않는데 그것을 실행하는 개인들은 끊임없이 변화한다면, 그 불변성이 개인들로부터 오는 것은 불가능하다.

다음과 같은 지적을 하면서 그런 결과에서 벗어날 수 있다고 생각할 수도 있다. 즉, 그런 연속성은 개인들의 활동 결과이며, 따라서 그것을 설명하기 위해서 개인생활과의 관계에 있어 사회적 현상에 일종의 초월성을 부여할 필요는 없다고 말이다. 실제로는 다음과 같이 말하는 것이다. "언어, 종교적 의식, 수공업자의 기술, 예술기법, 법조문, 도덕적 규범 등과 같은 모든 사회적인 것은 한 개인인 부모, 교사, 이웃, 동료들로부터 다른 개인에게 전승되고 전달된다."[6]

만일 우리가 하나의 개념이나 감정이 한 세대에서 다음 세대로 전달되는 일반적인 방식, 그리고 그 기억이 사라지지 않는 이유만을 이해하는 것이 중요하다면, 위의 설명은 엄밀한 의미에서 충분한 것으로 여겨질

---

6   TARDE, "La sociologie élémentaire", in *Annales de l'Institut international de Sociologie*, p. 213.

수 있을 것이다.[7] 하지만 자살이나 보다 넓은 의미에서 정신 관련 통계 자료에서 보고되는 모든 종류의 행동의 전승에는 그렇게 쉽게 설명될 수 없는 특수성이 들어 있다. 실제로 그와 같은 전승은 대체적으로 특정한 행위의 양식에만 관련되는 것이 아니라 '그런 행동방식이 일어나는 사례의 수'와도 관련된다. 자살은 매년 일어날 뿐만 아니라 또한 일반적으로 매년 같은 수만큼 일어난다. 사람으로 하여금 자살을 결심하게 하는 정신 상태는 무조건적으로 전승되는 것이 아니다. 더욱 주목을 끄는 것은, 그런 정신 상태가 같은 수의 사람들에게 전달되고, 또 그들은 모두 그런 정신 상태에서 자살 발생에 필요한 동일한 조건 속에 놓여 있다는 사실이다. 개인들이 서로 영향을 주지 않고 마주보고만 있는 것이 과연 가능할까? 자살 숫자가 직접 전파될 수는 없다. 오늘날의 사람들이 과거의 자살자 수를 보고 이번에 죽을 자살자 수를 파악하는 것이 아니다. 하지만 상황이 변하지 않는 한 늘 과거와 같은 수의 자살이 일어난다.

그렇다면 각 자살자는 1년 전에 자살한 사람들 중 한 명을 반면교사로 여기며 그 자신은 그 사람의 정신적 후계자라고 생각해야 한다는 말인가? 유일하게 그런 조건하에서만 사회적 자살률이 개인 간의 전승으로 유지된다고 생각하는 것이 가능할 것이다. 전체 자살률이 전체로서

---

7 "엄밀한 의미에서"라고 말했다. 왜냐하면 그런 방식으로는 문제의 핵심이 해결될 수 없기 때문이다. 그런 연속성을 설명하기 위해 정말 중요한 것은, 특정한 시기의 관행이 어떻게 다음 시기에서도 잊혀지지 않는가를 보여 주는 것만이 아니라, 어떻게 그 권위를 유지하면서 계속 기능하게 되는가를 보여 주는 것이다. 새로운 세대가 그들 선조들의 관행을 순전히 개인들 사이에서의 전승을 통해서 알고 있다는 사실로부터 그들이 반드시 그들의 선조들과 같은 방식으로 행동할 것이라는 결론이 도출되지 않는다. 도대체 무엇이 그들을 그렇게 하도록 만드는가? 관습의 존중이나 지난 세대의 권위인가? 그렇다면 그런 연속성의 원인은 관념과 관행의 전달자로서의 개인들이 아니다. 그 원인은 오히려 특정한 사람들 사이에서 선조들을 특별한 존중심을 가지고 대하게 하는 뚜렷한 집단적인 경향이다. 그리고 그 경향이 개인들에게 부과되는 것이다. 자살의 경향처럼 특정한 사회에서의 집단적 경향은 전통에 대한 개인들의 일치의 정도에 따라 그 고유의 강도를 가진다.

전승되지 않는다면, 전체를 구성하는 단위들은 하나하나 개별적으로 전승될 수밖에 없다. 그렇게 된다면, 각 자살자는 그의 자살 경향을 선행자로부터 물려받고, 그의 자살 행동은 전례의 메아리 같은 것이 될 것이다. 하지만 올해의 자살자와 작년의 자살자 사이에 그와 같은 개인적 연관이 있다는 가정을 뒷받침해 줄 수 있는 사례는 하나도 없다. 앞서 지적한 바와 같이 하나의 행동이 같은 성격의 다른 행동으로부터 그렇게 영향을 받는 일은 대단히 예외적이다. 게다가 그런 반복이 어떻게 해마다 규칙적으로 되풀이될 수 있는가? 왜 그런 반복이 일어나기 위해 일 년을 기다려야 하는가? 끝으로 왜 한 건의 모방자살만 일어나는가? 그 이유는 각기 평균 한 건의 모방만 일어나야 하기 때문이다. 그렇지 않으면 총계가 일정하지 않을 것이다. 그처럼 인위적이고 설명 불가능한 가설은 더 길게 논의할 필요가 없다. 그런 가설을 배제해 보자. 즉, 만일 연간 자살자 수가 같은 것이 다음해에 각각의 자살을 통해 그와 유사한 사건이 발생되는 것 때문이 아니라고 해보자. 그 경우에는 모든 개인적 사례를 초월하는 어떤 비개인적 원인의 영속적인 작용이 있다는 것을 인정할 수밖에 없을 것이다.

따라서 집단적 경향이라는 용어를 엄밀하게 이해해야 한다. 집단적 경향은 독자적으로 존재한다. 집단적 경향은 종류는 다르다고 해도 자연적 힘과 마찬가지로 실재하는 힘이다. 집단적 경향은 또한 자연적 힘과는 다른 경로로 외부에서 개인에게 영향을 준다. 집단적 경향이 자연적 힘보다 열등하지 않은 실체라는 증거는, 그 실체가 모두 같은 방식, 즉 결과의 통일성으로 표현된다는 것이다. 사망자 수가 매년 거의 달라지지 않는다고 단언했을 때, 우리는 사망률이 기후, 기온, 토질 등과 같이 비개인적이고 세대가 바뀌어도 일정하게 유지되는 물질적 요인에 의존한다고 여김으로써 그런 규칙성을 설명할 수 있었다. 따라서 자살과 같은 정신적 행동도 역시 단순한 수적 일치 이상의 통일성을 가지고 반복되기 때문에, 그것이 개인의 외부에 존재하는 힘에 의존한다는 것을 인정해야 했다. 다만, 그 힘은 정신적인 것일 수밖에 없다. 개인을 제외하고는 사회만이 유일한 정신적 존재이므로, 그 힘은 사회적인 것이어야 한다. 하지만 어떤 이름으로 부르건 간에 중요한 것은 그 힘의 실체를 인정하는 일이다. 또한 마치 물리적 및 화학적 힘에 반응하듯이 그것이 외부에서 개인의 행동을 일으키는 힘이라고 인정하는 것도 중요하다. 그 힘은 언어상의 실체가 아니라 '고유한' 사물이기 때문에, 마치 전류나 빛의 세기처럼 그 힘을 측정할 수도 있고 또 그 크기를 비교할 수도 있다. "사회적 사실은 객관적이다"라는 기본 명제는 다른 저서에서 입증되었기 때문에,[8] 우리는 그 명제를 사회학적 방법의 기본 원칙으로 간주하면서 정신적 통계, 특히 자살 통계에서 그것을 입증할 수 있는 새롭고 결정적 증거를 찾고자 한다. 그 명제는 상식과 분명히 다르다. 하지만 과학은 간과했던 새로운 사실을 드러낼 때마다 사람들로부터 불신을 받았다. 새로운 사물의 질서를 받아들여 새로운 개념을 정립하기 위해서는 기존의 관념 체계를 수정해야만 한다. 하지만 인간의 정신은 타성 때문에 거기에 저항한다. 하지만 결국 받아들여야 한다. 사회학이 과학이 되려면 다른 학문에서 탐구된 것과는 다른, 지금까지 알려지지 않은 세계에 대한 연구가 되어야 한다. 그런 사회학적 연구의 대상이 되는 세계가 실재의 체계가 아니라면, 그것은 무의미한 것일 뿐이다.

하지만 그와 같은 새로운 개념은 정확히 전통적인 편견에 부딪치기 때

8 *Les règles de la méthode sociologique,* chapt Ⅱ.

문에, 그 개념에 대한 이의제기가 있으면 거기에 답을 해야만 한다.

첫째, 그와 같은 새로운 개념에는 집단적 경향과 집단적 사고가 개인적 경향이나 개인적 사고와 다른 성격의 것이라는 사실이 함축되어 있다. 또한 그 개념에는 집단적 경향과 집단적 사고는 개인적 경향이나 개인적 사고에 없는 특징이 있다는 사실 역시 함축되어 있다. 그런데 사회에는 개인들만이 존재하는데 어떻게 그런 일이 가능한가? 그런 반론이 제기된다. 하지만 그렇게 본다면 생명체와 무생물 사이에는 아무런 차이가 없다고 해야 할 것이다. 왜냐하면 우리의 세포는 무생물인 원자들로만 구성되어 있기 때문이다. 그와 마찬가지로 사회에는 개인 이외의 움직이는 힘이 없다는 것은 사실이다. 다만, 개인들이 결합함으로써 새로운 종류의 정신적 존재를 형성하며, 그 존재는 고유한 생각하는 방식과 느끼는 방식을 갖게 된다. 물론 사회적 사실의 기초적 특성은 개인들의 정신 속에 씨앗의 형태로 존재한다. 하지만 사회적 사실은 개인들이 결합을 통해 변화될 때만 나타날 뿐이다. 왜냐하면 오직 그 순간에만 사회적 사실이 나타나기 때문이다. 결합 그 자체도 특별한 효과를 낳는 적극적인 요인이다. 그렇기 때문에 결합은 그 자체로 새로운 것이다. 개인들의 의식이 고립되지 않고 결합되고 집단화될 때, 세계의 무엇인가가 변한다. 그런 변화에 이어 또 다른 변화가 생겨나며, 새로움은 또 다른 새로움을 생성시키며, 그 결과 그 구성요소들에서는 발견되지 않은 새로운 특징들을 가지고 있는 현상이 나타난다.

그와 같은 명제를 부정하는 유일한 방법은, 전체는 그 부분들의 합과 질적으로 동일하다는 것, 즉 결과는 질적으로 그 생성 원인들의 총합으로 환원할 수 있다는 것을 인정하는 것이다. 그것은 모든 변화를 부정하거나 설명 불가능한 것으로 만들어 버린다는 것과 동의어이다. 어떤 이들은 그와 같은 극단적인 주장을 지지하는 데까지 나아갔다. 하지만 그 주장을 옹호하기 위해 다음과 같은 두 가지 아주 기이한 이유를 발견했을 뿐이다. ① 그들은 이렇게 주장했다. "우리는 사회학에서 개인적 의식과 개인적 의식들의 합인 복합체를 동시에 긴밀히 알 수 있는 드문 특권을 가진다." ② 그와 같은 양면적인 내적 성찰을 통해 "우리는 개인을 제외시키면 사회적인 것은 남지 않는다고 확신한다."[9]

첫 번째의 주장은 현대 심리학에 대한 과감한 부정이다. 오늘날에는 다음과 같은 사실이 인정되고 있다. 즉, 심리 세계는 직접 인식할 수 없고 일반적인 지각으로는 알아볼 수 없는 깊이를 가졌기 때문에, 그것을 이해하기 위해서는 과학이 외부 세계를 이해하면서 사용하는 복잡한 절차와 비슷한 절차를 밟아야 한다는 사실이 그것이다. 따라서 의식의 성격은 이제 신비가 아니다. 두 번째의 주장은 완전히 자의적이다. 그런 주장을 하는 사람은 개인적인 감정에 따라 사회에는 개인으로부터 오는 것 말고는 아무것도 실재하지 않는다고 단언할 것이다. 하지만 그의 주장을 뒷받침할 증거가 없으며 그런 만큼 토론이 불가능하다.

그런 주장과 상반되는 주장을 하는 것은 용이하다. 그도 그럴 것이 사회는 단순히 개인적인 특성이 외부로 확장되면서 저절로 이루어지는 것이 아니라, 개인적 특성을 제한하는 반대적인 힘으로 이루어지고, 또 그에 대해서 개인적 특성이 저항하기도 한다고 생각하기 때문이다. 개인과 개인들의 복합체인 사회라는 두 요소를 아무런 매개체 없이 직접적으로 알 수 있다면, 그 얼마나 놀라운 직관인가?

우리가 정말로 눈만 크게 뜨고 잘 바라보기만 하면 사회의 여러 법칙

---

9   TARDE, *op. cit.*, in *Annales de l'Institut de Social.*, p. 222.

을 곧바로 알 수 있다면, 사회학은 불필요하거나, 적어도 아주 단순해질 것이다. 하지만 안타깝게도 우리의 의식이 그런 분야에서는 무기력하다는 것은 너무 명백하다. 외부로부터 오는 어떤 암시가 없다면 개인의식은 그 자체로 매년 같은 인구학적 현상이 반복되는 필요성을 결코 생각하지 못할 것이다. 하물며 개인의식은 그 자체만으로는 그 원인조차 발견하지 못할 것이다.

하지만 그런 식으로 사회생활과 개인생활을 구별한다고 해서 사회생활에는 정신적인 것이 전혀 없다는 것은 아니다. 그와는 달리 사회생활은 본질적으로 집단적 표상에 의해 이루어진다. 다만, 그런 집단적 표상은 결국 개인적 표상과 다른 성격을 갖게 된다. 만일 개인심리학과는 다르며 그 자체의 고유한 법칙을 가진 사회심리학이 존재한다는 것이 인정된다면, 우리는 아무런 불편함 없이 사회학을 심리학의 일종이라고 할수도 있을 것이다. 그런 우리의 생각을 보다 더 잘 이해하기 위해 하나의 예를 들어 보자.

보통 종교의 기원으로 지각을 갖춘 인간이 신비하고 두려운 존재에게 느끼는 공포와 경외의 감정을 제시한다. 그런 관점에서 보자면 종교는 개인적 심성과 사적인 감정의 단순한 발전처럼 보인다. 하지만 그런 단순한 설명은 사실과 일치하지 않는다. 오직 집단 속의 인간만이 종교적으로 사고할 수 있다는 결론을 내리기 위해 다음과 같은 사실을 지적하는 것으로 충분할 것이다. 즉, 종교는 사회생활이 극히 조잡한 동물의 세계나 집단생활이 없는 곳에는 관찰되지 않으며, 또한 사회의 성격에 따라 종교도 달라진다는 사실이 그것이다. 만일 개인이 자기 자신과 자연세계밖에 알지 못했다면, 그는 절대로 자신과 주변 환경을 무한히 초월하는 힘의 개념에 생각이 미치지 못했을 것이다. 개인이 관계를 맺는 거대한 자연적 힘도 그에게 그와 같은 관념을 암시하지 못한다. 왜냐하면 원래 개인은 지금처럼 자연의 위력이 어느 정도 그 자신을 지배하는지를 알지 못했기 때문이다. 그와 반대로 그는 특정한 조건에서는 자연의 힘을 제어할 수 있다고 믿었을 것이다.[10] 과학은 인간에게 자연에 비해 그가 얼마나 열등한 존재인지 가르쳐 주었다. 인간에게 존경심을 일으키게 만드는 힘이자, 숭배의 대상이 된 것은 사회이다. 다만 사회라는 신은 인격적 형태를 갖고 있을 뿐이다. 종교는 결국 사회가 그 자체를 의식하는 상징의 체계이다. 종교는 집단적 존재의 독특한 사고방식이다. 종교는 개인의 의식이 결합하지 않고서는 생겨날 수 없는 위대한 집단적 심성이며, 그와 같은 결합의 결과임과 동시에 그런 결합의 결과가 다시 개인들의 특성에 더해진다.

개인적 특성을 아무리 자세히 분석해도 토테미즘이 유래한 기이한 믿음과 실천의 근원과 발전이 어떻게 이루어졌는지를 설명할 수 없을 것이다. 자연주의가 어떻게 토테미즘에서 유래하는지, 또한 자연주의가 왜 한편으로는 여호와를 숭배하는 추상적 종교가 되고, 다른 한편으로는 그리스와 로마 등의 다신교가 되는지를 설명할 수 없을 것이다. 그런데 우리가 그처럼 사회와 개인의 이질성을 구별하는 것은 앞서의 관찰이 종교뿐만 아니라 법, 도덕, 관습, 정치제도, 교육 등 모든 형태의 집단생활에도 적용된다는 것을 지적하고 싶기 때문이다.[11]

---

10 FRAZER, *Golden Bough*, p. 9 et suiv.
11 부정확한 해석을 피하기 위해 다음과 같은 사실을 덧붙이자. 즉, 우리가 앞의 논의를 통해 개인과 사회적 영역이 어디서 시작되고 또 끝나는지에 대한 분명한 한계점이 있다고 주장하는 것이 아니라는 사실이 그것이다. 연합이 이루어지지 않았을 수도 있고, 또 그 결과를 한꺼번에 모두 일으키는 것도 아니다. 그렇게 되기 위해서는 시간이 필요하며, 따라서 실체가 불확실할 경우도 없지 않다. 그렇게 해서 우리는 충돌 없이 하나의 사실에서 다른 사실로 넘어가게 된다. 하지만 그것이 그 사실들을 구

하지만 얼핏 보기에 더 심각한 반론이 우리에게 가해졌다. 우리는 사회적 심성이 개인적 심성과 질적으로 다르다는 것을 인정했을 뿐만 아니라, 사회적 심성은 어떤 의미에서는 개인의 외부에 존재한다고 인정했다. 심지어 그와 같은 외재적 특성을 물리적 힘의 외재성과 별 우려 없이 비교하기도 했다. 하지만 사람들이 이렇게 반론을 제기했다. 사회에는 개인들밖에 존재하지 않는데 어떻게 개인에게 외재하는 존재가 있을 수 있는가?

만약 그런 반론이 근거 있는 것이라면, 우리는 이율배반에 처하게 된다. 왜냐하면 이미 확증된 사실을 팽개칠 수 없기 때문이다. 매년 자살하는 소수의 사람들은 자연적으로 집단을 형성하지 않으며, 서로 소통하는 것도 아니기 때문에, 자살자 수의 일정함은 개인들을 지배하고 그들보다 더 오래 지속되는 공통된 원인의 영향 때문이라고밖에 설명할 수 없다. 지구 위에 흩어져 있는 여러 개의 개별적 사례들을 결합시키는 힘은 반드시 개인에게 외재적인 것일 수밖에 없다. 만일 그렇지 않다면 문제는 해결될 수 없다. 하지만 겉으로만 불가능할 뿐이다.

우선, 사회가 개인들만으로 구성되었다는 것은 사실이 아니다. 사회는 또한 공동생활에서 기본적 역할을 수행하는 물질도 포함하고 있다. 사회적 사실은 종종 외부 세계의 요소가 될 만큼 물질화되기도 한다. 예컨대 특정한 건축 양식은 하나의 사회적 현상이다. 그런데 그것은 한 번 이루어지면 개인과 무관한 독자적 실체가 되는 가옥이나 건물 속에서 부분적으로 구현된다. 교통과 수송을 위한 도로, 공장과 사생활에서 사용

별하지 말자는 이유는 아니다. 그렇지 않다면, 명확하게 구별되는 유사 개념은 없으며, 진화는 연속적이기 때문에, 이 세상에는 명확한 것이 전혀 없을 것이다.

되며 역사의 한 시점에서 기술이나 문자의 상태를 나타내는 도구나 기계 등도 마찬가지다. 그와 같이 물질적으로 결정되고 고정된 사회생활은 그만큼 외재화되어 외부에서 개인에게 영향을 미친다. 과거에 만들어진 도로가 우리를 어떤 나라와 연결시키느냐에 따라 우리의 활동 방향이 결정된다. 어린이들의 취향은 과거 세대가 남긴 국민적 취향의 유산과 접촉함으로써 형성된다. 심지어 수세기 동안 잊혔던 유적이, 그 유적을 남겼던 국가가 소멸되고 없는 때에 다시 나타나 새로운 사회에서 새로운 생존을 시작하는 경우도 있다. 르네상스라고 불리는 사회적 현상이 바로 그와 같은 특징을 갖는다. 르네상스는 사회생활의 일부가 오랫동안 사물 속에 남아 잠재하고 있다가, 갑자기 다시 깨어나 그것을 이루는 데 참여한 일이 없는 사람들의 지적, 도덕적 방향을 바꾸어 놓는 현상이다. 물론 그 영향을 받아들일 살아 있는 의식이 없다면 재탄생은 불가능했을 것이다. 하지만 다른 한편으로 그런 영향이 없었다면, 개인들의 의식은 전혀 다른 사고나 감정을 갖게 되었을지도 모른다.

신앙의 표현들이 응축된 구체적 교리나, 신성한 형태로 외재적으로 고정된 법률의 경우에도 우리는 같은 지적을 할 수 있다. 물론 잘 정리된 법이라고 하더라도 그 중요성을 인식하고 그것을 실천에 옮기는 사람이 없으면 죽은 문자나 다름이 없다. 하지만 법이 자족적 조건은 되지 못한다 하더라도 사회적 활동의 '고유한' 요인이 된다. 왜냐하면 법은 그 자체의 고유한 방식으로 작용하기 때문이다. 법의 성문화의 여부에 따라 법적 관계는 달라진다. 성문법이 있는 곳에서는 법체계가 더욱 규칙적인 반면, 융통성은 떨어지며, 또한 법률의 적용 역시 더 획일적이 되고 더 엄격해진다. 법은 개별적인 사례에 더 민감하게 되고, 새로운 시도에 대해서는 보다 더 강력하게 저항하게 된다. 성문법의 물질적 형태는 단순히 비효율적인 언어상의 결합이 아니라 영향을 미치는 실체이다. 왜냐하면 그런 형태로 존재하지 않는다면 발생하지 않았을 결과가 그로부터 도출되기 때문이다. 그런데 그 형태는 개인의 의식에 외재적일뿐만 아니라, 그 외재성이 바로 그것의 고유한 특징이다. 왜냐하면 그런 형태는 개인이 마음대로 할 수 없고 상황에 맞춰 쉽게 바꿀 수 없기 때문이다. 또한 같은 이유로 그런 형태는 변화에 더 저항적이다.

그렇다고 해서 모든 사회적 의식이 그런 외재화와 물질화를 이루는 것은 아니라는 점은 분명하다. 한 나라의 모든 심미적 정신이 그 영향을 받은 작품 속에 구현되지 않는다. 모든 도덕성이 명확한 격언으로 형식화되는 것도 아니다. 대부분은 흩어져 있다. 대부분의 집단생활은 자유로우며, 온갖 종류의 경향이 오가고, 모든 방향으로 순환하며, 수천 가지의 방법으로 얽히고설킨다. 그 모든 것들이 계속해서 유동적인 상태에 있기 때문에 객관적인 형태를 띠지 않는다. 오늘은 슬픔과 좌절이 사회에 가득 찼다가도, 내일은 반대로 즐거운 확신이 사람들의 사기를 올려 주기도 한다. 한동안 집단 전체가 개인주의로 기울어진다. 그러다가 사회적, 인도적 목표를 갈망하는 새로운 시대가 오기도 한다. 어제는 사해동포주의가 크게 유행하다가, 오늘은 애국주의가 승리하기도 한다. 그런 모든 소용돌이와 변화는 주요 법적, 도덕적 주요 항목이 조금도 수정되지 않고 불가침의 형태로 남아 있어도 일어난다. 게다가 그와 같은 교훈들은 잠재적인 기본 생활을 표현하는 것일 뿐이다. 그 격언들이 그런 기본 생활에서 나온 것이지만 그것을 대신하지는 않는다. 그와 같은 모든 격언의 기저에는 실제로 살아 있는 감정들이 있지만, 그런 감정들은 단지 피상적으로만 그와 같은 공리 속에 요약될 뿐이다. 그런 공리가 사회 속에 흩어져 있는 구체적인 감정과 인상과 일치하지 않으면 아무런 반향도 일으키지 못할 것이다. 따라서 설사 그런 공리에 대해 실재성을 부여한다고 해도, 우리가 그것을 도덕적 실체의 전부라고 생각하지 않는다. 그것은 기호를 그 기호가 표시하는 사물이라고 여기는 것이다. 하나의 기호는 분명히 무엇인가이다. 기호는 곧 실체이다. 그것은 일종의 초과 부수 현상은 아니다. 지적 발전에서 기호의 역할은 오늘날 잘 알려져 있다. 하지만 기호는 결국 기호일 뿐이다.[12]

하지만 그런 집단생활이 굳어질 만큼 충분한 일관성을 가지고 있지 않더라도, 그것 역시 우리가 방금 지적한 공리화된 격언과 같은 성격을 갖게 된다. '집단생활은 개별적이고 평균적인 개인의 외부에 존재한다.' 예컨대 커다란 위험이 애국적 감정의 열풍을 일으킨다고 가정해 보자. 그 경우에 보통 가장 귀중하게 여겨지는 사적 이익을 공적 이익을 위해서 철저하게 억제해야 한다는 집단적 운동이 사회 전체에 걸쳐 일어난다. 그런데 그 원리는 단지 '원하는 것desideratum'만은 아니다. 필요할 경우에는 문자 그대로 적용된다. 같은 순간에 평균적 개인 집단을 자세히 관찰해 보라! 그러면 그 많은 사람들에게서 아주 조금이라도 그런 도덕적 심성을 찾아볼 수 있을 것이다. 하지만 완전한 자기부정을 자발적으로 할 수 있는 사람은 전쟁 기간에도 드물다. '따라서 국가라는 거대한 덩어리를 구성하는 개인들의 의식들 가운데 집단적 경향에 완전히 외재적인 의식은 없다. 왜냐하면 각 의식은 집단적 경향의 작은 조각만을 보유하기 때문이다.'

---

12 그런 설명 후에 우리가 사회학에서 내면적인 것을 외면적인 것으로 대치하려 한다는 비난을 받으리라고 생각하지 않는다. 우리는 외면적인 것에서 출발한다. 왜냐하면 그것만이 직접적으로 주어졌기 때문이다. 하지만 우리는 다시 내면적인 것에 도달하고자 한다. 그 절차는 분명히 복잡하다. 하지만 우리가 사실의 질서 대신 그것에 대한 우리의 개인적 느낌을 연구하려고 하는 것이 아니라면 그 외에는 다른 방법이 없다.

가장 안정되고, 가장 기본적인 도덕적 감정에서도 같은 현상을 관찰할 수 있다. 예컨대 모든 사회는 일반적으로 인간의 생명에 대한 존중 의식을 가지고 있는데, 그 강도는 살인에 대한 처벌의 상대적 비중에 따라 결정되고 측정될 수 있다.[13] 물론 평균적 인간도 같은 감정을 느끼지만, 사회보다는 훨씬 적게, 또 사회와는 매우 다른 방식으로 느낀다. 그 차이를 보기 위해서는 개인이 살인자나 살인을 목격을 했을 때 느끼는 감정과, 동일한 상황을 군중 속에서 목격했을 때 느끼는 감정을 비교해 보는 것으로 충분하다. 그런 감정이 억제되지 않는다면 어떻게 발전할 것인지를 우리는 잘 알고 있다. 그 경우에 분노는 집단적이기 때문이다. 그런데 사회가 범죄에 대해서 분개하는 것과 범죄가 개인을 분노하게 하는 것 사이에도 매순간 같은 차이가 발견된다. 그러니까 분노 감정의 개인적 형태와 사회적 형태 간의 차이도 같다. 사회적 분노는 종종 가장 심한 보복에 의해 해소되는 것을 요구할 정도로 강력하다. 하지만 개인의 경우에 피해자가 모르는 사람이거나, 피해자에게 관심이 없거나, 범죄자가 가까이 살지 않는 등 개인적으로 위협이 되지 않는다면, 그때는 범죄가 당연히 처벌되어야 한다고 생각하지만 진정으로 보복의 감정을 가질 정도는 아니다. 개인은 범죄자를 찾으려 움직이지 않으며, 심지어 신고하는 것도 주저한다. 하지만 흔히 하는 말로 여론이 들끓으면 사태가 달라진다. 그때는 사람들이 더욱 적극적으로 강력히 요구하게 된다. 하지만 우리의

---

13 그와 같은 존경심이 한 사회에서 다른 사회보다 더 강한가의 여부를 알아보기 위해서는 제재 조치의 폭력성뿐만 아니라 형별 규정에서 형벌의 위치도 고려해야 한다. 계획적인 살인은 과거와 같이 오늘날에도 사형으로 처벌된다. 하지만 오늘날에는 단순한 사형은 상대적으로 더욱 큰 의미를 갖는다. 왜냐하면 과거에는 그 처벌보다 더 심한 처벌이 있었으나, 오늘날에는 그것이 최고형이기 때문이다. 과거에는 단순한 사형은 보통의 살인 행위에 대해서는 적용되지 않았으며, 따라서 덜 심하게 처벌되었던 셈이다.

입을 통해 말하는 것은 바로 여론이다. 우리는 개인으로서가 아니라 집단의 압력하에서 행동한다.

사회적 상태와 개인적 반항 간의 거리가 더 먼 경우도 아주 흔하다. 위의 경우에서 집단적 감정이 적어도 대부분의 사람들에게는 범죄에 저항하기에 충분한 힘을 가지고 개인화되어 유지된다. 오늘날 대부분의 사람들의 의식 속에는 사람이 피를 흘리는 모습에 대한 두려움이 아주 깊이 자리 잡고 있어 살인 의도를 억누르게 된다. 하지만 단순한 횡령이나 조용하고 비폭력적인 사기 행위 등은 그렇게 강한 반감을 갖게 하지 않는다. 부정한 방법으로 부유해지려는 모든 욕심을 억제할 정도로 타인의 권리를 존중하는 사람은 그리 많지 않다. 물론 교육이 부정한 행동에 대한 혐오감을 가르치지 않는 것은 아니다. 하지만 그런 애매하고 주저하며 쉽게 타협하는 개인의 감정과 모든 종류의 절도 행위에 대한 사회의 절대적이고 무조건적인 비난 사이에는 얼마나 먼 거리가 있는가! 또한 공공지출에 각자의 정당한 몫을 낸다든지, 세금을 횡령하지 않는다든지, 군 복무를 기피하지 않는다든지, 계약을 충실히 이행한다든지 하는 등, 보통 사람들에게서 그다지 확고하게 자리 잡지 않은 다른 의무들에 대해서는 뭐라고 할 것인가? 만일 그런 모든 점에 대해 도덕이 평균인의 불확실한 양심으로만 보증된다면, 그때 도덕은 아주 무기력하게 될 것이다.

따라서 자주 있는 일이지만, 한 사회의 집단적 유형과 사회를 이루는 개인들의 평균적 유형을 혼동하는 것은 심각한 과오를 낳는다. 평균적 인간의 도덕성은 아주 미약하다. 개인은 가장 기본적인 윤리적 원칙만 어느 정도 가지고 있을 뿐이며, 그것도 집단적 유형, 즉 사회 전체에서처럼 확실성과 권위를 가지고 있는 것도 아니다. 정확히 케틀레가 저지른 그와 같은 실수로 인해 도덕의 기원은 해결할 수 없는 문제가 되어버렸다. 일반적으로 개인이 탁월하지 못하다면, 개인을 초월하는 도덕이 어떻게 개인들의 평균적 특질을 표현하는 것만으로는 확립될 수 있을까? 기적이 없다면 작은 것에서 큰 것이 나올 수 없다. 만일 공동의식이 가장 일반적인 의식일 뿐이라면, 그것은 통속적인 수준 이상이 될 수 없다. 그렇다면 사회가 아이들에게 교육시키고자 하는 고상하고 명령적인 법규들과 사회 구성원들에게 요구하는 법률에 대한 존중은 어디서 기인하는가? 종교와 그에 동조하는 많은 철학 유파들이 도덕의 실체는 오직 신 안에서만 찾아볼 수 있다고 여기는 것은 합당한 이유가 없는 것이 아니다. 개인의 의식 속에 있는 흐릿하고 아주 불완전한 모습의 도덕은 원초적인 유형으로 간주될 수 없다.

그런 모습은 오히려 도덕이 거칠고 불충실하게 재생된 결과이며, 그런 만큼 도덕의 원형은 개인의 외부 어느 곳에 존재해야 한다. 그런 이유로 단순화를 선호하는 대중적 상상력이 발휘되어 도덕의 원형을 신 안에서 구체화시키게 된다. 물론 과학은 그와 같은 개념에 주목하지 않으며, 또 그런 개념을 받아들이지도 않는다.[14] 다만, 그런 개념을 배제한다면 도덕의 근원을 설명하지 않고 방치하거나, 아니면 집단적 의식의 체계로 간주하는 것 이외의 다른 대안이 없다. 도덕은 경험의 세계에는 존재하지 않는 것에서 유래하거나, 또는 사회로부터 나온다. 도덕성은 의식 속에서만 존재할 수 있을 뿐이다. 따라서 도덕은 개인의 의식이 아니라면 집단의 의식 속에 존재할 수밖에 없다. 그렇다면 집단의 의식은 평균적인

---

14 마치 자연과학이 자연계의 창조자인 신에 대한 신앙을 논의하지 않는 것과 마찬가지로, 도덕에 관한 학문도 역시 신에게서 도덕의 창조자를 찾는 교리에 대해 전혀 관심을 두지 않는다. 그 문제는 우리의 능력 밖의 일이다. 또한 그 답을 반드시 구해야 할 의무도 없다. 우리의 관심을 갖는 것은 2차적 원인들이다.

의식과 혼동되어서는 안 되며, 언제나 그것을 초월하는 것이라야 한다.

　그런 관찰을 통해 우리의 가설이 입증된다. 한편으로는 통계적 자료의 규칙성에는 개인의 외부에 집단적 경향이 존재한다는 사실이 내포되어 있다. 다른 한편으로는 상당히 많은 수의 중요한 사례에서 우리는 그런 외재성을 직접 입증할 수 있다. 게다가 그런 외재성은 개인적 의식과 사회적 의식의 이질성을 아는 사람에게는 전혀 놀라운 것이 아니다. 사회적 의식은 그 정의상 개인적인 경향으로부터 나오는 것이 아니라, 개인의 외부로부터만 그에게 올 수 있을 뿐이다.

　사회적 의식은 우리에게 낯선 요소들로 구성되어 있으며,[15] 따라서 우리 자신이 아닌 무엇인가를 표현한다. 집단과 유대를 가지고 집단생활에 참여함에 따라, 우리는 당연히 그 영향에 개방되어 있다. 하지만 역으로 우리는 고유의 개성을 가지고 있으므로, 우리는 집단에 참여함과 동시에 거기에서 벗어나려고 한다. 그와 같은 이중적 삶을 동시에 영위하지 않는 사람은 없기 때문에, 우리들 각자의 삶은 이중의 운동에 의해 추동된다. 우리는 사회의 방향으로 끌려감과 동시에 자신의 본성을 따르고자 한다. 따라서 우리를 제외한 나머지 사회는 사회를 벗어나려는 우리의 원심적 경향에 제약을 가한다. 또한 우리는 다른 사람들의 원심적 이탈 경향을 막기 위해 그들에게 제약을 가한다.

　우리가 다른 사람들에게 가한 압력을 우리 자신이 받는 것이다. 두 개의 상반되는 힘이 서로 대치하고 있다. 하나는 개인을 장악하려 드는 집단적 힘이다. 다른 하나는 집단적 힘을 배척하는 개인적 힘이다. 사실 집단적 힘은 개인적 힘보다 훨씬 강하다. 왜냐하면 집단적 힘은 모든 개인

15　이 책의 389면을 참고하시오.

적 힘들의 결합에서 나오기 때문이다. 하지만 집단적 힘은 개인의 수만
큼 많은 저항을 받으며, 그 결과 그런 다양한 저항 때문에 부분적으로 소
모되어 약화되고 왜곡되기도 한다. 집단적 힘이 강할 때, 그 힘을 작동시
키는 상황이 자주 반복될 때, 집단적 힘은 개인들에게 보다 깊은 인상을
남긴다. 또한 집단적 힘은 그들에게 활기찬 정신 상태를 일으키는데, 그
런 상태는 일단 형성되면 본능적 자발성과 더불어 작용하게 된다. 바로
그런 상태가 가장 기본적인 도덕 개념에서 발생한다. 하지만 또 대부분
의 사회적 경향은 너무 약하거나 우리와의 접촉이 간헐적이어서 깊이 뿌
리내리지 못하기도 한다. 그 경우에 그 작용은 피상적이 된다. 따라서 사
회적 경향은 거의 완전히 외재적이다. 어떤 집단적 유형의 요소를 측정
하는 방법은 개인의 의식 속에 있는 그 크기를 측정하는 것도 아니고 또
평균을 내는 것도 아니다. 그보다는 오히려 전체의 합을 계산해야 한다.
전체의 합을 내는 방법도 사실은 실제보다 훨씬 낮게 평가될 것이다. 왜
냐하면 그 방법으로는 개인화되면서 손실을 입은 사회적 감정만을 얻을
뿐이기 때문이다.

따라서 우리의 개념이 현학적이라고 비판하거나, 사회 현상에 뭔지 알
수 없는 새로운 종류의 핵심 원리의 근거를 부여하려 한다고 비판하는
것은 경솔하다. 우리는 사회 현상이 개인적 의식을 토대로 갖는다는 사
실을 거부하며 다른 토대가 있다고 주장한다. 그 토대는 모든 개인적 의
식들이 서로 통합되고 결합되어 형성된다. 그 토대는 실체적이거나 존재
론적인 것을 전혀 가지고 있지 않다. 왜냐하면 그 토대는 단지 부분들로
구성된 전체 이외의 다른 것이 아니기 때문이다. 하지만 그 토대는 그 구
성요소들과 마찬가지로 실재이다. 왜냐하면 그 요소들은 다른 방식으로
구성될 수 없기 때문이다. 개별적인 요소들도 역시 여러 요소로 구성되

어 있다.

오늘날 자아는 자아의 외부에 있는 다수의 의식 상태가 결합된 결과라는 사실은 잘 알려져 있다. 또한 각각의 기본적인 의식 상태는 무의식의 생명 단위들의 산물이고, 그와 마찬가지로 각각의 생명단위는 무생물 분자들의 결합으로 이루어졌다는 것도 잘 알려져 있다. 따라서 만일 심리학자와 생물학자들의 연구에서, 자신들이 연구하는 현상이 보다 하위 단계에 있는 요소들의 결합이라는 사실만으로, 그 현상이 확실한 근거가 있는 것으로 여기는 것이 일리가 있다면, 왜 사회학에서만 사정이 다르겠는가? 생명력과 실체적인 영혼에 대한 가설을 포기하지 않는 사람들만이 그런 주장이 부적절하다고 판단할 것이다. 그렇게 되면 신념과 사회적 관행은 그 개별적 표현과 독립적으로 존재한다고 그 주장을 반박하는 것은 전혀 이상하지 않을 것이다.[16] 하지만 그렇다고 해서 사회가 개인들 없이 존재할 수 있다고 주장하는 것은 아니다. 그것은 의심스러운 주장이다. 우리는 다음과 같은 사실을 주장한다. ① 개인들의 결합으로 형성되는 집단은 각 개인과는 다른 종류의 실체를 갖는다. ② 집단 안에서 그 속성으로부터 집합적 상태가 발생하며, 그것은 그 전에 개인에게 영향을 미치고 또 그 개인 안에 새로운 형태로 순수한 내면적 존재를 만들어낸다.

게다가 개인과 사회의 관계를 이해하는 그와 같은 방식은 오늘날 동물학자들이 종에 대한 개체의 관계에 적용하는 개념을 상기시킨다. 종이란 단순히 개체가 시간적으로 지속되고 공간적으로 일반화된 것이라는 단순한 이론은 점차 폐기되고 있다. 실제로 그와 같은 이론은 한 사례에서

16 TARDE, *op. cit.*, p. 212.

나타난 변이가 아주 드물게 그 종의 특성이 될 뿐이며, 또한 그런 사례도 의심의 여지가 있다는 사실과 충돌한다.[17] 품종의 독특한 특성들은 품종 전체에서 변화하는 경우에만 개체 속에서 변화할 뿐이다. 따라서 품종은 일정한 실체를 가지면서 개체들 속에서 다양한 형태를 취하므로, 품종이 단순히 개체들의 일반화로 이루어지는 것이 아니다. 물론 우리는 그 이론이 완전히 증명된 것이라고 여기지는 않는다. 하지만 다른 분야의 연구 결과를 차용할 필요 없이, 우리의 사회학적 개념이 실증과학과 유사성이 있다는 것만 보여 주는 것으로 충분하다.

IV.

그런 관념을 자살의 문제에 적용해 보자. 그러면 이 장章의 앞부분에서 제시된 해결책이 더욱 분명해질 것이다.

사회에 따라 다른 구성 비율로 이기주의, 이타주의, 아노미 등과 결합되지 않는 정신적 관념은 존재하지 않는다. 왜냐하면 사회생활은 개인이 특정한 개성을 가짐과 동시에 동시에 공동체가 요구하면 개인적 특성을 버릴 수도 있다는 것, 그리고 개인은 어느 정도 진보의 관념에 개방되어 있다는 사실을 가정하기 때문이다. 그런 이유로 어떤 국민들에게도 그런 세 가지 경향이 공존하며, 사람들을 세 가지 방향으로, 때로는 반대되는 방향으로 기울게 만든다. 그런 경향들이 서로 상쇄될 때에는 도덕적 주

---

17 DELAGE, *Structure du protoplasme, passim*; WEISSMANN, *L'hérédité*; 그리고 바이스만의 저서에서 전개된 이론과 가까운 모든 이론들을 참고하시오.

체는 균형 상태에서 자살 충동을 피할 수 있다. 하지만 그 가운데 한 경향이 다른 경향들을 손상시킬 정도로 강해지면, 그 경향은 개체화되어 앞서 제시된 이유로 인해 자살 생성적이 된다.

물론 그 경향이 강할수록 사람들은 자살을 결정하는 데 더 큰 영향을 받게 되고, 그 역도 마찬가지다. 하지만 그 강도는 다음과 같은 세 종류의 원인에만 의존할 수 있을 뿐이다. ① 사회를 구성하는 개인들의 성격, ② 개인들이 결합하는 방식, 즉 사회 조직의 성격, ③ 사회의 해부학적 구성을 변화시키지 않으면서 집단생활의 기능에 혼란을 일으키는 국가 위기나 경제위기 등과 같은 일시적 사건들. 개인들의 특질에 대해서 보자면, 그것들은 모든 사람에게 존재할 때에만 어떤 역할을 하게 된다. 왜냐하면 아주 개인적인 특질이나 소수집단에만 해당되는 특질은 대다수 사람에 의해 무시되기 때문이다. 더군다나 개인적인 특질은 서로 다르며, 따라서 집단적 현상을 낳는 과정에서 서로 상쇄되어 사라진다. 결국 보편적인 인간의 특성만이 어떤 효과를 낼 수 있을 뿐이다. 그런데 그런 특성은 거의 변하지 않는다. 그런 특성이 변하기 위해서는 최소한 한 국가의 흥망보다 긴 여러 세기가 필요할 것이다. 따라서 자살률을 좌우하는 사회적 조건만이 유일하게 그 자살률을 변화시킬 수 있다. 왜냐하면 사회적 조건만이 유일하게 변하기 때문이다. 그런 이유로 사회가 변하지 않는 한 자살률은 일정하게 유지된다. 자살률이 일정한 것은 자살을 일으키는 정신 상태가 알 수 없는 계기로 일정 인원의 개인들에게 나타나고, 또 어떤 알 수 없는 이유로 그 정신 상태가 같은 수의 사람들에게 전파되기 때문이 아니다. 자살률이 일정한 것은 오히려 자살을 일으키는 비개인적 원인과 자살을 지속시키는 비개인적 원인이 같기 때문이다. 자살률이 일정한 것은 또한 사회 단위들의 집단화가 이루어지는 방식과 개인과 집단의 공존의 성격에 변화가 없기 때문이다. 따라서 사회적 단위들 사이의 작용과 반작용이 일정하면 거기서 생겨나는 관념과 감정도 변할 수 없다.

그렇지만 그런 경향 중 하나가 사회의 모든 부분에 걸쳐 압도적인 영향을 미치는 일이 불가능하지는 않지만 아주 드물다. 한 경향이 어느 정도의 지배적인 영향을 미치는 일은 언제나 그 경향의 발전에 특히 유리한 조건을 갖춘 제한적 환경 속에 일어난다. 직업이나 종교와 같은 몇몇 사회적 조건이 그런 경향을 특히 더 강하게 자극한다. 그렇게 해서 자살의 이중적 성격이 설명된다. 자살을 외부적으로 드러난 사태로만 볼 때, 거기에서 서로 독립적인 일련의 사건의 결과만을 보려할 수도 있다. 왜냐하면 자살은 상호 간에 관계가 없이 서로 떨어진 지역에서 발생하기 때문이다. 하지만 취합된 개별적 사례들의 합은 그 자체로 통합성과 개체성을 갖는다. 왜냐하면 사회적 자살률은 각각의 집단적 개성의 특징이기 때문이다. 자살을 가장 빈번하게 발생시키는 특정 환경은 국토 전체에 수많은 양상으로 흩어져 있지만, 또한 서로 밀접하게 연결되어 있기도 하다. 왜냐하면 그 환경들이 단일한 유기체의 여러 기관처럼 전체의 여러 부분이기 때문이다. 따라서 각 환경의 상태는 사회의 전반적인 상태에 달려 있다. 하나의 경향은 전체 사회의 경향의 강도와 밀접한 유대관계가 있다. 이타주의는 민간인들 사이에서의 군대의 역할에 따라 그 다음 해에 군대에서 더 강하거나 약한 경향을 보이게 된다.[18] 한 나라 전체에서 개신교적 분위기가 강하면 강할수록 개신교 신도들의 지적 개인주의는 더욱 발전하고 그들의 자살도 더욱 많아진다. 모든 것은 서로 연

18 이 책의 286~291면을 참고하시오.

결되어 있다.

하지만 정신질환을 제외하면 자살의 결정 요인으로 여겨질 수 있는 개인적 상태는 없다. 하지만 집단적 감정도 개인들이 그것을 전혀 원치 않을 경우에는 그들 안으로 파고들어갈 수 없는 것처럼 보인다. 우리는 그런 자살 생성적 경향이 그 영향을 받아들일 충분한 수의 사람들에게 어떻게, 언제, 어떤 환경에서 나타나는지를 아직까지 살펴보지 않았다. 따라서 앞의 설명이 부정확하다고 생각할 수도 있을 것이다.

하지만 우리가 만일 그런 결합이 반드시 필요하며 집단 경향은 예비적 성향 없이는 개인을 강제할 수 없다고 가정한다면, 그와 같은 조화는 자동적으로 이루어질 것이다. 왜냐하면 사회적 경향을 결정하는 원인이 개인에게 영향을 미침과 동시에 집합적 행동에 적합한 집합적 경향을 받아들이도록 개인을 유도하기 때문이다. 그 두 요소 사이에는 자연적인 친화력이 있다. 그것들은 같은 원인에 의존적이며, 또 같은 원인의 표출이기 때문에 서로 결합되며 적용한다. 아노미적 경향과 이기주의적 경향을 낳는 초문명은 개인의 신경 체계를 날카롭고 극도로 예민하게 만든다. 그 결과, 그 경향들은 하나의 구체적 대상에 완전히 연결되지 못하며, 점점 더 규율을 참지 못하고 격렬한 분노와 과장된 우울감에 빠지기 쉽게 된다. 그와 반대로 원시인들의 지나친 이타주의 속에 포함된 조잡하고 거친 문화는 그들의 자기부정을 용이하게 만드는 무감각을 발달시키게 된다. 간단히 말해서 사회가 많은 부분 개인을 형성하며, 그것도 사회의 이미지에 따라 형성한다. 말하자면 사회는 개인들을 그 차제의 손으로 만들었기 때문에 영향을 미칠 대상이 사라지는 경우는 없다.

이제 우리는 자살의 발생에서 개인적 요인의 역할이 어떤 것인지를 좀 더 명확하게 제시할 수 있다. 일정한 정신적 환경, 예컨대 같은 종교나 같은 부대, 같은 직업에서 어떤 개인들은 영향을 받고 다른 개인들은 그렇지 않는다고 해보자. 그것은 대체로 영향을 받는 사람들의 정신 상태가 타고난 성격과 사건의 영향으로 인해 자살 생성적 경향에 대한 저항력이 작아졌기 때문이다. 하지만 그런 조건들이 한 개인에게 자살 경향을 구체화시키는 데 영향을 미친다고 해도, 그 자살 경향의 특성이나 강도가 그런 조건에 좌우되는 것은 아니다. 한 사회 집단에서 매년 일정한 수의 자살자가 나오는 것은 그 사회에 같은 수효의 신경증 환자가 있어서가 아니다. 신경증적 경향은 단지 자살자로 하여금 좀 더 쉽게 자살 경향에 굴복하게 할뿐이다. 그 점에 있어서 임상의사와 사회학자의 관점 사이에는 큰 차이가 있다. 임상의사들은 전적으로 서로 떨어져 있는 개별 사례들만 취급할 뿐이다. 그런데 의사는 종종 자살자가 신경증 환자이거나 알코올 중독자임을 밝히고, 자살이 그런 정신질환 때문이라고 설명한다. 어떤 의미에서 의사가 옳다. 왜냐하면 그의 이웃이 아니라 바로 그 사람이 자살했다면, 그것은 대개 그런 이유에서이기 때문이다. 하지만 일반적으로 사람이 자살하는 것은 그런 동기에서가 아니다. 또한 그런 동기가 '한 사회에서 일정 기간 동안의 자살자 수를 결정하는 것도 아니다'. 개별적인 사례만 관찰하는 사람은 필연적으로 현상의 생성 원인을 놓치게 된다. 왜냐하면 그런 원인은 개인의 외부에 있기 때문이다. 그 원인을 발견하기 위해서는 개별적 사건들보다 더 상위의 관점을 취해야 하며, 무엇이 그것들의 단일성을 부여하는가를 알아내야 하기 때문이다. 어떤 사람들은 만일 신경증 환자의 수가 충분하지 않다면, 사회적 원인이 영향을 발휘하지 못했을 것이라고 반박할 수도 있다. 하지만 여러 형태의 신경질환이 있는 사회에서 필요한 수 이상의 자살 후보자가 나타나지 않는 사회는 없다. 물론 그중의 일부만이 실제로 자살을 하는 것은 사실이다. 그들은 상황에 따라 비관적인 자살 경향에 보다 가까이 접근한 사람들이며, 결국 그 영향에 완전히 넘어간 사람들이다.

하지만 해결해야 할 마지막 한 가지 문제가 남아 있다. 자살자 수가 매년 일정하다는 점을 고려하면, 자살 경향은 영향을 미칠 수 있는 모든 사람을 동시에 공격하지는 않는다는 문제이다. 다음 해에 자살 경향의 영향을 받을 사람들은 이미 존재하고 있다. 그들은 집단생활에 얽혀 있으며, 따라서 그 영향을 이미 받고 있다. 그렇다면 그들은 어떻게 잠정적으로 그 영향을 모면할 수 있는 것일까? 우리는 자살 경향이 완전히 발동하기까지 1년이 필요하다는 사실을 알고 있다. 왜냐하면 사회적 활동은 계절에 따라 일정하지 않으며, 따라서 자살 경향도 연중 강도와 방향이 달라지기 때문이다. 1년의 회전이 끝난 다음에야 비로소 모든 상황의 결합이 완결되며, 그에 따라 자살의 수가 달라질 수 있다. 하지만 가설적으로 말해서, 다음 해가 앞의 해를 반복할 뿐이고 동일한 결합을 낳을 뿐이라면, 왜 첫해로 충분하지 않은가? 흔히 하는 표현으로 왜 사회는 할부로 지불하는가?

우리의 생각으로는 그와 같은 지연의 이유는, 시간이 자살 경향에 영향을 미치는 방식 때문이다. 시간은 보조적 요인이지만 중요한 요인이다. 실제로 우리는 자살 경향이 청년기에서 노년기까지 계속 증가한다는 것을 알고 있다.[19] 노년기의 자살은 종종 유년기의 10배에 이른다. 따라서 자살을 일으키는 집단적 힘은 점진적으로 개인에게 침투할 뿐이다.

---

19 그렇지만 그런 증가는 이타적 자살의 사례가 비교적 적은 유럽 사회에서만 입증되었다는 사실을 지적하자. 아마도 연령에 따른 이타적 자살의 증가의 경우에는 사실이 아닌 듯하다. 이타적 자살은 사회생활에 가장 적극적인 성년기에 최고조에 달할 수 있다. 다음 장에서 살펴보게 될 이타적 자살과 타살과의 관계를 통해 그런 가설이 입증될 것이다.

모든 조건이 일정하다면 사람은 나이를 먹을수록 자살의 경향으로의 접근이 더 쉬워진다. 그것은 어쩌면 이기적인 삶의 공허함과 무한한 욕망의 허무함이 완전히 드러나기 위해서는 반복적인 경험이 필요하기 때문일 것이다. 정확히 그런 이유에서 자살자는 시간이 지남에 따라 그 운명을 끝맺게 되는 것이다.[20]

---

20 우리가 다루지 않는 형이상학적인 문제를 제기하고 싶지는 않지만, 그런 통계이론이 인간으로 하여금 모든 종류의 자유를 거부하게 만드는 것은 아니라는 점을 지적하자. 그와 반대로 그런 이론은 개인을 사회적 현상의 원인으로 규정하는 것보다도 더 많은 자유의지의 문제를 남겨 놓는다. 실제로 집단적 표현의 규칙성의 원인이 무엇이든 간에 그 결과는 일어날 수밖에 없다. 그렇지 않다면 그 결과는 무작위적이어야 하지만 실제로는 일정하기 때문이다. 만일 그 원인들이 개인들에게 내재한다면, 그것들은 필연적으로 그들의 행동을 결정할 수밖에 없다. 따라서 그런 가설은 엄격한 결정론을 피할 수 없다. 하지만 만일 인구학적 자료의 안정성이 개인에 외재하는 힘에서 나온다면 결정론은 피할 수 있게 된다. 왜냐하면 그런 힘은 특정한 개인들의 행동을 결정하지는 않기 때문이다. 그 힘은 그런 행동이 그런저런 사람에 의해 수행되어야 한다는 것이 아니라, 일정한 수의 행동이 일어나는 것을 요구하는 것이다. 어떤 사람은 그 힘에 저항하고, 또 어떤 사람은 그 영향을 받아들인다는 것은 가능하다. 사실상 우리는 물리적, 화학적, 생물학적, 심리학적 힘에다 외부에서 인간에게 영향을 미치는 사회적 힘을 더하는 것뿐이다. 따라서 만일 그런 힘이 인간의 자유를 제한하지 않는다면, 사회적 힘도 그렇지 않을 이유가 없다. 결국 두 가지 힘의 입장에서 문제가 똑같이 제기된다. 예컨대 전염병 오염 지역이 있다면, 그 강도는 그로 인한 사망률을 미리 결정할 것이다. 하지만 누가 오염되어야 한다고 결정하는 것은 아니다. 자살생성 경향과 자살자가 처해 있는 상황과의 관계도 마찬가지다.

제2장
자살과 다른
사회적 현상과의 관계

자살은 그 기본적 요소로 인해 하나의 사회적 현상이기 때문에, 여러 다른 사회 현상 속에서 자살이 어떤 위치를 차지하고 있는지를 살펴보아야 한다.

그 주제에 대해 가장 중요하고 우선적으로 제기되는 문제는 자살을 도덕적으로 허용되는 행동으로 보는가, 아니면 금지된 행동으로 보는가이다. 자살은 어느 정도로 범죄 행위와 같은 것으로 보아야 하는가? 그 문제가 항상 얼마나 격렬한 논쟁의 대상이 되었는지를 우리는 잘 알고 있다. 대개 그 문제를 해결하기 위해 어떤 이상적인 도덕 개념을 먼저 정립하고, 이어서 자살이 논리적으로 거기에 해당되는지의 여부를 묻는 것으로부터 시작했다. 다른 곳에서 제시한 바 있는 이유 때문에,[21] 우리는 그런 논법을 사용하지 않을 것이다. 통제되지 않은 연역적 추리는 항상 의심스러우며, 게다가 순수한 개인적 감수성에서 나온 가정에서 비롯된다. 왜냐하면 사람은 누구나 자기 나름의 이상적인 도덕성을 공리로 여기기 때문이다. 그런 논법 대신에 우리는 우선 역사 속에서 사람들이 자살을

---

21   *Division du travail social*, Introduction.

도덕적으로 어떻게 평가해 왔는지를 살펴본 후 그런 평가의 이유가 무엇이었는지를 살펴보고자 한다. 그 다음에 그런 이유들이 현대사회에서 어느 정도의 근거가 있는지 알아보면 될 것이다.[22]

I.

기독교 사회가 형성되자마자 곧바로 자살은 공식적으로 금지되었다. 452년에 열린 아를르 공의회는 자살을 범죄로 선언하고, 자살은 오직 악마가 부추긴 분노 때문에만 발생할 수 있는 결과라고 규정했다. 하지만 자살이 형별적인 규제를 받게 된 것은 다음 세기인 563년에 열린 프라하 공의회에서였다. 그 공의회에서 자살자에게 다음과 같은 처분이 내려졌다. "자살자는 추도 미사로 추모할 수 없으며, 매장할 때도 성가를 불러주어서는 안 된다." 교회법에 뒤이어 세속 법률이 제정되고, 종교적인 처벌에 실질적인 형벌이 추가되었다. 특히 루이 9세 법전은 특히 자살 문제를 규정하기 위해 한 장을 할애했다. 그 법전에 따르면 자살자의 시신은 살인 사건에 준해 당국의 재판을 받는다. 자살자의 재산은 상속자에게 물려주는 대신 영주에게 돌아가게 되었다. 또한 재산의 몰수에 그치지 않고 여러 가지 고문을 가하는 관습이 생겨났다. "보르도에서는 시체

---

22 Appiano BUONAFEDE, *Histoire critique et philosophique du suicide*, 1762, trad. fr., Paris, 1843; BOURQUELOT, "Recherches sur les opinions de la législation en matière de morts volontaires", in *Bibliotheque de l'Ecole des Chartes*, 1842 et 1843; GUERNESEY, *Suicide, history of the penal laws*, New York, 1883; GARRISON, *Le suicide en droit romain et en droit français*, Toulouse, 1883; Wynn WESCOTT, *Suicide*, Londres, 1885, pp. 43~58; GEIGER, *Der Selbstmord im klassischen Altertum*, Augsbourg, 1888.

를 거꾸로 매달았으며, 아베비유에서는 시체를 허들[23]에 담아 거리로 끌고 다녔으며, 릴에서는 남자라면 시체를 교차로에서 끌고 다닌 다음 매달고, 여자라면 시체를 불태웠다."[24] 심지어 정신질환으로 자살한 사람도 예외를 두지 않았다. 1670년에 루이 14세가 공포한 형법 조례에서는 그런 관행들이 별다른 수정 없이 법률화되었다. 일반적으로 처벌은 '영원한 기억을 위해서ad perpetuam rei memoriam'로 불렸다. 시체를 엎드린 자세로 허들에 싣고 거리와 광장을 거쳐 쓰레기더미 위에 올려놓거나 매달아 놓았다. 자살자의 재산은 몰수되었다. 자살한 귀족은 작위를 빼앗기고 평민의 지위로 떨어졌다. 그들의 숲은 벌목되고, 성채는 파괴되고, 문장을 새긴 방패는 파괴되었다. 그와 같은 법령에 따라 1749년 1월 31일자로 제정된 파리 의회의 법이 아직도 남아 있다.

그 후 1789년 대혁명이 발발하고 나서 그와 같은 모든 억압적인 규정이 철폐되고, 자살이 형법상 범죄에서 제외되었다. 하지만 많은 프랑스인들이 믿는 모든 종교에서는 아직도 자살을 금지하고 처벌하고 있으며, 일반 도덕도 자살을 비난하고 있다. 아직도 일반 의식 속에서는 자살에 대한 반감이 자살 발생 장소와 자살자의 주변 사람들한테까지 미치고 있는 실정이다. 그 점에 대한 견해가 과거보다는 관대해진 것처럼 보이지만, 자살은 여전히 도덕적 흠으로 여겨진다. 게다가 자살을 범죄로 보는 시각이 아직도 남아 있다. 많은 법체계에서 자살 방조자는 살인으로 기소된다. 만일 자살이 도덕과 관계없는 행동이었다면 그렇게 될 수는 없을 것이다.

---

23   역주: 죄수를 형장으로 운반할 때 쓴 썰매 모양의 운반구.
24   GARRISON, *op. cit.*, p. 77.

그와 같은 법제는 모든 기독교 국가에서 발견되며, 프랑스보다 더 심한 법이 남아 있는 나라도 있다. 10세기부터 영국의 에드워드 왕은 직접 공표한 법전에서 자살자를 법적으로 절도범, 암살범, 그 밖의 모든 범죄자와 같이 취급했다. 1823년까지도 자살자의 시신을 꼬챙이로 십자형으로 뚫어 길거리에 끌고 다니고, 장례식도 없이 길가에 묻는 것이 일반적이었다. 오늘날에도 매장을 따로 하고 있다. 자살은 '중죄felo de se'로 규정되었고, 자살자의 재산도 국가에 몰수되었다. 그런 규정이 철폐된 것은 비로소 1870년에 중죄에 대한 재산몰수가 전부 폐지되면서부터였다. 아주 지나친 처벌이 이미 오래전에 사라진 것은 사실이다. 배심원들은 법을 피해서 자살이 정신이상 상태에서 행해졌으므로 책임이 없다고 선고하는 것이 통례였다. 하지만 자살은 여전히 범죄로 규정되어 있다. 자살이 일어날 때마다 정식으로 조사되고 보고되며, 자살 기도는 원칙적으로 처벌되고 있다. 페리에 의하면[25] 1899년에 영국에서만 자살이 범법 행위로 106건이나 법적으로 처리되었고, 84건에 대해 유죄선고가 내려졌다. 공범에 대해서는 그와 같은 관념이 더 많이 남아 있다.

미슐레는 취리히에서도 과거에는 자살자의 시신을 끔찍하게 다루었다고 보고하고 있다. 어떤 사람이 칼로 자살하면 그 시체의 머리 부분 근처에 단검을 고정시킨 나무조각을 박았으며, 물에 빠져 자살한 사람은 1.5m 수심 아래 모래 속에 묻혔다.[26] 프로이센에서는 1871년의 형법 제정까지 어떤 종교적 장례식도 없고, 어떤 장식도 없이 자살자를 매장했다. 그리고 독일의 새로운 형법은 아직도 자살 방조자를 3년 징역형으로

---

25 *Omicidio-suicidio*, pp. 61~62.
26 *Origines du droit français*, p. 371.

처벌하고 있다(216조). 오스트리아에서는 옛날 법령의 규정이 거의 그대로 답습되고 있다.

러시아 법은 더 가혹하다. 만일 자살이 장기적 또는 일시적 정신착란으로 인한 것이 아니라면, 자살자의 유서는 무효화되고, 그가 자살에 앞서 행한 모든 재산 처분도 무효화된다. 그에게는 기독교식 장례가 거부된다. 단순 자살 기도는 교회 당국이 정하는 벌금형을 받는다. 또한 자살을 부추기거나 필요한 도구를 제공하는 등 어떤 형태로든 자살 결심의 실행을 돕는 행동은 고의적 살인의 공범자로 취급했다.[27] 스페인의 법령은 종교적 및 도덕적 처벌 외에 재산을 몰수하고 모든 방조 행위를 처벌한다.[28]

끝으로 뉴욕 주의 형법은 상대적으로 근래의 것(1881년)인데도, 자살을 범죄로 규정하고 있다. 물론 그런 규정에도 불구하고 죽은 자살자를 처벌할 방법이 없으므로, 실질적인 처벌이 이루어지지는 않았다. 하지만 자살 기도는 최고 2년의 징역이나 200달러의 벌금형, 또는 두 가지 처벌을 동시에 다 받을 수 있다. 자살을 조언하거나 찬성하는 행위만으로도 살인 방조로 간주된다.[29]

이슬람 사회도 역시 자살을 강력하게 금지하고 있다. 마호메트는 이렇게 설파했다. "사람은 오직 각자의 수명을 정한 책에 따라 신의 뜻에 따라서만 죽는다."[30] "그때가 오면 조금도 늦출 수 없으며, 앞당길 수도 없다."[31] "신께서 죽음이 너희들에게 차례로 떨어지는 것을 막으셨다. 그

27 FERRI, *op. cit.*, p. 62.
28 GARRISON, *op. cit.*, pp. 144~145.
29 FERRI, *op. cit.*, pp. 63~64.
30 *Coran*, III, v. 139.
31 *Ibid.*, XVI, v. 63.

누구도 신을 앞지를 수 없다."[32] 자살은 사실상 이슬람 문화의 기본 정신에 가장 상충된다. 왜냐하면 이슬람교에서는 신의 뜻에 절대 복종과 "모든 일을 참을성 있게 견디는"[33] 순종적인 인내를 최상의 미덕으로 삼기 때문이다. 따라서 순종하지 않는 반항적인 행동인 자살은 기본적인 의무에 대한 심각한 위반으로 여겨지지 않을 수 없다.

현대사회로부터 눈을 돌려 고대 그리스와 로마의 도시국가로 거슬러 올라가 보면, 우리는 그 사회에서도 역시 자살에 관련된 법을 발견하게 된다. 그런데 원리가 같지 않다. 자살은 국가에 의해 허용되지 않은 경우에만 불법으로 여겨졌다. 아테네의 어느 자살자는 도시에 대해서 불의를 저질렀다는 이유로 '아티미아(ἀτμία: 시민권 박탈)'라는 처벌을 받았다.[34] 자살자에게는 정식으로 장례를 치러주는 명예가 거절되었다. 게다가 그의 손은 잘려 몸과 따로 매장되었다.[35] 테베, 키프로스에서도 세부 사항은 다르지만 비슷했다.[36] 스파르타에서는 규제가 더욱 엄격해 아리스토데모스는 자살을 기도했다는 이유로 처벌 받았고, 플라티아이의 전투에서 죽음을 택했다. 하지만 그런 처벌은 당국의 사전 허가를 받지 않고 개인이 자살했을 때에만 적용되었다. 아테네에서는 자살자가 자살하기 전에 원로원에서 자신의 삶이 참을 수 없는 이유를 설명하고 정식 허가를 받으면, 자살이 합법적인 행동으로 간주되었다. 리바니우스[37]는 정확한 시대는 말하지 않았지만 아테네에서 실제로 적용되었던 자살 관련 법률

32 *Ibid.*, LVI, v. 60.
33 *Ibid.*, XXXIII, v. 33.
34 ARISTOTE, *Eth. Nic.*, V, 11, 3.
35 ESCHINE, *C. Ctésiphon*, p. 244; PLATON, *Lois*, IX, 12, p. 873.
36 Dion CHRYSOSTOME, *Or.*, 4, 14 (éd. TEUBNER, V, 2, p. 207).
37 *Melet*, édit. Reiske, Altenburg, 1797, p. 198 et suiv.

에 대해 알려 주고 있다. 게다가 그는 그 법규들을 크게 찬양하면서, 그 법규들이 아주 다행스러운 결과를 낳았다고 말하고 있다. 그 법규들은 다음과 같다. "누구든 더 이상 살고 싶지 않은 사람은 그 이유를 원로원에서 진술할 것이며, 허가를 얻은 후에 생명을 버려라. 만일 삶이 싫거든 죽어도 좋다. 운명에 압도된 사람은 독초를 마셔라. 슬픔을 이길 수 없다면 생명을 포기하라. 불행한 사람은 그의 불운을 자세히 이야기하게 하라. 그리고 정무관은 그에게 해결 수단을 제공토록 하라. 그렇게 하면 그의 불행은 끝나게 될 것이다." 키오스에도 같은 법이 있었다.[38] 마르세유를 세운 그리스인 식민자들은 그 도시에도 그 법을 전했다. 정무관이 독약을 보관하고 있다가, 600인 회의에서 자살의 이유를 설명하고 허가를 받은 모든 사람들에게 필요한 양을 공급했다.[39]

우리는 초기 로마법의 조치에 대해서는 별로 아는 것이 없다. 오늘날 전래되는 '12표법'의 단편들에서는 자살에 대해 언급하고 있지 않다. 하지만 그 법은 그리스 법의 영향을 강하게 받았으므로 아마 유사한 법규들이 포함되어 있었을 것이다. 어쨌든 세르비우스는 『아에네이스 Enéide』[40]에 대한 주석에서 제사장의 법에 따라 목을 매어 죽은 자는 장례의 권리를 박탈당했다고 가르쳐 주고 있다. 라누비움의 종교단체 법규도 같은 처벌을 규정했다.[41] 세르비우스가 인용한 연대기의 저자 카시우스 헤르미나에 따르면, 타르킨 왕[42]은 자살의 전파를 막고자 자살자의 시

---

38 VALERE-MAXIME, 2, 6, 8.
39 VALERE-MAXIME, 2, 6, 7.
40 XII, 603.
41 LASAULX, "Ueber die Bücher des Koenigs Numa", dans ses *Etudes d'antiquité classique*. GEIGER, p. 63에서 재인용.
42 역주: B.C. 510년에 로마에서 쫓겨난 에트루라이족의 마지막 왕.

체를 고문한 후 십자가에 매달고 야생조류와 야생동물들의 먹이로 만들었다.[43] 자살자의 시신을 매장하지 않는 관습은 적어도 원칙적으로는 지속되었던 것으로 보인다. 왜냐하면 유스티니아누스 법전에는 이렇게 기록되어 있기 때문이다. "생명을 싫어하지 않으면서 고의로 자살하거나 살해한 자는 장례식을 치르지 않는 것이 관습이었다."[44] 하지만 로마 제정 초기의 웅변가 쿠인틸리아누스의 한 텍스트에 따르면,[45] 로마에는 후기까지 자살에 대한 규정의 잔혹함을 완화하기 위해 앞서 살펴본 그리스의 경우와 같은 제도가 있었다고 한다. 자살하고자 하는 시민은 원로원에 그 이유를 제출하고, 원로원은 그 타당성을 결정한 다음에 심지어 죽음의 방법까지도 결정해 주었다고 한다. 그와 같은 종류의 관행이 로마에 실제로 있었다는 것을 믿게 해주는 것은, 그와 비슷한 관행이 제정 시대까지 로마 군대에 남아 있었다는 사실이다. 군 복무를 피하기 위해 자살하려고 한 군인은 사형을 당했다. 하지만 만일 그가 자살을 시도할 수밖에 없었던 그럴듯한 이유를 대면, 그는 단지 제대 처분만 받았다.[46] 만일 그의 자살이 군사적 과오로 인한 가책 때문이었다면, 그의 유언은 무효가 되고, 그의 재산은 공공재산으로 귀속되었다.[47] 그런 만큼 로마에서도 자살의 동기에 대한 고려가 자살에 대한 도덕적 및 법적 평가에서 중요한 역할을 했다는 것은 의심의 여지가 없다. 다음과 같은 법규를 보자. "이유 없이 자신에게 손을 댄 자는 처벌받아야 한다. 자신을 용서하지 않는 자는 남도 용서하지 않는다."[48]

43 SERVIUS, *loc. cit.*; PLINE, *Hist. nat.*, XXXVI, 24.
44 III, tit. II, liv. II, § 3.
45 *Inst. orat.*, VII, 4, 39. — *Declam.* 337.
46 *Digeste*, liv. XLIX, tit. XVI, loi 6, § 7.
47 *Ibid.*, liv. XXVIII, tit. III, loi 6, § 7.

공공 의식은 원칙적으로는 자살을 비난하지만, 특별한 경우에는 자살을 허락할 권리가 있었다. 그와 같은 원칙은 쿠인틸리아누스가 말한 제도의 토대로 소용된 것과 유사한 것이다. 또한 그런 원칙은 자살에 대한 로마법의 근간을 이루었으며 제정 시대까지 지속되었다. 다만, 시간의 흐름에 따라 합법적인 자살의 폭은 넓어졌다. 마지막에는 오직 하나의 '부당한 이유causa injusta', 즉 유죄선고의 집행을 피하기 위한 자살만이 남게 되었다. 한동안은 그런 예외의 혜택조차 제대로 적용되지 않았던 때도 있었다.[49]

도시국가 수준에서 이타적 자살이 빈번하게 일어났던 원시사회까지 내려가 보면, 그 사회에서 자살을 규제하는 정확한 법제를 발견하기 어렵다. 원시사회에서는 자살이 자기만족적 행위로 여겨졌기 때문에, 자살이 공식적으로 금지되지 않았을 것이라고 생각할 수 있다. 하지만 모든 자살이 다 허용되지는 않았을 가능성이 높다. 어쨌든 원시사회를 지난 단계에서 개인에게 자살할 권리를 유보 없이 인정했다고 알려진 사회는 아직 없다. 그리스와 이탈리아에서 자살에 관련된 옛 법규가 거의 완전히 사문화된 때도 있었다는 것은 사실이다. 하지만 그것은 단지 도시국가 자체가 쇠락하던 시기의 일이었다. 그와 같은 뒤늦은 관용은 모방의 표본이 될 수는 없을 것이다. 왜냐하면 그런 조치는 분명 그 사회가 겪고 있던 심각한 혼란과 무관하지 않기 때문이다. 요컨대 그런 조치는 병적 상태의 징후인 것이다.

그와 같은 쇠퇴기의 경우를 제외하면, 위와 유사한 자살에 대한 보편

---

48 *Digeste*, liv. XLVIII, tit. XXI, loi 3, § 6.
49 공화국의 말기와 제국의 초기에 대해서는 GEIGER, p. 69를 참고하시오.

적 배척은 그 자체로 도덕주의자들이 지나치게 관대해지는 것을 견제하고 주저하게 하는 교훈적 사실이었다. 어떤 저술가든지 체제의 이름으로 인간의 도덕적 양심에 반하는 그런 저항을 감히 시도하려면 자신의 논리에 강한 확신을 가져야 할 것이다. 만일 그가 자살의 금지는 낡은 과거의 유물이며 오늘날에는 그런 금지를 철폐해야 한다고 주장하려면, 먼저 집단생활의 기본 조건에 근본적인 변화가 발생했다는 사실을 증명해 보여야 할 것이다.

우리가 관찰한 결론은 더 유의미한 것이기는 하지만, 실질적으로 그런 변화를 입증할 증거가 있을 가능성은 없다. 나라마다 자살을 규제하기 위한 조치들의 상이한 세부사항을 제쳐 놓는다면, 자살에 관련된 법률은 두 주요 단계를 거친다는 것을 볼 수 있다. 첫 번째 단계에서는 개인이 자기 재량으로 자살하는 것이 금지된다. 하지만 국가는 개인에게 자살하는 것을 허용할 수 있다. 자살은 완전히 사적인 경우에만, 그리고 집단생활의 기구와 협력 없이 저질러진 경우에만 부도덕한 것으로 간주될 뿐이다. 특정한 상황에서는 사회의 규제가 가벼워지고 원칙적으로는 자살을 규탄하지만 용서해 준다. 두 번째 시기에는 자살에 대한 규탄이 절대적이고 보편적이다. 범죄에 대한 처벌로서의 사형을 제외하고는[50] 당사자뿐만 아니라 사회도 인간의 생명을 빼앗을 권한을 가질 수 없다. 다시 말해 개인뿐만 아니라 집단에게도 사람을 죽일 권리가 귀속되지 않는다. 자살은 누가 저지르던 간에 그 자체로 비도덕적인 것으로 여겨진다. 그렇게 해서 역사의 흐름에 따라 자살에 대한 금지가 완화되기는커녕 더 엄격해졌다. 따라서 오늘날 자살에 대한 공적의식의 판단이 덜 강경하게

---

50 사회의 범죄에 대한 사형의 권리조차도 최근에 논란이 되기 시작했다.

보인다면, 그와 같은 불확실성은 우연하고도 일시적인 원인 때문일 것이다. 왜냐하면 수세기에 걸쳐 한 방향으로 이루어진 도덕적 진화가 갑자기 방향을 거꾸로 돌리는 일은 없기 때문이다.

실제로 도덕적 진화를 그 방향으로 고정시킨 관념이 여전히 살아 있다. 자살자는 자살하면서 사회에 대한 그의 의무를 회피하는 것이기 때문에, 자살은 금지되고 또 금지되어야 마땅하다는 주장이 종종 제기되었다. 하지만 만일 자살을 금지시키는 이유가 그런 주장밖에 없다면, 그것은 사회 자체의 편리만을 위해 내린 금지이므로 우리는 그리스인들처럼 사회가 그 금지를 자유롭게 폐지할 수 있게 해야 한다. 만일 우리가 사회에 그런 권한을 부여하는 것을 거부한다면, 그것은 자살자가 단순히 사회에 대한 파렴치한 채무자만은 아니라고 생각하기 때문이다. 채권자는 그 자신의 이득이 되는 부채를 언제나 탕감해 줄 수 있다. 게다가 자살을 금지하는 이유가 그것뿐이라면, 개인이 국가에 엄격하게 종속될수록 금지는 더욱 공식적이어야 할 것이다. 따라서 그런 금지는 미개사회에서 정점에 달해야 한다. 그런데 그와 정반대로 국가의 권리에 비해 개인의 권리가 커질수록 그런 금지는 더 큰 힘을 가지게 된다. 따라서 기독교 국가에서 자살에 대한 금지가 그처럼 강하게 공식화되고 엄격하게 되었다면, 그것은 그 국민들의 국가관 때문이 아니라 인간의 인격에 대한 새로운 관념 때문이다. 그들의 눈에는 인격은 신성한 것, 누구도 손을 댈 수 없는 가장 신성한 것이 되었다. 물론 도시국가에서도 개인은 원시부족처럼 아주 쉽게 자신의 목숨을 내던질 수 있는 것은 아니었다. 그때부터 인격에 사회적 가치가 부여되었다. 하지만 그 가치는 전적으로 국가에 귀속되는 가치로 여겨졌다. 따라서 도시국가는 마음대로 개인의 생명을 빼앗을 수 있었지만, 개인은 자신에 대해 그런 권리를 가지지 못했다. 하지만 오늘날 인간은 그 자신과 사회를 초월하는 일종의 존엄성을 가지고 있다. 인간은 자신의 행실로 인해 인간으로서의 자격을 상실하지 않는 한, 모든 종교가 신에게 부여하는 '고유한' 신성을 인간도 어느 정도 소유하고 있는 것으로 생각된다. 그리고 그로 인해 인간은 유한한 모든 존재들이 범접할 수 없는 존재가 되는 것이다. 그렇게 해서 인간은 종교적 가치를 갖게 되며, 인간은 다른 인간들의 신이 되었다. 그런 이유로 인간의 생명을 해치려는 시도는 선성모독이 된다. 그런데 자살은 정확히 그런 시도 중 하나이다. 인간의 생명을 해치는 자가 누구이건 상관없다. 그런 행동은 우리 자신에게 있든 아니면 타인에게 있든 다 같이 존중해야 할 신성한 특성을 모독하는 것이 된다.

따라서 자살은 우리의 모든 도덕이 근거하는 인격의 존엄성에 대한 숭배를 손상시킨다는 이유로 비난받는 것이다. 그런 설명을 입증해 주는 것은 오늘날 우리의 견해와 고대 국가 사이의 견해의 차이이다. 한때 자살은 국가에 대한 단순한 공적과실로만 여겨졌다. 종교는 그 문제에 별다른 관심을 표명하지 않았다.[51] 그와 반대로 오늘날에 자살은 근본적으로 종교와 관련된 문제가 되었다. 자살을 단죄하는 것은 주로 교회이며, 자살을 처벌하는 세속권력은 교회의 판단을 따르며 교회의 권위를 모방할 뿐이다. 우리는 우리 안에 불멸하는 영혼, 즉 신성의 일부를 가지고 있기 때문에, 우리는 우리 자신에게 성스러워야 한다. 우리는 신을 닮았기 때문에 유한한 존재에 완전히 속하지 않는다.

하지만 자살을 부정한 행동으로 분류하는 이유가 그런 것이라면, 앞으로 언젠가는 자살에 대한 비난의 근거가 없다는 결론을 내려야 하지 않

---

51 GEIGER, op. cit., pp. 58~59.

을까? 실제로 과학적인 비판은 그런 신비주의적 관념에 아무런 가치를 부여하지 않으며, 인간 안에 초인간적 요소가 있다는 것도 역시 인정하지 않는 것으로 보인다. 그렇게 추론하면서 페리는 『살인-자살*Omicidio-suicidio*』이라는 저서에서 자살의 금지는 과거의 유물이며 언젠가는 사라질 것으로 생각했다. 페리는 개인이 그 자신의 외부에서 초인간적인 목적을 가질 수 있다는 것은 합리주의적 관점에서 볼 때 부조리하다고 생각하면서, 인간은 언제나 자신의 생명을 포기함으로써 공동체 생활의 이점을 포기할 자유를 가지고 있다고 논증했다. 페리에게는 삶의 권리가 곧 논리적으로 죽음의 권리를 내포하고 있는 것으로 보였던 것이다.

하지만 그런 논증방식은 형식으로부터 내용을, 감정을 나타내는 언어적 표현으로부터 감정 자체를 끌어내는 것처럼 너무 성급하게 결론을 끌어내는 것이다. 본질적으로 그리고 추상적으로 우리 안에서 일어나는 인격에 대한 존중을 설명하는 수단으로 사용되는 종교적 상징이 실재와 거리가 멀다는 것은 분명하며, 또한 그것을 증명하는 것은 쉽다. 하지만 그런 존중이 전혀 비합리적인 것은 아니다. 그와 반대로 법과 도덕에서 인격에 대한 존중이 차지하는 압도적 역할은 그런 식의 해석에 대해 경고를 보낸다. 우리는 그 관념을 문자 그대로 해석하는 대신에 관념 그 자체를 검토하고, 또 그것이 어떻게 형성되었는지를 탐색해야 한다. 그렇게 해서 우리는 통속적인 형식의 조잡함에도 불구하고 그 관념에 객관적 가치가 있다는 것을 보게 될 것이다.

실제로 우리가 인격에 부여하는 일종의 초월성이 인격에만 고유한 특성은 아니다. 우리는 그런 특성을 다른 곳에서도 볼 수 있다. 그것은 강력한 집단 감정이 관련된 대상들에 남긴 단순한 각인에 불과하다. 정확히 그 감정은 집단에서 유래하기 때문에, 집단 감정이 우리의 행동을 가리키는 목표도 집단적일 수밖에 없다. 그런데 사회는 개인의 욕구가 아닌 사회적 욕구를 가진다. 따라서 사회적 욕구로 인해 촉진되는 우리의 행동은 개인적 경향을 따르지 않는다. 사회적 목표는 개인의 이익이 아니며, 그보다는 오히려 개인의 희생과 박탈을 의미할 때도 있다. 예컨대 내가 신을 기쁘게 하기 위해 단식을 하고 고행을 할 때, 그리고 내가 그 의미와 중요성을 모르는 전통을 존중해서 어떤 불편을 받아들일 때, 내가 세금을 낼 때, 내가 국가를 위해 노동이나 생명을 바칠 때, 나는 내 자신의 무엇인가를 포기하는 것이다. 그리고 우리의 이기주의가 그런 포기에 대해서 종종 저항을 하는 것으로 보아 그와 같은 포기는 우리가 복종해야 하는 힘에 의해 우리에게 강요되는 것임을 쉽게 알 수 있다

우리가 사회의 명령에 즐겁게 따르는 경우에도, 우리는 우리의 행동이 우리 자신보다 더 위대한 무엇인가에 대한 경외감에 의해 결정된다는 사실을 의식한다. 자기부정을 지시하는 소리에 자발적으로 우리가 복종할 때, 우리는 그것이 본능이 아닌 명령임을 확실하게 느낀다. 그런 이유로 그 목소리가 우리의 의식 내부에서 울려 퍼짐에도 우리는 그것을 모순 없이 우리 자신의 목소리로 간주할 수 없다. 하지만 감각의 경우에서처럼 우리는 그 소리의 근원을 외부에서 찾게 된다. 우리는 그 소리를 외부로 투사해서 우리 자신을 초월하는 외부 존재와 연결시킨다. 왜냐하면 그 소리는 명령을 내리고, 또 우리는 그 명령에 복종하기 때문이다. 사람은 같은 근원에서 나오는 것들은 당연히 모두 같은 특성을 가지는 것으로 생각한다. 그렇게 해서 현세를 넘어선 다른 세계를 상상하게 되고, 그 세계를 필연적으로 다른 종류의 실재로 채워야 하는 것이다.

그것이 바로 모든 종교와 도덕의 기저에 놓여 있는 초월성이라는 관념

의 근원이다. 왜냐하면 도덕적 의무는 다른 방식으로는 설명 불가능하기 때문이다. 물론 일반적으로 그와 같은 관념들을 표현하는 구체적 형식에는 특별한 과학적 가치가 없다. 우리가 그것을 특별한 성격을 가진 인격체로 여기건, 도덕적 이상이라는 이름 아래 막연하게 실체화된 어떤 추상적인 힘으로 여기건, 그것은 언제나 사실을 제대로 드러내지 못하는 비유적인 관념이다. 하지만 그런 관념이 상징하는 과정 자체는 실재한다. 어떤 경우든 우리가 우리를 능가하는 권위, 즉 사회로부터 행동하도록 요구를 받는다는 것은 사실이다. 또한 사회가 우리에게 부여하는 목표는 실제로 도덕적 우월성을 갖는다는 것도 사실이다. 사정이 그렇다면, 그런 우월성을 표현하기 위해 사람들이 이용하는 공통 관념들에 대한 비판도 그 우월성의 실체 자체를 감소시키지는 못한다. 그런 비판은 피상적이며, 사태의 정곡을 찌르지 못한다. 만일 인격의 존엄성이 현대사회가 추구하고 있고 또 추구해야 할 목표임을 입증할 수 있다면, 그원리에서 기인하는 모든 도덕적 규제는 그 사실만으로도 정당화될 수 있다. 물론 그 정당화 방식은 아무런 문제가 되지 않는다. 군중을 만족시키는 것은 언제나 비판받을 수 있지만, 그 의미를 완전히 부여하기 위해서는 다른 표현으로 바꾸는 것만으로도 충분하다.

그런데 인간의 존엄성은 현대사회가 추구하는 목적 중 하나일 뿐만 아니라, 개인이 자신을 모든 목표로부터 분리시키는 것이 역사의 법칙이기도 하다. 처음에는 사회가 전부였고 개인은 무였다. 따라서 가장 강력한 사회적 감정은 개인을 사회와 연결시키는 사회적 감정이었다. 사회는 사회 그 자체의 목표를 갖는다. 인간은 사회의 도구에 불과했다. 개인의 모든 권리는 사회로부터 나오며, 사회에 대항할 만한 특권은 존재하지 않는다. 왜냐하면 사회보다 더 중요한 것은 없기 때문이다. 하지만 점차 사태가 변한다. 사회의 규모가 커지고 밀도가 높아짐에 따라 사회는 더 복잡해졌다. 노동은 분화되고, 개인들의 차이는 증대되었다.[52] 인간 집단의 구성원들을 연결하는 유일한 유대는 바로 그들이 모두 인간이라는 점일 뿐인 시대에 가까워졌다. 그런 조건에서 집단적 감정은 최선을 다해 필연적으로 유일하게 남은 목표에 밀착하려고 하며, 또 그렇게 함으로써 그 목표에 최고의 가치를 부여한다. 인간의 존엄성이 모든 사람에게 만장일치로 호소력을 갖는 유일한 대상이 되었고, 인격 증진이 집단적으로 추구할 수 있는 유일한 목표가 되었기 때문에, 인간의 인격은 모든 사람에게 예외적인 중요성을 가지게 되었다. 그렇게 해서 그 목표는 다른 모든 인간의 목적을 초월해 종교적인 성격을 갖게 된다.

따라서 그와 같은 인간숭배는 앞서 언급한 것과 같은 자살을 유발하는 이기적 개인주의와 전혀 다르다. 인간숭배는 인간을 사회로부터 또는 개인을 초월한 모든 목적으로부터 유리시키는 것이 아니라, 오히려 개인들을 하나의 생각 아래 결집시키고, 같은 일을 위해 노력하도록 한다. 여기서 집단적 애정과 존중의 대상이 되는 인간은 하나하나의 개인이 대표하는 감각적이고 경험적인 인간이 아니라 인간 일반이며, 여러 시대마다 여러 나라 사람들이 생각해 낸 이상적인 인간이다. 그런데 모두에게 그런 이상이 완전히 낯선 것은 아니지만, 누구도 그런 이상을 인격화하지는 않는다. 따라서 자기 자신과 자신의 이익에 집중하기보다는 인류 전체의 이익을 위해 자신을 종속시키는 것이 중요하다. 그런 목표는 인간을 그 자신 밖으로 끌어당긴다. 그것은 모든 개별적 인간 위에 있는 비인격적이며 이해관계를 초월한 목표이다. 그것은 모든 이상과 마찬가지로

---

52 *Division du travail social*, liv. II.

현실보다 우월하고 현실을 지배하는 것으로 여겨질 수밖에 없다. 그런 이상은 모든 사회적 활동을 좌우하는 목표이기 때문에 사회조차도 지배한다. 그런 이유로 사회는 이제 그 이상을 마음대로 사용할 권리조차 가지지 않게 되었다. 우리는 사회가 그 자체의 존재이유를 가지고 있음을 인정하지만, 사회는 이제 이상의 지배를 받으며 그 사실을 외면할 수 없게 되었다. 개인들은 더욱 이상을 무시할 수 없게 되었다. 따라서 도덕적 존재로서 인간의 존엄성은 더 이상 도시국가의 소유물이 아니며, 그렇다고 해서 우리들 자신의 소유가 된 것도 아니다. 인간은 인간 존엄성을 마음대로 할 수 있는 권리를 얻은 것이 아니다. 그렇다면 우리들 개개인을 초월하는 사회가 그런 권리를 가지고 있지 않은데, 어떻게 개인이 그런 권리를 가질 수 있겠는가?

그런 조건 아래서 자살은 비도덕적인 행동으로 분류되어야 할 필요가 있다. 왜냐하면 자살은 근본적으로 인간숭배라는 종교를 부인하기 때문이다. 물론 자살하는 사람은 오직 자기 자신에게만 해를 끼칠 뿐이며, 따라서 사회가 간섭할 이유가 없다고 말할 수도 있다. "승낙이 있으면 침해는 없다Volenti non fit injuria"[53]라는 고대 격언도 마찬가지다. 하지만 그것은 틀린 주장이다. 사회가 침해된다. 왜냐하면 오늘날 가장 존중되는 도덕적 원칙의 기초가 되는 감정이, 그리고 사회 구성원들 간의 유일한 연결고리인 감정이 자살로 인해 침해받기 때문이다. 만일 그런 침해가 자유롭게 발생한다면, 집단적 감정이 약화될 것이다. 만일 사회의 도덕의식이 침해당한 경우에 그 침해에 저항할 수 없다면, 어떻게 집단적 감정의 최소한의 권위가 유지될 수 있겠는가? 인간의 인격이 성스러운 것으로

---

53 역주: 피해자가 동의하였을 경우 불법 행위를 처벌할 수 없다는 로마법의 원칙.

간주되어야 하고, 또 개인도 집단도 그것을 마음대로 할 수 없게 된 순간부터, 그에 대한 어떠한 공격도 금지될 수밖에 없다. 피해자와 가해자가 같은 사람이라고 해도 상관이 없다. 그런 행동에서 기인하는 사회적 죄의식은 사라지지 않는다. 그런 행동의 장본인이 고통을 받기 때문이다. 인간의 생명을 파괴하는 것을 신성모독으로 여긴다면, 어떠한 상황에서도 그런 행동을 용납할 수 없을 것이다. 그것을 양보하는 집단 감정은 곧 모든 힘을 상실하고 말 것이다.

그렇다고 해서 지난 수세기 동안 자살에 내려진 가혹한 처벌을 복원시켜야 한다고 말하는 것은 아니다. 그런 가혹한 처벌은 일시적인 상황의 영향으로 억제 체계 전체가 지나치게 엄격하게 적용되었던 시대에 제정된 것이다. 하지만 자신에 대한 살인을 배척되어야 한다는 원칙은 고수해야 한다. 그런 배척이 어떠한 외형적 형식을 통해 나타나는가를 찾는 문제가 남아 있을 뿐이다. 도덕적 강제력만으로 충분한가, 아니면 법적 강제력이 필요한가? 법적 강제력이 필요하다면 어떤 것이라야 하는가? 우리가 다음 장에서 다룰 문제는 바로 그와 같은 적용의 문제이다.

II.

자살이 어느 정도로 비도덕성을 띠는지를 결정하기 위해 먼저 자살과 다른 비도덕적 행동들과의 관계, 특히 범죄 및 비행과의 관계를 살펴보도록 하자.

라카사뉴에 의하면, 자살률과 재산에 대한 범죄(절도, 방화, 사기성 파산 등)는 반비례한다. 그의 제자 소시낭 박사가 『범죄 통계 연구』에서 그런 주장을 옹호했다.[54] 하지만 그것을 뒷받침하는 증거는 없다. 그에 따르면 두 현상이 반비례한다는 것을 입증하려면 도표의 증감 곡선을 비교하는 것만으로 충분하다는 것이다. 하지만 실제로는 두 곡선 사이에 정비례 관계나 반비례 관계가 있는가를 알아보는 것은 불가능하다. 1854년 이후, 재산 범죄는 감소하는 데 비해 자살이 증가한 것은 분명한 사실이다. 하지만 그 감소는 어느 정도 허구적이다. 그도 그럴 것이 그 감소는 그 무렵에 판사들이 그 이전까지만 해도 순회재판에 회부되었던 일부 범죄를 약식재판에서 취급하기 시작한 사실에서 기인하기 때문이다. 그 이후로는 일정 정도의 범법 행위는 범죄 통계에서 누락되는 대신에 경범죄 통계로 계산되었다. 또한 재산 범죄는 그런 혜택을 가장 많이 받았다. 그런 만큼 통계수치가 감소된 것은 전적으로 계산상의 변화에 불과한 것이다.

하지만 그 감소가 실제의 감소인지의 여부에 대해서는 결론을 내릴 수가 없다. 왜냐하면 두 곡선은 1854년부터 반비례하지만, 1826년에서 1854년까지는 재산 범죄의 곡선이 자살 곡선보다는 완만하지만 대체로 동시에 상승하거나 정체하기 때문이다. 1831~1835년까지는 재산 범죄로 기소된 수가 연평균 5,095명이었다. 그 다음 기간에는 5,732명으로 올랐다가, 1841~1845년에는 4,918명, 1846~1850년에는 4,992명으로 감소했으며, 1830년 이후에는 2% 감소하는 데 그쳤다. 게다가 두 곡선은 전체적으로 전혀 다른 모습을 하고 있다. 재산 범죄의 곡선은 매우 불규칙하고 매년 급격하게 변한다. 외관적으로 나타나는 그와 같은 변덕스러

---

54 1881년에 리옹과 1887년에 로마에서 열린 범죄학회에서 라카사뉴는 그 이론에 대한 책임을 자신이 지겠다고 주장했다.

운 모습은 분명히 우연한 상황에 따른 것이다. 그와 반대로 자살 곡선은 규칙적이고 일률적으로 상승하는 모습이다. 예외는 아주 드물고 급격한 상승이나 갑작스런 하락도 없다. 하지만 상승은 꾸준하면서도 지속적이다. 따라서 전개 양상이 전혀 다른 두 현상 사이에는 어떠한 종류의 연관도 있을 수 없다.

게다가 라카사뉴는 그런 견해를 주장한 유일한 인물이다. 하지만 다른 학자들은 자살을 개인에 대한 범죄, 특히 살인과 연결시키려고 했다. 그런 견해는 많은 학자들의 지지를 받았기 때문에 조금 더 신중하게 검토해 볼 필요가 있다.[55]

1833년부터 게리는 대인 범죄는 북부에서보다 남부에서 2배나 더 많이 발생하는 데 비해, 자살은 그와 반대라는 사실을 지적했다. 그 이후에 데스핀은 폭행 범죄의 발생 수가 가장 많은 14개 도의 자살률은 주민 100만 명당 30명에 불과한 반면에, 범죄 발생률이 낮은 다른 14도의 자살률은 82명인 것으로 산정했다. 그의 계산에 따르면, 센에서는 100건의 소송 중 17건이 대인 범죄, 자살자는 100만 명당 427명인 데 비해, 코르시카에서는 83%가 폭력범이고 자살자는 100만 명당 18명에 불과했다.

하지만 그와 같은 지적은 이탈리아 범죄학파에서 다시 거론할 때까지는 거의 주목을 받지 못했다. 페리와 모르셀리는 특히 그런 지적을 자신

---

55 GUERRY, *Essai sur la statistique morale de la France*; CAZAUVIEILH, *Du suicide, de l'aliénation mentale et des crimes contre les personnes, comparés dans leurs rapports réciproques*, 2 vol., 1840; DESPINE, *Psychologie natur.*, p. 111; MAURY, "Du mouvement moral des sociétés", in *Revue des Deux Mondes*, 1860; MORSELLI, *Il suicidio*, p. 243 et suiv. — *Actes du Premier Congrès international d'Anthropologie criminelle*, Turin, 1886~1887, p. 202 et suiv.; TARDE, *Criminalité comparée*, p. 152 et suiv.; FERRI, *Omicidio-suicidio*, 4e ed., Turin, 1895, p. 253 et suiv.

들의 이론 전체의 근거로 삼았다.

페리와 모르셀리에 따르면, 자살과 타살의 대립적 양상은 절대적인 일반규칙이다. 지리적 분포가 문제가 되든, 시간적인 진행이 문제가 되든 간에 자살과 타살은 언제나 서로 반비례로 변화한다. 일단 그런 대립적 양상의 존재를 인정한다면, 그것은 다음과 같은 두 가지 방식으로 설명이 가능하다. 첫 번째 설명은 자살과 살인이 너무나 대조적인 경향을 보여 하나의 감소 없이는 다른 하나의 증가가 불가능하다는 것이다. 두 번째 설명은 자살과 살인이 하나의 같은 근원에서 나온 두 개의 상이한 흐름이라는 것이다. 그 결과 한 방향으로의 흐름은 그만큼 다른 방향의 흐름을 감소시킬 수밖에 없다는 것이다. 이탈리아 범죄학자들은 두 번째 설명을 택했다. 그들에 의하면 자살과 살인은 동일한 상태의 두 가지 다른 표현이며, 동일한 원인의 두 가지 다른 결과로서, 어떤 때는 이런 형태로 다른 때는 저런 형태로 나타나지만, 두 가지가 동시에 나타날 수는 없다.

이탈리아 범죄학자들이 그와 같은 설명을 선택한 것은, 어떤 점에서 반비례 관계에 있는 그 두 현상이 모든 평행관계를 배제하는 것은 아니기 때문이다. 어떤 조건에서는 두 현상이 반비례하지만, 다른 조건에서는 같은 방식으로 영향을 받을 수도 있다는 것이다. 예컨대 모르셀리는 기온이 자살과 살인에 같은 영향을 미친다고 주장한다. 자살과 살인은 모두 1년 중 더운 계절이 시작되는 시기에 발생률이 최고에 이르며, 여자보다는 남자에게 더 빈번하다는 것이다. 또한 페리가 말한 것처럼 두 현상은 연령에 따라 증가한다. 따라서 살인과 자살은 어떤 측면에서는 반대되지만, 부분적으로 동일한 성격을 갖는 것으로 나타난다. 그런데 두 현상이 동일하게 반응하는 요인들은 모두 개인적인 것들이다. 그 요인들은 생체적 조건(성, 연령)이거나 자연환경에 속하는 요인들, 또는 육체적 개인을 통해서만 정신적 개인에게 영향을 미칠 수 있는 것들이다. 따라서 개인적 조건에 의해 자살과 살인이 결합되는 것이다. 자살이나 살인을 일으키는 심리적 특질은 동일하며, 두 경향은 하나가 될 수 있는 가능성도 있다. 롬브로소의 뒤를 따라 페리와 모르셀리는 심지어 그런 기질을 규정하려고까지 했다. 그런 기질은 일종의 생체적 퇴화에 의해 특징지어질 수 있고, 그로 인해 개인은 생존경쟁에서 불리한 입정에 처하게 될 수도 있다고 추정되었다. 살인자와 자살자는 둘 다 타락한 자이고 무능력한 자일 수 있다. 그들은 사회에서 유용한 역할을 수행할 수 없기 때문에 패배할 수밖에 없는 운명을 가진 사람들일 수 있는 것이다.

다만, 그와 같은 단일한 경향은 사회 환경의 성격에 따라 살인 또는 자살의 형태 중 하나가 된다고 여겨졌다. 따라서 서로 대조적인 두 현상이 그 본모습을 숨긴 채 발생한다는 것이다. 일반적으로 온건하고 평화적인 풍속 속에서 피를 흘리는 것을 혐오하는 사회에서는, 패배한 개인이 자살로써 자신의 무력함을 고백하며, 자연도태의 결과를 예상하고 자살로써 그 싸움을 미리 피할 수도 있을 것이다. 그와 반대로 평균적으로 거친 성향 속에서 인간 생명이 별로 존중되지 않는 사회에서는, 그와 같은 패배자는 반란을 일으켜 사회에 대해 전쟁을 선포하고, 자신을 죽이는 대신에 다른 사람들을 죽일 수도 있을 것이다. 간단히 말해서 자기 살해와 타인 살해는 모두 폭력적인 행동이다. 하지만 때로는 사회적 환경에서 저항이 없을 때 폭력은 살인을 일으킬 수 있다. 또 때로는 공공 의식의 압력으로 폭력을 외적으로 표출할 수 없을 때는 방향을 바꾸어 자기 자신을 희생자로 삼을 수도 있는 것이다.

따라서 자살은 변형되고 약화된 살인이다. 그런 모습의 자살은 오히려 유익한 것처럼 보인다. 왜냐하면 자살이 좋은 것은 아니라 하더라도, 적어도 덜 사악하며 최악의 경우를 막아 주기 때문이다. 심지어 자살을 금지 조치로 억제하지 않는 편이 오히려 나은 것처럼 보이기도 한다. 왜 냐하면 자살을 금지시키는 것은 살인을 장려하는 것일 수도 있기 때문이다. 그러니까 자살은 유익한 안전판 같은 것이 될 수도 있다. 간단히 말해서 자살은 사회의 간섭 없이도 무용하고 유해한 사람들을 간단하고 경제적인 방법으로 제거해 주는 큰 이점을 가지고 있다고 할 수 있다. 그런 자들을 사회가 강제로 제거하기보다는 자발적으로 또 조용하게 스스로를 제거하도록 놔두는 것이 오히려 더 낫지 않겠는가?

그와 같은 교묘한 주장에 근거가 있는가? 이중적인 측면을 가진 질문이다. 따라서 두 측면을 따로 고찰해야 한다. 범죄와 자살의 심리적 조건이 동일한 것인가? 자살과 범죄를 일으키는 사회적 조건들 사이에는 양극성이 존재하는가?

III.

살인과 자살이라는 두 현상이 단일한 심리적 근거에서 일어난다는 증거로 세 가지 사실이 거론되었다.

첫째, 성별이 자살과 살인에 미치는 영향은 비슷하다. 정확히 말하자면 성의 영향은 사회적 원인의 결과이기보다는 생체적 원인의 결과이다. 대체로 여성은 남성보다 자살을 덜 하거나 다른 사람을 덜 죽인다. 남녀의 생리적인 차이 때문이 아니다. 오히려 여자가 남자와 같은 방식으로 집단생활에 참여하지 않기 때문이다. 게다가 여성이 남성보다 두 형태의 비도덕성을 혐오해서 그런 것은 더더욱 아니다. 실제로 여자들이 독점하는 살인이 있다는 것을 잊곤 한다. 영아살해, 낙태, 독살 등이 그것이다. 여성도 살인을 저지를 수 있는 여건이 되면 남성만큼, 어쩌면 남성보다 더 많이 살인한다. 외팅겐에 따르면[56] 가정 내 살인의 절반은 여성에 의해 저질러진다. 따라서 여성이 선천적 기질 때문에 남성보다 생명을 더 존중한다고 가정할 이유가 전혀 없다. 여성에게 그럴 기회가 많지 않은 것뿐이다. 왜냐하면 여성은 생존경쟁에 남성만큼 깊이 참여하지 않기 때문이다. 남성에 비해 여성이 범죄의 영향을 덜 받는 것은, 여성이 남성만큼 그 영향권 안에 있지 않기 때문이다. 같은 이유로 여성은 사고로 죽는 경우도 적다. 100건의 사고사 중에서 여성의 경우는 20건에 불과하다.

게다가 모든 종류의 계획적인 살인, 가령 살해, 영아살해, 독살 등을 한 범주로 묶으면 여성의 살인 비율은 더 올라간다. 프랑스에서는 100건의 살인 범죄 중 38~39건이 여성에 의해 저질러진다. 낙태가 포함된다면 여성의 비율은 42%에 이른다. 독일에서는 51%, 오스트리아에서는 52%이다. 물론 비자발적인 살인은 제외될 수 있다. 살인은 의도적일 때에만 정말 살인인 것이다. 다른 한편, 영아살해, 낙태, 가족 살인 등과 같은 가정적 살인은 그 성격상 발각되기가 쉽지 않다. 따라서 그런 범죄의 상당수가 법망을 피했을 것이고 또 통계에서도 제외되었을 것이다. 또한 여성은 남성보다 훨씬 자주 무죄 방면되는 것으로 보아 재판뿐만 아니라 예심 과정에서도 관대한 혜택을 받는 것이 분명하다. 그런 점을 고려한다면 남녀 간의 살인 경향은 별 차이가 없다는 것을 알 수 있다. 그와 반대로 우리는 여성의 자살 면역성이 남성에 비해 매우 강하다는 것을 알

56 *Moralstatistik*, p. 526.

고 있다.

자살과 살인의 두 현상에 대한 연령의 영향도 같은 차이를 보인다. 페리에 의하면 살인과 자살은 모두 나이가 들수록 더욱 빈번해진다. 모르셀리는 반대 견해를 주장했다.[57] 그런데 실제로는 역비례 관계도 정비례 관계도 없다. 자살은 노년에 이르도록 규칙적으로 증가하는 데 반해, 살인은 계획적인 살인이든 비계획적인 살인이든 30~35세의 성숙기에 최고조에 달하고 그 이후에는 감소한다. [표 31]에서 그런 관계가 잘 나타나 있다. 하지만 표에는 자살과 폭력 범죄가 같은 성격의 것인지, 반대의 성격인지 보여 주는 증거가 없다.

이제 기온의 영향을 보자. 모든 대인 범죄를 모아 얻은 곡선을 보면 이탈리아학파의 이론이 확증되는 듯이 보인다. 대인 범죄는 자살과 마찬가

[표 31] 프랑스의 살인 및 자살 연령별 비교(1887)

연령	연령별 인구 10만 명당 살인자 수		연령별, 성별 인구 10만 명당 자살자 수	
	비계획적 살인	계획적 살인	남성	여성
16~21[58]	6.2	8	14	9
21~25	9.7	14.9	23	9
25~30	15.4	15.4	30	9
30~40	11	15.9	33	9
40~50	6.9	11	50	12
50~60	2	6.5	69	17
60 이상	2.3	2.5	91	20

57 *Op. cit.*, p. 333. 로마학술대회자료집(Actes du Congrès de Rome, p. 205)에서 같은 저자는 그와 같은 반대되는 경향의 실체에 대해 의문을 표명하고 있다.

58 처음 두 연령층에서의 살인자 수는 정확하지 않다. 왜냐하면 범죄 통계는 16세에서 21세까지로 나와 있는 반면, 인구조사의 총인구는 15세에서 20세까지로 나와 있기 때문이다. 하지만 그로 인해 전체 결과를 보여주는 데는 큰 영향은 없다. 영아살해는 가장 높은 빈도가 25세경이고, 연령이 올라감에 따라 급격히 감소한다. 그 이유는 쉽게 이해된다.

[표 32] 살인 범죄의 유형별 분포(1827~1870)[59]

	비계획적 살인	계획적 살인	영아 살해	과실 치사
1월	560	829	647	830
2월	664	926	750	937
3월	600	766	783	840
4월	574	712	662	867
5월	587	809	666	983
6월	644	853	552	938
7월	614	776	491	919
8월	716	849	501	997
9월	665	839	495	993
10월	653	815	478	892
11월	650	942	497	960
12월	591	866	542	866

지로 6월까지 상승했다가 12월까지 규칙적으로 감소한다. 하지만 그것
은 대인 범죄 속에 살인뿐만 아니라 성추행과 강간 등이 포함되었기 때
문이다. 그런 범죄들은 6월에 가장 높은 빈도를 보이며 살인보다 훨씬
많이 일어나기 때문에, 방금 살펴본 그런 곡선으로 나타난 것이다. 하지
만 그런 범죄들은 살인과 아무런 관계가 없다. 따라서 살인의 연중 변화
를 알아보기 위해서는 살인을 다른 범죄와 구별해야 한다. 그런데 살인
을 다른 범죄와 구별하고, 특히 여러 형태의 살인을 잘 분류해 보면, 살
인과 기온 사이에는 아무런 상관관계의 흔적도 보이지 않는다[표 32].

실제로 자살은 1월에서 6월까지 규칙적으로 증가하며 그 이후의 감소
도 규칙적인 데 반해, 계획적 살인, 비계획적 살인, 영아살해 등은 월별
로 매우 불규칙하게 변화한다. 전체적인 변화만 불규칙한 것이 아니라

59 소시냥의 자료를 참고했다.

가장 많이 발생하는 달과 가장 적게 발생하는 달도 일치하지 않는다. 비계획적 살인은 2월과 8월에, 계획적 살인은 2월과 11월에 가장 많이 발생한다. 영아살해는 5월에 가장 많이 일어난다. 과실치사는 8월과 9월에 가장 많다. 월별 변동이 아닌 계절별 변동을 계산해 보아도 불규칙성은 마찬가지다. 가을에는 여름과 거의 마찬가지로 많은 비계획적 살인이 일어난다(여름 1,974건, 가을 1,968건). 그리고 겨울에는 봄보다 비계획적 살인이 많이 일어난다. 계획적인 살인은 겨울에 가장 많고(2,621건), 다음은 가을(2,596건), 여름(2,478건), 봄(2,287건)의 순서이다. 영아살해의 경우는 봄이 다른 계절보다 가장 높은 빈도를 보이며(2,111건), 겨울이 그 다음이다(1,939건). 과실치사의 경우에는 여름과 가을이 비슷한 수준이며(여름 2,854건, 가을 2,845건), 다음에 봄(2,690건), 그리고 별 차이가 없는 겨울(2,653건)의 순서이다. 하지만 앞서 본 것처럼 자살 분포는 전혀 다른 양상을 보인다.

다른 한편, 만일 자살 경향이 단순히 억눌린 살인 경향에 불과하다면, 살인자나 암살자가 체포되어 폭력적 충동을 외부로 표출할 수 없게 되면 당연히 자신들을 희생자로 삼아 자살해야 할 것이다. 따라서 살인 경향은 감금을 당하면 자살 경향으로 바뀌어야 한다. 그런데 그와 반대로 몇몇 연구자들의 증언에 따르면 거물급 범죄자들은 자살하는 일이 드물다고 한다. 카조비에는 여러 교도소의 의사들로부터 죄수들의 자살 빈도에 대한 정보를 수집했다.[60] 로슈포르 교도소에서는 30년 동안에 단한 건의 자살밖에 일어나지 않았다. 툴롱 교도소에는 평소 3,000명 내지 4,000명의 죄수들이 수용되어 있는 데도 불구하고(1818~1834년) 자살자가

[60] *Op. cit.*, p. 310 et suiv.

없었다. 브레스트 교도소에서는 결과가 조금 달랐다. 평균 3,000명을 수용하는 그곳에서는 17년 동안에 13건의 자살이 발생했으며, 연간 10만 명당 21건의 자살률이다. 그 수치는 위의 다른 교도소들에 비하면 약간 높지만 그다지 높은 것은 아니다. 왜냐하면 죄수들 대부분이 남자이고 성인이었기 때문이다. 리슬 박사에 따르면, "1816년에서 1837년 사이에 교도소에서 일어난 총 9,320건의 사망 가운데 자살은 불과 6건이었다."[61] 또한 페로스 박사의 연구에 따르면, 평균 15,111명의 죄수를 수용하는 여러 지방 구치소에서는 7년 동안에 겨우 30건의 자살이 발생했을 뿐이다. 하지만 형이 확정된 죄수를 수용하는 교도소에서의 비율은 더욱 낮았다. 1838년에서 1845년 사이에 평균 7,041명의 죄수들 중 단지 5건의 자살이 발생했다.[62] 브리에르 드 부아몽은 그런 사실을 인정하면서 다음과 같이 덧붙이고 있다. "직업적인 살인자들과 거물 범법자들은 잡범들에 비해 형벌을 피하기 위해 자살하는 경우가 훨씬 더 드물다."[63] 르루와 박사도 "직업적 깡패나 상습범들은" 자살을 시도하는 일이 드물다고 말하고 있다.[64]

모르셀리[65]와 롬브로소[66]가 각각 인용한 두 개의 통계 기록은 오히려 죄수들이 일반적으로 자살을 더 많이 하는 경향이 있다는 사실을 보여주는 듯하다. 하지만 그 통계들은 살인과 다른 범죄를 구별하지 않고 있어서 우리가 다루고 있는 문제에 대해서는 아무런 결론도 제시해 주지

61 *Op. cit.*, p. 67.
62 *Des prisonniers, de l'emprisonnement et des prisons*, Paris, 1850, p. 133.
63 *Op. cit.*, p. 95.
64 *Le suicide dans le département de Seine-et-Marne.*
65 *Op. cit.*, p. 377.
66 *L'homme criminel*, trad. fr., p. 338.

못한다. 그 통계들은 오히려 위의 관찰을 확증해 주는 것으로 보인다. 실제로 그 통계들은 교도소 수감이 강한 자살 경향을 야기한다는 사실을 증명해 준다. 체포 직후의 자살과 선고 이전의 자살을 제외하더라도, 교도소생활의 영향이라고밖에 할 수 없는 자살이 상당히 많다.[67]

하지만 만일 수감자의 타고난 기질과 교도소 생활의 영향이 결합되어 자살 경향이 악화된 것이라면, 교도소에 수감된 살인자들은 매우 높은 자살 경향을 보여야 할 것이다. 그런 관점에서 보면 교도소에 수감된 살인자들이 평균 이하의 자살 경향을 보인다는 사실은 결코 다음과 같은 가설에 유리하게 작용하지 않는다. 즉, 그들이 기질적으로 쉽게 자살하는 경향을 가진 경우, 상황이 그런 경향을 조장하는 쪽으로 변하면 쉽게 자살을 할 것이라는 가설이 그것이다. 게다가 우리는 그들에게 면역성이 있다고 주장하는 것은 아니다. 우리는 지금 그 문제의 해결에 충분한 정보를 갖고 있지 않다. 아마 특정한 조건에서 거물 범법자들도 별 주저 없이 삶을 포기할 수도 있다. 하지만 적어도 이탈리아 학파의 주장에 논리적으로 보편성이나 필연성이 내포되어 있다는 것을 보여 주는 사실은 없다. 그것이 곧 우리가 입증해야 할 문제이다.[68]

---

67 교도소생활이 자살에 미치는 영향은 무엇일까? 부분적으로는 수감생활로 인한 영향일 것이다. 하지만 전체 교도소의 공동생활이 그런 영향을 미친다고 해도 놀랍지 않다. 보통 범죄자와 죄수들 사이의 응집력이 아주 강하다고 알려져 있다. 개인은 완전히 배제되며, 교도소의 규율도 같은 경향을 보인다. 군대에서 관찰한 것과 유사한 현상이 교도소에도 일어날 수 있다. 군대 막사에서처럼 교도소에서도 자살의 전염이 빈번하다는 사실로 그와 같은 가설이 확증된다.

68 페리가 보고한 통계(Omicidio, p. 373)도 결정적인 증거가 못된다. 통계에 의하면 1866년에서 1876년 사이에 이탈리아 교도소에서 상해범 중에는 175건의 자살이, 재산범 중에는 5건의 자살이 발생했다. 하지만 전자가 후자보다 훨씬 그 수가 많다. 따라서 이 수치들은 결정적인 증거가 못된다. 게다가 저자가 그 통계를 어떤 자료에서 구했는지 전혀 알려져 있지 않다.

IV.

먼저 이탈리아 학파의 두 번째 명제를 보자. 살인과 자살이 동일한 심리적 상태에서 기인하는 것이 아니기 때문에, 두 현상을 일으키는 사회적 조건들이 실제로 상극 관계에 있는지를 살펴보아야 한다.

그 문제는 이탈리아 학파나 그들의 반대파들이 생각하는 것보다 훨씬 더 복잡하다. 여러 경우에 역비례 관계가 증명되지 않은 것은 확실하다. 두 현상은 흔히 서로 대립되고 배척하기보다는 병행한다. 예컨대 프랑스에서 비계획적 살인은 1870년의 전쟁 이후에 증가 경향을 보였다. 비계획적 살인은 1861~1865년 사이에 연평균 105건에 불과했다. 그에 비해 1871~1876년 사이에는 163건으로 늘어났으며, 같은 기간 동안 계획적 살인은 175건에서 201건으로 늘어났다. 그런데 자살도 역시 같은 기간 동안 상당한 비율로 늘어났다. 같은 현상이 1840~1850년 사이에도 일어났다. 프로이센에서는 1865~1870년 사이에 3,658건을 넘지 않았던 자살이 1876년에는 4,459건, 1878년에는 5,042건으로 약 36% 증가했다. 계획적 살인과 비계획적 살인도 비슷한 추세를 보였다. 1869년에 151건이었던 것이 1874년에는 166건, 1875년에는 221건, 1878년에는 253건으로, 약 67% 증가했다.[69] 작센에서도 같은 현상이 나타났다. 1870년 이전에는 자살은 600~700건 사이였는데, 1868년에는 예외적으로 800건이었다. 하지만 1876년부터 자살자 수는 981건, 이어서 1,114건, 1,126건, 1880년에는 1,171건이었다.[70] 그와 병행해 살인미수는 1873년의 637건

---

69 OETTINGEN, *Moralstatistik*, annexes, table 61을 참고했다.
70 *Ibid.*, table 109.

에서 1878년의 2,232건으로 늘어났다.[71] 아일랜드에서는 1865~1880년 사이에 자살이 29% 증가했으며, 살인도 역시 거의 비슷한 비율(23%)로 증가했다.[72]

벨기에에서는 1841~1885년 사이에 살인은 47건에서 139건, 자살은 240건에서 670건으로 증가했다. 그것은 살인의 경우에 195%의 증가에, 자살의 경우에는 178% 증가에 해당한다. 그 수치들은 일반적인 경향과 거의 일치하지 않기 때문에 페리는 벨기에 통계의 정확성을 의심한다. 하지만 자료를 가장 신뢰할 수 있는 최근 통계를 봐도 같은 결과가 도출된다. 1874~1885년 사이에 살인은 51%(92건에서 139건으로), 자살은 79%(374건에서 670건으로) 증가했다.

자살과 살인이라는 두 현상의 지리적 분포는 같은 결과를 보여 준다. 프랑스에서 자살률이 가장 높은 도는 센, 센에마른, 센에와즈, 마른 등이다. 그런데 4개의 도에서는 살인 발생 건수도 상당히 많다. 센은 비계획적 살인에서 26위, 계획적 살인에서 17위이며, 센에마른은 각각 33위와 14위, 센에와즈는 15위와 24위, 마른은 27위와 21위를 각각 차지하고 있다. 자살 발생 10위인 바르는 계획적 살인에서 5위, 비계획적 살인에서는 6위이다. 자살이 빈번히 일어나는 부쉬뒤론에서는 살인도 역시 빈번히 일어난다. 비계획적 살인에서 5위, 계획적 살인에서는 6위이다.[73] 일드프랑스 지역은 자살 분포도에서와 마찬가지로 살인 분포도에서도 검은 점으로 나타나며, 지중해 연안의 도들로 이루어진 긴 띠 모양 지역에

---

71 *Ibid.*, table 65.
72 FERRI가 작성한 표를 참고했다.
73 도의 분류는 BOURNET, *De la criminalité en France et en Italie*, Paris, 1884, p. 41, 51를 참고했다.

서도 역시 검은 점이 나타난다. 다만 일드프랑스에서는 자살 분포가 살인보다 더 짙게 나타나고, 지중해 연안 지역에서는 그 반대이다. 그와 마찬가지로 이탈리아에서 로마는 자살 발생 3위, 살인 4위의 사법 구역이다. 끝으로 우리는 앞서 생명에 대한 존엄성이 낮은 미개사회에서도 종종 자살이 많다는 사실을 살펴보았다.

하지만 그와 같은 사실들이 의심의 여지없이 분명하고도 중요하다고 해도, 그 사실들과 마찬가지로 지속적이고 자주 일어나지만 모순되는 사실들이 있다는 점을 놓쳐서는 안 될 것이다. 두 현상이 특정한 경우에는 적어도 부분적으로라도 일치하는가 하면, 또 다른 경우에는 뚜렷하게 반대되는 경향을 보이기도 한다.

① 한 세기 동안 특정 시점에서는 자살과 살인이 같은 방향으로 변화하지만, 전체적으로 보면 두 현상은 분명히 대조적인 곡선을 긋는다. 적어도 상당히 오랜 동안 두 곡선의 변화를 추적해 보면 그렇다. 앞서 본 바와 같이 프랑스에서는 1826년에서 1880년까지 자살은 규칙적으로 증가한다. 그와 반대로 살인은 급격하지는 않지만 감소 경향을 보인다. 1826~1830년 사이에 비계획적 살인의 기소 건수는 연평균 279건이었는데, 1876~1880년에는 160건에 불과했다. 그 중간인 1861~1865년에 121건, 1856~1860년에는 119건으로 감소했다. 그리고 1845년과 전쟁 직후에는 증가하는 경향이 있었다. 하지만 그런 사소한 편차를 무시하면 전체적으로는 감소 경향이 뚜렷하다. 감소는 43%인데, 그 기간 동안의 인구 증가가 16%인 만큼 아주 주목할 만한 감소이다.

계획적 살인의 감소 경향은 덜 명백하다. 1826~1830년 사이에는 258건, 1876~1880년에는 239건이 발생했다. 그런 감소는 인구 증가를 고려할 경우에만 주목할 만하다. 하지만 비계획적 살인과 계획적 살인의 발생률 변화가 그렇게 차이 나는 것은 놀라운 일이 아니다. 실제로 계획적 살인은 비계획적 살인과 공통된 요소를 가짐과 동시에 상이한 요소도 가지고 있는 혼합적 성격의 범죄이다. 계획적 살인은 비계획적 살인과는 부분적으로 다른 원인에서 기인한다. 때로는 계획적 살인은 더 인위적이고 의도적인 범죄이지만, 또 때로는 재산 범죄에 불과한 것이기도 하다. 후자의 경우, 계획적 살인은 살인을 결정하는 요인보다는 다른 요인의 영향을 받는다. 그 요인들은 유혈을 일으키는 다양한 경향의 총합이 아니라, 강도 행위에 근거한 아주 다른 동기들이다. 두 범죄의 이중성은 월별 및 계절별 변동을 보여 주는 표에도 뚜렷이 나타난다. 계획적 살인은 겨울, 특히 11월에 가장 많이 발생하는데, 그것은 강도 범죄도 마찬가지다. 따라서 살인 경향의 변동은 계획적 살인의 변화에서 가장 잘 나타나는 것이 아니다. 살인 경향의 전체적 변화는 비계획적 살인의 변동 곡선에서 보다 잘 관찰될 수 있다.

프로이센에서도 같은 현상이 보인다. 1834년에는 살인과 과실치사에 대한 예심이 368건 있었는데, 그것은 주민 2만 9천 명당 1명의 비율에 해당한다. 1851년에는 257명으로, 주민 5만 3천 명당 1명에 불과하다. 그 이후 감소가 조금 느려졌다. 1852년에는 7만 6천 명에 1명, 1873년에는 10만 9천 명에 1명으로 줄었다.[74] 이탈리아에서는 1875년에서 1890년 사이에 확정된 단순 살인의 감소는 18%(3,280명에서 2,660명으로)인 데 비해, 자살은 80%나 증가했다.[75] 살인이 감소하지 않는 나라에서는 자살도 정체되어 있다. 영국에서는 1860년에서 1865년 사이에 연평균 359건의 살

74   STARKE, *Verbrechen und Verbrecher in Preussen*, Berlin, 1884, p. 144 et suiv.
75   페리(Ferri)가 작성한 표를 참고했다.

인이 일어났으나, 1881~1885년에는 329건에 불과했다. 오스트리아의 경우는 1866~1870년에 528건이었던 것이 1881~1885년에는 510건이었다.[76] 다른 나라들에서도 계획적 살인을 제외하면 살인율의 감소가 더 현저할 개연성이 높다. 하지만 자살은 같은 기간에 모든 나라들에서 증가 경향을 보였다.

하지만 타르드는 프랑스의 살인 감소는 외견상 그렇게 보일 뿐이라고 주장했다.[77] 그런 감소의 원인은 단순히 순회재판에서 심리된 사건들과 법관들이 증거불충분으로 기소유예 처리한 사건들을 포함시키지 않았기 때문이라는 것이다. 타르드에 따르면 그런 이유로 기소가 중지되어 전체 통계에서 누락된 살인의 수는 계속 증가했다고 한다. 따라서 그 수치를 선고가 내려진 유사 범죄에 추가하게 되면, 살인율은 감소가 아니라 계속적인 증가를 나타낼 것이라고 주장했다. 하지만 안타깝게도 타르드의 그런 주장은 아주 교묘한 통계 수치의 조정에 근거한 것이다. 그는 단순히 순회재판에서 기소유예된 계획적 및 비계획적 살인의 수를 1861~1865년, 1876~1880년, 1880~1885년의 세 시기별로 비교하고, 그 수가 첫 번째 시기보다 두 번째 시기에 많아졌고, 세 번째 시기에는 더욱 많아졌다는 것을 보여 주는 것으로 그쳤을 뿐이다. 하지만 1861~1865년은 19세기 전체에서 기소 유예된 수가 가장 적었던 시기였다. 그 수는 예외적으로 적은데, 우리는 어떤 이유에서 그런지를 알지 못한다. 그런 만큼 그 시기는 비교하기에 부절적하다. 더군다나 단지 두세 시기의 수치만을 비교해서 법칙을 정립할 수는 없다. 만일 타르드가 그와 같은 시기

---

76 Bosco, *Gli Omicidii in alcuni Stati d'Europa*, Rome, 1889.
77 *Philosophie pénale*, pp. 347~348.

를 출발점으로 삼아 비교하지 않고 보다 긴 시기에 걸쳐 기소 유예된 사건의 수를 관찰했다면, 다음과 같은 또 다른 결론에 도달했을 것이다. 이제 우리가 연구를 통해 제시한 결과를 보도록 하자.

기소유예된 사건의 수[78]						
연도	1835~1838	1839~1840	1846~1850	1861~1865	1876~1880	1880~1885
비계획적 살인	442	503	408	223	322	322
계획적 살인	313	320	333	217	231	252

　그 수치들의 변동은 아주 규칙적이지 않다. 하지만 1835년에서 1885년 사이의 수치들은 1876년에 상승이 있긴 하지만, 전반적으로 현저히 줄었다. 비계획적 살인의 감소는 37%이며, 계획적 살인의 경우는 24%나 된다. 따라서 그와 같이 기소 유예된 범죄가 증가했다는 결론을 내릴 근거는 전혀 없다.[79]

78　그 사건들 중 일부는 범죄나 비행이 아니었기 때문에 기소되지 않았을 것이다. 따라서 그런 사례들은 여기에서 제외되어야 할 이유가 있다. 하지만 우리는 그렇게 하지 않았다. 저자인 타르드의 주장에 충실하려는 뜻에서였다. 게다가 우리는 그 사례들을 제외시키더라도 위에서 볼 수 있는 수치에는 아무런 변화가 없을 것이라고 확신한다.

79　자신의 주장을 뒷받침하기 위해 타르드에 의해 제시된 이차적인 견해는 더 이상 설득력을 갖지 못한다. 그에 따르면 사고와 자살 중에는 실수로 살인이 잘못 분류된 것도 있다는 것이다. 그런데 19세기 초 이래 양자의 수는 다 같이 증가했기 때문에, 그는 그 두 범주 속에 잘못 포함된 살인의 수도 역시 증가했을 것이라는 결론을 내리고 있다. 그렇게 해서 그는 살인의 진행을 정확히 파악하길 원한다면 그런 증가를 반드시 고려해야 한다고 주장했다. 하지만 그의 추론은 혼동에 근거하고 있다. 사고사와 자살이 증가했다는 사실로부터 그런 범주 속에 잘못 포함된 살인의 수도 마찬가지로 증가했을 것이라는 결론이 도출되는 것이 아니다. 더 많은 자살과 더 많은 사고사가 있다는 사실로부터 가짜 자살과 가짜 사고사가 역시 더 많다는 결론이 도출되는 것이 아니다. 그런 가설이 어느 정도의 타당성을 가지려면 애매한 사례들을 취급한 관리나 법정의 조사가 이전보다 더 불충실했다는 것을 증명해야 한다. 하지만 우리는 그런 증거를 갖고 있지 못하다. 타르드는 근래에 익사자가 크게 증가한 것에 회의를 품고, 그 중에는 잘못 포함된 살인이 있을 것이라고 보고 싶어 했다. 하지만 벼락을 맞아 죽은 수는 꽤 증가해서 2배가 되었지만, 범죄는 그런 증가와 아무런 관계도 없다. 실제로 익사의 경우에도 통계가 더욱 정확해졌고, 해수욕이나 항해 등이 더욱 빈번해지면서 사고도 더욱 늘어난 것은 부인할 수 없는 사실이다.

② 자살과 살인이 동시에 증가한 나라가 있더라도, 언제나 같은 비율로 증가하지 않는다. 또한 두 현상의 최다 발생 시점도 결코 일치하지 않는다. '살인이 빈번하게 일어나는 사회에는 자살에 대한 일종의 면역성이 생기는 것'이 오히려 일반적인 법칙이다.

스페인, 아일랜드, 이탈리아는 유럽에서 자살이 가장 적은 나라들이다. 스페인은 100만 명당 17건, 아일랜드는 21건, 이탈리아는 37건이다. 그와 반대로 세 나라보다 살인이 많이 일어나는 곳도 없다. 세 나라는 살인의 수가 자살의 수를 초과하는 유일한 나라들이다. 스페인에서는 자살의 3배에 해당되는 살인이 발생했다(1885~1889년 사이에 자살 514건에 살인 1,484건). 아일랜드에서는 2배(자살 116건에 살인 225건), 이탈리아에서는 1.5배(자살 1,437건에 살인 2,322건)에 해당되었다. 그와 반대로 프랑스와 프로이센은 자살이 빈번히 발생하는 나라들인데(각각 100만 명당 160명과 260명), 살인은 그 10분의1에 불과하다. 프랑스와 프로이센에서는 1882~1888년 사이에 각각 연평균 734건과 459건의 살인이 발생했을 뿐이다.

각 국가 내부에서도 같은 비율이 관찰된다. 이탈리아의 경우 자살 분포도에서 북부는 검은색을 띠고 있고, 남부는 흰색을 띠고 있다. 하지만 살인 분포도에서는 정반대이다. 게다가 만일 이탈리아의 모든 주를 자살률에 따라 두 범주로 구분하고, 또 각 범주별 평균 살인율을 비교해 보면 두 비율 사이의 대조가 두드러진다.

| 제1집단 | 100만 명당 자살하는 4.1~30명, 살인자는 271.9명 |
| 제2집단 | 100만 명당 자살하는 30~88명, 살인자는 95.2명 |

살인이 가장 많은 주는 인구 100만 명당 69건의 살인이 발생한 칼라브리아이다. 그런데 그곳은 자살률이 가장 낮은 지방이다.

프랑스에서 살인이 가장 빈번한 도는 코르시카, 피레네조리앙탈, 로제르 및 아르데쉬이다. 그런데 자살에서는 코르시카는 85위, 피레네 조리앙탈은 63위, 로제르는 83위, 아르데쉬는 68위로 내려간다.[80]

오스트리아에서 자살이 가장 많이 일어나는 곳은 남부 오스트리아, 보헤미아, 모라비아 등인 반면, 가장 적은 곳은 카르니올라와 달마티아이다. 그런데 달마티아는 100만 명당 79건의 살인율, 카르니올라는 57.4건의 살인율을 보이는 데 비해, 남부오스트리아는 14건, 보헤미아는 11건, 모라비아는 15건의 살인율을 기록하고 있을 뿐이다.

③ 우리는 앞서 전쟁은 자살을 억제하는 경향이 있음을 보았다. 전쟁은 절도, 횡령, 사기 등에 대해서도 같은 영향을 미친다. 하지만 예외가되는 범죄가 하나 있다. 살인이 그것이다. 프랑스의 경우 비계획적 살인은 1866~1869년 사이에 평균 119건이었는데, 1870년에는 133건, 1871년에는 224건으로 88% 상승했다가,[81] 1872년에는 162건으로 다시 감소했다. 만일 대부분의 살인범들의 연령대가 30세경이라는 사실과 그때 대부분의 젊은이들이 군대에 있었다는 점을 고려한다면, 그런 증가는 더욱 중요하게 보인다. 왜냐하면 군에 징집된 젊은이들이 평화시에 범했을지도 모를 범죄는 통계에 들어가지 않기 때문이다. 더군다나 전쟁 중에는 법 집행의 혼란으로 인해 평시보다 더 많은 범죄가 은폐되었을 것이고,

---

80 계획적 살인의 경우에는 역비례 관계가 불분명하다. 앞서 지적한 바와 같이 그것은 그 범죄는 다른 범죄와 혼합적인 성격을 가지고 있음을 증명해 주는 것이다.

81 그와 반대로 계획적인 살인은 1868년의 215건, 1869년의 200건, 1870년의 16건으로 줄어들었다. 그것도 역시 계획적 살인과 비계획적 살인은 서로 다른 종류의 범죄임을 말해 준다.

수사를 시작해도 기소하지 못했을 것이라는 점은 의심의 여지가 없다. 만일 그와 같은 두 가지의 감소 요인에도 불구하고 살인의 수가 증가했다면, 실제 증가율은 그보다 훨씬 더 높을 것이다.

그와 마찬가지로 프로이센의 경우 덴마크와의 전쟁이 발발했던 1864년에 살인은 137건에서 169건으로 증가했는데, 1854년 이래로 전례 없이 높은 수준이었다. 1865년에는 153건으로 줄었다가 1866년에는 군대가 동원되었음에도 다시 증가했다(159건). 1870년에는 1869년보다 약간 감소했으며(1870년에 185건, 1869년에 151건), 1871년에는 더 많이 감소했지만(136건), 그것은 다른 범죄에 비해 아주 적은 감소였다. 같은 시기에 절도범은 절반으로 줄었는데, 1869년의 8,676건에 비해 1870년에는 4,599건이었다. 더군다나 위의 살인 통계 수치에는 계획적 살인과 비계획적 살인이 모두 포함되었다. 그런데 두 범죄의 의미는 다르다. 가령, 프랑스의 경우에 전쟁 중에는 비계획적 살인만 증가한다는 사실을 우리는 이미 알고 있다. 따라서 만일 모든 종류의 살인의 감소가 그리 크지 않다면, 계획적 살인을 제외했을 경우 비계획적 살인 수치가 상당히 증가할 것이라고 생각할 수 있다. 게다가 만일 앞서 지적한 두 가지 이유로 누락되었을 모든 사례들을 포함시킨다면, 그와 같은 두드러진 감소가 아주 적은 양의 감소로 줄어들 것이다. 끝으로 같은 시기에 비계획적 살인이 현저하게 증가한 것은 주목할 만하다. 비계획적 살인은 1869년의 268건, 1870년의 303건, 다시 1871년의 310건으로 증가했다.[82] 그것은 사람들이 평화시보다 전쟁 때 생명의 가치를 덜 중요하게 느낀다는 증거가 아닐까?

정치적인 위기도 같은 효과를 낳는다. 프랑스에서 비계획적 살인의

---

82 STARKE, *op. cit.*, p. 133를 참고했다.

곡선은 1840년에서 1846년까지 일정하다가, 1848년에는 급격히 상승해, 1849년에는 240건으로 정점에 이르렀다.[83] 같은 현상이 루이 필립의 치세 초반에도 일어났다. 그 당시 정당 간의 투쟁은 매우 과격했다. 19세기에 비계획적 살인이 가장 많이 발생했던 때가 바로 그 시기였다. 1830년 204건, 1831년에는 264건으로 증가했으며, 그 후로 그보다 더 높은 수치는 기록되지 않았다. 1832년에는 253건, 1833년에는 257건이었다. 1834년에 급격하게 하락하고, 그 후로는 꾸준히 하락했다. 1838년에는 145건밖에 없었으며, 44%의 감소에 해당한다. 그 기간 동안 자살은 반대 방향으로 변했다. 1833년에는 1829년과 같은 수준에 있다가(1829년에 1,904건, 1833년에 1,973건), 1834년에는 급격한 상승이 시작되었다. 1838년에는 30%나 증가했다.

④ 자살은 농촌보다 도시에서 많이 일어난다. 살인은 그 반대이다. 비계획적 살인, 존속살인, 영아살해의 세 가지 살인 범죄를 합치면, 1887년의 경우 농촌에서 11.1건이 일어난 반면, 도시에서는 8.6건이 일어났다. 1880년에도 농촌과 도시의 수치는 각각 11건과 9.3건으로 비슷했다.

⑤ 우리는 앞서 가톨릭은 자살의 경향을 감소시키는 반면, 개신교는 증가시킨다는 사실을 보았다. 그런데 역으로 살인은 개신교 국가보다 가톨릭 국가에서 더 빈번하다.

표에 나타난 것처럼 가톨릭 사회와 개신교 사회의 대조는 단순 살인의 경우에 더욱 현저하다. 독일 내부에서도 그와 같은 대조가 관찰된다. 평균 이상의 살인율을 보이는 지방은 모두 가톨릭 신도들이 많은 지역들이다. 포젠(100만 명당 18.2건의 계획적 및 비계획적 살인), 도나우(16.7건), 브

---

83 계획적 살인은 거의 정체되어 있다.

가톨릭 국가	단순 살인	계획적 살인	개신교 국가	단순 살인	계획적 살인
이탈리아	70	23.1	독일	3.4	3.3
스페인	64.9	8.2	영국	3.9	1.7
헝가리	56.2	11.9	덴마크	4.6	3.7
오스트리아	10.2	8.7	네덜란드	3.1	2.5
아일랜드	8.1	2.3	스코틀랜드	4.4	0.7
벨기에	8.5	4.2			
프랑스	6.4	5.6			
평균	32.1	9.1	평균	3.8	2.3

롬베르크(14건), 상부 및 하부 바이에른(13건) 등이 그 지역들이다. 그와
마찬가지로 바이에른 내에서도 개신교 신도들이 적은 곳일수록 살인이
많다.

여러 지방들

가톨릭이 소수인 지방	계획적 및 비계획적 살인	가톨릭이 다수인 지방	계획적 및 비계획적 살인	가톨릭이 90% 이상인 지방	계획적 및 비계획적 살인
라인, 팔츠	2.8	하부 프랑켄	9	상부 팔츠	4.3
중앙 프랑켄	6.9	슈마벤	9.2	상부 바이에른	13
상부 프랑켄	6.9			하부 바이에른	13
평균	5.5	평균	9.1	평균	10.1

단지 상부 팔츠 한 곳만이 예외이다. 게다가 자살 분포와 살인 분포가
반비례한다는 것을 확실히 하기 위해서는 바로 위의 표와 그 앞의 표를
비교해 보면 될 것이다.

⑥ 끝으로 가정생활은 자살을 억제하는 경향이 있는 반면, 살인은 오
히려 자극하는 경향이 있다. 1884~1887년 간에 기혼자들은 연평균 100만
명 중 5.07건의 살인을 저질렀고, 15세 이상의 미혼자들은 평균 12.7건의

살인을 저질렀다. 따라서 기혼자는 미혼자에 비해 약 2.3정도의 살인방지계수를 갖는 것처럼 보인다. 다만, 우리는 기혼자와 미혼자의 연령이 다르며, 살인의 경향의 강도는 연령에 따라 다르다는 점을 고려해야 한다. 미혼자의 평균연령은 25~30세이며, 기혼자의 평균연령은 45세이다. 그런데 살인의 경향은 25~30세에서 가장 높다. 그 연령층에서는 100만 명 중 15.4건의 살인이 일어나며, 45세의 살인율은 6.9건에 불과하다. 전자의 후자에 대한 비율은 2.2이다. 따라서 연령이 높아진다는 단 하나만의 이유로 기혼자는 미혼자의 절반 정도의 살인을 범하게 된다. 기혼자들의 평균 살인율이 낮은 조금 유리한 상황은, 그들이 결혼을 했다는 사실이 아니라 나이가 많다는 사실에서 기인한다. 요컨대 가정생활은 살인에 대한 억제 효과가 없다.

가정생활은 살인을 방지하지 못할 뿐 아니라, 살인을 자극한다고 가정할 수 있다. 원칙적으로 기혼자가 미혼자에 비해 더 높은 도덕성을 가지고 있는 것 같다. 그 이유는 그 효과를 무시할 수 없는 결혼이 아니라, 가족이 식구 각자에게 미치는 실질적인 영향에 있는 것으로 보인다. 개인은 고립되어 혼자 있을 경우에 가족 환경의 유익한 훈육을 계속 받는 경우보다 도덕적으로 불안정하다는 것은 분명하다. 따라서 만일 살인의 경우에 기혼자가 미혼자보다 더 나을 것이 없다면, 그것은 기혼자로 하여금 모든 범죄로부터 멀어지게 만드는 도덕화의 이로운 영향이 어떤 요인 때문에 부분적으로 무력화되기 때문일 것이다. 물론 기혼자를 살인으로 유도하는 그 악화 요인은 가정생활과 관련이 있을 것이다.[84] 요약하자면

---

84 게다가 그런 지적은 문제를 해결하기보다는 문제를 제기하는 것이다. 그 문제는 연령과 결혼 상태의 영향이 자살의 경우처럼 확정되어야만 해결될 수 있을 뿐이다.

자살과 살인은 때로는 공존하고, 때로는 서로 배타적이다. 그리고 두 현상은 같은 조건에서 같은 방식으로 반응하기도 하며, 때로는 반대의 방식으로 반응하기도 하는데, 반대되는 경우가 더 많다. 그렇다면 외관적으로 모순되는 그런 사실을 어떻게 설명할 수 있을까?

자살과 살인 사이의 모순을 조화시키는 유일한 방법은 다음과 같은 사실을 인정하는 것이다. 즉, 자살에는 여러 종류가 있어 그 중 한 종류는 살인과 유사한 속성이 있는 반면, 다른 종류는 반대 속성을 갖는다는 사실이 그것이다. 왜냐하면 동일한 하나의 현상이 같은 상황에서 전혀 다르게 반응할 수는 없기 때문이다. 따라서 살인과 비례해서 일어나는 자살과 반비례해서 일어나는 자살은 같은 종류일 수 없다.

실제로 우리는 자살에 여러 가지 상이한 형태가 있으며, 각각의 특징은 전혀 같지 않다는 것을 앞서 살펴보았다. 그렇게 해서 이 책 제2부의 결론은 다시 한 번 확인됨과 동시에 그 결론이 방금 제시된 사실들을 설명하는 데 도움이 된다. 그 사실들만으로도 자살의 내적 다양성을 제시하는 데 충분할 것이다. 하지만 그 사실들과 제2부의 결론을 통해 추가로 확인된 이상, 그것은 하나의 가설로 그칠 수는 없을 것이다. 우리는 자살의 여러 상이한 종류에는 어떤 것들이 있는지, 또 그것들이 어떻게 발생하는지도 알고 있다. 그런 사실을 바탕으로 우리는 이제 그 중의 어느 형태가 살인과 공존할 수 없는가와 그와 반대로 어떤 형태가 부분적으로 살인과 같은 원인의 영향을 받는가도 쉽게 알 수 있을 것이다. 그리고 왜 자살과 살인이 공존할 수 없는 경우가 더 일반적인지도 설명할 수 있다.

자살 형태 중에서 현재 가장 빈번하게 일어나고, 또 연간 자살 숫자를 증가시키는 데 가장 큰 몫을 차지하는 것은 바로 이기적 자살이다. 이기적 자살의 특징은 지나친 개인주의로 생긴 우울과 무관심 상태이다. 개인은 자신을 현실에 연결시켜주는 유일한 매체인 사회에 무관심하기 때문에 삶에 의욕이 없다. 그는 자신과 자신의 가치를 너무 예민하게 느끼면서 자기 마음대로 하는 것을 유일한 목표로 삼기 때문에, 그런 목표에 만족하지 못하게 되면 우울증과 무관심 속에서 무의미한 삶을 영위해 나가게 된다. 살인은 정반대의 조건에 의존한다. 살인은 격정을 수반하는 난폭한 행동이다. 그런데 사회 구성원들의 개인화가 미약해 사회가 통합되면, 집단의식의 강도가 높아져 삶의 열정이 높아진다. 그런 사회는 살인의 격정을 일으키는 데 가장 유리한 토양이 된다. 옛날처럼 가족정신이 강한 힘을 가졌던 사회에서는 가족에 대한 범죄가 신성모독으로 간주되어 잔인하게 응징되며, 그 복수를 제3자에게 맡길 수 없게 된다. 그로부터 바로 코르시카와 남부 여러 나라에서 찾아볼 수 있는 피비린내 나는 '벤데타vendetta', 곧 피의 복수가 시작된다. 종교적 신앙이 매우 강한 곳에서는 그 신앙도 역시 살인을 자극하며, 정치적 신념도 달리 진행되지 않는다.

게다가 무엇보다 일반적으로 공공 의식의 규제가 약할수록, 즉 생명을 노린 공격이 가볍게 여겨질수록 살인은 그만큼 더 난폭해진다. 목숨을 노린 공격을 가볍게 여길수록 공동체의 도덕이 개인과 그의 이익에 부여하는 가치는 더 약해지며, 우리의 표현을 쓰자면 약한 개인화나 지나친 이타주의는 살인의 경향을 더 촉진하게 된다. 바로 그런 이유로 살인은 미개사회에서 더 빈번함과 동시에 규제되지 않았던 것이다.

그와 같은 살인의 빈도와 살인에 대한 상대적 관용은 동일한 원인에서 파생된다. 개인의 존엄성이 덜 존중되는 사회일수록 개인들은 더 자주 폭력에 노출되지만, 그런 폭력은 심각한 범죄로 여겨지지 않는다. 따라서 이기적 자살과 살인은 서로 상반되는 원인에서 발생하며, 하나가 빈번한 곳에서 다른 하나가 발달하는 것은 불가능하다. 사회적 열정이 강한 사회에서 사람들은 게으른 몽상이나 냉정하고 쾌락주의적인 계산에는 별 다른 관심이 없다. 개인의 운명을 별것 아닌 것으로 여기는 사회에서는 개인이 자신의 운명에 별로 의문을 갖지 않는다. 인간의 고통에 별 관심을 갖지 않는 사회에서는 자신의 고통도 크게 느끼지 않는다.

그와 반대로 또 같은 이유에서 이타적 자살과 살인은 서로 잘 조화될 수 있다. 왜냐하면 그것들은 정도만 다를 뿐인 동등한 조건에 의존하기 때문이다. 개인이 자신의 생명을 가볍게 여기면 다른 사람의 생명도 중요하게 생각하지 않는다. 그런 이유로 살인과 자살은 일부 원시인들 사이에서 만연할 수 있었다. 하지만 문명사회에서는 살인과 자살의 병행을 같은 원인으로 설명할 수 없을 수도 있다. 과장된 이타주의 상태는 고도로 문명화된 환경에서 종종 목격되는 살인과 공존하는 자살을 일으킬 수 없다. 왜냐하면 자살을 강요하기 위해서는 이타주의가 아주 강력해야 하며, 살인의 충동을 일으키는 이타주의보다 더 강력해야 하기 때문이다. 실제로는 일반적으로 개인의 생명에 아무리 미약한 가치를 부여한다고 해도, 인간은 언제나 남의 생명보다는 자신의 생명에 더 큰 가치를 부여한다. 모든 조건이 같다면, 보통 사람들은 동료들보다 자신의 생명을 더 존중하는 경향이 있다. 따라서 자신의 생명에 대한 존중의 감정을 없애기 위해서는 타인의 생명에 대한 존중의 감정을 없애는 것보다 훨씬 더 강력한 원인이 필요하다. 그런데 오늘날에는 군대와 같은 특수한 환경을 제외하고는 비인격성과 자기부정의 취향은 거의 나타나지 않는다. 또한 그 반대의 감정은 매우 강하고 일반적이기 때문에, 그런 자기희생은 쉽게 이루어질 수 없게 되었다. 따라서 살인과 결합될 수 있는 보다 근대적인 다른 형태의 자살이 있는 것이 확실하다.

그것이 바로 아노미성 자살이다. 실제로 아노미는 상황에 따라 자기 자신이나 타인을 공격할 수 있는 흥분과 좌절을 일으킨다. 자신을 향한 공격의 경우에는 자살, 타인을 향한 공격의 경우에는 살인이 발생하게 된다. 그와 같이 흥분된 힘의 방향을 결정하는 원인들에 대해서 보자면, 그것들은 행위자의 도덕 수준에서 기인한다. 도덕성의 저항이 강하고 약함에 따라 공격성은 두 방향 중 하나의 방향으로 나아가게 된다. 도덕성이 낮은 사람은 자신보다는 타인을 살해할 것이다. 우리는 그런 두 가지 행동이 종종 연이어 일어나는 것을 보았다. 또한 두 가지 행동은 단일한 행동의 두 측면으로서 서로 밀접한 관계를 가지고 있다는 것도 우리는 알고 있다. 한 사람의 격앙된 감정이 진정되기 위해서는 두 사람의 희생자가 필요하다.

바로 거기에 오늘날에도, 특히 고도로 발달된 문명과 종교의 중심지에서 살인과 자살이 동시에 공존하는 이유가 있다. 왜냐하면 그런 곳일수록 아노미가 심하기 때문이다. 그리고 자살이 증가할 때에 살인이 그만큼 감소하지 않는 것도 같은 원인 때문이다. 실제로 개인주의의 발전이 살인의 원인 중 하나를 제거시킨다 해도, 경제 발전에 수반되는 아노미는 또 다른 원인을 낳는다. 예컨대 프랑스와 프로이센에서 자살과 살인이 전쟁 이후 동시에 증가했다면, 그것은 서로 이유는 달랐지만 두 나라 모두 도덕적 불안정성이 증가했기 때문이라고 생각할 수 있다. 끝으로 그런 부분적 상응관계에도 불구하고 살인과 자살 사이에 어떻게 그렇게 일반적으로 반대되는 경향이 나타나는가도 이제 설명될 수 있다. 아노미성 자살은 상공업 활동이 활발한 특별한 상황에만 자주 일어난다. 가장 빈번히 발생하는 이기적 자살은 상해 범죄를 감소시킨다.

그렇게 해서 우리는 다음과 같은 결론에 도달하게 된다. 만일 자살과 살인이 서로 반비례한다면, 그 이유는 그것들이 동일한 현상의 서로 다른 측면이기 때문이 아니라, 어떤 면에서는 서로 상반되는 두 가지 사회적 경향을 형성하기 때문이다. 자살과 살인은 낮과 밤이 다르듯이 서로 배타적이며, 마치 심한 건조로 인한 질병은 심한 습기로 인한 질병을 배제하는 것과 같다. 그럼에도 만일 그런 상반성이 부분적 조화를 완전히 배제하지 못한다면, 그 원인은 특정한 형태의 자살들이 발생하는 원인이 살인을 발생시키는 원인과 상반되기 때문이 아니라, 반대로 그 형태들이 같은 사회적 조건의 상반된 표현이며 동일한 도덕적 환경 속에서 발전하기 때문이다. 게다가 아노미성 자살과 공존하는 살인과 이타적 자살과 조화될 수 있는 살인은 서로 같은 성격을 가질 수 없다는 것을 내다볼 수 있다. 따라서 자살과 마찬가지로 살인도 단일한 불가분의 범죄학적 실체가 아니라 큰 차이를 띠는 여러 가지 종류의 합이라는 것을 내다볼 수 있다. 하지만 그렇게 중요한 범죄학 주제를 여기서 길게 다루지 않겠다.

　　따라서 자살이 비도덕성을 감소시키는 바람직한 효과가 있고, 또 그 확산을 막지 않는 것이 오히려 득이 된다고 말하는 것은 정확하지 못하다. 자살은 살인의 파생물이 아니다. 이기적 자살을 일으키는 도덕적 특질과 문명인들에게서 살인을 감소시키는 도덕적 특질은 분명히 서로 밀접하게 연결되어 있다. 하지만 이기적 자살을 하는 사람은 살인하려다 실패한 사람이기는커녕 오히려 살인과는 전혀 관계가 없는 사람이다. 그는 슬프고도 우울한 인간일 뿐이다. 따라서 그의 행동을 살인과 같은 종류로 여기면서 비난할 수 없다. 자살을 비난하는 것은 자살 그 자체를 비난하는 것이다. 자살을 일으키는 정신 상태, 즉 개인과 관련된 지나친 과민증을 약화시킨다고 해야 하는가? 그렇게 하면 비인격성의 취향을 강화시키게 되고, 또한 거기에서 기인하는 살인을 권장하게 되는 위험이 있다고 해야 하는가? 하지만 살인 경향을 억제하기 위해 개인주의를 지나칠 정도로 강화시켜 자살의 요인으로 만들 필요는 없다. 한 인간이 다른 인간을 해치는 것을 두려워하도록 하기 위해서 오직 자신에게만 관심을 가질 필요는 없다. 일반적으로 인간의 인격을 아끼고 존경하는 것으로 충분하다. 따라서 개인화 경향은 살인의 경향을 강화시키지 않고도 억제될 수 있다.

아노미의 경우에는 살인과 자살을 모두 일으키므로, 하나를 억제할 수 있으면 다른 하나도 억제할 수 있다. 자살을 막으면 결국 더 많은 살인이 일어날 것이라고 염려할 필요는 없다. 왜냐하면 공공 의식을 존중함으로써 자살을 포기할 만큼 도덕적 규율에 민감한 사람은, 자살보다 더 비난받고 금지되는 살인 경향을 더욱 강하게 억제할 것이기 때문이다. 게다가 앞서 본 것처럼 그와 같은 경우에 자살하는 자들은 우수한 자들이다. 따라서 퇴행적인 선택을 찬성해야 할 아무런 이유도 없는 것이다.

이 장에서의 논의는 종종 논란의 대상이 된 한 가지 문제를 해결하는 데 도움이 될 수 있을 것이다.

다른 사람들에 대한 우리의 감정은 단순히 이기적 감정의 연장인가, 아니면 그와 무관한 것인가를 알아보는 문제를 둘러싼 논쟁이다. 우리는 앞서 두 가설이 모두 근거 없는 것임을 보았다. 물론 타인에 대한 동정과 자신에 대한 동정은 서로 관련되어 있다. 왜냐하면 두 감정의 발생이나 소멸은 병행하기 때문이다. 하지만 하나가 다른 하나로부터 나오는 것은 아니다. 두 감정 사이에 긴밀한 관계가 있다면, 그 이유는 그것들이 하나의 집합 의식에서 공통으로 파생된 서로 다른 측면들이기 때문이다. 두 감정이 표현하는 것은, 대중의 의견이 일반적으로 개인의 도덕적 가치를 평가하는 방식이다. 만일 개인이 대중의 의견에서 중요하게 여겨지면, 우리는 그와 같은 사회적 평가를 우리 자신과 동시에 타인에게도 적용한다. 우리 자신의 인격과 마찬가지로 타인의 인격도 보다 더 가치 있게 보이며, 자신의 일뿐만 아니라 타인들 각자의 일에도 더 민감하게 된다. 타인의 고통은 자신의 고통과 마찬가지로 참기 어려운 것이 된다. 따라서 타인에 대한 우리의 동정은 우리 자신에 대한 감정의 단순한 확장만이 아니다. 하지만 두 감정은 모두 하나의 원인에서 나온 서로 다른 결과이며, 따라서 동일한 정신적 상태를 이룬다. 물론 그와 같은 정신 상태는 우리 자신에게 적용될 때와 타인에게 적용될 때 달라진다. 우리 자신

연령, 결혼지위, 자녀 유무에 따른 자살 분포[85](센을 제외한 프랑스 도들)

(자살자의 절대수, 1889~1891)

연령	자녀가 없는 기혼자		자녀가 있는 기혼자		자녀가 없는 홀로된 사람		자녀가 있는 홀로된 사람	
	남자	여자	남자	여자	남자	여자	남자	여자
0~15	1.3		0.3		0.3			
15~20	0.3	2.3	0.6	0.3		0.3		
20~25	6.6	15	6.6	15	0.6	0.6		0.3
25~30	33	23	34	31	2.6	2.6	3	2.3
30~40	109	46	246	84	11.6	9	20.6	12.6
40~50	137	55	367	98	28	17	48	19
50~60	190	57	457	106	48	26	108	40
60~70	164	35	385	67	90	47	173	65
70~80	74	15	187	32	86	30	212	68
80 이상	9	1.3	36	2.6	25	12	71	19

85 위의 도표는 법무부의 미간행 자료를 참고해 작성된 것이다. 우리는 그 도표를 사용할 수 없었다. 왜냐하면 인구조사가 각 연령별로 무자녀 기혼자와 사별한 사람들의 수가 표에 나와 있지 않기 때문이다. 그럼에도 우리가 우리의 연구 결과를 제시하는 이유는 후에 인구조사가 보완되었을 때 사용될 수 있기를 바라기 때문이다.

에게 적용될 때는 이기적 본능이 그런 상태를 강화시키고, 타인에게 적용될 때는 약화된다. 하지만 두 감정에 모두 그런 정신 상태가 작용한다. 따라서 개인의 기질에 가장 깊이 관련된 감정조차도 개인을 초월하는 원인에 근거를 두고 있다는 것은 그야말로 사실이다. 우리의 이기주의까지도 상당 부분 사회적 산물이다.

제3장
실제적 결과

자살이란 무엇이며, 그 종류와 기본 원칙이 무엇인지 알게 된 지금, 현대사회는 자살에 대해 어떤 태도를 취해야 할 것인지를 생각해 볼 필요가 있다.

하지만 그런 문제는 또 다른 질문을 전제한다. 현대 문명에서 자살은 정상으로 여겨져야 하는가 아니면 비정상으로 여겨져야 하는가? 그 답에 따라 우리는 자살을 규제하기 위한 개혁이 가능한지와 필요한지, 아니면 반대로 자살을 규제하지 않고 비난하면서도 그대로 방치하는 것이 좋은지를 결정하게 될 것이기 때문이다.

I.

어쩌면 그런 질문이 제기될 수 있다는 사실 자체에 놀랄 수도 있을 것이다.

실제로 우리는 흔히 비도덕적인 것이면 무엇이나 비정상적인 것으로 간주하는 데 익숙해 있다. 따라서 만일 앞서 본 것처럼 자살이 공공 의식에 어긋난다면, 그것을 사회병리적 현상으로 여기지 않는 것은 불가능해 보인다. 하지만 다른 저서에서 밝힌 것처럼,[86] 가장 명백한 형태의 비도덕적 행동인 범죄조차도 반드시 불건전한 병적 증세로만 분류될 수는 없다. 사실 그와 같은 주장에 놀란 사람들도 있을 것이다. 또한 얼핏 보면 그런 주장으로 인해 도덕의 기초가 흔들리는 것처럼 보이기도 한다. 하지만 거기에는 전혀 파괴적인 요소가 없다. 그 점을 확실히 알기 위해서는 그 근거를 살펴보아야 하는데, 그것은 다음과 같이 요약될 수 있다.

질병이란 단어는 아무것도 의미하지 않거나, 아니면 무엇인가 피해야 할 것을 의미한다. 물론 피해야 할 것이 모두 병이란 뜻은 아니다. 하지만 병적인 모든 것은 적어도 대부분의 사람에게는 피해야 할 것이라고 할 수 있다. 그런데 우리가 관념과 용어를 구별해서 사용하는 것을 포기하지 않는 한, 한 종에 속하는 존재들이 필수적으로 가져야 하는 상태나 성질을 질병이라고 부르는 것은 불가능하다. 다른 한편으로 우리는 그 필수성의 존재를 인지할 수 있는 경험적으로 확정 가능하고 타자에 의해 통제 가능한 하나의 객관적인 상징을 가지고 있다. 그것은 바로 '보편성(universalité)'이다. 만일 두 개의 사실이 단 하나의 예외도 없이 언제 어디서나 함께 발견된다면, 그것들을 분리할 수 있다고 하는 것은 방법론적으로 모순되는 오류이다. 하지만 그것은 그 중의 하나가 다른 하나의 원인이라는 의미는 아니다. 두 사실 간의 유대는 매개적인 것일 수 있으나,[87] 그 관계는 존재하며 필연적인 것이다.

86 *Les règles de la méthode sociologique*, chap. III.
87 모든 논리적 연관은 그처럼 매개되는 것이 아닌가? 두 용어가 아무리 밀접한 연관을 갖는다고 하더라도, 그것들은 언제나 서로 구별되며, 따라서 그 사이에는 일정한 거리, 즉 논리적 간격이 존재하는 것이다.

그런데 어느 정도의 범죄가 없는 사회는 없다. 또한 도덕적 침해가 일상적으로 일어나지 않는 국민도 없다. 따라서 우리는 범죄란 필연적인 것이고, 없어질 수 없는 것이며, 더 나아가 사회 조직의 기본 조건이라고 논리적으로 말해야 한다. 따라서 범죄는 정상적인 것이다. 여기서 인간성의 불가피한 불완전성을 들먹이면서, 막을 수 없다고 해서 악이 아닐 수는 없다고 주장해 봐야 소용없다. 그것은 설교자의 언어이지 학자의 언어는 아니다. 필연적인 불완전성은 병이 아니다. 그렇지 않다면 완벽한 것은 없으므로 모든 것이 다 병이라고 해야 할 것이다. 완벽한 상태를 떠올릴 수 있는 신체 기능이나 장기는 없다. 안과 의사들은 인간의 눈이 아주 조잡한 시각 기관임을 발견하고 부끄럽게 느낀다고 한다. 하지만 그 누구도 눈의 구조가 비정상이라는 결론을 내리지도 않았고 또 내릴 수도 없을 것이다. 더군다나 우리의 견해에 반대하는 사람들의 신학적인 어법으로 표현하자면, 필연적인 것이 그 자체로 반드시 완전해야 한다는 것은 불가능하다. '삶 자체가 무용한 것이 아니라면, 삶에 필수불가결한 조건은 유용한 것일 수밖에 없다.' 우리는 그런 명제에서 벗어날 수 없다. 우리는 실제로 범죄가 어떻게 그런 역할을 하는지 보았다. 다만, 범죄는 오직 비난하고 억제할 때만 유용할 뿐이다. 범죄를 정상적인 사회적 현상으로 취급한다는 유일한 사실에 범죄의 사면이 함축되어 있다고 생각하는 것은 잘못이다. 범죄가 반드시 있어야 정상이라면, 범죄가 반드시 처벌되는 것도 정상이다. 범죄와 처벌은 불가분의 현상이다. 양자는 다 같이 필요불가결하다. 규제 체계의 비정상적 이완은 범죄를 촉진하는 결과를 낳으며, 비정상적인 강도로 범죄를 늘린다.

그런 생각들을 자살에 적용해 보자.

사실 모든 사회에서 자살이 일어나고 있다는 것을 보여 주는 확실한 자료를 우리는 가지고 있지 않다. 몇몇 나라만 자살에 대한 통계를 가지고 있을 뿐이다. 나머지 나라들의 경우에는 법제를 통해 자살의 만성적 흔적이 증명될 수 있다. 그런데 우리는 자살이 모든 사회에서 법적 규제 대상이었는지를 확실히 알고 있지 못하다. 대체로 그랬을 것이라고 생각할 뿐이다. 자살 금지는 때로는 공식적이었고, 때로는 유보나 예외도 있었다. 하지만 모든 유추를 통해서 보면 자살은 법과 도덕과 밀접하게 연결된 대상이었다. 다시 말해 자살은 언제나 공공 의식의 관심을 끌 만큼 중요한 문제였다. 어쨌든 시대에 따라 강도의 차이는 있지만 유럽 각국에 자살 생성 경향이 항상 있었다는 것은 분명한 사실이다. 지난 19세기의 통계와 그 이전 시대의 법제도의 기록들이 그런 사실을 증명해 주고 있다. 따라서 자살은 사회의 일반적 구성요소이며, 심지어는 사회적 구성요소이기도 하다.

게다가 자살과 사회가 어떤 방식으로 연결되었는가를 파악하는 것은 가능하다.

그 점은 특히 이타적 자살과 미개사회의 관계에서 분명하게 나타난다. 정확히 집단에 대한 개인의 철저한 종속이 미개사회의 근본 원리이기 때문에, 이타적 자살은 그들의 집단적 규율에 반드시 필요한 절차였다. 미개사회의 사람들이 자신들의 생명을 별 것 아닌 것으로 여기지 않았다면, 그들은 그 사회에서 필요로 하는 사람이 될 수 없었을 것이다. 그들이 자신들의 생명을 낮게 평가하는 그 순간부터 모든 일이 필연적으로 생명을 버리는 구실이 되었다. 따라서 그런 종류의 자살과 사회의 도덕적 구조 사이에는 밀접한 관계가 있는 것이다. 그런 관계는 자기부정과 비인격성이 강한 특수한 환경에서 여전히 드러난다. 오늘날에도 군인 정신은 개인의 자기희생이 따르는 경우에 강하게 발휘될 수 있으며, 자기희생은 필연적으로 자살로의 길을 열어젖히게 된다.

그와 반대되는 이유로, 개인의 존엄성이 최고 목적인 사회나 환경, 즉 인간이 인간에게 신이 되는 사회나 환경에서 개인은 자신에게서 신을 발견하고 자신을 숭배의 대상으로 여기기 쉽다. 그처럼 자아의 가치가 높이 평가되는 사회에서는 여러 상황으로 인해 개인은 그 자신보다 더 고귀한 그 어떤 것도 지각할 수 없게 된다. 개인주의가 반드시 이기주의인 것은 아니지만, 양자 사이에는 밀접한 관계가 있는 것은 분명하다. 하나를 확대하지 않고서는 다른 하나가 확대될 수 없다. 그렇게 해서 이기적 자살이 일어난다. 끝으로 급격하게 발전하고 있는 사회에서는 개인들을 규제하는 규칙들이 유연하고 융통성이 있어야 한다. 만일 규칙들이 원시 사회의 엄격성을 그대로 유지한다면, 진보가 가로막혀 신속하게 이루어질 수 없을 것이다. 하지만 동시에 규제가 약화되면 욕망과 야망이 급격하게 넘쳐나게 되는 것은 불가피하다. 사람들은 진보가 자신의 의무라고 생각하기 시작한 순간부터 포기를 쉽게 받아들이려 하지 않게 되었다. 그 결과 불만과 불안을 느끼는 사람들이 늘어나지 않을 수 없었다. 진보와 완벽을 지향하는 도덕은 어느 정도 아노미와 구분이 안 된다. 그렇게 해서 자살의 각 유형은 특정한 정신적 특성에 상응하게 되고, 또 양자 사이에는 밀접한 관계가 정립된다. 정신적 특징이 없다면 자살도 존재할 수 없다. 왜냐하면 자살은 단지 특정한 조건에서 각각의 정신적 특성에 의해 불가피하게 발생하는 현상이기 때문이다.

그런데 그와 같은 다양한 자살 경향은 오직 심화될 때에만 자살을 일으키기 때문에, 그 경향을 모든 곳에서 동일하게 적당한 정도로 유지하는 것은 불가능할까? 그런 질문을 제기할 수도 있을 것이다. 하지만 그것은 삶의 조건이 어디서나 동일하기를 바라는 것과 같이 가능하지도 않고 바람직하지도 않다. 모든 사회에는 집단적 상태가 변화하면서 영향을 줄 수 있을 뿐인 개별적 환경이 있다. 집단적 상태는 개별적 환경 속에서 경우에 따라 강화되기도 하고 약화되기도 한다. 따라서 한 사회 전체에서 특정한 자살 경향이 특정한 강도를 갖느냐의 여부는, 그 경향이 몇몇 지점에서 그 강도를 초과하거나 초과하지 못하느냐에 달려 있다.

하지만 그런 경향이 어느 한 방향으로 초과하거나 미달되는 것은 필연적일 뿐 아니라 유익하기까지 하다. 왜냐하면 만일 가장 일반적인 상태가 또한 사회생활의 가장 일반적인 상황에 가장 잘 적응하는 것이라면, 그 상태는 특수한 상황에서는 잘 적용될 수 없기 때문이다. 하지만 사회는 일반적인 상황과 특수한 상황에 다 같이 적응해야 한다. 평균 이상의 활동성을 넘지 않는 개인은 예외적인 노력을 요구하는 상황에서는 자신을 잘 지키지 못할 수 있다. 그와 마찬가지로 지적 개인주의가 발달하지 못한 사회는 꼭 필요한 경우에도 전통의 멍에를 벗어날 수 없으며, 그 신념을 바꿀 수도 없다. 역으로 그런 정신 상태가 반대 경향의 발전을 저지하기 위해 때때로 약해지지 않는다고 해 보자. 그 경우에 수동적 복종이 최고의 의무가 되는 전시에는 어떻게 될 것인가? 유용할 때에 그와 같은 형태의 활동이 행해지기 위해서는 사회가 그런 활동을 완전히 잊어서는 안 된다. 따라서 그런 활동들이 공동의 삶 속에서 다 같이 합당한 자리를 차지하는 것이 필요하다. 사회에는 무제한의 비판 정신을 갖고 자유로운 연구를 하는 집단이 있어야 한다. 또한 군대처럼 권위에 대한 오랜 믿음이 그대로 유지되는 집단도 있어야 한다. 물론 보통 때에는 그와 같은 특수한 집단의 영향은 어느 한계 이상을 넘어서는 안 된다. 왜냐하면 그와 같은 감정은 특수한 상황에 관련된 것이며 일반화될 수 없는 것이기 때문이다. 하지만 설사 특수한 집단들이 제한되어 있는 것이 중요하다고 해도, 그런 제한된 집단들이 있다는 것 역시 중요하다. 사회는 한 시기에도 다양한 상황에 직면할 뿐만 아니라 그와 같은 변화가 없다면 생존할 수 없음을 생각해 보면, 그와 같은 필연성은 더욱 분명하게 드러난다. 한 세기 동안에도 근대인들에게 적합했던 개인주의와 이타주의의 비율은 결코 똑같을 수 없다. 그런데 미래의 씨앗이 현재 속에 없다면 미래는 불가능할 것이다. 집단적 경향이 진화하면서 약해지거나 강화될 수 있기 위해서는, 그 경향이 그 이후에 결코 해체할 수 없는 하나의 유일한 형태로 완전히 고정되어서는 안 될 것이다. 집단적 경향이 공간적으로 변할 수 없다면 시간적으로도 역시 변할 수 없을 것이다.[88]

그와 같은 세 가지 정신적 상태에서 파생되는 상이한 집단적 슬픔의 경향은, 과도하지만 않다면 그 나름의 존재이유를 가지고 있다. 오직 순수한 기쁨만이 정상적인 감정이라고 생각하는 것은 잘못이다. 슬픔에 완전히 무감각하다면 인간은 살아갈 수 없을 것이다. 포용함으로써만 견딜 수 있는 적잖은 고통이 있다. 그런 고통에서 얻는 기쁨은 필연적으로 우울함을 내포하고 있다. 우울함이 삶에서 너무 큰 비중을 차지할 때 병이 된다. 하지만 살아가면서 우울함이 전혀 없는 것도 역시 병이다. 행복의 팽창은 그 반대의 경향으로 조절될 필요가 있다. 그런 조건 하에서만 적정 수준을 유지하고 현실과 조화를 이룰 수 있다. 그것은 개인뿐만 아

---

88 그 문제를 불분명하게 하는 것은 질병과 건강이라는 개념이 명확하게 구분할 수 없을 정도로 상대적이라는 사실이다. 오늘 정상적인 것이 내일에는 그렇지 않을 수 있고, 그 역도 마찬가지다. 원시인들의 큰 내장은 그들이 처한 환경에서는 정상적이었지만, 오늘날에는 그렇지 않다. 그리고 개인에게 병적인 것이 사회에서는 정상적일 수 있다. 개인생리학적 관점에서 신경쇠약증은 병이다. 하지만 신경쇠약증이 없다면 사회는 어떻게 될 것인가? 신경쇠약증은 사회적 역할을 수행한다. 따라서 어떤 상태가 정상인가 아닌가 하는 것은 '무엇과의 관계에서'라는 말이 부가되어야 한다. 그렇지 않으면 오해의 소지가 있다.

니라 사회의 경우에도 마찬가지다. 지나치게 명랑한 도덕성은 느슨한 도덕성이다. 그런 도덕성은 퇴폐적인 사람들에게만 적합하며, 실제로 그런 부류의 사람들에게서만 나타날 뿐이다. 삶은 가혹하고 실망스러우며 공허하기도 하다. 집단적 감정에도 역시 그런 측면이 반영되지 않을 수 없다. 그런 이유로 인간으로 하여금 세상에 자신 있게 대처하게 만드는 낙관주의가 있어야 하고, 그 보다는 정도가 좀 약하더라도 그 반대의 경향도 있어 낙관적 경향을 부분적으로라도 견제하는 것이 필요하다. 왜냐하면 하나의 경향은 그 자체로 제한되지 않으며, 또 반대되는 경향으로만 견제될 수 있기 때문이다. 몇몇 자료에 따르면, 우울의 경향은 사회 형태의 수준이 높을수록 더 강한 것처럼 보이기도 한다. 다른 저서에서 이미 지적한 것처럼,[89] 과거의 단순한 신앙보다 문명사회의 종교에 더 깊은 우수가 담겨져 있다는 것은 주목할 만한 사실이다. 그렇다고 해서 비관적 경향이 낙관적 경향을 결국 소멸시키고 말 것이라는 의미는 아니다. 그런 사실은 오히려 비관적 경향은 그 나름의 근거가 있으며, 결코 없어질 성질의 것이 아니라는 것을 증명해 준다. 그런데 그런 비관적 경향이 유지되려면 한 사회에 그런 경향을 수용할 특별한 기관이 있어야 한다. 고려되는 사회에는 그런 집단적 감정을 대표하는 일군의 사람들이 있어야 한다. 하지만 그 역할을 담당하는 사람들 사이에서 자살의 관념이 쉽게 뿌리내리는 것은 필연적이다.

하지만 어느 정도 자살 생성적 경향이 정상적인 사회학적 현상으로 간주되어야 한다고 해서, 그런 종류의 모든 경향이 반드시 같은 특징을 가지는 것은 아니다. 자기희생 정신, 진보로의 열망, 개인화의 취향 등은

---

89 *Division du travail social,* p. 266.

모든 사회에서 그 나름의 근거를 가지고 있으며, 불가피하게 어느 정도 자살을 일으키는 요인이 되기는 한다. 하지만 그런 경향들은 각 사회에 따라 일정하게 변하는 수준에서 제한될 필요가 있다. 그런 경향들은 일정한 한계를 넘지 않을 때에만 합당한 근거를 갖는다. 그와 마찬가지로 슬픔의 집단적 경향도 지배적이지 않는 조건에서만 유익할 뿐이다. 따라서 현재 문명사회에서 자살 경향이 정상적인가 아닌가를 알아보는 질문은 그와 같은 논의로는 해결되지 않는다. 문제 해결을 위해 우리는 지난 세기 이래로 급격히 증가한 자살 경향이 병리적인가 아닌가를 고찰해야 한다.

오늘날의 자살 경향은 문명의 대가代價라고 말한다. 자살이 유럽에서 가장 빈번하다는 것은 분명하다. 유럽 국가들의 문명 수준이 높기 때문이다. 프로이센에서는 1826년에서 1890년 사이에 411% 증가했으며, 프랑스에서는 1826년에서 1888년 사이에 385%, 독일계 오스트리아에서는 1841~1845년에서 1877년 사이에 318%, 작센에서는 1841년에서 1875년 사이에 238%, 벨기에에서는 1841년에서 1889년 사이에 212%가 증가했다. 그 반면에 스웨덴에서는 1841년에서 1875~1877년 사이에 단지 72%, 덴마크에서는 같은 기간에 35%만 증가했다. 이탈리아에서는 1870년 이후, 즉 유럽 문명에 적극적으로 참여하기 시작한 이후에 자살률이 788건에서 1,653건으로 증가해 20년 동안에 109% 상승했다. 더군다나 자살은 어디서나 가장 발달된 지역에서 가장 많이 발생했다. 따라서 지성의 발달과 자살 사이에 어떤 연관이 있으며, 전자가 올라가면 후자도 많아진다고 생각할 수 있다.[90] 그런 주장은 범죄의 증가가 경제적 거래의 증가

90 OETTINGEN, *Ueber acuten und chronischen Selbstmord*, pp. 28~32 et *Moralstatistik*, p. 761.

와 병행한다는 이탈리아 범죄학자의 주장과 유사하다.[91] 만약 그런 주장을 인정한다면, 우리는 문명사회의 특질 자체에 자살 생성 경향에 대한 특별한 자극이 내포되어 있다는 결론을 내려야 할 것이다. 또한 문명사회에서 그런 경향의 팽배는 필연적이고 정상적이며, 따라서 그것을 제한하려는 모든 조치는 문명 자체를 제한하는 것과 마찬가지라고 결론지어야 할 것이다.[92]

하지만 그런 주장을 반박할 수 있는 사실이 있다. 로마제국의 전성기에 자살이 급격히 증가했다. 따라서 그런 현상도 오늘날처럼 지적 발전의 대가이고, 문명인들은 많은 자살자를 제물로 바쳐야 하는 것이 하나의 법칙이라고 주장할 수도 있을 것이다. 하지만 그 후의 역사를 통해 그런 추론이 근거 없는 것으로 밝혀졌다. 왜냐하면 그 당시에 자살은 일시적 유행이었던 반면, 로마 문화는 그 후로도 살아남았기 때문이다. 그 후에 기독교 사회는 로마 문화의 정수를 받아들였을 뿐만 아니라, 인쇄술이 발명된 16세기 이후, 즉 르네상스와 종교개혁 이후의 사회는 어떤 고대사회보다 높은 수준의 사회의 면모를 보여 주었다. 하지만 자살은 18세기까지 아주 많이 증가하지 않았다. 따라서 진보가 그 많은 자살의 필연적인 원인은 아니었다. 왜냐하면 진보의 결과는 살인이 계속되지 않으면서도 보존되고 발전했기 때문이다. 그렇다면 오늘날에도 현대 문명

---

91 M. Poletti; 우리는 타르드의 『범죄비교(*Criminalité comparée*)』(p. 72)에서 제시된 폴레티의 이론만을 알고 있을 뿐이다.

92 그런 결론을 피하기 위해 외팅겐은 이렇게 주장했다. 자살은 단지 문명의 나쁜 측면 중 하나에 불과하며, 따라서 문명을 해치지 않고도 감소시킬 수 있다고 말이다. 하지만 그런 주장은 말장난에 지나지 않는다. 만일 문명에 의존하는 것과 같은 원인에서 자살이 발생한다면, 우리는 다른 제한 없이 하나를 감소시킬 수가 없다. 왜냐하면 자살을 제한하는 유일한 길은 그 원인을 제거하는 것뿐이기 때문이다.

의 진보와 자살의 증가는 논리적으로 필연적 관련이 없지 않을까? 또한 자살은 문명을 중단시키지 않고도 제한될 수 있는 개연성은 없을까? 게다가 우리는 자살이 문명 발달의 초기 단계에서도 나타났으며, 경우에 따라서는 극심했다는 사실을 보았다. 자살은 가장 미개한 사람들 사이에서도 존재했으며, 그런 만큼 자살이 반드시 세련된 교양과 관련된다고 생각할 아무런 이유가 없다. 고대의 자살 형태가 어느 정도 사라진 것은 분명하다. 그 결과 당연히 자살이라는 희생 공물의 양이 어느 정도 줄어들어야 하는 데도 계속 더 늘어나는 것은 놀라운 일이 아닐 수 없다.

따라서 그와 같은 자살의 증가는 진보의 내재적 성격 때문이 아니라, 오늘날 자살이 발생하는 특수한 상황 때문이라고 생각할 만한 아무런 이유도 없다. 또한 그 어떤 것도 그런 상황이 정상이라는 것을 보증해 주지 않는다. 우리는 우리 자신이 목격한 눈부신 과학, 예술, 산업의 발전에 현혹되지 말아야 한다. 오늘날의 놀랄 만한 발전은 병적 흥분 속에서 일어나고 있으며, 우리들 각자는 그 끔찍한 반향을 느끼고 있다는 것은 너무 분명하다. 따라서 자살 경향의 상승은 오늘날의 문명이 키운 병리적인 상황에서 발생할 뿐, 문명 자체가 그 필요조건은 아니다.

오늘날 자살 증가의 급격한 속도는 다른 가설을 허용하지 않는다. 실제로 자살은 50년이 채 안 된 기간 동안 나라에 따라 3배, 4배, 5배 증가했다. 다른 한편으로 우리는 자살이 사회의 가장 기본적인 구성요소와 연결되어 있음을 알고 있다. 왜냐하면 자살은 사회의 분위기를 표현하기 때문이다. 마치 개인의 기질처럼 사회 전체 구성원들의 분위기는 유기체의 가장 기본적인 상태를 반영한다. 따라서 우리의 사회 조직은 자살률이 그처럼 급격하게 상승할 만큼 심한 변동을 겪었음이 분명하다. 그런데 그런 변동이 아주 심하고 급격했기 때문에 병적인 것이 되지 않을 수 없었다. 왜냐하면 사회의 구조는 그처럼 급격하게 변화될 수 없기 때문이다. 사회는 오직 느리고 거의 느껴지지 않는 수정을 통해서만 새로운 성격을 갖게 될 뿐이다. 그런 경우에도 변화에는 여전히 한계가 있다. 일단 하나의 사회적 유형이 결정되면, 그것은 무한히 탄력적일 수는 없다. 넘어설 수 없는 한계가 빠르게 정해진다. 따라서 오늘날 자살의 통계가 보여 주는 변동은 정상일 수 없다. 정확하게 알 수 없지만, 오늘날의 자살은 정상적인 진화의 결과가 아니다. 오늘날의 자살은 오히려 과거의 제도를 붕괴시키는 데는 성공했지만 그 자리에 새로운 것을 세우지 못한 병적인 상태에서 유래한다고 단언할 수 있다. 왜냐하면 몇 세기가 걸릴 작업을 단 몇 해 동안에 이룰 수는 없기 때문이다. 그 원인이 비정상이라면 그 결과도 비정상일 수밖에 없다. 따라서 자살의 급증은 현대 문명의 찬란한 진보가 아니라 더 이상 좌시할 수 없는 위기와 혼란의 상태 때문인 것이다.

이상과 같은 여러 가지 이유에 또 하나의 이유를 마지막으로 추가할 수 있다. 집단적 슬픔의 감정이 사회생활에서 긍정적 역할을 수행한다는 것이 사실이라고 해도, 그것은 사회의 중심으로 파고들 만큼 일반적이고 강력한 것이 아니다. 그것은 집단적 주체가 희미하게 느끼는 잠재적 상태의 경향이며, 그 주체로 하여금 확실하게 알지 못하는 사이에 행동을 하게 된다. 만일 그와 같은 애매한 경향이 집단의식에 영향을 미친다면, 그것은 기껏해야 일시적이고 간헐적인 것에 불과하다. 따라서 그런 경향은 일반적으로 단편적인 판단과 서로 관련이 없는 개별적인 격언들로써만 표현될 뿐이다. 그런데 그것들은 그 완고한 모습에도 불구하고 오직 현실의 일면만을 보여 주기 때문에, 그와 반대되는 격언들로 수정되고 보완되어야 한다. 그로부터 때로는 민족의 지혜가 담긴 자살에 대한 우울한 격언과 경구들이 생겨나지만, 그것들이 그 반대 성격의 격언과 경구들보다 더 많은 것은 아니다. 분명히 그런 격언들에는 잠시 집단의식에 나타나기는 하지만, 완전히 집단의식을 지배하지는 못하는 일시적인 인상이 담긴다. 그와 같은 감정이 비정상적으로 커졌을 때에 비로소 사회 전체에서 지각되고, 조정을 받고, 체계화되어 공공의 주목을 받게 됨과 동시에 완전한 생활철학의 기초로서 받아들여지게 된다. 실제로 그리스, 로마 시대에 사회가 심각한 위기에 처했을 때 에피쿠로스나 제논의 비관론이 나타났다. 그런 이론의 형성은 사회적 유기체의 어떤 장애로 인해 비관주의 경향이 비정상적인 수준에 이르렀음을 보여 주는 일종의 징후이다. 그런데 우리는 그와 같은 이론들이 오늘날 급격히 늘어난 것을 알고 있다. 그런 이론의 양과 중요성을 알기 위해서는 쇼펜하우어나 하르트만 등의 염세철학을 생각하는 것만으로는 충분하지 않다. 같은 정신에서 유래하는 여러 가지 명칭의 다른 여러 경향도 고려하지 않으면 안 된다. 무정부주의자, 탐미주의자, 신비주의자, 사회주의 혁명론자들은, 비록 미래에 대해서까지 절망하는 것은 아니라 할지라도, 현재에 대한 동일한 혐오와 멸시의 감정, 그리고 현실을 파괴하고 그로부터 도피하려는 동일한 열망 등을 공통으로 가지고 있다. 그런 집단적 우울은 병적인 상태가 아니라면 집단의식에 그토록 깊숙이 침투할 수 없다. 따라서 그런 상태에서 기인하는 자살의 경향도 같은 성격을 갖는다.[93]

---

93 그런 주장은 반박에 부딪칠 수 있다. 불교와 자이나교는 삶에 대한 염세적인 교리이다. 그렇다고 해서 두 종교를 믿는 사람들이 병적인 상태에 있다고 할 수 있는 징표가 있는가? 우리는 그 질문에 대답할 만큼 그 교리를 잘 알고 있지 못하다. 따라서 우리의 논의를 유럽인들에게 한정하고 도시적 유형의 사회에만 적용시켜 보기로 하자. 그런 한계 내에서는 위의 주장은 거의 이론의 여지가 없다. 그리고 특정한 다른 사회에서는 정상적인 상황에서도 자기부정의 정신이 체계화될 수 있는 가능성은 있다.

따라서 우리는 수많은 증거를 통해 지난 한 세기 동안의 급격한 자살 증가가 병리적인 현상이며, 날마다 심각한 위협이 되고 있다는 결론을 내릴 수 있다. 그렇다면 자살 증가를 어떻게 극복할 수 있을까?

II.

몇몇 학자들은 과거에 적용되었던 위협적인 형벌의 부활을 선호한다.[94]

그와 같은 주장을 하는 사람들은 오늘날 자살에 대한 관용이 실제로 지나치다고 생각한다. 자살은 도덕을 어기는 것이므로 강하게 비난해야 하며, 그런 비난은 명확한 외형적인 징표로, 즉 형벌로 나타나야 한다는 주장이다. 오늘날 규제 제도의 이완은 그 자체가 비정상적인 현상이다. 다만, 심한 처벌은 불가능하다. 공공 의식이 용인하지 않을 수도 있다. 왜냐하면 앞서 보았듯이 자살은 약간 과장되었지만 순수한 미덕에 가깝기 때문이다. 따라서 여론은 그 판단 때문에 쉽게 분열된다. 자살은 어느 정도 여론이 존중하는 감정에서 기인하므로, 여론의 비난에는 유보와 주저함이 동반될 수밖에 없다. 그로부터 자살이 도덕에 반하는 것이냐 아니냐를 둘러싼 끝없는 논란이 이론가들 사이에 계속된다. 하나의 연속선상에서 그 중간에 있는 행동들은 도덕적으로 용인되는 다른 행동들과 연관되기 때문에, 때로는 자연스럽게 그런 행동으로 여겨질 수 있으며, 따라서 동일한 관용의 혜택을 받을 수도 있다. 살인이나 절도 등에 대해서

---

94 예컨대 다음을 참고하시오. LISLE, *op. cit.*, p. 437 et suiv.

도 같은 의문이 제기되는 경우는 아주 드물다. 왜냐하면 그 경우는 경계선이 훨씬 뚜렷하기 때문이다.[95] 더군다나 자살자의 죽음 그 자체만으로도 어쨌든 많은 동정을 불러일으키기 때문에 비난하기가 어렵다.

그와 같은 여러 가지 이유로 자살에 대해서는 도덕적 처벌만이 가능할 뿐이다. 가능한 처벌이라는 것은 자살자에게 정식 장례를 치러 주지 않거나, 자살 미수자에게 양육권이나 공직 선출 자격 제한 등과 같은 공적, 정치적, 가정적 권리를 박탈하는 정도이다. 우리는 자신의 기본적 의무를 회피하려고 한 사람에게 그에 상응하는 권리를 박탈하는 데 여론이 어렵지 않게 동의하리라고 생각한다. 하지만 그런 조치들이 정당하다고 하더라도 2차적인 영향만 미칠 수 있을 뿐이다. 그런 조치들이 그처럼 강한 자살 경향을 억누르리라고 생각하는 것은 유치하다.

게다가 그 조치들만으로는 악의 근본을 없애지 못한다. 실제로 자살에 대한 법적 금지를 포기한 것은 자살의 비도덕성이 아주 약하기 때문이다. 자살이 전처럼 혐오감을 불러일으키지 않기 때문에 방치하는 것이다. 하지만 법적 조치만으로는 우리의 도덕적 감성이 고양되지 않는다. 하나의 사실이 도덕적으로 혐오스럽게 보이는가의 여부는 입법자들에게 달려 있지 않다. 만일 공적 감정이 범죄라고 생각지 않는 행동을 법이 금지하면, 우리는 법에 의해 처벌되는 행동이 아니라 법 자체에 분개한다. 자살에 대한 우리의 조금 지나친 관용은, 자살이 발생하는 정신 상태가 일반적인 만큼 우리 자신을 정죄하지 않고는 자살을 정죄할 수 없다

---

95 심지어 그 경우에도 도덕적 행동과 비도덕적 행동의 구별이 절대적이라고 볼 수 없다. 일반의식에서 선과 악의 구분은 명확성을 결여하고 있다. 별다른 차이를 느끼지 못한 채 한쪽에서 다른 쪽으로 넘어갈 수 있으며, 그 경계는 불분명하다. 다만, 확실한 범죄의 경우에 선과 악의 구별이 명확하며, 극단과 극단의 관계는 자살의 경우보다 오히려 명확하다.

는 사실에서 기인한다. 우리가 자살을 어느 정도 용인하지 않을 수 없을 만큼 자살은 널리 퍼져 있다. 그런 상황에서 우리가 자살에 대해 보다 엄격해질 수 있는 유일한 방법은 비관주의적 경향에 직접 작용해 정상화시키고, 우리의 의식을 비관주의의 영향으로부터 구출해 새롭게 하는 것이다. 일단 도덕의 균형이 회복되면 그런 의식은 어떠한 공격에도 적절하게 반응할 수 있을 것이다. 그 모든 요소로부터 규제 제도가 만들어질 필요는 없을 것이다. 오히려 규제 제도는 필요에 따라 저절로 정비될 것이다. 물론 그렇게 되기까지 규제는 인위적이며 큰 유용성을 가지지 못할 것이다.

그렇다면 그와 같은 결과를 얻기 위해 교육이 가장 확실한 방법이 아닐까? 성격이 교육의 영향을 받기 때문에 삶에서는 더 용감하고 자살에 대해서는 덜 관용적인 성격을 키워주는 것만으로 충분하지 않을까? 그것이 바로 모르셀리의 견해다. 그의 자살 예방책은 전적으로 다음과 같은 교훈 속에 들어 있다.[96] "인간에게 자신의 관념과 감정을 조정하는 능력을 계발시킴으로써 인생의 명확한 목적을 갖게 하라. 간단히 말해서 도덕적 성격을 강화하라." 그와는 전혀 다른 학파의 한 사상가도 같은 결론을 내린다. 프랑크는 이렇게 말하고 있다. "자살을 어떻게 그 근원에서부터 치유할 수 있는가? 위대한 교육 사업을 증진시킴으로써, 지능뿐 아니라 인격을 고양시키고, 관념뿐만 아니라 신념을 고양시킴으로써 가능하다."[97]

하지만 그런 주장은 교육이 가지고 있지 않은 힘을 교육에서 기대하는

---

96 MORSELLI, op. cit., p. 499.
97 사전의 다음 항목을 참고하시오. "Suicide", in Diction. philos.

것이다. 교육은 사회의 모습이며 반영일 뿐이다. 교육은 사회를 축약된 형태로 모방하고 재생하는 것이지 창조하는 것이 아니다. 교육은 사람들이 건강할 때만 건강할 수 있다. 사람들이 병들면 교육도 병들며, 교육은 스스로를 바꾸지 못한다. 도덕적 환경이 병들면, 교사들도 그런 환경 속에 살며 그 영향을 받는다. 그렇다면 어떻게 교사들이 자신들이 받은 영향과 다른 방향으로 학생들을 교육시킬 수 있는가? 새로운 세대는 그 전 세대의 교육을 받는다. 따라서 다음 세대를 향상시키기 위해서는 지금 세대가 향상되어야 한다. 따라서 그 관계는 순환적이다. 가끔씩 동시대인들보다 뛰어난 관념과 열망을 가진 개인이 나타날 수는 있다. 하지만 그런 독립된 개인도 사람들의 도덕적 특질을 개조할 수는 없다. 물론 우리는 감동적인 호소만으로 사회가 마술처럼 바뀌는 데 충분하다고 믿고 싶어 한다. 하지만 아무것도 없는 상태에서는 아무것도 나오지 않는다. 가장 강력한 의지도 무로부터 존재하지 않는 힘을 끌어낼 수 없다. 실패의 경험을 통해 그처럼 안이한 환상은 계속 사라지게 될 것이다. 게다가 이해할 수 없는 기적이 일어나 사회 체계와 반대되는 교육 제도가 형성된다 하더라도, 그와 같은 상반성은 아무런 효과도 얻지 못할 것이다. 싸워서 고수하고자 하는 도덕적 상태가 근거하는 집단적 조직이 온전하다면, 어린아이들은 그 조직과 처음 접촉하는 순간부터 그 영향을 느끼지 않을 수 없다. 그에 비해 학교라는 인위적 환경은 아이들을 일시적으로 약하게 보호할 수 있을 뿐이다. 그리고 실생활의 영향력이 강화됨에 따라 교사의 노력은 무위로 돌아간다. 따라서 교육은 사회 자체가 개혁됨으로써만 개혁될 수 있을 뿐이다. 사회의 개혁을 위해서는 사회가 앓고 있는 병을 근원부터 치료해야 한다.

그런데 우리는 이제 그 근원을 알고 있다. 우리는 자살 생성 경향의 주요 원천을 드러냈을 때, 우리는 이미 그 근원을 확정했다. 하지만 그 중 하나는 오늘날의 자살 증가와는 확실히 아무런 관계가 없는 것이다. 이타적 경향이 그것이다. 실제로 이타적 경향은 오늘날 그 근거를 상당 부분 잃고 있다. 그것은 주로 미개사회에서 나타나는 경향이다. 군대에서는 아직 유지되고 있지만 그곳에서도 비정상적일 정도의 강도는 갖지 못한다. 왜냐하면 그런 경향은 군인 정신을 유지하기 위해서 필요할 뿐이기 때문이다. 더군다나 그런 경향은 군대에서조차 계속 줄어들고 있다. 따라서 오늘날에는 이기적 자살과 아노미성 자살만이 병적인 것으로 여겨질 수 있을 뿐이다. 따라서 그 두 가지 형태의 자살만을 고찰해 보자.

이기적 자살은 실제로 사회가 모든 구성원들을 모든 측면에서 통제할 수 있을 만큼 충분히 통합되지 않았다는 사실에서 발생한다. 따라서 만일 이기적 자살이 과도하게 증가한다면, 그것은 그런 자살을 일으키는 조건이 과도하게 커졌기 때문이다. 사회가 약해지고 혼란해져서 많은 사람들이 사회의 영향으로부터 크게 벗어났기 때문이다. 따라서 그 병을 치유하는 유일한 방법은 바로 사회 집단이 충분히 강화되어 개인을 더욱 확고히 지배함으로써 그로 하여금 그 사회에 속해 있음을 느끼게 하는 것뿐이다. 개인은 시간적으로 자신보다 오래되고, 자신보다 영속하며, 모든 면에서 자신을 감싸는 집단적 존재와의 유대를 더 강하게 느껴야 한다. 그런 조건에서 그는 자신의 행동의 유일한 목표로 더 이상 그 자신만을 생각하지 않게 될 것이다. 또한 그는 자신을 자신보다 더 중요한 목적의 수단으로 이해함으로써 자신의 중요성을 알게 될 것이다. 그렇게 되면 그의 삶의 목적과 방향을 회복했기 때문에 그의 삶의 의미가 되살아날 것이다. 그렇다면 대체 어떤 사회 집단이 개인에게 그처럼 유익한 유대감을 계속 제공해 줄 수 있을까?

정치 사회는 아니다. 특히 오늘날의 현대 국가에서 정치 사회는 개인과 너무 멀리 떨어져 있어 그에게 지속적이고도 효율적인 영향을 충분히 미치지 못한다. 우리들의 일상적인 과업과 전체적인 공공생활 사이에 어떤 관계가 있더라도, 우리가 그런 관계를 중단 없이 강하게 느끼기에는 너무 간접적이다. 우리는 심각하고 중요한 문제에 부딪칠 경우에만 정치 체제에 강하게 의존하고 있음을 느낄 뿐이다. 물론 도덕적 엘리트들에게 조국이란 관념이 완전히 없어지는 경우는 매우 드물다. 하지만 평상시에는 그런 관념이 그늘에 가려 눈에 띄지 않으며, 심지어 완전히 가려지기도 한다. 국가적, 정치적 대위기 같은 비상상황에서만 조국의 관념이 1차적인 중요성을 가지며, 사람들의 의식에 파고들 행동의 주도적 동기가 된다. 그런데 그런 간헐적 영향만으로는 자살의 경향을 규칙적으로 규제할 수 없다. 개인은 자신의 활동이 목적을 향해 나아가고 있다는 것을 이따금씩, 그리고 삶의 매순간에 느끼는 것이 필요하다. 개인의 삶이 공허하지 않게 보이기 위해 그는 자신의 삶이 즉각 다다를 수 있는 목표에 계속 도움이 된다는 것을 알아야 한다. 하지만 그 모든 것은 보다 단순하고 규모가 작으며, 개인을 친밀하게 포용하고, 보다 직접적인 목표를 제공하는 사회적 환경에서만 가능할 뿐이다.

종교 사회도 역시 그런 역할에 적합하지 않다. 일정한 조건 하에서는 종교가 유익한 영향을 미친다는 것은 분명하다. 하지만 그와 같은 필요 조건은 지금 더 이상 제공되지 않고 있다. 실제로 종교는 개인을 강하게 장악할 수 있을 정도로 강력할 때만 자살을 방지할 수 있을 뿐이다. 가톨릭은 신도들에게 많은 교리와 관행을 부과하며, 그들의 세속적 생활의 세세한 부분까지 파고들어가기 때문에, 개신교보다 훨씬 더 강력하게 그들의 삶에 밀착되어 있다. 가톨릭은 삶의 여러 상황에 적용시킬 교리를 통해 신도들을 끊임없이 지배하기 때문에, 그들은 자신들이 소속된 종교 집단과의 유대를 상실할 가능성이 훨씬 적다. 가톨릭 신도는 자신의 발걸음이 어디를 향하는지를 염려할 필요가 없다. 왜냐하면 그의 모든 발걸음은 신으로 향하기 때문이다. 그의 발걸음 하나하나는 신에 의해, 즉 신의 가시적 형태인 교회에 의해 규제받는다. 또한 그와 같은 명령은 초인간적인 권위에서 나오기 때문에, 인간의 사고로는 그것을 응용할 권리가 없다. 그 명령의 근원을 인간의 사고에 두는 것은 진정한 모순일 뿐만 아니라, 그런 명령에 대한 자유로운 비판도 허용되지 않는다. 따라서 종교는 사람들의 자유로운 사고를 막을 수 있는 한에서만 자살 경향을 완화시킬 수 있을 뿐이다. 그런데 그와 같은 인간 지성에 대한 지배는 오늘날에는 어려운 일이며, 앞으로는 더욱 그렇게 될 것이다. 그런 지배는 우리의 가장 소중한 감정을 거스른다. 우리는 이성이 제한되는 것을 점점 더 거부한다. 또한 우리는 '그 한계를 넘지 말라'라는 말을 인정하지 않게 되었다. 그런데 그런 일은 과거에는 없었다. 인간 정신의 역사는 곧 자유로운 사상의 진보의 역사이다. 따라서 저항할 수 없는 하나의 경향을 지운다는 것은 어리석은 일이다. 우리의 위대한 사회가 몰락하고 다시 옛날의 조그마한 사회 집단으로 돌아가지 않는 한,[98] 즉 인류가 그 출발점으로 되돌아가지 않는 한, 종교는 우리의 의식에 크고도 심오한 영향을 미칠 수 없을 것이다. 하지만 그것은 새로운 종교가 설립될 수 없다는 의미는 아니다. 하지만 새로운 종교는 비판의 권리, 자유, 개인의 주도권

98 우리의 생각에 대해 오해가 없어야 한다. 오늘날의 사회가 멸망할 날이 올 수도 있다. 오늘날의 사회가 작은 단위의 여러 집단으로 분열될 수도 있다. 다만, 만일 과거를 미래로 판단할 수 있다면, 그런 상태는 일시적일 뿐이며, 그와 같이 분열된 그룹들은 오늘날의 사회보다 더 큰 새로운 사회의 재료가 될 것이다. 심지어 분열된 그룹들조차도 오늘날의 사회를 구성하는 부분들보다 훨씬 더 클 것이라고 예견할 수 있다.

등을 오늘날 가장 진보적인 개신교보다 더 많이 허용해야 할 것이다. 그런 만큼 새로운 종교도 신도의 자살에 장애물을 놓을 정도로 강력한 영향력을 행사할 수는 없을 것이다.

꽤 많은 학자가 종교에서 악을 퇴치하는 유일한 치유책을 보았지만, 그들은 종교가 가지는 힘의 근원을 잘못 생각한 것이다. 그들은 종교란 거의 전적으로 고상한 사상과 고귀한 격언들로 이루어져 합리주의와 조화될 수 있는 것으로 생각했다. 그들은 또한 그런 종교가 사람들의 정신과 마음속에 뿌리를 내리기만 하면 그들의 약점을 충분히 막아 줄 수 있을 것으로 생각했다. 하지만 학자들은 종교의 본질에 대한 관념에 있어서나, 특히 종교가 자살을 방지하는 면역성의 원인에 있어서나 모두 잘못 생각한 것이다.

그와 같은 종교의 특권적인 면역성은 실제로 종교가 개인들에게 어느 정도 신비한 내세의 관념을 불어넣어 주는 데서 오는 것이 아니다. 그것은 오히려 종교가 인간의 사고와 행동이 복종하는 강력하고도 세밀한 규제에서 오는 것이다. 종교가 단순히 상징적인 이상주의, 논의의 여지가 있는 전통적인 철학에 불과하거나, 우리의 직업적 활동과 어느 정도 거리가 있다면, 종교는 우리에게 커다란 영향을 미치기는 어려울 것이다. 우주와 시간의 세계 밖에 있는 신은 우리의 세속적 행동의 목표가 될 수 없으며, 따라서 우리의 행동은 목표를 갖지 못한다. 그렇게 되면 신이 의미를 부여해 줄 수 있는 수많은 사태들이 신과 무관하게 되어버릴 것이다. 그런데 신은 무의미한 세계를 우리에게 떠넘김과 동시에 현세의 생활과 관련된 모든 일을 우리 자신에게 떠넘기게 된다. 그렇게 되면 우리로 하여금 자살을 막을 수 있도록 하는 것은, 우리를 둘러싼 신비에 대한 우리 자신의 성찰도 아니고, 또한 불확실한 미래 속에서 우리로부터 무한히 떨어져 있는 전능한 존재자에 대한 신앙도 아니다. 한마디로 말해서 우리는 오직 사회화를 통해서만 이기적 자살을 방지할 수 있을 뿐이다. 하지만 종교는 우리의 자유로운 관찰의 권리를 부인함으로써만 우리를 사회화할 수 있을 뿐이다. 그런데 종교는 이제 우리의 희생을 요구할 만큼 충분한 권위를 가지고 있지 못하다. 따라서 우리는 이제 종교가 더 이상 자살을 방지해 줄 수 있으리라고 기대할 수 없다. 게다가 유일한 치유책으로 종교의 복원을 말하는 사람들의 주장이 일관성을 가지려면, 그들은 가장 오래된 종교의 재건을 요구해야 할 것이다. 왜냐하면 가톨릭보다는 유대교가, 개신교보다는 가톨릭이 자살을 더 잘 방지하기 때문이다. 하지만 개신교는 관행으로부터 가장 자유로우며 따라서 가장 관념적이다. 그와 반대로 유대교는 그 위대한 역사적 역할에도 불구하고 많은 면에서 가장 원시적인 형태의 종교이다. 하지만 교리의 도덕적, 지적 우월성은 자살에 대해서는 아무런 영향도 미치지 못한다!

분명히 자살 예방에 효력이 있는 가족을 보자. 하지만 자살의 증가를 막기 위해서 미혼자수를 줄이는 것으로 충분하다고 생각하는 것은 잘못이다. 왜냐하면 기혼자들은 미혼자들보다 자살 경향이 적지만, 기혼자들의 자살 경향도 미혼자들의 그것과 같이 일정 비율로 증가하고 있기 때문이다. 1880년에서 1887년 사이에 기혼자의 자살은 35%(2,735건에서 3,706건)나 증가했는데, 미혼자의 자살은 13%(2,554건에서 2,894건)밖에 증가하지 않았다. 베르티용에 따르면, 1863~1868년 사이에 기혼자의 자살률은 100만 명당 154명이었으며, 1887년에는 242명으로 57% 증가했다. 같은 기간 동안 미혼자의 자살률은 약간 더 증가했다. 173명에서 289명으로 67% 증가했다. '따라서 지난 한 세기 동안 자살의 증가는 결혼 유무와 무관하다.'

실제로 가족의 구성에서 수많은 변화가 발생했기 때문에, 가족은 종전과 같은 자살방지 효력을 발휘할 수 없다. 가족은 과거에는 그 구성원들을 출생에서부터 사망까지 그 울타리 안에 묶어둘 수 있었고, 또 불가분의 단위를 형성하고 영속적인 특성을 갖고 있었다. 그 반면에 오늘날에는 가족생활이 일시적이다. 가족은 형성되자마자 곧 흩어진다. 아이들은 성장하자마자 교육을 위해 가족을 떠나는 일이 많다. 특히 그들이 성인이 되면 바로 부모 곁을 떠나 집을 비우게 되는 것이 보통이다. 오늘날에는 대부분의 경우 가족은 부부만으로 축소되고 있다. 또한 우리는 그런 결합이 자살을 억제하는 힘을 약화시키는 것을 알고 있다. 따라서 삶에서 작은 역할밖에 못하므로 이제 가족은 삶의 목표로 불충분하다. 물론 오늘날에 자녀들을 덜 사랑하는 것은 아니다. 하지만 어른들의 생활에 덜 밀착되어 있고, 그들과 덜 지속적인 유대를 맺고 있는 자녀들은 뭔가 다른 존재이유를 필요로 한다. 자녀 없이 살아가야 하기 때문에 어른들은 다른 대상에 자신들의 사고와 행동을 결부시켜야 한다.

하지만 특히 오늘날에 와서 사라져 가는 것은 집단적 존재로서의 가족이다. 과거에 가족사회는 단순히 상호간의 애정으로 결속된 개인들만의 집합체가 아니었다. 그와는 달리 가족은 추상적이고 비인격적인 통일체로서의 집단 그 자체였다. 가족이란 집의 건물, 조상으로부터 물려받은 논밭, 전통과 명예 등과 더불어 전승해 내려오는 가문을 의미했다. 그 모든 것이 사라지고 있다. 완전히 새로운 조건에서 새로운 요소들로 개편되기 위해 매순간 해체되고 있는 사회는 개별적 특성을 획득할 만큼 충분한 연속성을 갖지 못한다. 또한 그런 사회는 그 구성원들이 애착을 갖는 고유한 역사도 가지고 있지 못하다. 따라서 만일 사람들이 그들에게서 벗어나는 오래된 활동 목표를 새로운 것으로 대치시키지 못한다면 커다란 공백이 생기지 않을 수 없게 된다.

그런 이유로 기혼자들뿐 아니라 미혼자들의 자살도 급증하고 있다. 왜냐하면 그와 같은 가족의 상태는 젊은이들로 하여금 자신들의 가정을 이루기 전에 가정을 떠나게끔 강요하기 때문이다. 독신 가구가 점점 더 많아지는 것도 부분적으로 그런 이유 때문이다. 우리는 앞서 그런 고립이 자살 경향을 증가시킨다는 것을 보았다. 하지만 그런 변화를 멈출 수 있는 것은 아무것도 없다. 관행과 전통, 이동 제한 등으로 어느 정도 폐쇄적이던 옛날에는, 모든 세대가 출생지에 묶여 있거나, 최소한 거기에서 멀리 떠날 수 없었다. 하지만 그런 제한이 없어지고 개별적 환경이 다른 환경과 평준화되고 뒤섞임에 따라, 개인들은 각자의 야심에 따라 흩어지면서 보다 넓은 세계에서 각자의 이익을 추구하게 되었다. 그런 만큼 이제 그 어떤 방법으로도 벌떼 같은 움직임을 막을 수 없으며, 과거에 가족의 힘의 원천이었던 불가분성을 회복하는 것은 불가능하다.

III.

그렇다면 자살이라는 악은 치유 불가능한가? 얼핏 그렇게 생각할 수 있다. 왜냐하면 앞서 살펴본 자살방지에 유용했던 모든 종류의 사회 집단이 오늘날에는 진정한 해결책을 제공해 줄 수 없기 때문이다. 하지만 종교, 가족, 국가가 가진 이기적 자살에 대한 억제력에도 불구하고 그런 억제력의 원인을 종교, 가족, 국가에 의해 조장되는 특별한 감정에서 찾아서는 안 된다는 사실을 우리는 보았다. 그 집단들의 자살 억제력은 오히려 다음과 같은 일반적인 사실에서 기인한다. 그것들이 모두 사회의 일부이고, 또 어느 한 집단으로 치우치지 않은 잘 통합된 사회의 일부라는 사실이 그것이다. 따라서 그 세 집단과 동일한 응집력을 갖기만 한다면, 전혀 다른 집단이라도 동일한 효과를 낼 수 있을 것이다. 그런데 신앙과 가족과 정치적 사회 이외에도 아직 우리가 다루지 않은 다른 사회가 있다. 같은 부류의 모든 노동자가 협동하고 모두 같은 기능으로 협동하는 '직업 집단groupe professionnel', 즉 '조합corporation'이 그것이다.

조합이 그런 역할에 적합한지의 여부는 그 정의를 보면 알 수 있다. 왜냐하면 조합이란 집단은 같은 일에 종사하면서 서로 연대하고 결속된 이해관계를 가지는 개인들로 구성되며, 따라서 사회적 관념과 감정의 형성에서 그보다 더 좋은 사회 집단을 생각할 수 없기 때문이다. 출신 배경과 문화, 직업의 동일성은 공동생활의 가장 훌륭한 밑바탕이 된다. 게다가 조합은 집합적 인격을 형성할 수 있으며, 자율성과 구성원들에 대한 권위를 모두 가질 수 있다는 것이 이미 과거에 증명되었다. 따라서 직업 집단이 구성원들의 도덕적 환경이 될 수 있다는 것은 분명하다. 잘 조직된 사회에서 개인적 이익에 대한 사회적 이익의 우월성과 권위를 노동자 조합이 대체하지 못할 이유가 전혀 없다. 다른 한편으로 직업 집단은 다른 집단에 비해 언제 어디에나 있으며, 대부분의 생활 영역에까지 영향력을 확대한다는 점에서 삼중의 이점을 가지고 있다. 직업 집단은 개인들에 대해 정치 사회처럼 간헐적인 방식으로 영향을 미치지 않는다. 그와 반대로 직업 집단은 협동 직업을 통해 계속 그들과 접촉한다. 근로자들이 어디에 가든지 직업 집단은 그들을 따라간다. 하지만 가족은 그렇지 못하다. 근로자들이 어디에 있든지 직업 집단은 그들을 수용하며, 그들에게 의무를 부과하고 필요할 경우에 그들을 지원한다. 끝으로 직업 생활은 거의 생활의 전부이기 때문에, 조합 활동은 직업 활동의 세세한 부분에 영향을 미쳐 하나의 집단적 경향으로 수렴된다. 따라서 조합은 개인에게 환경을 제공하고 도덕적 고립으로부터 그를 끌어내는 데 필요한 모든 요소를 구비하고 있다. 이미 다른 집단들의 불충분성이 드러난 마당에 직업 집단만이 자살 치유에 필수불가결한 기능을 수행할 수도 있는 것이다.

하지만 직업 집단이 영향력을 가지려면 오늘날과는 아주 다른 토대 위에서 조직되어야 할 필요가 있다. 우선, 직업 집단이 법적으로 허용되지만 정치적으로는 무시되는 사적 집단에 머무르는 대신에 공공생활의 한 기관으로 규정되고 인정되는 것이 중요하다. 그것은 직업 집단을 의무화해야 한다는 뜻이 아니다. 그것은 오히려 직업 집단이 수많은 개별적 이익의 결합만을 대변하기보다는 사회적 역할을 하게끔 구성되어야 한다는 뜻이다. 그것만이 전부가 아니다. 그와 같은 틀이 빈껍데기에 그치지 않으려면 모든 생활의 싹이 그 속에서 마음껏 자라날 수 있어야 한다. 직업 집단이 단순한 명칭에 그치지 않기 위해서는 명확한 기능이 부여되어야 한다. 그리고 직업 집단이 다른 어떤 집단보다도 더 잘 수행할 수 있는 기능들도 분명히 있다.

오늘날 유럽 사회는 직업생활을 규제하지 않고 방임하거나, 아니면 국가가 개입해 규제하거나 양자택일을 해야 할 입장에 놓여 있다. 왜냐하면 국가 이외에 그런 중재 역할을 할 수 있는 다른 기관이 없기 때문이다. 하지만 국가는 직업생활 하나하나에 적합한 특수한 형태를 제시하기에는 그런 복잡한 활동으로부터 너무 멀리 떨어져 있다. 국가는 오직 일반적이고 명확한 과업만을 위해 만들어진 육중한 기계이다. 국가의 획일적인 활동은 아주 다양하고 특수한 상황에 쉽게 적응할 수 없다. 그로부터 국가의 활동은 불가피하게 억압적이며 평균적이라는 사실이 도출된다. 다른 한편으로 우리는 기반을 잃은 모든 생활을 무질서하게 방치하는 것은 불가능하다고 느낀다. 그렇게 해서 우리는 과도한 엄격성으로 인해 무기력해진 권위주의적 규제와 무정부 상태에 이어질 수 있는 제도적인 불개입의 사이에서 끊임없이 흔들리고 있을 뿐이다. 문제가 노동 시간이건, 건강이건, 임금이건, 사회 보조이건 간에, 사람들은 언제나 같은 문제에 부딪친다. 어떤 규제를 제도화하려고 들자마자, 그것은 유연성 부족으로 현실에 적용되지 못할 때도 있다. 또는 그런 규제를 통해 해결하려 한 문제에 해를 끼치지 않고서는 적용이 불가능하게 되기도 한다.

그와 같은 모순을 해결하는 유일한 방법은, 비록 국가의 통제는 받지만 국가의 외부에 여러 집단적 힘을 가진 집합체를 만들어서 보다 다양하게 규제를 행사하는 것뿐이다. 그런데 그런 조건을 가장 잘 충족시키는 것은 조합이며, 그것 이외에 그런 기능을 담당할 만한 다른 집단은 찾아볼 수 없다. 왜냐하면 조합은 구체적 사실과 가장 가깝고, 구체적 사실과 계속해서 직접 접촉하면서 미묘한 부분까지 알고 있으며, 또한 각자의 다양성을 잘 존중할 수 있을 만큼 충분히 자율적이기 때문이다. 따라서 국가를 대신해서 보험, 구호, 연금 등과 같은 어려운 모든 일을 조합이 맡아야 할 것이다. 물론 많은 사람이 국가의 존재 필요성을 느끼고 있지만, 여러 이유로 위와 같은 일에는 너무 강력하거나 너무 서툴다고 생각한다. 또한 같은 직업 내의 여러 부문 사이의 계속 발생하는 분쟁을 조정하고, 사업의 종류에 따라 다른 방식으로 모든 계약 조건을 공정하게 조정하고, 공공의 이익을 위해 강자가 약자를 부당하게 착취하지 못하도록 하는 등의 임무를 맡아야 한다. 노동이 분화되었기 때문에 법과 도덕은, 비록 어디서나 동일한 일반적인 원칙에 의거하지만, 각각의 특수한 기능에 따라 상이한 형태를 취한다. 모든 인간에게 공통되는 권리와 의무 이외에도 각각의 직업에 고유한 성격에 의존하는 권리와 의무가 있다. 또한 그런 직업별 권리와 의무는 직업 활동이 발전하고 다양해질수록 더욱 커진다. 각각의 규율을 위해서는 그 규율을 적용하고 유지할 수 있는 각각의 특수한 기관이 필요하다. 같은 기능에 종사하는 노동자 집단이 아니라면 어떤 다른 집단이 그 규제에 적합할 수 있겠는가?

그렇게 해서 조합이 기대에 부응하는 임무를 수행하기 위해서는 어떠한 성격의 집단이 되어야 하는가가 대략 밝혀졌다. 물론 오늘날의 상황을 고려해 보면, 조합이 도덕적 권위를 행사할 수 있는 수준으로까지 발전할 것이라고 생각하기 어렵다. 실제로 조합은 아직 서로 피상적이고 간헐적인 관계를 맺고 있을 뿐, 아무런 유대도 가지고 있지 못한 채로 협동자이기보다는 오히려 경쟁자이거나 적대자가 될 수 있는 개인들로 구성되어 있는 실정이다. 하지만 그들이 많은 일에서 공통점을 갖게 되는 날, 개인과 집단 간의 관계가 밀접해지는 날, 아직 알려지지 않은 새로운 유대 감정이 일어날 것이다. 또한 오늘날과 같이 구성원들과 동떨어진 냉랭한 직업 환경의 낮은 도덕적 수준도 결국 올라갈 것이다. 그리고 그런 변화는 단지 경제생활에만 국한되지 않을 것이다. 한 사회에서 그런 조직을 요구하지 않는 직업군은 없을 것이다. 또한 그런 조직을 수용할 능력이 없는 직업군도 없을 것이다. 그렇게 해서 오늘날 위험할 정도로 느슨해진 사회 조직망은 전체적으로 다시 치밀해지고 강력해질 수 있을 것이다.

그와 같은 조합의 복구 필요성이 대대적으로 느껴지려면, 안타깝게도 역사 속에서 앙시앵 레짐 시기에 직업 집단이 남겼던 오명을 극복해야 한다. 하지만 직업 집단의 불가피성은 바로 그 집단이 중세뿐만 아니라 그리스, 로마 시대와 같은 고대로부터[99] 계속 유지되었다는 사실을 통해 증명된다. 그런 불가피성은 프랑스 대혁명 때 직업 집단이 폐지되었다는 사실에서 드러나는 무용함보다 설득력이 더 크다. 만일 19세기를 제외하고 직업 활동이 어느 정도 발달되었던 모든 곳에서 조합이 조직되었다면, 그것은 그 조직이 필요하다는 것과 또 그 조직을 100년 전의 것과 다르게 수정하고 향상시켜서 복원해야 할 필요성이 증명되는 것이 아니겠는가? 낡은 직업 집단이 급속한 진보를 막는 장애물이 되어 버렸다는 것은 확실하다. 지방의 낡은 직업 집단은 모든 외부 영향에 대해 폐쇄적이었기 때문에, 도덕적, 정치적으로 통일된 국가에서 무의미한 조직이었다. 그런 집단이 국가 속의 국가가 되게 했던 과도한 자율성은 더 이상 유지될 수 없었다. 그 반면에 정부 기구는 모든 방향으로 확장되어 사회의 모든 2차적인 기관을 점차 종속시켰다. 따라서 그와 같은 기관의 기반은 확대되어야 했으며, 국민 생활 전반과도 연결됐어야 했다. 하지만 만일 여러 지방의 유사한 조합들이 고립 대신에 서로 연대해 단일한 체계를 형성한다면, 만일 그런 체계들이 국가의 전반적인 통제를 받고 연대성을 인식하게 된다면, 관료주의의 횡포나 직업적 이기주의를 적당한 한계 내에서 제한할 수 있을 것이다. 실제로 한 도시의 경계를 넘지 않는 소집단에서 가능했던 불변성의 유익한 전통은 광대한 영역에 걸쳐 있는 대규모의 연합체에서는 존속할 수 없을 것이다.[100] 하지만 그와 동시에 각 특수집단이 일단 공적 생활의 중심과 관계를 맺게 되면, 그 자체의 이익만 추구하는 일이 줄어들 것이다. 그런 조건 하에서만 공공복지에 대

---

99 최초의 수공업 집단은 로마제국 시대로 거슬러 올라간다. MARQUARDT, *Privat Leben der Roemer*, II, p. 4.

100 *Division du travail social*, liv. II, chap. III, 특히 p. 335 et suiv.에서 그 이유를 참고하시오.

한 인식이 개인의 의식 속에 계속 각성된 상태로 있게 될 것이다. 그렇게 되면 개별적 기관과 전체 이익을 대표하는 권위 사이에 부단한 의사소통이 이루어지게 되며, 그 결과 사회는 더 이상 개인이 가끔 막연하게 떠올리는 존재가 아닐 것이기 때문이다. 우리는 사회가 일상생활의 모든 과정에 존재한다는 것을 여실히 느끼게 될 것이다. 하지만 기존의 질서를 대체할 새로운 질서를 세우지 않고 기존 질서를 전복시켰기 때문에, 조합 이기주의는 그보다 더 해로운 개인 이기주의로 대체되었다. 그런 이유로 그 당시에 이루어진 모든 해체 가운데 직업 집단의 해체만이 유일하게 유감스러운 것이다. 개인들의 의지를 지속적으로 결합시킬 수 있는 유일한 집단을 해체시킴으로써 우리는 도덕 재건을 위한 도구를 스스로 파괴한 것이다.

하지만 그 방법은 이기적 자살의 치유에서만 효과가 있는 것이 아니다. 이기적 자살과 가까운 아노미성 자살도 같은 처방으로 치유할 수 있다. 실제로 아노미는 사회의 특정 부분에서 집단적 세력이 부족에서 기인한다. 즉, 사회생활의 규제에 필요한 집단의 부족에서 기인하는 것이다. 따라서 아노미는 부분적으로 이기적 경향을 생성시키는 해체 상태에서 발생된다. 다만, 그 발생 지점이 어디인가, 적극적이고 실제적인 기능에 영향을 미치는가, 아니면 상징적인 기능에 영향을 미치는가에 따라 같은 원인이 다른 결과를 낳는다. 같은 원인이 전자의 경우에는 선동하고 격앙시키는 반면, 후자의 경우에는 혼란과 부조화를 일으킨다. 따라서 두 경우에 치유책은 같다. 실제로 우리는 앞서 직업 집단의 주된 역할이 과거와 같이 미래에서도 사회적 기능, 특히 경제적 기능을 규제함으로써 그런 기능을 오늘날의 해체 상태에서 구해내는 데 있다는 것을 보았다. 과도한 욕망이 한계를 넘어설 때마다 조합은 구성원 각자에게 공정하게 돌아가야 할 몫을 결정해 줄 수 있다. 조합은 구성원들보다 높은 위치에서 불가피한 그들의 희생과 양보를 요구하고 명령을 내릴 권위를 갖게 될 것이다. 조합은 강자에게 힘의 사용을 절제하게 하고, 약자에게 끊임없는 요구를 자제하게 한다. 조합은 양편에 상호간의 의무와 전체의 이익을 상기시키고, 또 경우에 따라 생산을 억제해 병적인 욕망에 빠지지 않도록 규제한다. 그렇게 하면서 조합은 구성원들 전체의 욕망을 조정하고, 그 한계를 정해 주며, 진정시킬 수 있게 된다. 그렇게 해서 새로운 종류의 도덕적 규율을 확립할 수 있는 것이다. 그런데 그런 규율이 없다면 모든 학문적 발견과 경제적 진보는 오직 불만만 낳을 뿐이다.

　우리는 그처럼 긴급한 분배 정의의 법칙을 다른 어떤 환경에서도 발견할 수 없다. 또한 그런 법칙은 다른 어떤 기관에 의해서도 제정될 수 없다. 과거에 부분적으로 그런 역할을 담당했던 종교도 지금은 적합하지 못하다. 왜냐하면 종교가 경제생활을 종속시킬 수 있는 유일한 규제 원칙은 다름 아닌 부에 대한 경멸뿐이기 때문이다. 만일 종교가 그 추종자들에게 자신들의 몫에 만족하라고 권유한다면, 그것은 지구에서의 우리의 처지가 우리의 구원과 관계가 없기 때문일 것이다. 종교가 상황에 따라 우리의 운명을 유순하게 받아들이는 것이 우리의 의무라고 가르친다면, 그것은 노력할 가치가 있는 다른 목적에 우리를 결속시키기 위함일 것이다. 일반적으로 종교는 그런 이유로 욕망의 절제를 권유한다. 하지만 그런 소극적 체념은 오늘날 집단생활에서 세속적 이해관계가 차지하고 있는 위상과 어울리지 않는다. 오늘날 우리에게 필요한 규율은 세속적 욕망을 부차적인 지위로 떨어뜨리면서 가능하면 그것을 줄이는 것이 아니라, 욕망을 그 중요성에 따라 조직하는 것이다. 문제는 더욱 복잡해졌다. 욕망의 고삐를 늦추는 것이 치유책이 아니라면, 욕망을 통제하기 위해 억압하는 것만으로는 충분하지 못할 것이다. 낡은 경제이론의 옹호자들이 오늘날에는 옛날과 같은 욕망의 규제가 불필요하다고 생각하는 것은 잘못이다. 그와 마찬가지로 종교 제도의 옹호자들이 과거의 규제가 오늘날에도 유효하다고 믿는 것도 잘못이다. 오늘날의 타락의 원인은 바로 종교의 비효율성 그 자체이기 때문이다.

손쉬운 해결책으로는 실제 상황의 어려움에 대처할 수 없다. 인간을 규제할 수 있는 것은 도덕의 힘이 유일하다는 것은 분명하다. 하지만 그런 규제는 세상사의 진정한 가치를 평가하기 위해 현실 세계에 충분히 연결되어 있어야 한다. 직업 집단은 바로 그와 같은 이중적 성격을 보여준다. 하나의 집단으로서 직업 집단은 개인들의 탐욕에 한계를 설정해 줄 만큼 충분히 그들을 지배할 수 있다. 하지만 그와 동시에 직업 집단은 개인들의 욕구를 공감할 만큼 그들의 삶에 중요성을 부여한다. 물론 국가도 여전히 중요한 기능을 계속 수행하는 것은 사실이다. 국가만이 각 조합집단의 특수성에 맞서 유기적 균형의 필요성과 전체적인 유용성의 요구를 대변할 수 있다. 하지만 국가의 활동은 오직 그 활동을 다양화시킬 2차적인 기관들의 체계가 있을 때만 효과적일 뿐이라는 사실을 우리는 잘 알고 있다. 따라서 무엇보다도 그와 같은 2차적 기관들을 장려해야 할 것이다.

하지만 그런 방법으로 멈추게 할 수 없는 자살이 있다. 결혼의 아노미에서 일어나는 자살이 그것이다. 여기서 우리는 해결하기 어려운 모순과 마주치는 듯하다.

앞서 지적한 바와 같이, 그런 형태의 자살의 원인은 이혼, 또 이혼을 허용하고 제도화시킨 관념과 관행에 있다. 이혼 제도는 과연 폐지되어야 하는가? 여기서 다루기에는 너무 복잡한 문제이다. 그 문제는 결혼 제도와 그 발전 과정에 대한 충분한 연구 뒤에야 제대로 논할 수 있다. 지금으로서는 이혼과 자살과의 관계에 대해서만 관심을 갖기로 하자. 그런 관점에서 우리는 이렇게 말할 수 있을 것이다. 결혼의 아노미로 인한 자살 건수를 줄일 수 있는 유일한 방법은 결혼을 보다 해체하기 어렵게 만드는 것이라고 말이다.

하지만 그 문제를 더욱 어렵게 만듦과 동시에 흥미롭게 만드는 사실은, 남편들의 자살은 아내들의 자살의 증가 없이는 감소될 수 없다는 사실이다. 남성과 여성 중 어느 한쪽이 반드시 희생되어야 한다면, 그 해결책은 두 악 중에서 덜 나쁜 악을 선택해야 하는 것뿐인가? 결혼에 대한 남편과 아내의 이해관계가 아주 명백하게 상반되는 한, 다른 어떤 방법도 가능하지 않을 듯하다. 아내들은 자유를, 남편들은 규율을 필요로 하는 한, 양편이 결혼제도로부터 동일한 혜택을 누릴 수 없다. 하지만 그처럼 출구가 없어 보이는 상반성도 완전히 치유가 불가능한 것은 아니다. 그런 상반성이 사라지기를 바라는 것이 해결책 중 하나이다.

그런 상반성은 실제로 남녀가 사회생활에 동등하게 참여하지 않기 때문에 발생한다. 남자는 사회생활에 적극적으로 참여하는 데 비해, 여자는 거리를 두고 참여하는 셈이다. 그로부터 남성은 여성보다 훨씬 더 사회화된다는 결론이 도출된다. 남성의 취향, 열망, 유머 등은 대부분 집단생활에서 유래하는 것에 비해, 여성은 신체로부터 더 직접적인 영향을 받는다. 따라서 남성들은 여성들과는 다른 욕구를 가지며, 또한 그들의 공동생활을 규제하는 제도도 동일할 수 없고 또 그들의 상반된 욕구도 동시에 충족될 수도 없다. 따라서 결혼은 거의 사회적 산물이라고 할 남성과, 자연의 산물에 가까운 여성에게 동시에 만족스러운 제도가 될 수 없다. 하지만 그런 상반성이 반드시 유지되어야 한다는 것은 전혀 중명되지 않았다. 물론 그런 상반성은 어떤 의미에서 원래는 지금보다 덜 현저했을 것이다. 하지만 그런 상태가 무한정 지속되리라고 결론을 내릴 수는 없다. 가장 원시적인 사회적 상태는 가장 높은 진화의 단계에서 때때로 재생되는 일이 있다. 하지만 그 형태는 원초적인 것과는 아주 다르게, 어떤 경우에는 완전히 상반되게 재생된다. 물론 여성들이 사회에서 남성들과 같은 기능을 수행할 수 있으리라고 생각할 근거는 없다. 하지만 여성들은 사회에서 독자적으로 지금보다 더욱 적극적이고 중요한 역할을 수행할 수 있다. 또한 여성이 남성과 비슷해지지는 않을 것이며, 오히려 차이가 더욱 커질 것이라고 예상할 수 있다. 다만, 그 차이는 과거에 비해서 사회적으로 더 유용할 것이다. 예컨대 남성들이 실용적 기능에 더욱 더 열중함에 따라 심미적 기능들을 포기해야 하는 경우, 그런 심미적 기능들이 여성들에게로 집중되지 않겠는가? 남녀 두 성은 서로의 차이로 인해 오히려 더 접근할 수 있다. 그들은 서로 다른 방법을 통해서 동등하게 사회화될 수 있다.[101] 실제로 변화는 그런 방향으로 진행되고 있다. 여성들은 농촌보다는 도시에서 남성들과 더 다른 모습을 보인다. 여성들의 지적, 도덕적 특질은 도시에서 가장 밀접하게 사회생활과 관련되는 편이다.

어쨌든 그것만이 자살 통계가 보여 주는 것처럼 남녀의 성을 가르는 불행한 도덕적 갈등을 완화시킬 수 유일한 방법이다. 남편과 아내의 차이가 줄어들 때에만 비로소 결혼은 한 성의 희생 위에 다른 성에 유리하

---

101 그와 같은 차이가 어쩌면 더 이상 오늘날과 같이 엄격한 규제적 성격을 갖지 않게 되리라고 예상해 볼 수 있다. 여성들에게 특정한 역할이 금지되고 다른 역할만 주어지지는 않을 것이다. 여성들은 더 자유롭게 선택할 수 있을 것이다. 하지만 여성들의 선택은 각자의 적성에 따라 결정될 것이기 때문에, 대략 같은 종류의 직업에 집중될 것이다. 여성들의 직업은 강제적으로는 아니더라도 동일성이 두드러질 것이다.

게 되는 가능성에서 벗어날 수 있을 뿐이다. 남성과 여성의 동등권 주창 자들은 수 세기에 걸친 결과가 하루아침에 폐지될 수 없다는 사실을 잊고 있다. 그들은 또한 심리적 불평등이 그렇게 심한 상태에서는 법적 평등이 합법화될 수 없다는 점 역시 잊고 있다. 그런 만큼 우리의 노력은 오히려 불평등 감소에 집중되어야 할 것이다. 남성과 여성이 같은 제도하에서 동등하게 보호받기 위해서는 무엇보다도 먼저 같은 성격의 사람들이어야 할 것이다. 그때에만 비로소 결혼 유대의 불가분성은 두 성 가운데 어느 한 쪽에만 유리하다는 비난을 면할 수 있을 것이다.

IV.

요약하자면, 자살이 인간의 삶이 어렵기 때문에 일어나는 것이 아닌 것과 마찬가지로, 자살을 제지하는 방법도 생존경쟁을 덜 어렵게 하고 삶을 더 쉽게 만들지는 않는다. 과거보다 오늘날에 더 많은 자살이 일어나는 것은 오늘날 우리가 살기 위해 고통스러운 노력을 더하기 때문도 아니며, 우리의 정당한 욕구가 덜 충족되기 때문도 아니다. 그보다는 지금 우리의 정당한 욕망의 한계를 모르며, 또 우리의 노력의 방향을 알지 못하기 때문이다. 물론 경쟁이 매일 치열해지는 것은 사실이다. 왜냐하면 교통과 통신의 발달로 인해 더 많은 경쟁자와 다투게 되었기 때문이다. 하지만 다른 한편으로 보다 완전해진 분업과 보다 복합적인 조합 덕택으로 여러 새로운 직업이 등장하고 있으며, 더 많은 사람들이 다양하고 유용한 일을 하면서 생존 수단을 제공받고 있다. 오늘날에는 가장 열등한 적성을 가진 자조차도 일할 곳을 찾을 수 있다. 그와 동시에 더 정교해진 조합들은 더 많은 생산을 가능하게 함으로써, 인류의 전체 자원을 증식시켜 근로자에게 더 많은 보수를 보장해 주고 있다. 또한 그 결과 더 많은 에너지의 소비와 회복 사이에도 균형이 이루어지고 있다. 동일한 비율은 아니지만 사회의 모든 계층에서 평균적으로 복지가 증가한 것은 분명하다. 따라서 우리를 고통스럽게 하는 자살이라는 질병은 고통의 객관적 원인이 그 수나 강도에 있어서 증가했기 때문에 발생한 것이 아니다. 결국 그 질병의 증가는 빈곤의 증가 때문이 아니라 위험한 정신적 빈곤 때문인 것이다.

다만, 그 말의 뜻을 오해해서는 안 된다. 보통 개인이나 사회의 질병이 정신적인 것이라고 하면, 그 병은 실질적인 치유가 필요 없고 반복적인 권고나 선의의 충고, 요컨대 말을 통한 교화만으로 치료 가능하다고 생각하기 쉽다. 마치 관념의 체계는 다른 세계와는 아무 관계가 없는 것처럼 추론하고, 마치 관념을 제거하거나 변화시키기 위해서는 어떤 식으로든 몇몇 경구를 지어내기만 하면 되는 듯이 추론하기 쉽다. 그런 추론은 원시인들이 자연계의 사물들에 적용했던 신앙과 방법을 오늘날의 정신적 문제에 적용하려는 것이나 마찬가지다. 마치 원시인들이 주술적인 주문으로 사물을 바꿀 수 있다고 믿은 것처럼, 우리는 우리의 생각이 우둔한 것임을 모르는 채 인간의 행동이나 성격을 적당한 말로써 바꿀 수 있다고 생각하고 있다. 자연 현상의 변화가 일어나기를 강하게 바라면서 교감의 주술을 통해 실제로 그런 변화가 일어나리라 상상하는 미개인들처럼, 우리는 인간의 행동과 성격의 변화를 열렬히 원한다는 것을 말하는 것만으로도 그런 변화가 저절로 일어나리라고 믿고 있다. 하지만 실제로 한 집단 구성원들의 정신 체계는 단순한 권고만으로 해체되거나 재조직될 수 없는 힘의 체계이다. 실제로 그 집단은 사회적 요소들이 모아지고 조직되는 방식에 달려 있다. 일정한 수의 개인들이 일정한 방법으로 조직되면, 그때는 그 존속 조건이 변화되지 않는 한 계속 유지되는 집단적 관념과 관행이 생기게 된다. 물론 집단의 성격은 그 구성원들의 수나 집단의 계획 등에 따라 달라지며, 그 사고방식과 행위 양식도 변화한다. 하지만 사고방식이나 행동양식은 오직 집단 자체가 변화함으로써만 변화될 수 있을 뿐이다. 또한 집단의 변화는 그 구성요소들의 변화 없이는 일어날 수 없다. 따라서 자살의 비정상적 증가가 정신질환의 증상이라고 규정하면서 우리는 그것을 단지 부드러운 몇 마디 말로 치료할 수 있는 피상적 질환이라고 하는 것은 결코 아니다. 그와 반대로 정신적 특질의 변화는 우리 사회 구조의 심각한 변동을 요구한다. 그러니까 정신적 특질을 치유하기 위해서는 사회 구조를 개조해야 한다.

우리는 그 개조가 대략 어떠한 것이어야 하는지에 대해서는 이미 설명했다. 하지만 그와 같은 개조가 시급하다는 것은 비단 자살 때문만이 아니다. 그보다는 오히려 역사 발전이 그런 개조를 요구하기 때문이다.

실제로 역사 발전의 주된 특성은 낡은 사회 조직의 틀을 깨끗하게 제거해 백지상태로 만든다는 것이다. 낡은 조직들은 시간의 흐름에 따라서 서서히 또는 커다란 소용돌이에 의해 사라져 갔지만, 그것을 대체할 새로운 조직은 나타나지 않았다. 사회는 최초에는 가족을 토대로 조직되었다. 처음에 모든 구성원이 친족인 작은 집단들이 결합된 것이었다.

그 조직은 순수한 형태를 오래 유지하지 못했다. 가족은 일찍 정치적 단위 역할을 멈추고 사생활의 중심이 되었다. 지역 집단이 가족 집단의 뒤를 이었다. 같은 지역에서 사는 개인들은 혈족 관계에 상관없이 점차 공동의 이해관계와 관습을 갖게 되었고, 멀리 떨어진 이웃과는 차별화되었다. 그렇게 해서 이웃 관계 외에는 다른 토대가 없는 소규모 집단들이 각각의 특징을 가지고 형성되었다. 그것이 바로 부락이며, 좀 더 큰 규모는 도시국가 및 그 부속 지역이다. 물론 그런 집합체들은 완전히 고립되어 있지는 않았다. 그 집합체들은 서로 연맹을 맺기도 했으며, 각 집합체의 독립성을 잃지 않은 채로 보다 더 큰 복합 사회를 구성하기도 했다. 그 집합체들은 전체 사회를 구성하는 부분으로 남아 있었으며, 전체 사회는 개별 집단의 확대판에 불과했다. 하지만 점차 연맹체들의 결합이 굳어지고 영토 경계가 뒤섞이게 됨에 따라 원래의 정신적 독자성을 상실하게 되었다. 한 도시와 다른 도시, 한 지역과 다른 지역 간의 차이가 줄어든 것이다.[102] 프랑스 대혁명으로 일어난 대변화는 정확히 전례가 없을 정도의 평준화를 가져왔다. 프랑스 대혁명이 즉흥적으로 변화를 만들어낸 것이 아니다. 그 변화는 앙시앵 레짐이 추구했던 중앙집권화에 의해 오랫동안 준비되었다. 과거의 지방 행정 단위를 법적으로 철폐하고 새로 인위적이고 명목적인 경계선을 정함으로써 중앙집권이 공고화되었다. 그 이후로 교통수단의 발달과 인구의 이동으로 과거 상태의 흔적조차 사라져 버렸다. 또한 같은 시기에 직업 집단조차 난폭하게 파괴되어 모든 2차적 사회생활의 기관들이 폐지되고 말았다.

그와 같은 태풍 끝에 단 하나의 집단 세력만 살아남았다. 국가가 그것이다. 국가는 그 성격상 사회성을 띠는 모든 형태의 활동을 흡수했다. 그 결과 국가 앞에는 불안정한 개인들의 흐름만이 남게 되었다. 하지만 바로 그 사실로 인해 국가는 적합하지 않은 기능을 맡게 되었고, 그런 기능을 만족스럽게 수행할 수 없었다. 왜냐하면 흔히 지적되듯이 국가가 무

---

102 물론 우리는 그와 같은 진화의 주요 단계만을 지적할 수 있을 뿐이다. 현대사회가 도시국가를 계승했다고 말하는 것은 아니다. 우리는 다만 중간 단계들을 생략했을 뿐이다.

능한 만큼 더 강제력을 사용할 수밖에 없었기 때문이다. 국가는 그 범위에서 벗어나거나 강제로 장악할 수 있는 일들까지 간섭하려 했다. 그로부터 비난의 대상이 되는 국가의 에너지 낭비와 그 결과 사이의 불균형이 기인한다. 다른 한편으로 개인들은 국가만이 유일한 조직적 집단이기 때문에, 국가 이외에는 아무런 집단에도 복종하지 않았다. 그들은 오직 국가를 통해서만 사회를 지각함과 동시에 사회에 대한 의존성을 인식하게 되었다. 하지만 국가는 개인과는 거리가 멀기 때문에, 개인에 대한 국가의 영향은 멀고도 불연속적이었을 뿐이었다. 그런 이유로 사회의식은 필요한 지속성과 힘을 가질 수가 없었다. 대부분의 일상생활에서 개인들을 밖으로 끌어내고, 또 그들에게 규제를 부과하는 존재가 없었다. 그런 조건 속에서 개인들은 이기주의와 무정부 상태에 빠지게 되었다. 인간은 자기보다 우월한 소속 집단이 없으면 높은 차원의 목표나 규칙과 결합될 수 없다. 개인을 모든 사회적 압력으로부터 해방시키는 것은 개인을 방치하는 것이자 혼란에 빠뜨리는 것이다. 실제로 그것이 우리의 정신적 상태의 두 가지 특성이다. 국가는 개인들을 확실히 장악하기 위해 확장되고 비대해졌지만 성공하지 못했다. 그 반면에 개인들은 자신들을 규제하고 고정시키고 조직해 줄 중심적인 힘을 찾지 못한 채 상호 간의 관계를 확립하지 못하면서 수많은 액체의 미립자들처럼 굴러다녔다.

그와 같은 병을 치료하기 위해서 옛날의 자율적인 지역 집단들의 재건이 필요하다는 주장이 종종 제기되었다. 그것이 이른바 '분권화 décentraliser'이다. 하지만 진정으로 유용한 유일한 분권화는 동시에 사회적 세력들을 강하게 집중화시킬 수 있어야 한다. 국가와 사회의 각 부분들과의 유대를 느슨하게 하지 않으면서, 국가가 행사할 수 없는 도덕적 영향력을 수많은 개인에게 행사할 수 있어야 한다. 그런데 오늘날의 지방(면, 군, 도)은 그와 같은 영향력을 행사할 수 있는 힘이 부족하다. 그런 단위들은 아무런 의미가 없는 전통적인 명칭만 가지고 있을 뿐이다. 물론 다른 조건이 같다면 사람들은 일반적으로 태어나고 자란 곳에서 살기를 원한다. 하지만 애향심과 같은 것은 더 이상 존재하지 않으며 존재할 수도 없다. 완전히 통합된 국가 생활은 그런 종류의 분산을 허용하지 않는다. 과거를 그리워할 수는 있다. 하지만 소용없는 일이다. 이미 남아 있지 않은 개별주의자[103]의 정신을 인위적으로 부활시키는 것은 불가능하다. 정부 기구의 기능을 여러 가지로 재결합함으로써 약간 제한할 수는 있을 것이다. 하지만 그렇게 해서는 사회의 정신적 안정을 결코 이룰 수 없을 것이다. 그런 방법으로 정부의 과중한 부담은 조금 줄어들고 지방행정당국의 활동 범위가 조금 더 넓어질 수 있을 것이다. 하지만 여러 지방에서 다양한 정서적 환경을 조성하는 것은 불가능할 것이다. 왜냐하면 행정 조치만으로는 그런 결과를 얻는 것이 가능하지도 않고 바람직하지도 않기 때문이다.

국가의 통합을 깨뜨리지 않으면서 공동생활의 중심을 다양화시킬 수 있는 유일한 종류의 분권화는 이른바 '직업적 분권화décentralisation professionnelle'이다. 왜냐하면 그와 같은 중심들은 특수하고도 제한된 활동들의 본거지임과 동시에 서로 뗄 수 없는 관계를 가지고 있으며, 따라서 개인이 전체 사회와의 유대를 잃지 않으면서 각자의 유대를 지킬 수 있기 때문이다. 사회생활은 분화된 부분들이 전체에 대한 각자의 기능을 가지고 있을 때만 통합을 유지한 채로 분화될 수 있을 뿐이다. 많은 학자들과 정치가들이 그런 사실을 깨달아 가고 있다.[104] 그들은 선거구를 지

---

103 역주: 지방주의자를 의미한다.

역이 아니라 조합 단위별로 하는 등, 직업 집단을 정치조직의 토대로 제안하고자 한다. 다만, 그런 작업을 위해서는 무엇보다 먼저 직업 조합이 조직되어야 한다. 조합은 아무런 공동 연대 없이 선거일에 만나는 사람들의 집단 이상이 되어야 한다. 직업 집단은 단순히 인습적인 집단이 아니라 그 자체의 관습과 전통, 권리와 의무와 통일성을 갖는 집단적 인격을 갖춘 확고한 제도가 되어야만 그런 역할을 수행할 수 있다. 가장 어려운 문제는 각 직업별로 대표를 선출하고 각 직업의 비례를 정하는 문제가 아니라, 어떻게 각 조합이 정신적 자주성을 갖게끔 하느냐이다. 그렇지 못하면 대체하고자 하는 기존의 인위적인 규범에 또 하나의 불필요한 외형적인 구분을 더할 뿐이다.

그렇게 해서 자살에 관련된 연구는 단순히 다루고자 하는 특정한 사실에만 한정될 수는 없다. 그런 연구에서 제기되는 문제들은 현대의 가장 중대한 실질적인 문제들과 밀접하게 연결되어 있다. 자살의 비정상적인 증가와 현대사회가 앓고 있는 전반적인 불안정은 같은 원인에서 나온다. 예외적으로 많은 자살자의 수는 오늘날 문명사회가 아픔을 겪고 있는 심각한 질병의 상태와 그 심각성을 보여 주고 있다. 심지어 자살은 그런 아픔을 측정하는 척도라고까지 말할 수 있다. 만일 그런 아픔이 이론가의 입에서 나왔다면, 그런 표현이 과장되고 서투르게 해석되었다고 생각할 것이다. 하지만 우리의 자살 통계에서 그런 표현은 사실이며, 개인적인 해석이 내려질 여지가 없다. 따라서 집단적 우울의 경향을 없앨 수 있는 유일한 방법은 그런 경향의 표시이자 그런 경향을 만들어 내는 집단적

---

104 그 점에 대해서는 다음을 참고하시오. BENOIST, "L'organisation du suffrage universel", in *Revue des Deux Mondes*, 1886.

질병 자체를 없애는 것이다. 그런 목표를 달성하기 위해서 이미 낡아서 단지 겉모습만 제공하는 사회적 형태를 인위적으로 복구할 필요가 없으며, 또한 역사적 유추 없이 아무것도 없는 곳에서 전혀 새로운 것을 창출해 낼 필요도 없다는 것을 우리는 앞서 보았다. 과거로부터 새로운 생활 형태의 싹을 찾아서 그 성장을 촉진하는 일이 필요한 것이다.

앞으로 그와 같은 싹이 장차 어떤 특수한 형태로 자라나야 하는가를 좀 더 정확하게 기술하는 일, 즉 앞으로 우리가 필요로 하는 직업 집단 조직의 세부를 기술하는 일은 이 책의 범위를 넘어서는 것으로 보인다. 조합 체제와 그 발전 법칙에 대한 특별한 연구를 거친 뒤에야 비로소 지금까지의 연구에 대한 결론을 보다 명확하게 내릴 수 있을 것이다. 또한 일반적으로 정치철학자들이 주장하는 지나치게 확정적인 프로그램의 중요성을 과대평가하지 말아야 할 것이다. 그런 주장은 복잡한 현실과 너무 거리가 멀어 실천에 많은 도움을 줄 수 없는 일종의 상상적인 놀이에 불과하다. 사회 현실은 그렇게 단순하지도 않으며, 또한 세밀한 부분까지 예상할 수 있을 만큼 충분히 파악된 것도 아니다. 오직 사태에 직접 부딪쳐 봄으로써만 과학이 결여한 구체성을 얻을 수 있다. 따라서 일단 자살이라는 사회적 악의 존재가 확증된 만큼, 우리는 그 성격과 원인, 그리고 그 치유의 일반적인 방향과 적용의 범위 등을 알게 될 것이다. 이제 중요한 것은 모든 것을 예상하는 계획을 미리 세우는 것보다는 단호하게 일에 착수하는 것이다.

옮긴이 후기

이 책은 에밀 뒤르켐Emile Durkheim(1858~1917)의 *Le suicide: Etude de sociologie*를 우리말로 옮긴 것이다. 이 책은 1897년에 펠릭스 알캉Félix Alcan출판사에서 처음으로 출간되었고, 1930년에 프랑스대학출판사 PUF: Presses universitaires de France에서 '현대철학장서Bibliothèque de Philosophie contemporaine' 총서로 재간된 이래로 같은 출판사에서 계속 간행되고 있으며, '카드리즈Quadrige' —고대 로마의 사두四頭 이륜마차라는 의미이다— 총서로 2013년에 출간된 판본에는 사회과학고등연구원EHESS 교수 세르주 포강Serge Paugam의 해설 논문이 수록되어 있으나, 이 책에서는 해당 해설을 별도로 수록하지 않았다.

이 책은 국내에서는 『자살론』이라는 제목으로 세 차례 번역되었다. 1990년에 삼성출판사에서 출간된 『자살론/사회분업론』(임희섭 옮김, 1990), 1994년에 청아출판사에서 출간된 『자살론』(김충선 옮김, 1994), 그리고 2008년에 청아출판사에서 출간된 『에밀 뒤르켐의 자살론』(황보종우 옮김, 이시형 감수)이 그것이다. 그중에서 특히 2008년에 출간된 『에밀 뒤르켐의 자살론』(영어 번역본을 저본으로 삼고 있는 것으로 보인다)을 참고했으며, 불어 원본만으로는 파악이 어려운 여러 개념들을 잘 정리하고 있어서 많은 도움을 받았음을 밝힌다.

『자살 — 사회학적 연구』(이하 『자살』이라 한다)를 쓴 뒤르켐은 후일 프랑스 '사회학의 아버지'라는 칭호를 받지만, 이 책에 대한 출간 당시의 반응은 미온적인 편이었다. 하지만 1960년에 그의 전집이 출간되는 것을 계기로 일종의 『자살』 르네상스가 일어났다고 할 수 있다. 그때까지만 해도 그다지 유명하지 않았던 뒤르켐은 이 책으로 세계적인 명성을 얻게 된다. 사회학 전공자들은 물론, 일반 독자들도 한 번쯤은 읽어야 될 '고전'의 반열에 오른 이 책은, 지금으로부터 약 130여 년 전에 출간되었지만 아직도 그 의의가 살아 있는 명저라고 할 수 있다.

『자살』은 '자살'이라는 주제에 대한 본격적인 '사회학 연구서'이다. 물론 뒤르켐이 이 주제에 대해 처음으로 관심을 가진 것도 아니고, 그 이전에 이 주제에 대한 연구서가 없었던 것도 아니다. 뒤르켐 이전에도 이 주제에 일찍 관심을 가졌던 이탈리아 학파의 대부격인 모르셀리가 있었다. 또한 프랑스, 독일 등에서도 자살에 대한 연구가 비교적 활발했다. 프랑스에서는 베르티용, 에스키롤 등이, 독일에서는 외팅겐, 바그너 등이 유명했다. 특히 자살은 의학 분야에서 정신질환과 관련하여 연구가 꽤 진척된 상황이었다.

하지만 이 책은 그 당시 신생 학문이었던 '사회학'을 '엄밀한 학문'으로 정립하기 위한 '방법론'의 구체적 적용 사례라는 면에서 큰 의의를 갖는다고 할 수 있다. 실제로 뒤르켐은 이 책보다 2년 빠른 1895년에 출간된 『사회학 방법의 규칙Les règles de la méthode sociologique』을 통해 사회학에 적용될 방법론을 체계적으로 제시하고 있다.

우선, '연구 대상'의 확정이다. 뒤르켐은 사회학의 연구 대상을 '사회적 사실fait social'에 국한시킨다. 그에 따르면 인간의 수는 많고, 그들 각자의 욕망은 무한하다. 따라서 그들의 무한한 욕망을 그대로 방치하게 되면 무질서와 혼란으로 흐르기 쉽다. 그들 사이의 통합과 연대는 불가능하다. 그런 만큼 그들은 자신들의 욕망을 제어할 수 있는 '조직' ―그중에서 전통적이고 인종적인 단일성이 깨진 근대 이후에 나타난 '사회'가 가장 일반적인 형태이다― 을 만들어 내고, 그 조직에서 통용되고 제정되는 전통, 관습, 도덕, 규율 등을 지켜야 한다. 그렇기 위해서는 그들이 그것들을 교육, 훈련 등을 통해 내면화시켜야 한다. 그러면서 그들은 점차 사회화된다.

그런데 이런 내면화와 사회화가 원만하게 이루어지려면 '사회'가 그 구성원들의 외부에서 부과하는 강제적 구속이 충분히 권위적이어야 하고 또 충분히 정당해야 한다. 이처럼 외부적, 강제적 규율을 매개로 사회와 그 구성원들 사이에 정립되는 관계를 바탕으로 이루어지는 모든 사태가 바로 '사회적 사실'에 해당된다. 요컨대 뒤르켐에 의하면 사회학은 엄밀한 학문의 대명사인 자연과학처럼 '사회적 사실들'을 '사물들choses'과 같이 여겨야 한다.

그다음으로, 뒤르켐은 객관적이고 엄밀하며, 모든 선입견과 편견으로부터 벗어난 '연구 방법'을 추구한다. 방금 언급한 사회적 사실들을 수집하고, 그것들을 일정 기준에 의해 분석, 분류, 비교하고, 그로부터 공통된 특징과 원인을 도출하며, 그것들을 가능한 경우에 유형화시키고, 궁극적으로는 그 사회적 사실들을 관통하고 지배하는 법칙을 발견해 내는 것이다. 그리고 이와 같은 연구 방법에서 통계학적 방법은 아주 유용한 도구가 될 수 있다.

『자살』은 정확하게 이와 같은 뒤르켐의 포부가 구체적으로 실현된 좋은 본보기라고 할 수 있다. 이 책에서 뒤르켐은 우선 '자살'을 하나의 '고유한sui generis' '사회적 사실'로 규정하면서 그 자신의 연구 대상을 확정한다. 그는 조국 프랑스를 위시해 유럽의 다른 나라들에서 같은 기간에 자살이 꾸준하고 일정한 양상을 보이며 발생하고 있다는 사실에 주목한다. 그다음으로 그는 이렇게 확정된 연구 대상으로서의 자살에 관련된 자료들을 그 나라들에서 가능한 한 많이 수집한다. 그리고 그 자료들을 일정 기준에 따라 분석, 분류, 비교한다. 그 기준은 자살의 원인과 형태이다. 마지막으로 그는 한 사회의 질병 또는 악惡이라고 할 수 있는 자살을 치유하기 위한 효과적인 방책을 제시하고자 한다.

3부로 구성된 『자살』은 이와 같은 뒤르켐의 의도를 그대로 담고 있다. '비사회적 요인'이라는 제목이 붙은 제1부에서 뒤르켐은 기존의 자살 연구에서의 선입견, 편견, 오류 등을 검토한다. 자살에 대한 엄밀한 정의를 내린 후에, 그는 특히 자살의 원인을 탐색한다. 그 과정에서 뒤르켐은 자살을 개인의 개별적 행위로만 규정하지 않는다. 그러면서 그는 자살의 개인적 조건이 자살의 결정적 원인이 아니라는 사실을 입증하고자 한다. 물론 정신질환, 정신이상, 알코올 중독 등과 같은 요인, 곧 '비사회적 요인'은 자살 촉진, 발생과 무관하지 않다. 또한 인종, 유전, 기후, 계절 등과 같은 자연적 요인과 '모방imitaion'과도 같은 심리적 요인도 자살 촉진과 발생에 일정 부분 영향을 미친다. 하지만 뒤르켐에 의하면 그 모든 요인들은 자살을 설명하는 본질적인 원인이 못 된다. 그런 요인들과 자살 사이에 결정적인 '인과성causalité'이 존재하지 않는 것이다.

'사회적 원인과 사회적 유형'이라는 제목이 붙은 제2부에서 뒤르켐은 '사회적 사실'로서의 자살을 결정하는 본질적인 원인으로 '사회적 원인'을 제시하고 검토한다. 가정에 관련된 요소들(결혼, 이혼, 사별, 자녀, 가정의 밀도 등), 종교(가톨릭, 개신교, 유대교 등), 한 사회의 통합 정도, 국가의 지배력의 강도 등이 그 예이다. 그런 연후에 뒤르켐은 자살을 세 유형으로 분류한다. '이기적 자살suicide égoïste', '이타적 자살suicide alturiste', '아노미성 자살suicide anomique' 등이 그것이다. 그리고 '숙명적 자살suicide fataliste'이라는 네 번째 유형을 덧붙이고 있다.

뒤르켐에 의하면, 이기적 자살은 한 사회의 통합 정도가 낮아 개인이 극도로 고립되어 외로움을 느끼거나 그 자신만의 해방과 구원을 바라는 이기주의적 태도에서 기인하는 자살로 이해된다. 가령, 가톨릭 공동체보다는 유대교 공동체에서 자살률이 상대적으로 낮은데, 그 이유는 유대교 공동체의 통합과 단결의 정도가 더 강하기 때문이다.

이타적 자살은 이기적 자살과는 반대로 한 사회가 각각의 구성원들이 한 사회에 강하게 통합되어 사회적, 민족적 연대감과 책임감 등의 명목으로 그 사회의 이익을 위해 그들 각자가 자신을 희생하는 유형의 자살을 가리킨다. 가령, 훈련이나 전투 중에 자기 부대원들의 목숨을 구하기 위해 자신의 몸을 내던지는 장교 등의 예에서 볼 수 있다.

아노미성 자살은 한 사회의 급격한 변화와 정치적, 경제적, 제도적 위기 등으로 인해 나타나는 '아노미' 현상, 즉 그 사회의 관행, 가치 기준, 규범 등의 붕괴로 인한 동요와 혼란에 제대로 적응하지 못한 상태에서 나타나는 유형의 자살이다.

숙명적 자살은 이타적 자살 중에서도 극단적인 경우에 속한다. 숙명적 자살은 한 사회나 집단이 그 구성원들에게 지나치게 강압적인 규율에 의해 그 구성원들의 미래가 무자비하게 제한되고, 그들의 욕망이 난폭하게 제압당한 경우에 발생하는 자살로 규정된다. 가령, 지나치게 엄격한 가부장제 질서의 사회에서 자녀, 특히 대를 이을 아들을 낳지 못한 기혼 여성들의 자살 등이 그 좋은 예이다.

이렇게 자살을 유형화시키고 난 다음, 뒤르켐은 '사회 현상으로서 자살의 일반적 성격'이라는 제목이 붙은 제3부에서 자살과 다른 사회 현상(살인 등)과의 관계를 살피고, 끝으로 사회의 질병 또는 악으로서의 자살을 치유하기 위한 방책의 하나로 '조합corporation', 즉 '직업 집단groupe professionnel'을 제시한다. 이 조직은 지금의 국가보다는 강제력이 조금 덜한, 과거의 가정과 같은 소규모 조직보다는 조금 강제력이 강한 조직의한 예이다. 뒤르켐은 이처럼 국가의 통합을 깨뜨리지 않으면서 공동생활의 중심을 다양화시킬 수 있는 조직, 구성원들의 소속감을 극대화시킬수 있는 조직을 바탕으로 이루어지는 이른바 '직업적 분권화décentralisation professionnelle'에 큰 기대를 걸고 있다.

거기에 더해 뒤르켐은 조합과 같은 조직의 구체적 형성 방법, 거기에서 제정되고 통용되는 관습, 규율 등을 내면화시키는 구체적인 방법 등을 소개하고 있다. 이런 시각에서 『자살』은 한 사회의 전통을 이어받아그 사회의 미래 건설의 주역이 되는 아이들의 교육과 도덕을 염두에 두는 교육철학과 도덕철학 등의 방향으로 길을 열어 놓고 있기도 하다. 실제로 뒤르켐은 『자살』 출간 6년 후에 『도덕교육L'éducation morale』을 출간한다. 이 책에서 그는 규율정신과 집단과의 결합을 그가 추구하는 도덕의 구성요소로 제시한다. 그리고 이런 규율정신과 집단과의 결합을 아이들에게 내면화시키면서 그들의 건전한 사회화를 위한 교육을 제시하고있다.

이와 같은 의의에도 불구하고 『자살』이 출간부터 대대적인 환영을 받지 못했다는 점은 이미 지적한 대로이다. 오히려 많은 비판의 대상이 되었다. 비판의 주된 내용은 뒤르켐의 노력에도 불구하고 그가 사용한 통계 자료의 부족, 부정확성 등으로 인해 신뢰도가 떨어진다는 점이었다. 또한 자살의 개인적 요소, 곧 비사회적인 요소의 중요성을 지나치게 무시한 것, 인위적인 자살 유형의 분류 등도 비판의 대상이 되었다. 가령, 1930년에 출간된 뒤르켐의 동료이자 제자였던 알박스의 『자살의 원인*Les causes du suicide*』에서 자살에 대한 종교의 영향에 대해 뒤르켐과는 다른 해석을 가하기도 한다. 하지만 이와 같은 몇몇 비판에도 불구하고 『자살』은 자살 현상의 연구에서 독보적인 고전이 되었으며, 그 이후의 자살 연구에 새로운 지평을 열어 주었다고 할 수 있다.

이 책의 번역 의뢰를 받았을 때 역자는 조금 망설였다. 그도 그럴 것이 방금 지적한 것처럼 이미 국내에 번역서가 세 종류 나와 있고, 그것도 비교적 최근이라고 할 수 있는 10여 년 전에 출간된 것도 있었기 때문이었다. 그럼에도 『자살』을 번역해야겠다고 마음먹은 데는 한두 가지 인연과 이유가 있다.

우선, 역자가 『자살』을 위시해 뒤르켐의 저작에 좀 더 깊은 관심을 갖게 된 것은 그의 외사촌 조카이자 세계적으로 유명한 인류학자이자 사회학자인 마르셀 모스의 평전(마르셀 푸르니에, 『프랑스 인류학의 아버지, 마르셀 모스』, 그린비, 2016)을 우리말로 옮길 때인 2010년 정도로 거슬러 올라간다. 역자는 그 당시에 초월적 존재와 초월적 가치에 대한 회의와 붕괴로 인해 포스트모던 시대로 지칭되는 오늘날, 과연 한 사회의 도덕, 윤리 지수를 고양시킬 수 있는 기제基劑가 있는가의 문제로 씨름하고 있었다.

그 와중에 모스의 『증여론*Essai sur le don*』에서 제시되고 있는 '증여*don*'와 '조합' 개념에 주목하고, 모스의 증여론과 관련해 바타유, 사르트르, 데리다, 리쾨르, 부르디외 등의 증여론 등을 비교한 적이 있다. 어쨌든 그렇게 해서 모스를 좀 더 깊이 알게 되었고, 그의 평전을 통해 그가 뒤르켐의 외가쪽 조카라는 사실, 그리고 이른바 '뒤르켐 학파*Ecole durkhemienne*'에 속한다고 할 수 있는 알박스, 포코네, 시미앙 등과 같은 프랑스 사회학자들의 이름과 그들의 저서에 대해 피상적으로나마 알게 되었다.

물론 역자는 뒤르켐의 이름을 오래전부터 알고 있었다. 하지만 그의 저작을 좀 더 면밀히 살펴볼 기회는 없었다. 그가 전 세계적으로 널리 알려진 사회학자이며, 특히 '아노미anomie' 개념으로 유명하기 때문에, 그의 이름과 관련해서 아노미, 사회 분업, 자살 등에 대해서는 대학입학 시험용 참고서에 나오는 지극히 단편적인 내용 정도만 알고 있었을 뿐이다. 그러다가 방금 지적한 모스의 평전을 번역하면서 뒤르켐이 주도가 되어 창간한 『사회학 연보 L'année sociologique』라는 제목의 학술지를 통해 프랑스 사회학이 발전하는 과정에 주목할 수 있는 유익한 기회를 갖게 되었다. 그러던 차에 『자살』의 번역 의뢰가 왔고 이를 기꺼이 받아들이게 된 것이다.

그다음으로는, 시대적 분위기를 꼽을 수 있다. 최근 들어 여러 이유로 우리 사회에서도 자살 소식이 안타깝게도 자주 들려 온다. 자살은 우리 시대의 현주소를 보여 주는 일종의 '징후'라고도 할 수 있을 정도이다. 그런 징후는 결코 상서롭지 않다. 뒤르켐의 지적처럼 자살이 순전히 개인적인 행위일 수는 없고, 그것이 항상 사회와의 관계 속에서 의미를 갖는 '사회적 사실'이라면, 그런 징후는 더더욱 상서롭지 못하다. 왜냐하면 그런 징후에서 관건이 되는 것은 우리 사회의 건강성과 건전성일 것이기 때문이다. 장년층과 노년층에서 일어나는 자살도 큰 사회 문제이지만, 청소년들의 자살은 더더욱 큰 사회 문제이다. 그들을 자살로 내모는 요인은 지나친 경쟁심, 지나친 공명심, 지나친 이기심, 지나친 증오, 혐오, 불관용 등일 것이다. 왜 우리 사회는 특히 청소년들의 자살을 부추기는 경향을 보이는가에 대한 성찰과 반성, 그 치유책에 대한 고민 등이 역자로 하여금 『자살』을 번역하기로 마음먹게 한 또 하나의 이유라고 할 수 있다.

인문학의 위기가 끊임없이 입에 오르내리는 시기에 『자살』을 출간하기로 결정해 주신 세창출판사 이방원 사장님께 깊은 감사의 말씀을 드린다. 이 책이 출간되는 과정에서 모든 일을 도맡아 해결해 주신 김명희 선생님, 편집을 맡아 책을 정성스럽게 만들어 주신 안효희 선생님께도 깊은 감사의 말씀을 드린다. 『자살』의 불어 원본에서 읽게 되는 뒤르켐의 문장은 결코 쉽지 않았다. 그의 문체도 프랑스 학자들의 전형적인 문체, 곧 지나치게 현학적이고 때로는 난삽하기까지 한 문체에서 크게 벗어나지 않았다. 그런 문체와 씨름하는 과정에서 역자를 도와주신 여러 선생님들, 그리고 항상 그렇듯 큰 응원을 해 주는 익수와 윤지에게도 고마움을 전한다.

2021년 8월 연구실에서

변광배

에밀 뒤르켐 연보

1858년	프랑스의 국경 근처, 로렌 지방의 에피날 시에서 유대인 부모에게서 출생.
1882년(만 24세)	파리의 고등사범학교Ecole normale supérieure를 졸업.
1887년(만 29세)	보르도대학 교수로 임명.
1893년(만 35세)	『사회분업론De la division du travail social: Etude sur l'organization des sociétés supérieures』 출간.
1895년(만 37세)	『사회학 방법의 규칙Les règles de la méthode sociologique』 출간.
1896년(만 38세)	『사회학연보L'année sociologique』를 주재함. 뒤르켐 학파의 지도자로서 활동을 시작.
1897년(만 39세)	『자살—사회학적 연구Le suicide: Etude de sociologie』 출간.
1902년(만 44세)	소르본대학에서 '교육과학과 사회학' 강의 담당.
1906년(만 48세)	소르본대학의 정교수로 임명.
1912년(만 54세)	『종교생활의 기초적 형태Les formes élémentaires de la vie religieuse: Le système totémique en Australie』 출간.
1917년(만 59세)	사망.
1922년	사후에 『교육과 사회학Education et sociologie』 출간.
1924년	『사회학과 철학Sociologie et philosophie』 및 『도덕교육L'éducation morale』 출간.
1928년	『사회주의Le socialisme: Sa définition, ses débuts, la doctrine de Saint Simon jeune』 출간.
1938년	『프랑스 교육의 발전L'évolution pédagogique en France』 출간.

1950년 『사회학 강의*Leçons de sociologie: Pysique de mœurs et du droit*』출간.

1953년 『몽테스키외와 루소*Montesquieu et Rousseau: Précurseurs de la sociologie*』출간.

1955년 『프래그머티즘과 사회학*Pragmatisme et sciologie*』출간.

자살 - 사회학적 연구

Le suicide: Etude de sociologie